智造经济强国

产业变革时代的企业战略

王 伟 著

清华大学出版社

北京

版权所有，侵权必究。举报：010-62782989，beiqinquan@tup.tsinghua.edu.cn。

图书在版编目（CIP）数据

智造经济强国：产业变革时代的企业战略 / 王伟著. -- 北京 ：清华大学出版社，2025. 7. -- ISBN 978-7-302-69196-9

Ⅰ. F426.4

中国国家版本馆 CIP 数据核字第 20255AR077 号

责任编辑：刘　杨
封面设计：钟　达
责任校对：王淑云
责任印制：刘　菲

出版发行：清华大学出版社
　　　网　　　址：https://www.tup.com.cn，https://www.wqxuetang.com
　　　地　　　址：北京清华大学学研大厦 A 座　　　　邮　　编：100084
　　　社 总 机：010-83470000　　　　　　　　　　　邮　　购：010-62786544
　　　投稿与读者服务：010-62776969，c-service@tup.tsinghua.edu.cn
　　　质量反馈：010-62772015，zhiliang@tup.tsinghua.edu.cn
印 装 者：大厂回族自治县彩虹印刷有限公司
经　　销：全国新华书店
开　　本：170mm×240mm　　印 张：18.5　　　　字　　数：330 千字
版　　次：2025 年 8 月第 1 版　　　　　　　　　印　　次：2025 年 8 月第 1 次印刷
定　　价：79.00 元

产品编号：106867-01

前言

制造业是实体经济的基础,是我国经济的命脉所系,是大国经济的"压舱石",是民族的脊梁。

回顾中国工业的沧桑巨变。 1840 年鸦片战争,中国被西方列强用坚船利炮轰开了国门,让中国人知道了落后就要挨打的根源。近代中国工业自洋务运动起,从官办军械、轮船、矿业、纺织等行业起步,历经沧桑,形成了近代工业的雏形;新中国成立后,逐步建立基本工业体系,形成了中国工业的基础;改革开放后,中国建成了门类齐全的工业体系,成为世界的制造工厂。

新中国成立初期,为将落后的农业国转变为先进的工业国,国家亟须建立一个较为完整的工业体系。在第一个五年计划时期,156 个苏联援建中国的重点项目,涉及钢铁工业、有色金属工业、机械工业、化学工业、能源工业、制药工业等各领域,一举奠定了我国工业和制造业的基础。

20 世纪 60 年代中期至 70 年代末,国家开启了 3 个五年计划的"大三线建设"。在这段自强不息、激情燃烧的岁月中,国家大力建设国防工业,推动了交通、电力、煤炭、化工、石油、建材、钢铁等工业体系的完善,优化了我国的工业布局,促进了地区资源开发,平衡了区域经济发展,国家工业生产能力得到了空前提高。

改革开放是决定当代中国命运的关键一招。 改革开放释放了社会活力,改革开放后,为缩短与西方国家的差距,必须大力引进外资,学习国外先进的技术和管理方法,走出国门面向世界,成了政府、企业、学生当时最时髦的想法。改革开放激发了市场活力,优惠的政策和巨大的市场把国外企业引进来,低廉的价格和丰富的产品让中国企业走出去,各类企业如春笋般建立。改革开放加速了创新步伐,以市场换技术,承接发达国家的制造业转移,工业结构不断优化,推动了技术进步和产业升级,市场经济的高度繁荣,造就了中国世界工厂的地位。

智能制造高质量发展正成为大国博弈和全球价值体系重构的焦点。 世界各国为抢占工业制造优势,都在积极行动,并制定了一系列的政策。如美国"先进制造伙伴计划"、德国"工业 4.0 战略"、英国"工业 2050 战略"、法国"新工业法国计划"、日本"超智能社会 5.0 战略"、韩国"制造业创新 3.0 计划"、欧盟"工业 5.0 计划"等。当前，面对以工业 4.0 为代表的第四次工业革命带来的挑战，中国制造业尚处在工业 2.0 后期的发展阶段，眼下必须在工业 2.0 方面补课，做好自动化；努力普及工业 3.0，做好数字化技术的应用，这样才能为工业 4.0 的智能化打牢基础。我国在智能制造领域整体呈现出"工业 2.0 补课，工业 3.0 普及，工业 4.0 示范"的现状。

智能制造是制造强国的主攻方向。智能制造（intelligent manufacturing，IM）作为制造业的高阶形态，其核心价值体现在硬件装备、软件智能与生态协同的深度融合。硬件装备是高端化制造的物理基础，软件智能是智能化制造的决策中枢，生态协同是绿色化、融合化等价值制造的核心路径。工业和信息化部在《智能制造发展规划（2016—2020 年）》中对智能制造的定义：智能制造是基于新一代信息通信技术与先进制造技术深度融合，贯穿于设计、生产、管理、服务等制造活动的各个环节，具有自感知、自学习、自决策、自执行、自适应等功能的新型生产方式。智能制造技术包括自动化、信息化、互联网化和智能化四个层次，产业链涵盖智能装备（机器人、数控机床、智能传感器、其他自动化装备等）、工业软件（制造执行系统、数据采集与监控系统等）、工业互联网（云技术、大数据、工业以太网、网络安全等）以及将上述环节有机结合的自动化系统集成及生产线集成等。智能制造是第四次工业革命的核心技术，随着人工智能、量子技术等前沿领域创新成果的不断涌现，正加速技术范式的重构，为智能制造积蓄新动能，提供强大的支持。

现在以智能制造为题材的图书有很多，基本分为两类主题：一类是讲智能制造的技术，主要介绍计算机、大数据、人工智能、工业互联网等数字技术应用；另一类是讲数字经济，主要介绍数字经济带来的社会变革和经济发展。本书在解读智能制造时，紧紧围绕智能制造的含义，即智能＋制造，制造是工业的主体，智能赋能制造。紧扣中国制造这一主线，围绕中国制造强国之路上面临的**"制造大国之困与制造强国之基""工业革命之困与智能制造之力""现实多元化之困与两化融合之路"**这三个现实之问而展开，为读者提供有价值的深度思考。在百年变局下，如何抢占"智"高点？在时代浪潮里，如何创造"高"价值？在经济发展中，如何抓住"新"红利？在全球科技革命、产业变革的背景下，用智造思维打开经济强国之门，中国有"智"在千里的底气和"智"领未来的信心。

本书内容主要包括 4 篇：

第 1 篇 智造基础——装备。围绕制造大国之困与制造强国之基，以机床、机器人等高端装备产业为例,突出增强中国制造"五基"的重要性;以振兴东北工业,高质量发展长三角工业为例,强化人才、企业、政策的引领作用;以新结构经济学的视角分析有效市场和有为政府,发展高质量中国制造。

第2篇　智造动力——智能。围绕工业革命之困与智能制造之力,在第四次工业革命背景下,以建造智能工厂为例,突出云计算、大数据、人工智能、工业互联网等新技术与制造技术的深度融合作用;以新冠疫情冲击下发展产业生态链为例,展现共享经济与智能制造的发展必然;以数字经济的视角分析数字经济的内生外延及绿色革命,增强数字治理能力,发展数字中国。

第3篇　智造趋势——融合。围绕现实多元化之困与两化融合之路,以供给侧结构性改革为主线,用微观经济学理论分析企业多元化资源与企业绩效供需关系;以上市公司装备制造业为实证研究,提出装备制造企业要根据价值链的行业特征和发展方向,向主导型的多元化发展,向高质量、高附加值的智能制造领域发展。

第4篇　智造展望——能力。以德、美、日、中四国智能制造产业政策比较研究,回顾中国智能制造产业的发展能力;以中国制造业的职业教育、人才培养、制造业服务化、投资智能制造等现实特点,分析中国制造的人才发展和投资趋势;以双创经济学的视角,分析中国市场经济的活力和"五代"企业家"创业创新"的生命力,提出创业造就高供给市场主体,创新成就高质量市场经济。

百年征程波澜壮阔,百年初心历久弥坚。以科技创新推动产业创新,以新质生产力推动经济高质量发展。深刻把握"中国制造"向"中国创造"转变的时代机遇,抢占高质量发展的"智"高点。深刻洞察经济社会发展的规律,人工智能浪潮正以"星火燎原"之势重塑世界产业格局。现代化产业体系是以实体经济为基石,以先进制造业为支撑,越来越体现生产力的颠覆性变革。**"智造战略"是穿越经济周期的导航仪。聚势跃迁,破浪前行;智领未来,基业长青。**突破"卡脖子"关键核心技术,增强科技创新从"跟跑者"到"领跑者"的"含智量";加快发展智能制造,提升产业创新从"制造"到"智造"的"含金量";激发市场主体内生动力,赋能市场经济从"创业"到"创新"的"含新量"。

王　伟

2024 年 11 月

目录

第1篇　智造基础——装备

第3篇　智造趋势——融合

第4篇 智造展望——能力

第1篇

智造基础——装备

第1章

制造硬实力：增强工业"五基"

推进产业基础攻坚，重点发展工业"五基"。工业"五基"是在工业"三基"的基础上发展而来的，工业"三基"是指机械基础件、基础制造工艺和基础材料产业（简称"三基"产业）。2015年，《中国制造2025》在工业"三基"的基础上，进一步提出产业技术基础作为工业发展的"第四基"，强调质量为先，提出核心基础零部件和元器件、先进基础工艺、关键基础材料、产业技术基础，简称"四基"，这是工业的基础能力。为推动产业基础高级化，2016年，国家制造强国建设战略咨询委员会发布了《工业"四基"发展目录（2016年版）》，2021年，国家产业基础专家委员会组织60余位院士、1000多位专家研究编制了《产业基础创新发展目录（2021年版）》。该目录在《工业"四基"发展目录（2016年版）》基础上，又新增了工业基础软件，构成了"五基"（即基础零部件和元器件、基础材料、工业基础软件、基础制造工艺及装备、产业技术基础）创新发展目录。工业"五基"是工业强国的基础支撑，也是产业的核心竞争优势。

增强工业"五基"能力，确保核心环节自主可控，加速国产化替代进程。党的二十大报告明确提出，建设现代化产业体系的战略任务，实施制造强国、质量强国、航天强国、交通强国、网络强国、数字中国等"六大强国"战略，强调要深入实施产业基础再造工程和重大技术装备攻关工程，筑牢全产业链基础产品与技术的自主安全根基，全面推动制造业高端化、智能化、绿色化发展。

1.1 制造大国之困与制造强国之基

2013年11月，大型工业电视纪录片《大国重器》在中央电视台隆重播出。该片重点关注我国装备企业自主创新和转变发展方式的成功经验，以全景式、史诗式的磅礴气势,用感人的叙事手法,展现和讴歌了中国装备制造业的"国家队方阵",记录了中国装备制造业从筚路蓝缕到凤凰涅槃的壮丽征程。中国装备制造业向高端制造进军的未来前景,令所有观众都感到由衷的钦佩和赞叹。该片一度创下了纪录片在中央电视台各节目中的收视新纪录。是什么创造了这个奇迹?是什么锁住了观众的眼球?是什么打动了观众的心灵?观众一致认为是该片的主题——中国装备制造业。

时隔10年后,中央电视台于2023年再次推出大型工业纪录片《智造中国》,继续感知中国智造的蜕变,讲述"中国制造"跃迁"中国智造",新型工业化加速推进,人工智能、数字孪生等新一代信息技术赋能中国制造业升级,智能制造的工业之美鲜活展现在机床、机器人、风电装备、航空装备等装备制造业的精美画卷中。

制造业总体上可以分为装备制造业和最终消费品制造业,装备制造业是为经济各部门进行简单生产和扩大再生产提供装备的各类制造业的总称。制造业是工业的核心,而装备制造业却是制造业的核心。按照《国民经济行业分类》(GB/T 4754—2017),装备制造业主要包括八大行业:①金属制品业;②通用设备制造业;③专用设备制造业;④交通运输设备制造业;⑤电气机械和器材制造业;⑥计算机、通信和其他电子设备制造业;⑦仪器仪表制造业;⑧金属制品、机械和设备修理业。

装备制造业是制造业的脊梁产业。2016年,工业和信息化部首次发布《制造业"单项冠军"企业培育提升专项行动实施方案》,开始遴选制造业"单项冠军"企业。制造业"单项冠军"企业是指长期专注于制造业某些特定细分产品市场,生产技术或工艺国际领先,单项产品市场占有率位居全球前列的企业。截至2023年年底,中国制造业前七批"单项冠军"行业(如图1-1所示)中,通用设备制造业获得"单项冠军"产品55个,"单项冠军"企业66家;专用设备制造业获得"单项冠军"产品58个,"单项冠军"企业44家。这些装备制造业的代表行业,在制造业所有行业中成为获奖数量最多的行业,显示了我国装备制造业的国家实力。

装备制造业是价值链的战略性产业。装备制造业具有复杂性、系统性、技术关联性等特征。每一台装备都是由成百上千,甚至上万个零件和元器件组成,每一个零件和元器件的材质、工艺、质量标准都不尽相同。当前,我国装备制造业的基础还相对薄弱,整个产业还处于全球价值链的低端,主要还是劳动密集型的加工、组装和生产环节,经济附加值较低。大部分高附加值环节,如关键元器件、操作系统等由发达国家掌控,跨国公司占据了全球价值链的高端环节。

"基础不牢,地动山摇"。关键、核心技术是要不来、买不来、讨不来的。一直以

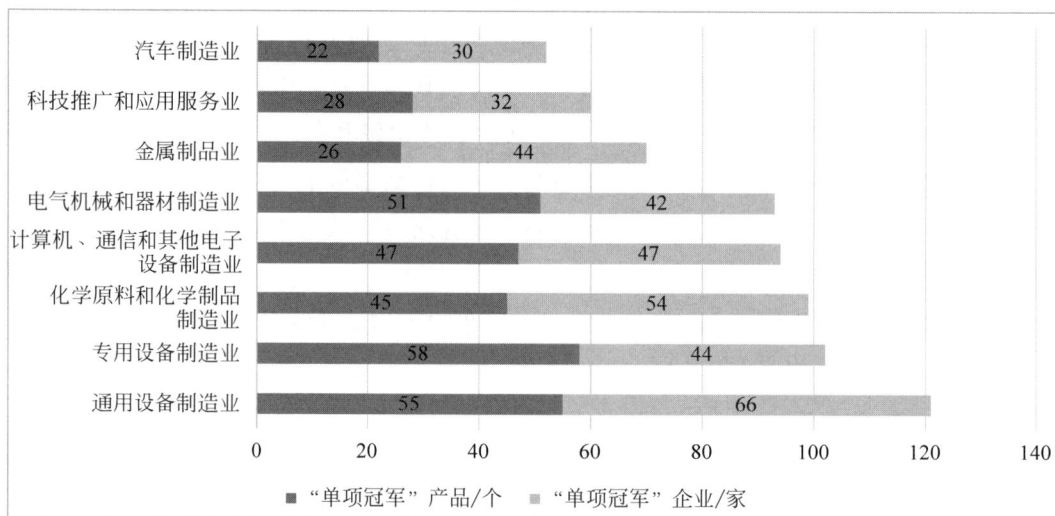

图 1-1 中国制造业前七批"单项冠军"中的领军行业

来源：根据工业和信息化部、中商产业研究院数据整理。

来，中国制造小到一支圆珠笔的笔芯钢珠，大到高铁的轴承、大飞机的发动机，都长期依赖国外进口。我国产业基础整体发展水平有待提升，部分关键核心技术仍存在明显差距。工业基础产品在国际市场竞争中优势不足，存在低端产能过剩与高端供给不足的结构性矛盾，整体质量效益仍需提高。创新驱动发展机制尚未完全形成，产业基础领域共性技术储备不足，具有突破性和颠覆性的重大创新成果相对较少。

发展高端装备制造业是发展制造强国的基础。高端装备主要包含工业机器人、高端数控机床、农机装备、工程机械、医疗装备、智能检测装备和增材制造装备等。进入新时代，高端装备制造业的重要性主要表现在以下两个方面。

1. 高端装备制造业是引领中国制造的关键领域

中国制造十大重点领域中有八个直接涉及装备制造领域。2015 年 5 月，中国政府发布《中国制造 2025》纲领，这是中国实施制造强国战略第一个十年的行动纲领，明确了面向未来发展的十大重点领域，着力发展智能装备和智能产品，推进生产过程智能化，培育新型生产方式，全面提升企业研发、生产、管理和服务的智能化水平，在重点领域试点建设智能工厂、数字化车间。纲领提出了"创新驱动、高端引领、基础支撑、绿色发展"的方针。所谓"高端"，主要体现在三方面：第一，技术含量高，表现为知识、技术密集，体现多学科和多领域高精尖技术的集成；第二，处于价值链高端，具有高附加值的特征；第三，占据产业链的核心部位，其发展水平决定产业链的整体竞争力。纲领的核心是智能化制造，涉及各领域都和智能化紧密联系。如图 1-2 所示，在《中国制造 2025》十大重点领域中，高档数控机床和机器人、航空航天装备、海洋工程装备及高技术船舶、先进轨道交通装备、节能与新能源汽车、电力装备、农业机械装备、生物医药及高性能医疗器械这八大领域直接涉及装备制造领域。

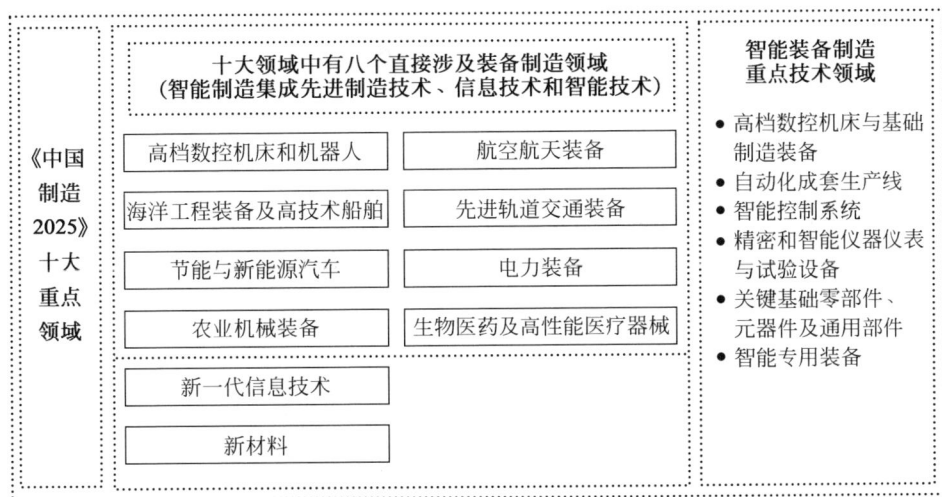

图 1-2　《中国制造 2025》十大重点领域的装备制造业

装备制造业是制造业的联动产业。装备制造业为国民经济发展提供技术装备的支持，是制造部门的工作母机，并肩负着带动相关产业发展的重任。该产业是联动战略性产业，是基础工业的心脏，是支撑国家综合国力的重要基石，并具有技术含量高、产业带动能力强、辐射范围广等特点，直接影响国家和地区的工业化、现代化的综合竞争力水平。而其中重大技术装备产业的发展更是需要跨部门、跨行业、跨地区合作才能完成并应用。

2. 高端装备制造业是未来产业发展的主攻方向

高端装备制造业是新质生产力的核心产业。2012—2021 年的这 10 年，装备工业增加值年均增长 8.2%，始终保持中高速增长，其增加值占规模以上工业增加值比重为 30% 以上，产值占全球的比重超过 1/3，居世界首位。21 世纪以来，从世界范围内来看，世界装备制造业生产国和消费国主要是美国、德国、日本、中国、意大利、韩国。中国是世界第二大经济体，从装备制造业的体量来说，中国是世界第一，并且也是世界上最大的装备消费国。当前，世界各国企业的竞争已经集中在智能制造领域，中国企业要想在世界市场上独树一帜，就必须抢占智能制造的高峰。如图 1-3 所示，高端装备制造业是新质生产力的核心产业，是战略性新兴产业的重要组成部分，是未来产业智能制造的重点领域，是现代化产业体系的坚实支撑。

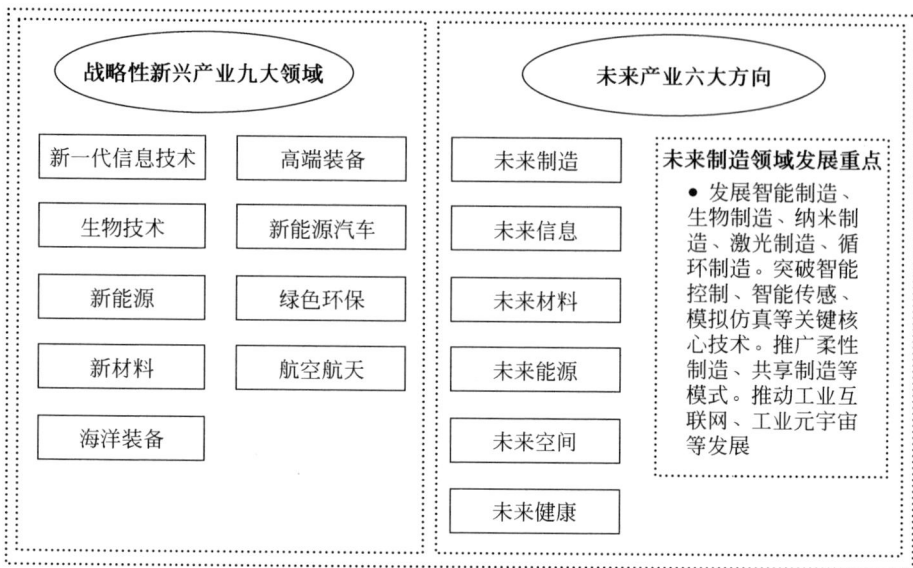

图 1-3　新质生产力的核心产业

围绕新质生产力布局全球产业链供应链，深度嵌入全球价值链分工。据中国海关统计，2023 年，体现产业配套和集成能力的装备制造业占我国出口总值的比重高达 56.6%。大力发展高端装备制造业，突破装备数字化关键核心技术、基础零部件、关键软件等短板弱项，对于加快转变经济发展方式，实现由制造业大国向制造强国转变有着重要意义。

1.2　以"母机"——机床行业为例

1.2.1　大国重器的"东芝事件"

机床曾经引发美国、日本、苏联三个大国的国际争端，历史上称为"东芝事件"。日本东芝机械公司违背巴黎统筹委员会对社会主义国家实行禁运和贸易限制的相关条约，背着巴黎统筹委员会向苏联出售高精密的、加工船用螺旋桨的 4 台"9 轴联动数控机床"（后期披露还包括 5 轴数控机床），这类机床在当时属于最先进的工业装备，苏联根本无法自行设计制造。

巴黎统筹委员会是 1949 年在美国提议下秘密成立的组织，因总部设在巴黎，通常被称为巴黎统筹委员会（简称"巴统"）。成员国是当时西方阵营的发达国家，成立这一组织的目的是限制向社会主义国家出口战略物资和高新技术。

1979年,苏联开始和日本东芝机械公司频繁接触,准备购买日本机床。日本东芝机械公司在高额利润的驱使下,最终决定进行这笔风险极大的交易,经过多次讨价还价,向苏联出售了4台MPB-110型9轴数控大型船用螺旋桨铣床机床,成交额高达37亿日元(约1800万美元)。为了掩人耳目,东芝机械公司采取分装、伪造书面文件等方式完成真正的交易。1982—1983年,数控机床经绕道挪威,最终到达苏联北部军港列宁格勒。此外,苏联还在1984年秘密向东芝机械公司购买了禁售的5轴铣床和铣刀、关键零部件以及软件程序。东芝机械公司派出技术人员协助苏联组装和调试,苏联很快将机床投入高性能螺旋桨的加工中,成功生产出了大量技术性能先进的核潜艇。

1986年10月,美国"奥格斯格"号核潜艇在直布罗陀海峡巡弋时,突然发生猛烈的震动,疑似撞到海底礁石,然后惊讶地发现一艘苏联核潜艇正从左前方急速驶离,苏联核潜艇居然能成功躲过美军最先进的立体反潜系统,从其眼皮下消失。这次事件让美国感到无比震惊,在此之前苏联核潜艇的技术在美军眼里根本不值得一提。

1985年,当时参与机床买卖的日本和光交易株式会社首席代表熊谷于向美国和"巴统"揭发了"东芝事件"。消息败露后,美国不断向日本施压,并对日本进行了贸易制裁。1987年,东京警视厅以涉嫌违反《外汇及外国贸易管理法》的名义,对东芝机械公司提出诉讼。以美国为首的"巴统"对日本和东芝机械公司进行了极其严厉的惩处,日本首相中曾根康弘被迫因这种"危害双边安全"的行为向美国致歉,日本方面还花费了1亿日元在美国和日本的50多家报纸上整版刊登"悔罪广告",公司负责人也被迫辞职。这就是历史上著名的"东芝事件"。

1994年,"巴统"正式宣告解散,取而代之的是以美国为首的西方国家于1996年签订的《瓦森纳协定》,继续限制对华出口高端产品和技术。早期的禁运清单主要包括军事装备、尖端技术产品和稀有物资等,后期扩大到半导体、网络软件等领域,这是发达国家试图通过科技封锁阻止中国强大的枷锁。虽然随着冷战的结束,"巴统"早已消失,但西方国家对中国的禁运和技术封锁并没有随之结束。直到今天,美国、日本等国家将中国的崛起视为一种极大的威胁,仍然禁止向中国出售高技术制造装备,包括五轴联动数控机床等高端数控装备。"东芝事件"虽然已经过去了几十年,但是带给我们的启示却不该被遗忘。

美国曾傲言:就算公开B2"幽灵"隐形轰炸机图纸,中国也无法仿制! B2"幽灵"隐形轰炸机是美国最先进的隐身轰炸机,研制生产于20世纪80年代,单价高达24亿美元,不仅搭载美国最先进的发动机,而且没有垂直尾翼,且机翼超过了

52m。这种战机身上没有一个焊点，哪怕一个铆钉，这是因为B2"幽灵"隐形轰炸机机身是一体冲压成型。通过机床让50m翼展的庞然大物一直保持极高的参数精度，体现了美国高端机床的工业制造能力。

高精机床是我国工业迈向高端的一道坎。时至今日，部分发达国家卖给中国的高端机床也只允许部分使用权，限制关键功能。购买合同中有厂家安装、功能限制、移机跟踪、厂家维修等众多苛刻的使用要求，让我国厂商无法进行高级精密度加工，无法拆卸仿制。一旦使用范围超出合同要求，机床系统就会被锁死，要解开还要另外支付高额费用。

机床是制造机器的机器，制造业中最基础的装备就是机床，它被誉为"工业母机"。机床行业本身规模不大，虽然机床行业在中国GDP贡献中占比只有不足0.3%，但是其重要性不能仅用经济数据衡量，机床行业支撑的工业体系，关系到国家的战略安全。近年来，国家领导人特别重视中国机床企业的发展。2013年，习近平总书记视察沈阳机床曾指出，"技术和粮食一样，靠别人靠不住，要端自己的饭碗，自立才能自强。实体经济是国家的本钱，要发展制造业尤其是先进制造业。"2013年，习近平总书记视察武汉重型机床集团，强调"工业是我们的立国之本，要大力发扬自力更生精神，研发生产我们自己的品牌产品，形成我们自己的核心竞争力"。

党的二十大报告指出，要以新安全格局保障新发展格局。"工业母机"机床的作用是极其关键的，小到普通机械、电子器件，大到汽车船舶制造、国防军工等行业都与之息息相关。大力发展高端数控机床，坚持重点领域的安全与发展，实现国家工业现代化。

1.2.2　中国"十八罗汉"看发展

没有机床就没有新中国的工业化。新中国成立以来，为了从农业国转变成工业国，我国参照苏联模式和技术，大力发展工业，建设先进工业国。新中国的工业从机床开始，机床上游涉及冶金、材料、模具、电气等各种技术和工艺，下游涉及军工、民用等各行业的生产制造。提起中国的机床发展史，不得不从"十八罗汉"开始。1952年，国家第一次工具机会议后，确定了"一五"建设期对中国机械厂的改造升级，初步建立了中国早期机床厂的雏形。1955年，沈阳第一机床厂生产出C620-1普通车床，这是中国人自己生产的第一台普通机床，并被印在了1960年版2元面值人民币上。1958年，清华大学提议研究数控铣床，在苏联援助之下，联合北京第一机床厂研制出了中国第一台数控机床，仅比世界第一台数控机床晚了6

年。此后,通过"大三线建设",全国各地陆续兴建了33家机床企业,具有代表性的当属18家骨干机床企业,俗称中国机床业的"十八罗汉"。在中苏关系破裂后,面对国外技术封锁和进口限制,"十八罗汉"企业为我国机床行业发展立下了汗马功劳,肩负着中国工业装备的发展,支撑着中国制造的崛起,有过辉煌,也有过落寞。

如表1-1所示,曾经辉煌的"十八罗汉"中有17家企业经历了体制改革和业务重组,通过资源整合以增强市场适应能力。目前100%国有控股的企业就剩下济南第二机床厂,在市场整体调整,全行业产销下滑的背景下,保持竞争优势,实现逆势上扬,订单有增无减。济南第二机床厂一直坚守主业,是我国技术能力最强的生产大吨位锻压机床的企业。这家曾经生产过中国第一台大型龙门刨床和中国第一台大型闭式机械压力机的老牌国企,过去承担了中国汽车冲压生产线的装备制造,被誉为"中国汽车工业的装备部"。自2011年以来,公司整套汽车冲压生产线装备开始出口美国、日本、欧洲市场。这是中国机床企业产品首次走进美国福特、通用、克莱斯勒等汽车生产工厂。

表 1-1　"十八罗汉"机床企业现状

序　号	公司名称	产品业务	现　状
1	齐齐哈尔第一机床厂	立式车床	中国立式机床生产基地,2000年改组为齐重数控,2007年被浙江天马公司收购
2	齐齐哈尔第二机床厂	铣床	曾研制中国第一台数控立铣、第一台数控龙门铣等铣床,2008年并入中国通用技术集团
3	沈阳第一机床厂	卧式车床、专用车床	曾生产新中国第一台机床、第一台数控机床、第一台卧式铣镗床等;1993年,一机床、二机(中捷厂)床、三机床、辽宁精密仪器厂联合组建了沈阳机床股份有限公司;2012年机床收入世界第一;2019年破产后并入中国通用技术集团
4	沈阳第二机床厂	钻床、镗床	
5	沈阳第三机床厂	六角车床、自动车床	
6	大连机床厂	卧式车床、组合车床	中国卧式机床和组合机床生产基地,曾连续多年居全国机床工具行业首位;2019年破产后并入中国通用技术集团
7	北京第一机床厂	铣床	中国第一家制造数控铣床的企业;2010年整合北京第二机床厂,组成北一机床厂
8	北京第二机床厂	磨床、牛头刨床	2010年被北京第一机床厂收购
9	上海机床厂	外圆磨床、平面磨床	前身江南机器制造总局,曾是中国最大精密磨床制造企业;2006年并入上海电气集团
10	济南第一机床厂	卧式车床	曾生产第一台五尺马达车床;2013年改制重组;山东威达全资并购济南第一机床厂
11	济南第二机床厂	龙门刨床、压力机	"十八罗汉"中唯一未改制的企业,是中国规模宏大、品类齐全的锻压设备机床企业

续表

序　号	公司名称	产品业务	现　状
12	武汉重型机床厂	车床、铣镗床、磨床	曾是中国重型机床规格最大、品种最全的生产基地；2011年并入中国兵器工业集团
13	无锡机床厂	内圆磨床、无心磨床	中国无心磨床、内圆磨床、轴承磨床等机床生产基地；2003年转制为民营企业；2014年并入新苏集团
14	南京机床厂	六角车床、自动车床	成功试制新中国第一台自动车床；2007年改制为南京第一机床厂，2008年成立南京机床产业有限公司
15	昆明机床厂	镗床、铣床	中国镗床生产基地；1994年上市；2005年被沈机集团收购；2017年破产退市
16	长沙机床厂	牛头刨床、拉床	中国拉床生产基地；2006年被湖南友谊阿波罗收购；2016年宣布破产
17	天津第一机床厂	齿轮机床、磨床	中国数控插齿机、铣齿机等齿轮机生产基地；2021年并入中国通用技术集团
18	重庆机床厂	滚齿机	中国齿轮机床诞生的摇篮，数控齿轮机床生产基地；2005年改制成立重庆机床集团

　　改革开放初期，中国机床企业开启对外合作的步伐。机床厂采取技术引进、购买生产许可证等合作方式生产数控机床，中国机床质量有了稳步提高。20世纪90年代初，"八五"期间，国家提出了机床数控化改造的方针，组织开发自主版权的数控系统。"九五"期间，机械工业部制定了中国发展数控机床的总方针。"十一五"期间，《国家中长期科学和技术发展规划纲要（2006—2020年）》《国务院关于加快振兴装备制造业的若干意见》《装备制造业调整和振兴规划》等重要政策性文件纷纷将数控机床行业的发展提到重要位置，并规划了具体产业的发展方向。中国机床这一时期取得了众多突破性的成就，如表1-2所示，一件件国之重器走向市场，彰显了中国制造的底气。2009—2018年，中国金属加工机床在生产、消费和进口三个方面均列世界第一。2015年，《中国制造2025》明确提出，要加快高档数控机床等前沿技术和装备的研发，到2025年高端数控机床与基础制造装备国内市场占有率将超过80%。随着国家一系列产业政策的密集落地，中国机床产业正进入全面转型升级的关键阶段，但同时又面临诸多历史挑战与现实难题。

表 1-2　2006—2015 年中国机床制造的大国重器

企　业	产　品	时　间	相关介绍
武汉重型机床集团有限公司	世界最大超重型数控卧式机床	2006年	该机床身长约50m，重约1450t，最大回转直径达5m，加工精度为0.008mm，是具有完全自主知识产权的重大国产化装备

续表

企　业	产　品	时　间	相关介绍
上海机床厂有限公司	世界最大高精度数控轧辊磨床	2006 年	最大磨削直径为 2500mm，有效磨削工件长度为 15m，最大磨削工件重量 250t，并配以具有自主知识产权的软件系统
齐重数控装备股份有限公司	世界最大立式车铣床	2007 年	总吨位超过 550t，可以加工直径为 25m 的大型机组部件，高档数控重型机床最高水平
北一机床股份有限公司	世界最大数控龙门镗铣床	2008 年	总高 15m，总宽 22m，总长 39m，总重 900t，可将篮球场大小的钢铁部件加工成任意形状。刷新了中国单台金切机床的售价
中信重工机械股份有限公司	世界最大齿轮数控机床	2008 年	目前世界上加工直径最大、技术性能最先进的齿轮数控机床，最大加工直径 16m，加工模数达到 60，齿数可达 2000 齿
齐齐哈尔第二机床集团有限公司	世界第一台新型五轴混联机床	2009 年	完全自主知识产权的五轴混联机床，为国防工业发展提供了强大技术和装备保障
中信重工机械股份有限公司	世界最大油压机	2011 年	该油压机地上高度 20m，地下深度 7.5m，可移动工作台达 5.4m×13m，整机重达 4000t。是目前世界上规格最大、技术最先进的油压机
济南二机床集团有限公司	汽车生产线大型成套冲压装备	2011 年	效率 15 次/min 超过德国的 13 次/min，是首个进入美国汽车生产商的成套冲压装备
大连光洋科技集团有限公司	高精度五轴立式数控机床	2013 年	中国企业首次向德国发达国家销售的具有自主知识产权的高档数控机床
中传重型机床有限公司	七轴六联动机床	2014 年	世界最大加工直径七轴六联动螺旋桨加工机床，最大可加工 11m 直径螺旋桨。七轴六联动机床是目前国际上最大型、最复杂的机床
中国第二重型机械集团有限公司	世界最大模锻液压机	2015 年	80000t 级模锻液压机，地上高 27m、地下 15m，总高 42m，设备总重 22000t，打破了苏联保持了 51 年的世界纪录，是中国国产大飞机 C919 试飞成功的重要功臣之一

如图 1-4 所示，进入 21 世纪以来，中国机床行业的发展大体经历了两个阶段。第一阶段是 2001—2011 年，增长速度很高。其中 2001—2009 年，主营收入年

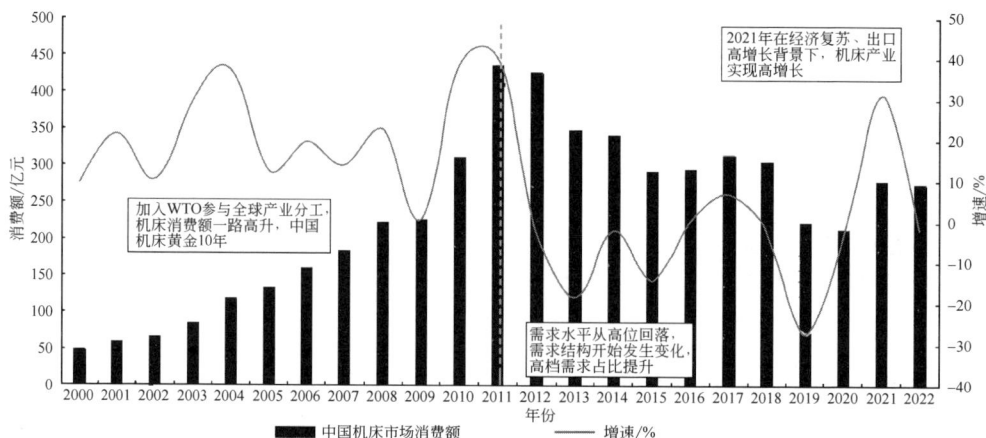

图 1-4　中国机床市场消费额在 2011 年达到高峰后整体处于下行趋势

来源：中国机床工具工业协会，德国机床制造商协会，国金证券。

均增长率为 24.4％,利润年均增长率为 20.7％。2010—2011 年,主营收入年均增长率为 38.1％,利润年均增长率为 59.0％。在这一阶段,金属加工机床消费量逐年提升,自 2001 年起,中国机床行业迎来了长达十年的黄金周期,市场规模不断扩大。

第二阶段是 2012—2020 年,中国机床市场消费额持续下降。机床行业进入下行周期,竞争加剧,规模扩张时代彻底结束。2011 年,中国机床市场消费额为436.01 亿美元,其中金属加工机床市场规模达到创纪录的 390.9 亿美元,为历年最高。

2012—2017 年,以中国金属切割机床为例,年均产量降到 39.72 万台,相当于2012 年的一半水平。以中国最大机床企业沈阳机床为例,2018 年沈阳机床全年销售收入 65 亿元,还不如 2011 年曾位居世界销售第一时销售收入的一半。世界上最大机床消费国也没有培养出自己的高端机床厂家。截至 2019 年,中国机床行业的四大支柱企业,大连机床、沈阳机床先后破产重组并入中国通用技术集团,昆明机床财务作假退市,秦川机床也曾一度"戴帽 ST"。中国机床行业需要凤凰涅槃,浴火重生。

1.2.3　实力"外强内弱"寻差距

机床工业强,则制造水平就强。世界制造强国长期以来就是德、日、美三国的竞技场,机床工业也一样。对比国外高端机床,国产机床呈现"大行业、弱企业"的竞争格局,具体有三大特征。

1．市场上，高端失守、低端混战

我国是世界第一大机床进出口国，长期以来出口以中低端为主，高端机床还依赖进口。我国高端数控机床国产化率只有 10％左右，进出口价格相差约 10 倍。2021 年，中国数控机床进口均价为 19.55 万美元/台，而出口均价为 1.92 万美元/台，差距明显。如表 1-3 所示，2019 年，赛迪顾问公司发布了全球 TOP10 数控机床企业排名。榜单中，中国企业无一上榜，世界机床业由德、日、美三国所占据。

表 1-3　2019 年数控机床企业排名

排　名	企 业 名 称	国　　家	营收/亿美元
1	山崎马扎克公司	日本	52.8
2	通快公司	德国	42.4
3	德玛吉森精机公司	德国、日本	38.2
4	马格公司	德国	32.6
5	天田公司	日本	31.1
6	大隈公司	日本	19.4
7	牧野公司	日本	18.8
8	格劳博公司	德国	16.8
9	哈斯公司	美国	14.8
10	埃马克公司	德国	8.7

来源：赛迪顾问数据。

美国是最早从事高端机床研究的国家。1952 年，由军方主导，美国制造出了世界上第一台数控机床，并应用于航天制造业。由于汽车工业蓬勃发展，数控机床开始推广至汽车产业，到 1958 年，市场上制造出了加工中心。70 年代初，美国开始研制机器人柔性制造系统(flexible manufacturing system，FMS)。德国、日本在战后工业发展迅速，德国在 1956 年研制出第一台数控机床，日本是继美国、德国之后建立起的世界第三个机床强国。日本战后崛起，由于美国产业转移，美国机床的技术也转移到了日本，日本也于 1958 年研制出首台数控机床。1982 年以后，日本机床工业实力长期雄踞世界首位，成为世界公认的机床工业强国。1889 年，日本池贝铁工厂建立，开始生产第一台机床，是其机床工业萌芽期。此时，日本政府大力扶植机床工业，将机床工业作为整个国民经济发展的重点，在战略上先后提出科技立国、贸易立国；在战术上，以机床工业为基础，发展钢铁、汽车、电力、造船、电子、核电等工业。1940—1944 年，日本在学习德国工业标准(Deutsches Industrie

Norm,DIN)的基础上,制定了日本工业标准(Japanese Industrial Standards,JIS),逐步采用德国施莱辛格博士制定的"机床检验书"。随着技术发展,不但检验机床静态精度,还检查运转精度。由于政府重视质量,工厂自觉组成质量小组,保证严格的工序和优异的质量。日本数控机床配套技术和基础元部件齐全,质量过硬,技术一流,产品开发速度超过美国、德国,其微电子、通信技术、数控技术均居世界一流,这是日本在发展未来数控机床、机器人柔性制造系统、自动化工厂等方面的创新。

2. 制造上,组装为主、原创为辅

数控系统是数控机床的"大脑",我国机床数控化率与国外发达国家差距巨大。2021年,我国机床数控化率为44.9%,而日本机床数控化率超过80%,我国仅为日本的一半左右。一台好的机床,需要全产业链齐头并进。如表1-4所示,从产业链来看,上游主要是基础材料和零部件,包括结构件、铸铁、钢铁、数控系统、驱动系统、传动系统等;中游主要包括金属切削机床、金属成形机床、特种加工机床等;下游为终端应用领域,涵盖传统机械、汽车、航空、船舶、电子、石油化工、电力设备等工业。

表 1-4　数控机床产业链

产　业　链		产　品	国外企业	国内企业
上游(采购为主)	原材料	钢铁、铸件等	自产或外协加工	
	主机	机床身、立柱、底座、主轴箱、进给机构等		
	功能部件	主轴、铣头、丝杠、轴承、齿轮、导轨等	WestWind、ABL、Kessler、THK、NSK、SKF 等公司	普森精密、昊志机电、瓦房店轴承、洛阳轴承、哈尔滨轴承等公司
		液压和气动装置、排屑装置、交换工作台、数控转台、刀具、量具等	山特维克、伊斯卡、京瓷、肯纳、特固克等公司	欧科亿、株洲钻石、恒锋工具、哈尔滨量具、上海量具、成都量具等公司
	数控系统	可编程控制器、显示器、传感器等	发那科、西门子、三菱、欧姆龙、ABB、艾默生、施耐德等公司	汇川技术、华中数控、广州数控等公司
	伺服驱动系统	伺服控制器、主轴驱动单元、进给单元、主轴电机、进给电机、编码器等	三菱、安川、西门子、欧姆龙、施耐德等公司	汇川技术、台达、埃斯顿等公司

续表

产 业 链		产 品	国 外 企 业	国 内 企 业
中游（组装为主）	切削机床	车床、铣床、镗床、刨床、磨床、钻床、滚齿床等	山崎马扎克、通快、DMG、MORI、马格、大隈、牧野、格劳博、哈斯、埃马克等公司	沈阳机床、大连机床、大连光洋、北京精雕、秦川机床、大族激光等公司
	成形机床	压力机、液压机、剪板机、折弯机等	舒勒、西马克梅尔、天田、小松、会田、普瑞玛、百超等公司	济南二机、扬力集团、扬锻集团、亚威股份、合锻股份等公司
下游（应用）	行业	机械、汽车、电子、航空、船舶等行业		

数控技术一直被西方国家保密和封锁，核心功能部件、数控系统、伺服驱动系统等主要依赖外部采购，以日本发那科、三菱和德国西门子为首的国外数控系统垄断了高端机床市场。

3. 性能上，精度不高、可靠性不强

机床使用的差距主要体现在两个方面：第一，精度，通常包括几何精度、定位精度、传动精度、工作精度。工作精度表现为加工精度，它是指加工后零件表面的实际尺寸、形状、位置三种几何参数与图纸要求的理想几何参数的符合程度。而加工精度最后还要通过测量精度来衡量，传感器、量具等测量工具的质量将影响精度。第二，可靠性，是指产品在规定的条件下完成规定功能的能力。可靠性的关键指标是故障率，故障分为功能性故障和非功能性故障。功能性故障表现为不能正常运行，需要停机维修。非功能性故障并不直接影响机床的正常运行，国外机床可以长时间不停机工作，而国产机床很少能做到，如异响、振动等小问题会层出不穷。不管是哪种差距，都体现中国机床的整体质量水平不高，良率、性能、稳定性等方面与国际先进水平差距较大。而这些差距与机床的工业"五基"有着密不可分的联系。

1.2.4 工业"五基"补短板

工欲善其事，必先利其器。近年来，国产机床销量下滑，机床企业的生存空间正慢慢受到挤压，资金链断裂、破产、倒闭、重组现象接连发生。国外高端机床作为维护国家安全和利益的重要装备，对中国出口限制的政策甚为严苛。中国机床在关键领域和"卡脖子"的地方，要下大功夫发展，补齐短板。

1. 基础材料

（1）制造结构的稳定依赖可靠的材料。材料在整个产业链中有着重要地位，在机床关键部件制造中，每个部件都有相应的材料。材料要经得住折腾，材料的质量将直接影响零件的精度和寿命。以高档数控机床机械本体五大部件（即机床底座、立柱、滑鞍、工作台、主轴箱）基础件的材料为例。与机床基础件使用的传统材料灰铸铁相比，人造花岗岩复合材料有着非常好的吸振性和热稳定性，其阻尼比是灰铸铁的6倍以上。采用人造花岗岩复合材料床身后，机床主要部件的绝对振动速度和振动幅值都有所降低，整机的动态特性有明显改善。据统计，目前在欧洲生产的机床每10台就有1台使用人造花岗岩复合材料基础件。人造花岗岩复合材料已经成为制造高档机床基础件的材料之一。机床本体所用材料分为结构件和运动部件两类，主要承受在低温状态下的冲击和摩擦，如果采用很普通的金属材料，远不能和航空发动机所用材质的技术含量相比。结构件常用HT250灰口铸铁，聚合物混凝土加金属嵌件也是常见的选择。国外常用的GC275米汉纳铸铁为添加了孕育剂的灰口铸铁，是商业炒作的概念品。机床的运动部件中，主轴材质常用45钢、40Cr、20CrMnTi等钢材。在钢材领域，虽然我国是世界上最大的钢产国，但是在基础材料上还存在差距，还很难批量生产出市场认可的丝杠钢材。特钢是重大装备制造和国家重点工程建设所需的关键材料，其生产和应用代表了一个国家的冶金工业发展水平。虽然中国钢铁产量位居世界第一，但还不能称为钢铁强国，特钢还落后于日本、美国、欧洲等发达国家和地区。目前全世界约1500万t的特钢贸易中，日本出口量占到世界特钢出口量的1/3，而中国产品占有率还不到2%，而且是以中低档特钢产品为主。诸多特钢的高端产品，如高铁、风电、精密机床、盾构机等重型装备用轴承钢，大飞机用高强钢、不锈钢和轴承钢等材料尚不能满足设计性能要求。

（2）制造方式的变革依靠材料的进步。材料的制造方式通常有三种：等材制造、减材制造、增材制造。机床加工是等材制造和减材制造的重要实现途径。等材制造即通过铸、锻、焊等加工方式，材料重量基本不变。减材制造即通过车、铣、刨、磨等加工方式，材料重量发生减少。而增材制造是第四次工业革命的代表制造技术之一，如3D打印，是指通过光固化、选择性激光烧结、熔融堆积等技术使材料一点一点累加，形成需要的形状。增材制造对于机械、电气等制造业而言，是一项颠覆性的制造技术，可实现任意复杂产品的加工，实现低成本、规模化、定制化的制造。

2. 基础零部件和元器件

如果没有关键部件的自主化，机床是不能搞好的。机床的每一个组装零件都不能有短板，任何一个小的缺陷，会经过零件到部件再到整机逐级放大，造成机床功能、性能、可靠性方面不足，而无法满足用户的要求。机床误差是指机床的制造误差、安装误差和磨损，主要包括机床导轨导向误差、机床主轴回转误差、机床传动链的传动误差。数控机床进给系统的关键机械传动部件有齿轮齿条传动、滚珠丝杠传动、蜗杆传动和进给导轨传动等，它们实现了回转运动与直线运动的变换。旋转运动变换直线往复运动最常用的机械结构主要是滚珠丝杠，特别是在高精密中小型数控机床进给系统中滚珠丝杠是最广泛使用的部件。滚动直线导轨和滚珠丝杠进给系统对加工设备的热态性能、加工精度影响重大。当今制造业要求数控机床的导轨具有刚度大、摩擦系数更低、导向性更优越、制造精度更高、运行中平稳无爬行现象、响应性和协调性好等性能，这使得新一代导轨不仅对结构要求高，更对材料和设计理论提出了巨大挑战。在滚珠丝杠领域，相对于直线丝杠，滚珠丝杠的传动效率在 90%～99%，具有高效率、高精度、高速等特点。滚珠丝杠虽然只由螺杆和螺母组件组成，但是制造水平高、使用环境要求高、价格高，市场占有率前三名是日本 THK、日本 NSK、中国台湾上银科技。还有比滚珠丝杠性能更高的滚柱丝杠，以及轴承、伺服电机、PLC（programmable logic controller，可编程逻辑控制器）等产品也需要大量进口，这些部件也用于机器人和其他自动化精密设备中。

3. 工业基础软件

我国在诸如数控系统，高速、高精度电主轴和伺服进给驱动，以及高精度、高性能的配套功能部件研究设计等方面没有取得实质上的突破，严重制约了我国高档数控机床产业的发展。数控机床与普通机床对比，数控系统、核心部件的成本占比较高，而这些部件决定着机床的整体性能。发展中高档数控机床就必须采用先进的部件，而这些都需要从国外进口，成本高，严重降低了国产数控机床的竞争力。未来的数控制造将借助人工智能、数字孪生等技术实现最优控制的多轴联动的轨迹插补。

4. 基础制造工艺及装备

技术的沉淀不足往往会成为制约可靠性的关键问题。技术的沉淀，没有捷径可走，需要一步一个脚印。能研发出来，未必能制造出来，守得住的工艺传承才是大国工匠的精神。不仅要有懂研发的高科技人才，而且要有能制造出尖端产品的高技能人才。要把核心技术制造出来，还要叫得响才行。改革开放前，中国有很多军工产品部件要求精度很高，在当时并没有高精端的设备，然而最终却能完成，靠什么？只能靠手艺人、靠工匠的高超技艺。过去没有白领、蓝领的称呼，有的是六级工、八级工的称呼，八级工，那是精湛技艺的代名词，他们有着极高的物质待遇和社会尊重。比如，两弹功臣——"原三刀"（原名原公浦），他本是一名普通的六级车工，却能勇担重任，成功加工出中国第一颗原子弹关键核心部件的铀球，为第一颗原子弹爆炸成功立下了不朽功绩。当时，中国既没有高精度的数控机床，又没有可替代的原材料。面对美国的核威胁，只能成功不能失败。他凭借精湛的技艺、过硬的心理素质，以最普通的机床，用最后定乾坤的"三刀"，车出了铀球所必需的精度而扬名中华。时过境迁，产业工人的作用不能被忽视，匠心筑梦、技艺立本的思想也不能丢弃。

比如，装配过程并不是一个纯"装"的过程，还涉及一个"配"的过程。例如，导轨的精度和接触，丝杠的安装与定位等都是需要现场来做以便配合精度，对各个功能部件和零件在装配过程中的作用与装配工序要有更深刻的认识和理解。没有经历基层的艰苦磨炼，很难成长为一个技艺娴熟的人才。中国高技能蓝领人才少，如果只拿低廉的工资，不一定能吸引很多人从事这一行，培养一个能工巧匠还需要长时间的经验积累。作为工业母机，除了要有超高的精度，还需要高稳定性和长寿命，这就要依靠机床本身的机械精度来保证，而不仅仅依靠数控系统来补偿。为了提高机械精度，在加工机床过程中，需要采用很多传统工艺。比如，手工刮研工艺，这是一门从两百年前流传下来、机器无法取代的金属加工手艺，国外称刮研削。刮研是利用刮刀、基准表面、测量工具和显示剂，以手工操作的方式，边研点边测量，边刮研加工，使工件达到工艺上规定的尺寸、几何形状、表面粗糙度和密合性等要求的一项精加工工序。铲刮是不能用机器替代的，高精密机床和检具通常需要借助铲刮来消除机床应力、增强稳定性，并减小机械运动噪声。此外，铲刮能使导轨由面接触变为点接触，改善润滑均匀性，从而降低摩擦与磨损。

5. 产业技术基础

产业技术基础包括实验的设施、质量检测认证、计量的标准核检、技术信息等服务平台，这些都是技术创新的必要手段，努力提高产业技术基础公共服务平台综合服务效能。比如，生产高精密机床需要苛刻的制造环境，要格外重视生产环境和加工设备，运用恒温系统管理，通过温度、湿度传感器，实时测量并报告数据，确保加工车间始终保持适合温度。

1.2.5 思变：中国最大机床企业破产案

2011 年,沈阳机床迎来了高光时刻,全年机床销量 11.5 万台,销售收入 27.83 亿美元,成为排名世界第一的机床企业。2012 年,公司董事长关锡友被评选为 "CCTV 中国经济年度人物",企业也登上了中央电视台《大国重器》节目。这一时期,公司发展既伴随着赞美声,也步履维艰,销售上的第一弥补不了多年持续亏损。沈阳机床负债高达百亿元,由于持续亏损,企业被深交所实施 ST。面临着退市危机,公司在 2017 年末紧急实施了 1.34 亿元的债务豁免计划免于退市。2018 年,公司负债合计为 202.4 亿元,总资产 203.9 亿元,负债与资产基本相当。到了 2019 年年中,其负债合计为 178.9 亿元,资产合计为 165.8 亿元,已资不抵债。2019 年 8 月,沈阳中院针对多家公司提出对沈阳机床破产重整的要求,裁定沈阳机床破产重整。2019 年 12 月,沈阳机床最终被通用技术集团实施战略重组。

债台高筑负重拼规模。沈阳机床曾经耗费巨资先后收购了德国希斯机床、云南机床、昆明机床等公司。普通机床已逐渐被市场淘汰,这类产品同质化,品牌区别度不高,倾向于打价格战。2007 年,背负巨额债务的沈阳机床为占领高端机床制高点,开始投入大量资金发展数控系统 I5(Industry、Information、Internet、Intelligence、Integration),以替代发那科、西门子等国外数控系统。2012 年,沈阳机床宣布完全自主可控的 I5 数控系统研发成功,并于 2014 年投入市场。几年下来,I5 数控机床的市场占有率不高,并没有得到强烈的反应。市场高端机床仍然需大量采购西门子、发那科等供应商提供的数控系统。关于 I5 系统资金投入,关锡友表示,研发投入大约 30 亿元,其中 9 亿元是软件开发成本,21 亿元是试错成本,加上产品开发、厂区改造等,总投入约 100 亿元。截至 2019 年上半年,原计划的 6 万台 I5 数控机床市场的存量仅 2.5 万台。

与此同时,为方便大量推广 I5 数控机床。沈阳机床主导了一场营销变革,成立租赁公司,把机床的一次性买卖转为融资租赁的购买方式。另外,还与安徽、江苏、浙江等地方政府筹资共建智能 5D 智造谷产业园区,推广共享机床模式。2016 年,关锡友曾经这样描述沈阳机床的租赁金融业务,他说:"将金融看成一种增强竞争力的工具。当有客户不想购买机器的所有权的时候,也可以购买使用寿命。在中国,真正服务于实体的金融机构很少。就这样,我们被迫走上了产融结合的道路。"

关锡友曾在接受《财经》杂志专访时,将沈阳机床经营困境的原因总结为四点:持续高负债运营、结构性问题突出、体制机制陈旧、历史包袱沉重。这些原因其他国有企业都存在，沈阳机床的失败，除了关锡友提出的以上原因外，还有其自身独特的原因，总结为"三渴"原因。

（1）**如饥似渴，急于成为世界最强的心态而忽略经济的周期性因素。** 自 2012 年以来，我国经济增长从高速增长进入新常态经济增长，靠规模扩张的时代逐渐结束。处于上游产业的机床行业，开始进入下行周期，企业自然要改变以往盲目扩张的策略，竞争加剧逼迫企业靠高质量发展提高企业效益和市场竞争力。过往以大取胜、以量成功的经验不能简单复制，从大到强的过程需要技术沉淀和市场认可，过程可能是漫长的，也可能是充满焦虑的，但绝不是卖光家当，饿着肚子，拍着脑袋不计后果地去实现。

（2）**望梅止渴，急于超越国外技术却独押数控化，而忽略机床整体技术的可靠性。** 数控化系统真的是唯一出路吗？企业不是靠单一的 I5 数控系统就能击败国外的高端机床。缺乏机床关键功能部件的技术沉淀，整体性能就不会提高，市场就不会认可。在此，借用任正非曾说过的一句话："不用美国的零部件是可以的，但别人不买怎么办？"国产替代进口要考虑的实际问题还很多，不走寻常路，想弯道超车，把技术方面的战术放大到唯一战略，毕其功于一役，倾其资源于一处，急于求成是要付出代价的。

（3）**饮鸩止渴，急于提高市场销售却涉足金融租赁，而忽略企业的财务压力。** 金融化产业真的是诱惑吗？以美国通用电气为例，它是全球领先的多元化跨国公司，也是工业制造和金融资本相结合的典范，被中国优秀企业家顶礼膜拜，不断复制模仿。在原 CEO 韦尔奇的直接领导下，通用电气大举进军金融业，特别是消费者金融业务，成为美国市值最高的公司之一。2008—2014 年，也就是从 2008 年金融危机以来，该公司金融业务的期末净投资从 5380 亿美元降至 3630 亿美元。2015 年，CEO 伊梅尔特宣布大规模缩减金融业务，两年内剥离旗下价值 3630 亿美元的大部分金融业务，以期更加专注于高端制造业。成也金融，败也金融。公司金融的贷款租赁、房地产等业务将被剥离，总价值约为 2000 亿美元。公司对外宣称，金融的资产将缩小到 900 亿美元，2018 年，公司 90% 的盈利将来自高回报的工业业务。

当然多元化与专业化至今也备受争论。像沈阳机床、大连机床这些都已是高负债、重资产的机床企业为什么选择金融自救这条路呢？租赁业务让本来就资金紧缺的沈阳机床包袱更重，应收账款无法及时变现，现金流就更加恶化。沈阳机床不断输血 I5 技术、租赁业务，即使金融租赁短期能获得市场，举债 I5 能求得技术，也不合时宜，只会让公司现金流更加恶化，走向破产。辉煌代表过去，改变代表未来。就工业"五基"方面，须要做好以下三点。

（1）**定位具有发展潜力的产业链**。只有定位，才能找到企业弱点和未来利润增长点。机床产品本身有着部件种类繁多和技术复杂的特点。企业不可能制造产业链上所有的部件。由于国外关键部件禁售中国，企业必须严格定位自身业务范围，才有机会把自身产品做优。通常有两种模式：第一种模式是机床厂商做整机组装，关键部件购买，但整机技术可靠性低；第二种模式是机床厂商生产全部关键部件，最后组装，自我监督，整机技术可靠性高。第一种模式利润低，中国绝大多数机床厂商都采用这种模式。对于产品整体性能，企业没有掌控能力，这就需要企业在把复杂产品的定制研发扩大到规模化的生产过程中，需要强有力的外部协助，诸如关键供应商、科研院所、市场竞争者等。否则，很难产生市场规模效应，应用可靠性也会降低。第二种模式是全产业链模式，利润高，对企业技术要求高，机床整机可靠性依靠自身的严格检测和监督。比如，大连光洋机床是全国较早宣布采用这种模式的机床厂商，这只是在探索起步阶段，还需要漫长的道路要走。要强化多组织基础理论研究，突破创新瓶颈。作为企业，建立行业自主创新体系，机床应用层面的技术创新可以通过自身研发来实现，但是来自基础理论方面的水平却很难提升。由于技术水平低、生产工艺落后、自主创新能力不足，产品技术含量低、附加值低、利润非常微薄，许多企业只能勉强维持生存。不是每家企业都像华为公司一样静下心来痴迷于研究基础科学。企业注重短期利益而非长期利益，不愿意将人力和财力投入基础研究工作上，所以才会外购机床关键功能部件。比如，机床振动问题很难解决，单个企业很难承担系统性问题的研究，尤其是关键部件和基础技术的研究。技术突破不是"独角戏"，而是"交响乐"，孤军奋战的企业往往难以攻克系统性难题，唯有通过产业链协同创新，才能突破基础研究瓶颈、攻克关键工艺壁垒、实现核心技术自主化。

（2）**夯实工业"五基"产业基础**。只有牢固树立工业"五基"发展的理念，机床可靠性才会提高，有了高质量才能赢得市场。在机床市场上，购买国外机床问质量不问价格，购买国内机床问价格兼顾质量。产品的同质化加速了国内厂商不断倾向于机床价格战，于是厂商偷工减料、低价零件、批量生产不断显现。企业明白，失去了价格优势，便容易失去了市场。订单为王，交期为王的思维限制了企业的发展，企业不会主动思考未来，没有精力挖掘技术与创新质量。

（3）**培养掌握关键技术的工匠型人才**。社会和企业要重视技能人才的实践培养，精湛的技能来源于传、帮、带的优良传统，高超的技艺来源于长期甘坐冷板凳、做枯燥乏味的工作。坚定技能成长的信心，完善薪酬激励，把关键核心技术掌握在自己手里。

1.3 以"工机"——机器人行业为例

1.3.1 制造明珠的"机器换人"

机器人被誉为"制造业皇冠顶端的明珠"。近年来,随着中国经济动力正从人口数量优势向人力资本优势转变,"人口红利"转向"人才红利",对劳动力的技能和素质要求越来越高;对外贸易正从进口替代向出口主导转型,对产品质量和服务的要求越来越严苛;制造业方向正从出口导向向内需拉动转型,对产能和效率的要求越来越高。在这个背景下,机器人产业应运而生,正推动中国制造从劳动密集型向技术密集型转型,同时中国凭借成熟的制造体系与成本优势,机器人领域创新成果持续突破,产业化进程显著提速。未来将是机器代替人的时代,这是大势所趋。国际机器人联合会统计数据显示,2021 年,世界制造业工业机器人使用密度的平均值为 141 台/万名员工,美国使用密度为 274 台/万名员工,我国工业机器人的使用密度为 322 台/万名员工,首次超过美国。而在 2015 年,我国工业机器人使用密度仅为 49 台/万名员工,还不到世界平均水平的一半。机器人技术正渗透各行各业,与此同时,我国工业机器人企业也迎来一波建设热潮,技术逐渐成熟,产业链逐渐完善,价格与质量逐渐被市场所接受,更重要的是企业进行自动化改造的意愿更加增强。未来智能制造、医疗、物流等下游产业需求不断旺盛,将推动整个机器人行业的发展,加速国产替代的进程,国内机器人公司将迎来黄金发展期。

随着云计算、大数据、人工智能等技术发展,机器人发展水平也在提高,已不只做重复且简单的工作。它将和人一样具备视觉体验、语音识别、感觉认知、判断决策的功能,并且能够优化程序、自我强化学习,甚至能做出人类不能从事的复杂工作。可以说,没有人工智能与机器人完美结合,机器人还不能算是真正意义上的机器人。2016 年,谷歌公司开发的 AlphaGo 机器人战胜世界围棋冠军,机器超越人不再是梦想,机器换人已是大势所趋。

机器人按照用途可分为工业机器人、服务型机器人和特种机器人。工业机器人是指面向工业领域的有利于制造业规模化生产的机器人;服务型机器人是服务于人类生活的各种先进机器人,主要有家用清扫机器人、医疗机器人、娱乐机器人等产品;特种机器人主要有军用机器人、排爆机器人、电力安全机器人等产品。《中国机器人产业发展报告 2022》数据显示,全球机器人市场 2017—2022 年的平均增长率约为 14%,其中工业机器人 195 亿美元,服务机器人 217 亿美元,特种机人 100 亿美元。机器人的万亿产业盛宴吸引了全球资本,工业机器人成为制造业革命核心,服务机器人也走进了千家万户,军用机器人成为战争利器。工业机器人是智能制造最具代表性的装备之一。在装备领域,如果说"母机"机床代表着基础制造,那么"工机"工业机器人更代表高效制造。工业机器人被认为是制造业从传统走向先进的重要标签,主要应用于汽车和 3C(计算机、通信和消费类电子)等领域。据统计,2010—2015 年,我国工业机器人行业复合增速约 30%,2013 年,全球工业机器人销量达 16.8 万台,中国市场的工业机器人销量首次超越日本,占据近四成的市场份额,成为工业机器人最大的消费国。2015 年,工业机器人、数控机床均被列为中国制造十大重点发展领域。2021 年,我国工业机器人出货量达 26.82 万台,占世界出货量的 51.88%,位居世界第一。

1.3.2 世界"四大家族"看发展

工业机器人发展比机床要晚一些。1959 年,工业机器人之父英格伯格和德沃尔共同研制出了世界上第一台工业机器人,随后通过他们成立的第一家机器人制造工厂——Unimation 公司实现量产,并率先应用于福特汽车的自动化生产线。虽然机器人最早出现在美国,但 20 世纪 70 年代,美国转移制造业至日本,并开始帮助日本发展工业制造能力,日本很快掌握了发展机器人的技术,并成为 20 世纪最大的机器人制造大国,以"工业机器人王国"著称。日本发那科、瑞士 ABB、德国库卡、日本安川四家公司并称为全球工业机器人的"四大家族",在全球工业机器人市场的占有率超过 50%,代表着目前工业机器人制造的最高水平。如表 1-5 所示,"四大家族"机器人产品各有特色。

表 1-5 "四大家族"机器人的产品对比

产　　品	核　心　业　务	主　要　应　用　领　域	产　品　优　势
ABB	控制系统、电气产品	汽车工业、电子电气、医疗等	控制系统好、整体性强
发那科	数控系统、自动化产品	汽车工业、机械加工、电子电气等	数控系统好,重量轻、精度高、操作简单
安川	伺服系统及电气产品	电子电器、电子电气、食品工业等	伺服电机好,负载大、高精度、高附加值
库卡	本体及系统集成、自动化产品	汽车工业、机械加工等	系统集成应用好、重载、反应速度快、操作简单

(1)"黄色巨人"发那科(FANUC)。发那科公司最早由稻叶清右卫门创立,1956 年成功开发了机床数控系统,1974 年推出首部工业机器人,之后发展成为世

界最大机床数控系统与工业机器人的领头羊。发那科公司拥有工业自动化、机床、机器人三大业务，完备的工业产业链保证了公司有较高的毛利率。发那科机器人的标准色为黄色，是唯一一家能够用机器人生产机器人的企业，有"富士山下的黄色巨人"之美称。20世纪80年代以后，日本工业迅速崛起，工业机器人得到了广泛的推广与普及，广泛应用于装配、搬运、焊接、铸造、喷涂、码垛等不同生产环节，满足日本经济腾飞的需要。1997年，发那科公司进入中国，成为第一家在中国推广机器人技术的跨国公司，在上海、重庆、广州等地建有机器人生产基地。发那科工业机器人令人称道的当属其数控系统，其特点为重量轻、标准化编程、操作简单、性价比高、精度高。工业机器人和机床可同时兼用发那科的数控系统，发那科数控系统在市场中占有50%的份额，采用统一控制平台进行高度集成化的协作，深受客户推崇。在加工精度上，发那科数控系统可以同时做到补偿，精度可以达到±0.02mm。另外，发那科产品价格适中，产品型号有两百多种，负重范围从0.5kg至2.3t，可以满足目前机器人所有主流行业的应用，承诺终身维修服务。

（2）"蓝色军团"安川（YASKAWA）。安川公司是以伺服电机起家，其电机在机器人和高精密机床中应用广泛，AC伺服和变频器市场份额位居全球第一。安川机器人的标准色为蓝色，1977年，推出首部工业机器人MOTOMAN。1996年，安川公司进入中国市场，是"四大家族"中第一个进入中国市场的企业，分别在北京、常州、沈阳等地建立工厂。中国是安川公司除日本之外最大的海外市场，2016年与美的建立合资工厂。安川机器人伺服系统采用自身的运动控制产品，灵活性强、负载能力高，精度没有发那科机器人好，但相比其他三大企业机器人，性价比高，在焊接领域应用最为广泛。

（3）"白色至尊"ABB。ABB公司是世界电力和自动化技术的领导企业，以变频器起家，是最早研究伺服电机的公司。ABB机器人的标准色为橙色，后改为灰白色。1974年开发出世界首台微机控制电动机器人。1986年推出全球首台交流电机驱动机器人。2017年ABB公司收购贝加莱和通用电气工业系统，进一步深化系统集成布局，同时加强控制系统、伺服系统技术能力，巩固ABB机器人在电气领域绝对领导地位。ABB产品价格相对昂贵，核心技术是运动控制，以控制软件Robot Studio为代表的集成系统，使ABB工业机器人算法在"四大家族"中处于绝对领先地位。

（4）"橙色战车"库卡（KUKA）。库卡公司成立于1898年，最早是以焊接设备起家。1973年，库卡公司研发了世界首台工业6轴机器人FAMULUS，相比其他三家机器人公司，库卡公司成立最早，工业积淀深厚，主体业务最为单一，是最为纯粹的机器人厂商。库卡机器人的标准色为橙色，产品特点是重负载、高精度，应用行业主要是汽车工业，这主要得益于德国发达的汽车工业。库卡公司是"四大家族"中体量较小的一家，于2017年被美的集团收购。

从中国市场竞争格局看，"四大家族"瓜分了中国60%的市场份额。六轴以上多关节机器人及其他高端工业机器人领域，寡头竞争格局基本确立，自主品牌市场份额有待提升。我国工业机器人起步于20世纪70年代初，其发展过程大致可分为4个阶段：70年代的萌芽期、80年代的开发期、90年代的实用化期及21世纪的爆发期。经过40多年的市场洗礼，虽起步晚，研发能力不强，但已初具规模。

（1）**21世纪初的国产工业机器人的发展格局**。以新松、广州数控、埃夫特、新时达等公司为代表，民间称为国产"四小家族"机器人企业。新松机器人是20世纪80年代由中国科学院自动化研究所院士蒋新松牵头建立的，是我国第一家机器人产业化公司，自主研发了中国第一台工业机器人样机，成长于老工业基地沈阳，后在全国建有新松机器人产业园，并在上海建有国际总部，业务涵盖工业机器人、服务机器人、移动机器人、洁净机器人、特种机器人五大类。广数机器人是由广州数控公司研发生产，公司以自主开发控制器、伺服系统关键部件为突破口，2006年涉足机器人行业，已成为我国机器人行业领先企业。埃夫特机器人是从奇瑞汽车装备部独立出来的，主要应用在汽车冲压、焊装、涂装等领域。自2007年成立以来，埃夫特就开始了机器人的研发，也是国内最早做多关节机器人的企业之一。新时达机器人，最早的业务是以电梯的电气控制以及工业自动化为主，后来拓展了运动控制、物联网与工业机器人业务。

（2）**新能源时代的国产工业机器人的发展格局**。如图1-5所示，2012—2023年，全球工业机器人市场销量总体上处于持续增长态势，中国工业机器人市场扩张更为迅速，主要得益于新能源汽车动力电池、光伏等新能源行业的快速发展。2018—2019年，由于中美贸易摩擦、亚洲经济增速放缓等原因，工业机器人销量出现了短暂的减缓现象。2020年新冠疫情期间，中国通过快速响应机制和精准防控策略有效控制疫情蔓延，企业复工复产较快，工业机器人总体产量在短期波动后迅速回升。

自2021年以来，世界工业机器人年出货量连续三年超过50万台，我国工业机器人的出货量占世界比重已超过50%，但企业盈利能力与发达国家企业相比还存在较大差距，企业短期内尚无超越"四大家族"的实力。中国是世界最大的消费市场，新能源时代，我国工业机器人产业尚处在发展期，需求旺盛的发展格局不会改

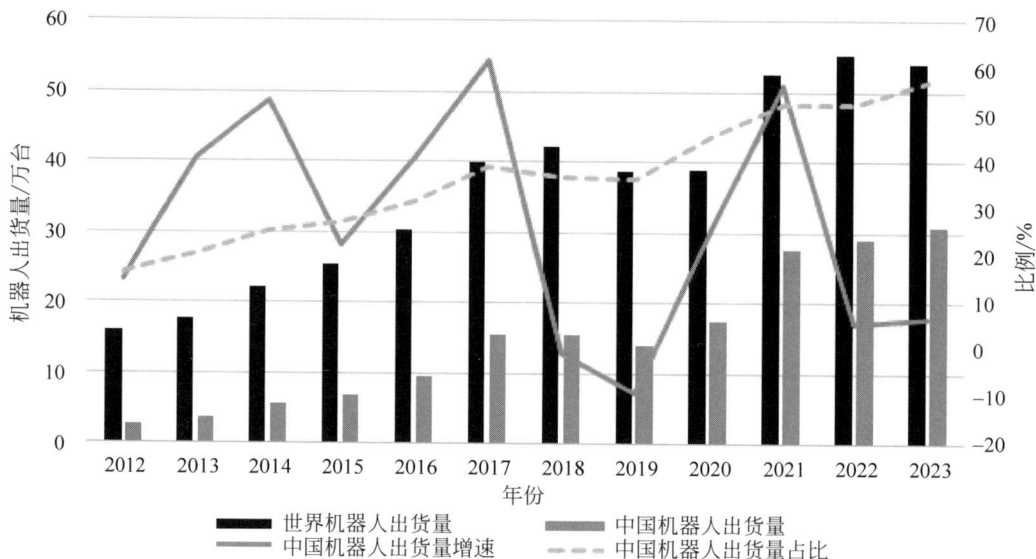

图 1-5   近 10 年中国工业机器人出货量及增速

来源：根据国际机器人联合会数据整理。

变。以埃斯顿、汇川技术、埃夫特、新时达为代表的国产工业机器人企业，俗称新"四小家族"，正逐步突破国外技术壁垒，全产业链竞争优势更加明显，出货量更高，引领行业向高端化、智能化转型。

1.3.3   实力"外强内弱"寻差距

1. 市场上，低端起步晚，高端正追赶

国内机器人企业起步晚，处于成长期，技术经验积累不足，产业链配套不完善，行业呈现"大行业、弱企业"的竞争格局，企业整体处于相对落后的状态。

目前国产机器人的供应市场主要集中在中小企业，国外生产商几乎垄断了大型企业的市场。国产工业机器人的中国市场占有率约 30%。相对于国外企业，国产工业机器人还处于弱势追赶阶段，谈不上竞争。在全球市场，"四大家族"市场占有率超过 50%，2020 年，发那科、ABB 与安川电机的市场占有率排行全球前三，分别是 17.3%、15.7%、12.9%。在中国市场，"四大家族"市场占有率超过 60%，其中发那科多年来位居第一，市场占有率达到 15% 以上。新松机器人董事长曲道奎曾说过："中国 3000 多家机器人企业中，只有 10% 的机器人企业有竞争力，其余 90% 什么都不像，只是充一个概念。"随着中国中小企业自动化改造愿望逐渐增强，中国工业机器人市场应用率不足的现状将会逐渐得到改善。另外，智能制造的各项政策陆续出台,全国掀起了机器人投资热潮,地方政府兴建有关机器人产业项目的产业园,在市场竞争中,最终会逐步淘汰低端机器人的过剩产能,继而推动高端机器人的发展。

2. 制造上,组装为主,自产为辅

如表 1-6 所示,从产业链来看,工业机器人通常由本体、核心零部件和系统集成三部分构成,核心零部件包括减速器、控制器和伺服电机。我国核心零部件尚不具备国际竞争力,缺乏核心技术,产品同质化,工业机器人核心零部件严重依赖进口,导致沦为组装工厂。

表 1-6　工业机器人产业链

产　业　链		产　品	国 外 企 业	国 内 企 业
上游（采购为主）	原材料	钢铁、铸件等	自产或外协加工	
	主机	本体、支柱、手臂、底座等		
	功能部件	RV 减速器、谐波减速器、摆线减速器、精密行星减速器等	纳博特斯克、哈默纳科、住友等公司	苏州绿的、南通振康、秦川机床、双环传动等公司
	控制系统	可编程控制器、显示器、传感器等	发那科、库卡、ABB、安川、西门子、三菱、欧姆龙、艾默生等公司	汇川技术、华中数控、广州数控、浙大中控、埃斯顿、新松等公司
	伺服驱动系统	伺服电机、伺服驱动器、编码器、主轴电机、进给电机等	松下、安川、三菱、伦茨、西门子、博世等公司	汇川技术、固高科技、埃斯顿、禾川等公司
中游（组装为主）	机器人	工业机器人、服务机器人等	发那科、ABB、安川、库卡、那智不二越、川崎、爱普生、史陶比尔等公司	新松、埃斯顿、埃夫特、新时达、拓斯达、广州数控、哈工大机器人等公司
下游（应用）	行业	机械、汽车、电子、航空、仓储物流等		

高工产业研究院 2019 年数据显示,我国精密减速器、控制器、伺服系统的国产化率分别约为 30%、35%、22%,国产核心零部件与外资的差距依然较大。由于三大核心零部件占到成本的 70% 以上,是整个机器人产业链中利润最高的一环,国产工业机器人企业普遍利润低。三大核心零部件技术门槛高、投入成本大,回报周期长,即使有自主研发的关键部件,也还没有被市场广泛接受。工业机器人的关键壁垒就是核心零部件,其成本结构大致为本体 22%、减速器 36%、控制系统 12%、

伺服系统24%以及其他6%。在所有核心零部件中，减速器最为关键。这些核心零部件长期需要进口，供货周期长、价格高，整机的各项高成本将严重制约国内制造商的生存空间与发展动力。

（1）在减速器领域，机器人精密减速器技术壁垒高，基本为日本所垄断。"四大家族"机器人在产业链上有一个特点，即减速器均需外购，其余部件都可实现自产。目前应用于机器人领域的减速器主要有两种，一种是RV减速器，另一种是谐波减速器。由于RV减速器具有更高的刚度和回转精度，一般将RV减速器放置在机座、大臂、肩部等重负载的位置，而将谐波减速器放置在小臂、腕部或手部。对于高精度机器人减速器，日本具备绝对领先优势，全球机器人行业75%的精密减速器被日本的纳博特斯克（1961年从事研发RV减速器）和哈默纳科（1960年从事研发谐波减速器）两家垄断，包括"四大家族"机器人的减速器均由上述两家公司提供。其中纳博特斯克在RV减速器领域的市场占有率约为60%，哈默纳科在谐波减速器领域的市场占有率约为15%。一般工业机器人的减速器有4~6个，对国内企业而言，采购进口减速器的成本要高出采购成本的1~2倍以上。而中国最早在20世纪90年代开始研发减速器，直到今天，中国仍然不具备高标准的设计与制造能力。"十二五"时期，国家"863"计划将其列入重点攻克的技术瓶颈。据统计，国内约有353家工业机器人企业，其中从事谐波减速器的只有13家，代表企业主要有苏州绿的谐波、北京中技克美、来福谐波、北京谐波等公司；从事RV减速器的只有5家，代表企业主要有南通振康、秦川机床、上海机电、双环传动、中大力德等公司，产品质量和市场规模都不能与日本企业相比。当然国产机器人企业也在奋力追赶中，其中，苏州绿的谐波的谐波减速器在国内机器人谐波减速器市场的渗透率超过80%，市场占有率超过50%。

（2）在控制器领域，工业机器人"四大家族"均有自己的工业控制器。发那科、库卡、ABB、安川的市场占有率分别约为16%、14%、12%、11%。国内研发控制器的企业主要有汇川技术、华中数控等。控制器是机器人的大脑，国产控制器所需的硬件芯片仍然需要进口。另外，与国外相比，我国控制器软件算法存在巨大差距。算法性能的高低直接影响工业机器人运动的精度，国外卖给中国的控制器是不会公开算法的，所以中国的控制器厂家要想达到国际技术水平，还有很长的路要走。

（3）在伺服系统领域，市场几乎被以安川为代表的日系企业、西门子为代表的德系企业所垄断。中国在伺服系统方面完全处于劣势，国产率仅占10%，国内生产企业包括埃斯顿、汇川技术、广州数控等。

综上所述，在关键部件的供应链上，工业机器人存在外强内弱的特点。本体机械制造利润低，模仿企业多且粗糙；生产减速器投资大、技术要求高，进入企业少且精；整机企业多诞生于伺服系统和控制器制造厂商，产品趋于同质化、竞争激烈。

3. 性能上，精度不高、可靠性不强

工业机器人同机床一样，衡量性能的标准主要是精度和可靠性。国内工业机器人公司普遍采用国外的减速机和控制系统组装机器人，产品趋同化严重，竞争优势不明显，精度和可靠性难以保证。很多企业宁愿买二手国外机器人，缴纳一笔高昂的"重新开机费"，也不愿意承担使用国产机器人带来的各项维修风险。

1.3.4 工业"五基"找短板

工业机器人与机床一样，在工业"五基"方面与国外有着较大差距，这些差距是长期面临的。核心零部件是制约工业机器人发展的关键因素，国产机器人的自主化率不断提升，整机成本下降和性能提升进一步促进行业发展，头部企业已经取得较大突破。

1. 基础材料

中国机械产品的一个通病就是寿命短、维修率高，这与其材质有重要的关联。国产材质虽然在初期应用中能够满足基本性能参数，但其制造工艺的局限性会在长期使用过程中逐渐显现，导致材料性能出现不可逆的衰减现象。比如，当产品存在显著的噪声和发热问题时，就容易导致部件异常磨损并缩短使用寿命。传统的机器人关节部位，为了提高强度一般采用的是刚性结构。这种刚性结构在人机合作时存在安全隐患，操作不当可能危及人身安全。为了保证人身安全，研发安全性较高的柔性机构是首先需要考虑的。将现有以钢铁为主体材料的结构替换为新的轻型本体材料，也是提升机器人本体性能需要考虑的因素。

2. 基础零部件和元器件

（1）减速器领域。减速器关键指标有扭转刚度、启动转矩、传动精度、空程、背隙、传动误差、传动效率等，不但要具备高扭矩、高刚性和高耐过载冲击荷载能力，还要有高精密和低的回程间隙。RV 减速器有五大核心技术，包括摆线轮齿形设计、齿轮啮合技术、制造工艺技术、测量及检测技术、材料及热处理技术。对比国内外精密减速器关键技术指标，国外产品技术指标信息更加完善，数值更加精确，几

乎每种规格对应的技术指标都有精确的数值呈现，而国内则有所欠缺，技术指标信息不够完善，呈现内容略显粗糙。这说明国内在检测能力方面有所不足，在产品的质量检测方面没有形成严格的质量管理体系。对比苏州绿的、北京中技美克、南通振康和日本纳博特斯克、哈默纳科这几家企业的减速器指标发现，纳博特斯克谐波减速器在相同传动比和输出转速条件下都达不到该扭矩输出范围。另外，国外产品在传动精度、传动效率、平均寿命等技术指标上占有一定优势。轴承也是组装减速器的核心零部件，一般来说，轴承是最先损坏的，国产轴承与进口轴承在精度和寿命上均存在差距，日本、欧洲轴承价格昂贵，且专用定制轴承也受到限制。

（2）控制器领域。控制器包括硬件和软件两部分，国产控制器采用的硬件平台与国外品牌差距不大，差距主要体现在底层软件架构和核心控制算法上。核心控制算法的差距，一直是国产工业机器人迈进高端制造的拦路虎。关键部件可以买卖，但核心控制算法却买不来。一是在算法方面，国内工业机器人大多采用的是封闭式结构，虽然在一定程度上有利于系统的独立性、稳定性，但缺乏开发性，不能和不同类型机器人进行数据交换，不便于对系统进行外部扩展和改进。二是在容错性方面，若其中一个处理器出现问题，就可能导致整个系统瘫痪，进而导致整个机器无法正常工作。开放式的共享数据，可以对机器人故障进行诊断，是保证机器人安全性的基础。通过控制器上的现场总线及以太网进行联网人机交互，对机器人生产线进行智能化管控，当然也少不了精密传感器的运用。如焊接机器人，通过激光传感器进行焊缝跟踪，同时用视觉传感器计算焊缝偏差，并进行运动轨迹的修正，保证最佳焊接质量。

（3）伺服系统领域。交流伺服电机具有高精度、高动态响应、高过载能力、高可靠性等特性，已成为市场主流产品。目前国产伺服系统在功能、性能和工艺方面与国外相比仍然有一定差距，尤其是国内没有完全掌握自适应机械共振抑制技术、自适应低频振动技术和惯量动态前馈技术等关键技术。国产伺服电机体积大、输出功率小，与国际企业的水平相比仍有差距。近年来，国产化率逐步提升，以汇川技术、埃斯顿为龙头的企业发展迅速。比如，高精度编码器是伺服电机中的核心技术，部分伺服产品速度波动率指标已经低于 0.1%，国内外技术差距已经开始出现缩减趋势。

3. 基础制造工艺及装备

制造工艺的困难在于基础装备落后，共性基础技术薄弱，难点在于各项工艺的密切配合。下面以减速器为例展开介绍。

（1）加工精度。如果没有高精度的数控机床，就很难加工出精度很高的零部件，这是一个先有鸡，还是先有蛋的问题。使用昂贵的进口机床会增加企业制造成本，最终会提高产品的终端价格。RV 减速器四个最难加工的工件分别是摆线轮、针齿壳、行星架、曲柄轴，整个加工难点归结起来就是齿廓和孔隙。减速器齿轮在运转啮合时，会产生周期性的交变力而引起振动。因此齿轮需要精密加工，低质的加工会影响齿向误差、基节偏差与齿形误差，啮合间隙过大，减速机齿轮的运动精度就会降低。日本哈默纳科能制造出最小直径为 13mm 的减速器，比 1 日元硬币（直径 20mm）更小，单齿距为 0.042mm，约为头发直径的一半粗。

（2）装配精度。即使有同样的零部件，如果没有一流的装配工艺，传统的机械组装也达不到精度要求。RV 减速器是一种小体积、大传动比、零背隙、超高传动/体积比的减速器。减速器中完全是由高精度的元件、齿轮相互啮合，对材料科学、精密加工装备、加工精度、装配技术、高精度检测技术提出了极高的要求。装配质量对减速器噪声控制、传动发热有着直接的影响。在整机装配中要保证啮合侧隙，齿面啮合良好，保持零件固定，避免齿轮端面的振摆，不能碰撞轴承，装配清洁。国产减速器漏油现象频发，很多就是安装不合理、润滑油脂保养不到位所导致的。先进的加工制造技术，优质的装配工艺对于产品质量至关重要。

4. 工业基础软件

工业软件在工业机器人上的运用要比在数控机床上丰富得多。工业机器人有运动特征和服务要求，特别是机器人的应用场景更多，不仅仅局限在工业领域。以人形机器人为例，人形机器人的快速发展就得益于工业基础软件、人工智能等技术的应用，而人形机器人是机器人行业的终极发展目标。

（1）人形机器人从实验室到商业化，特斯拉一入赛道即巅峰。特斯拉从成立到上市，不到两年时间，就成功研制出了人形机器人。2022 年，特斯拉擎天柱（Optimus）问世，这款高 1.72m，重 57kg，步行速度 8km/h 的人形机器人，要比工业机器人在运动上更灵活。特斯拉对擎天柱的定位是"泛用型 AI 机器人"（苦力机器人），从事一些枯燥或危险的工作，应用场景是家庭服务、物流配送和工厂装配等领域。

（2）AI 工业技术不断进化，人形机器人将走向商业化。如表 1-7 所示，美国、日本、英国、中国是世界人形机器人的主要研究国家。商用化的特斯拉机器人，与美国波士顿动力、日本本田这两款"运动健将"机器人相比，在运动天赋方面还稍显

表 1-7　国内外人形机器人的发展及特点

产品	Asimo	Atlas	Walker	Ameca	Cyberone	Optimus	Figure 01	GR-1	Unitree H1
造型									
公司	本田	波士顿动力	优必选	Engineered Arts	小米	特斯拉	Figure	傅利叶	宇树
国家	日本	美国	中国	英国	中国	美国	美国	中国	中国
发布时间	2000 年	2013 年	2016 年	2021 年	2022 年	2022 年	2023 年	2023 年	2023 年
身高/cm	130	150	130	187	177	172	168	165	180
体重/kg	50	80	63	49	52	57	60	55	47
自由度/pc	57	28	41	44	21	50	41	40	19
速度/(km/h)	9	5.4	3	—	3.6	8	4.3	5	11.88

来源：根据各公司官网，东吴证券研究所数据整理。

落后,波士顿动力的 Atlas 机器人能够独立完成快速小跑、三级跳、后空翻和空中体操等一系列复杂动作,甚至能够流畅地进行"跑酷"。日本本田阿西莫(Asimo)机器人已经能实现小跑、单脚跳、上下楼梯以及踢足球等系列复杂运动、面对不同地形采用相应的行走模式,具有很强的环境适应能力。由于阿西莫造价过高,目前还没有商用。马斯克更看重的是擎天柱的商用能力,擎天柱的双臂灵活度显然要快于其他机器人,擎天柱手臂感知能力来源于它的视觉识别系统。擎天柱在感知和计算的部分基本采用的是与特斯拉电动车相同的设备,包括特斯拉自主研发的芯片集成系统作为"大脑",以及三颗 Autopilot 级别的摄像头。特斯拉的目标是尽快制造出有用的仿人形机器人,擎天柱未来的产量可以达到数百万台,预计量产价格比汽车便宜得多,可能在 1 万~2 万美元。一台人形机器人的价格和买一台进口的工业机器人价格差不多。这种可以移动、双臂作业的人形机器人,对工业机器人市场是一次挑战。

(3) 人形机器人是一个复杂且庞大的工程系统,是具身智能(embodied artificial intelligence)的最佳载体。具身智能强调智能的具身化(embodied),是有物理身体的智能体通过与物理环境进行交互,从而产生对于客观世界的理解和改造能力。一台人形机器人涉及结构技术、动力传动、运动平衡、智能工作等要素,加上动力,大部分人形机器人用的都是锂电池,采用的是液压系统。而具身智能机器人更是集人工智能、智能制造、智能传感等先进技术于一体,是通用人工智能在机器人领域的颠覆性应用,具身智能的"知行合一"让人工智能和人形机器人更融合。2021 年,自波士顿动力宣布开源人工智能机器人代码后,国产机器狗、人形机器人就如雨后春笋般上市了。对比国外的人形机器人,国内小米机器人 Cyberone(俗称"铁大")就显得原始,除了搭配一般应用的机器视觉、智能语音等大脑算法的工业软件,走起路来像要被搀扶的 90 岁老大爷,或许一开始还如同它的名字"铁大"一样不灵活,在自主开发上还有很长一段路要走。2024 年,波士顿动力宣布,新型电动 Atlas 机器人问世,彻底取代了传统液压机器人,标志着人形机器人一个时代的结束。它采用了复合关节,可以任意旋转的腿部和头部关节,依靠小腿将机器人撑起,能做 180°灵活翻转的起身动作,号称世界上最具活力的人形机器人,成为人形机器人发展的风向标。

(4) 中国企业开拓人形机器人新赛道,迈上"具身智能"产业新台阶。在人工智能、大语言模型等技术赋能下,人形机器人正朝着更加智能和自主的方向加速迈进,行业发展具有无限空间。在 2025 年摩根士丹利发布的《人形机器人 100 强上市企业》名单中,中国企业有 35 家,排名第一,数量是美国和加拿大的总和。人形机器人在产业链上可划分为大脑（半导体/软件）、身体（工业组件）、集成（整机制造）三大类别。中美两国人形机器人产业在三大类别里存在差异化竞争。美国强在人工智能、芯片等软件技术，在22家大脑类别企业中，中美数量对比为3∶13，美国优势明显。中国强在机械电气、电池等硬件供应，在64家身体类别企业中，中美数量对比为24∶18，中国占比最高。在22家集成类别企业中，中美数量对比为10∶4，两国优势各有所长。中国拥有完整的产业链和供应链体系，电机、减速器、丝杠、编码器、驱动器、电池、通信等硬件产业更加成熟，这为人形机器人的研发、生产和产业化提供了有力支撑。

2025年，具身智能、智能机器人被首次写入政府工作报告。人形机器人技术快速迭代，如同一场马拉松赛跑。中国企业各显神通，人形机器人正"跑步"进入消费市场。比如，春晚"扭秧歌转手绢"的宇树机器人，工业"群体智能"多机协作的优必选机器人，以及世界首个完成"前空翻"的众擎机器人等机器人绽放光彩、尽显活力。

宇树科技上演消费级人形机器人的高光时刻。宇树科技是国内最早实现四足机器人和人形机器人双通道商业化的企业之一。公司建立了完整的产业链体系，从原材料到核心零部件基本实现国产化替代，摆脱了对国际供应链的依赖。2024年，宇树人形机器人Unitree H1 3.0，实现机器人从会走到会跑，最快奔跑速度达到3.3m/s（11.88km/h），这一速度超越了本田Asimo机器人（速度为9km/h），并且打破了人形机器人运动的世界纪录。Unitree H1系列作为宇树科技的首款全尺寸人形机器人，采用先进的动力系统，拥有超强动力性能和高性能运动控制，具备高度灵活性和稳定性，通过强化学习和算法升级，可以丝滑流畅地完成出拳、扭腰转身、空中回旋踢等动作，能在复杂环境中执行多种任务，可以适用于工业、家庭服务、医疗辅助等多个应用场景。宇树科技很快就按下了人形机器人消费的快捷键。2025年2月，宇树人形机器人在京东线上首发开售，交货周期为45～60天，刚一上市就出现一机难求的情况。消费级Unitree H1售价为9.9万元，首批500台在开售58s内售罄。工业级Unitree H1售价为65万元，首批200台也在12min内售罄。

优必选实现工业级人形机器人的"群体智能"。优必选公司是国内最早开始研究人形机器人的企业之一，也是中国人形机器人领域的首家上市公司。优必选公司成立于2014年，从0到1开始自主研发人形机器人，此后发展成为中国第一大教育智能机器人产品制造商。2018年，优必选公司成功研发了中国首个商业化人形机器人Walker。Walker系列人形机器人曾四次登上春节联欢晚会，进行群体跳舞表演,展现了公司强劲的技术实力。截至 2024 年年底,优必选公司人形机器人有效专利数量世界第一。2025 年 3 月,优必选人形机器人 Walker S1 首次进入深圳新能源汽车工厂,开展世界首例多台、多场景、多任务的人形机器人协同实训。在总装车间,Walker S1 与无人物流车、工业机器人等协同作业,执行质检、分拣、装配等任务,推动人形机器人从单机自主智能向群体智能进化。在硬件上,Walker S1 采用一体化关节技术、集成化头部设计和仿人灵巧手等装备。在软件上,Walker S1 搭载"群脑网络"架构,凭借人形智能网联中枢系统,由端云协同的推理型节点和技能型节点链接,形成群体维度下的超级大脑和智能小脑,并能做出最佳决策。Walker S1 具身智能转化落地比人们想象中要更快,针对群体协作场景,满足制造多样化需求,改变生产模式,激活制造全价值链各环节,目前已成为世界进入最多车厂实训的人形机器人。

5. 产业技术基础

我国在工业机器人制造的扭转刚度、传动精度等稳定性和精度指标方面的差距,很多原因集中在技术、工艺、设备、质量检测这些硬件上,专用机床、检测设备亟须国产替代,提高产业技术基础公共服务平台综合服务效能。

1.3.5 思变：世界最大机器人企业收购案

2016 年 8 月,美的集团以约 292 亿元收购库卡公司 94.55% 股份,随着库卡公司的加入,美的集团从中国家电制造企业变为世界级的智能制造集团。当初收购遭遇了德国政府的强烈反对,最后在公司的治理结构中,美的集团不参与公司的具体管理,无董事席位,同时承诺到 2023 年,不会削减库卡公司现有的 1.23 万个就业岗位。家电企业属于劳动密集型企业,用机器人代替人工已经逐渐成为制造趋势。相比于当时国内最大机器人企业新松公司,库卡公司的市盈率只有其 1/2,销售额却是 10 倍以上。美的集团董事长方洪波曾表示,美的集团在做好家电的同时要进入新产业,要和硬件相关,不能是劳动密集型,要做资本、技术混合密集型。美的集团有了高端装备,就有了产业扩张的可能。收购后的 2017 年,库卡公司营业收入约为 267.23 亿元,同比增长 18%。库卡机器人应用在汽车领域占比从 2016 年的 46.4% 下降至 35.4%,一般工业领域占比从 36.6% 上升至 45.3%,物流、医疗等服务领域占比则从 17.0% 上升至 19.3%。另外,美的集团与安川公司进行合作,设立工业机器人和服务机器人公司。其中工业机器人公司由美的集团持股 49%,服务机器人公司由美的集团控股,持股比例为 60.1%。2021 年,美的集团全面收购库卡公司并完成私有化,库卡公司从德国退市。

美的集团不仅要做智能家居 C 端业务的领跑者,还要做工业解决方案 B 端业务领先者。美的集团拥有超过 5 家代表全球最高制造水平的"灯塔工厂",科技的全球化成就了美的集团成为智能制造领先者的野心。当初美的集团收购库卡机器人有其深刻的战略思考,总结为"三个效应"。

(1)**产品替代效应显著,不能放弃,选择创投**。智能制造转型是大势所趋,机器人替代人是智能时代的主流。任何一个产品不会因为产品本身质量的提高而一直存在,而很有可能被新需求所取代,就像柯达企业倒闭一样。传统家电制造属于劳动密集型产业,劳动力成为制约的显性成本,工业机器人成为替代的刚需,收购库卡公司有助于提升美的集团整体智能制造水平。对任何有实力有野心的高科技企业而言,放弃投资机器人产业都是一大损失。

(2)**企业马太效应明显,与其追赶,不如收购**。机器人行业具有规模经济特征,强者越强、弱者越弱,弱者如果不能在有限时间内站稳市场,就有可能被行业巨头所挤压,直至消亡。随着国家机器人产业和智能制造发展政策的实施,机器人的市场需求逐渐放大,上下游产业规模累计达千亿以上。作为机器人产业链下游的家电企业,美的集团在机器人领域没有任何涉足,在智能制造领域也不是领先者,如何保持竞争力? 采用"换道超车"的收购战略可能是一个不错的选择,如果自建机器人公司,不但要跟中国成长型企业去学经验,还要跟国外成熟型巨头去竞争,对于这样的两面竞争,美的集团毫无竞争力可言,而收购库卡机器人后可以直接进入世界顶级机器人制造商。

(3)**产业辐射效应涌现,不等未来,只争现在**。工业机器人的竞争已处于红海,未来消费领域的机器人应用需求更广泛,增长可能要比工业机器人要快得多。比如,在物流、医疗等领域,机器人智能化协作能力将会越来越高,服务机器人会大量出现。2019 年,库卡公司新成立了中国事业部,将机器人业务扩展至智能物流以及智能医疗等领域。收购库卡公司,不仅有助于提升美的集团在工业机器人领域的能力,还能发掘服务机器人的巨大市场,提供更加多样化的产品。领先的智能制造加速了美的集团多元化的新赛道。2020 年,美的集团整合原来的四大业务板块:消费电器、暖通空调、机器人与自动化系统、数字化业务,重新确立了智能家居、工业技术、楼宇科技、机器人与自动化、数字化创新业务五大业务板块。

差距代表过去,追赶代表未来。在工业"五基"方面,须做好以下三点。

(1)**定位具有发展潜力的产业链**。国产机器人企业尚处于发展阶段,不可能在短时间内替代进口。国外机器人长期占据汽车、电子等应用市场,国产机器人应该在其他领域展开竞争，不断扩大应用领域。我国第三产业在 GDP 中的占比超过50%，机器人技术已从传统制造业推广到第三产业。机器人的应用还会向纵深发展，如电力检测、家庭服务、仓储物流、医疗、建筑、农业、国防等领域。机器人正在为提高生活质量发挥着重要作用，扫地机器人、送餐机器人、手术机器人等服务机器人已得到广泛应用。比如，碧桂园开发的"煲仔饭机器人"在新型冠状病毒感染疫情(以下简称新冠疫情)期间投放餐饮市场；京东开发的配送机器人，具备全景视觉监控系统、前后防撞系统以及超声波感应系统，能实现直接送货至目的地；手术机器人也率先在国内得到应用。2016 年，上海市第六人民医院完成了国内第一例骨科机器人辅助下的膝关节单髁置换手术。手术机器人应用广泛，主要用于腔镜、骨科、血管等手术领域，是蓝海市场。手术机器人和工业机器人零部件基本雷同，但我国手术机器人与国外存在较大差距，国产手术机器人整体渗透率较低。全球最先进的手术机器人"达芬奇"公司市值超千亿美元，已完成千万台以上的手术量，处于绝对领先地位。2007 年，国内引进了第一台达芬奇手术机器人，一套"达芬奇"的售价为 250 万～350 万美元。达芬奇手术机器人由三部分组成：主刀医生控制台、床旁机械臂系统和视频成像系统。医生在三维成像下熟练操作具有 7 个自由度的腕关节，微创手术灵活无颤抖并且高度精准。达芬奇手术机器人涉及专利数量高达 2000 多项，而国产手术机器人关键零部件还需要进口，国内医疗机器人的投资有望进一步加大。

（2）**夯实工业五基产业基础**。必须将强化产业基础能力作为企业发展的驱动力，从技术趋势看，工业机器人在速度、精度、人机交互程度等方面要有所突破，就必须在装备硬件和信息软件两方面同时发力。弥补核心零部件的不足，将控制系统、驱动系统、传感系统、人工智能技术完美集合，实现模块化的机械结构、网络化的视听传感、智能化的操控。

（3）**培养掌握关键技术的工匠型人才**。工业机器人行业属于智能制造行业，融合机械、电气和计算机、人工智能等学科背景，对人才的吸引度高。2022 年，人社部新制定的我国职业分类总数比 2015 年净增 158 个新职业，其中首次标识了 97 个数字经济职业。以工业机器人为代表的智能制造产业受到市场追捧。新兴产业的普通技工的工资普遍比传统产业从业者要高。据人力资源社会保障部调查，45% 的工业机器人系统操作员的薪资是当地平均工资的 2 倍，各类企业对机器人行业的人才需求巨大。

第 2 章

制造软实力：提升发展"三向"

企业的发展是一个多维度的系统工程，既取决于技术研发、产品创新和市场开拓等硬性要素，还与人才价值、企业动力、政策环境等软性要素密切相关。这些要素相互交织、彼此影响，共同构成了企业发展的生态体系。在不同地区，装备制造业的发展也呈现出不同的景象。改革开放以来，中国经济高速发展，对制造业而言，在价值观上也出现了一些不容忽视的问题。

（1）人的角度。受士农工商的传统思想，过去人们崇尚劳技，相信练就好手艺改变生活。现在很少有人在面临择业发展时，优先考虑去做技工，更谈不上花毕生精力去做工匠。在现实就业市场上，传统制造业对年轻人的吸引力越来越低。大多数蓝领职业的获得感、荣誉感在缺失，难以承载让人向往的匠心责任，更多的是网络时代的商业价值、流量经济。

（2）企业的角度。企业以往重视做大做强实体经济，但制造业利润微薄，很多企业处在转型升级的十字路口左右徘徊，在"虚拟化陷阱"的诱惑下，热衷于短平快的房产经济、虚拟经济。比如，某些上市公司为了摘掉 ST 帽子，到年底只需卖掉一套房产，就可以实现扭亏为盈的目标。

（3）政府的角度。政府对制造业的营商环境和扶持力度还有很大的提升空间，很多地方政府过度依赖地产经济，出现"重虚轻实""脱实向虚"的倾向，房地产对经济增长的贡献依旧举足轻重。

制造业稳定发展，离不开人才择业，离不开企业发展，离不开政府引导。党的十九大报告提出，新时代中国社会主要矛盾发生历史性新变化，已转化为人民日益增长的美好生活需要和不平衡不充分的发展之间的矛盾。我国经济已由高速增长阶段转向高质量发展阶段，正处在转变发展方式、优化经济结构、转换增长动力的攻关期，建设现代化经济体系是跨越关口的迫切要求和我国发展的战略目标。必须坚持质量第一、效益优先，以供给侧结构性改革为主线，推动经济发展质量变革、效率变革、动力变革，不断增强我国经济创新力和竞争力。党的二十大报告提出，实现中国式现代化，高质量发展是首要任务。

本章试以振兴发展东北工业、高质量发展长三角工业为例，在新时代背景下，讨论人才、企业、政策在经济发展中的作用。中国工业发展进程大致分成三个时期：第一个时期(1949—1978年)，建国初期的30年，以东北三省为代表的老工业基地率先聚力，为新中国工业建立了坚实的基础；第二个时期(1979—2011年)，改革开放30多年，以长三角、珠三角为代表的发达地区率先改革，为中国建立起完备的工业体系积累了宝贵经验；第三个时期(2012年以后)，中国经济进入新常态，工业发展开始迈向高质量发展阶段。

2.1 以振兴东北工业为例

2.1.1 东北"新中国工业的摇篮"

新中国建立后，国家积贫积弱，百废待兴。中国人民凭借集中力量办大事的制度优势，勒紧裤带、艰苦奋斗，把中国从一个一穷二白的农业国家建成世界上唯一工业门类齐全的国家，离不开东北工业的重要贡献。东北三省是"新中国工业的摇篮"，中国工业很多的第一次都曾诞生于此，如新中国第一辆汽车、第一辆地铁车、第一台电子显微镜、第一架喷气式飞机等。这里同时也是经济实力最雄厚的地区，当时的哈尔滨、沈阳等城市，就如同现在的上海、深圳等城市让人向往。东北三省能成为新中国的"工业长子"具有三个先天优势。

第一，地理优势。东北三省地理位置优越，自然资源丰富，地处东北亚经济圈的核心区域，与朝鲜、俄罗斯两国接壤。区域内蕴藏着大量的粮食、石油、煤炭、钢铁及木材等自然资源，具备显著的资源禀赋优势，为其经济发展提供了坚实的基础。如辽宁的鞍钢，是中国最早也是最大的钢铁生产基地，新中国建造的轮船、汽车、火箭、卫星等所用的优质钢铁均在这里打造。

第二，基础优势。东北三省在继承新中国成立前原东北工业的基础上，得到苏联的技术帮助，配有哈尔滨工业大学、哈尔滨军事学院等著名科研院校，集中了全国大量的尖端技术和优秀人才等资源。

第三，建设优势。国家大量工业项目落户东北。1949—1952年，苏联向我国提供援建项目42个，其中30个设于东北。1953—1957年，中国第一个五年计划开始实施。这一时期,全国有 156 个重点建设项目,其中东北地区有 56 个。随着大量项目和资金的流入,东北迅速成为我国工业聚集度最高的地区,其中辽宁的GDP 一度为全国第一。

随着中苏关系破裂,在"二五"计划时期,国家启动"大三线建设",东北大量机关单位及工厂开始向大西北、大西南等地区转移,由"全国支援东北"转向"东北支援全国",东北工业为全国经济发展和科技进步打下了坚实基础。

改革开放后,高端制造仍旧在这里大放光彩。以"共和国装备部"辽宁为例,装备制造业一度成为辽宁工业的第一支柱产业。代表企业有中国第一家机器人高新技术企业:新松机器人;中国第一家纽交所上市车企:华晨汽车;中国机床的尖端企业:沈阳机床和大连机床;中国歼击机的摇篮企业:沈飞集团;中国最大的轴承企业:瓦房店轴承集团;中国最大的鼓风机企业:沈鼓集团;还有中国第一家上市的信息软件企业:东软集团。

2.1.2 "GDP 低增长"求振兴

改革开放后,中国经济进入增速快车道,现代化进程加速。1978 年,辽宁的经济总量还居上海、江苏之后,位列全国第三。此后的 40 年,东南沿海成为中国发展的前沿阵地,东北经济在全国的地位处于停滞或下降态势,经济增长明显落后于东南沿海地区。20 世纪 90 年代,引以为豪的国企发展更是步履维艰。特别是受亚洲金融风暴、国企改制等影响,东北企业约有 800 万人下岗,占据了全国下岗职工总数 25%。正如歌曲《从头再来》里传唱的:"昨天所有的荣誉,已变成遥远的回忆。"这一时期,东北人口大量流失,这里面既有技术能手又有众多科技人才,很多流向了东南沿海地区。

相比经济增长一骑绝尘的长三角,东北早已望尘莫及。自 2003 年东北振兴战略启动以来,东北地区经济虽得到一定发展,但随着经济进入新常态,东北地区经济也增长缓慢,GDP 经历从上涨到下跌再到恢复,一度出现过阶段性下降。2003—2018 年,东北 GDP 占全国总量的比重从 11.1% 降至 6.2%。

一直以来,辽宁在东北三省中 GDP 最高,GDP 占到吉林、黑龙江两省 GDP 总和的 80%。如图 2-1 所示,2011 年后,东北三省中吉林、黑龙江 GDP 缓慢增长,而辽宁 GDP 经历过两年平稳增长,在 2015 年停滞不前,2016 年出现负增长,并急速下滑。直至 2018 年,辽宁 GDP 总值 25315.35 亿元,仍未超过 2013 年的 27213.22 亿元。2016 年,辽宁、吉林、黑龙江三省经济增速分别为 -2%、6.29% 和 6.17%。辽宁出现负增长,三省增速在全国倒数,经济运行滑出合理区间。究其原因,主要问题在于东北经济结构中重化工业比重大,工业结构单一和不均衡,对整体经济的健康发展很不利。在第一轮振兴东北老工业基地的 8 年中,正逢中国经济高速增长,能源原材料价格上涨,装备需求量大,虽然这对以重化工业为主的东北经济结构是利好,但是当中国经济进入新常态,经济增速下滑,东北老工业基地的重化工业受到的影响首当其冲。东北三省经济结构以国有企业为主,民营经济占比小,众多产业存在产能过剩。随着东北经济地位的下降,东北民营经济的活力也在下降。

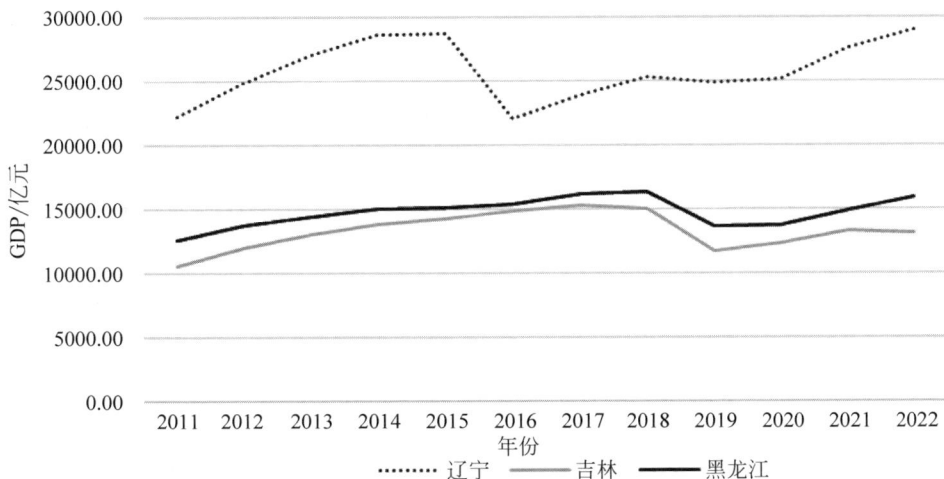

图 2-1　2011—2022 年东北三省 GDP 的变化趋势

来源：根据国家统计局数据整理。

如图 2-2 所示,2003—2022 年,东北三省私营工业企业数量变化不大,民营经济发展滞后,民营经济活力不旺,使东北振兴动能不足。2016 年,国家再次下发《关于全面振兴东北地区等老工业基地的若干意见》,提出鼓励创新创业,把创新作为东北内生发展动力的主要生成点,激发调动全社会创新创业激情。

2.1.3　振兴思变：激发人才、激活企业、优化营商

（1）振兴东北"十喻说"。2013—2018 年,习近平总书记对深入推进东北振兴提出过许多重要论述。新华社《学习进行时》曾总结成振兴东北"十喻"：发展要"金山银山"；练好"内功"；端牢"饭碗"；振兴国有企业这个"龙头"地位；改造升级"老字号",深度开发"原字号",培育壮大"新字号"；要深化改革,要借东风；做好经济社会发展工作,民生是"指南针"；做好"加减乘除",解决产业"二人转"难题；不要贪多嚼不烂,不要狗熊掰棒子,眼大肚子小；敢打三张"牌"：市场牌、攻革牌、创新牌。

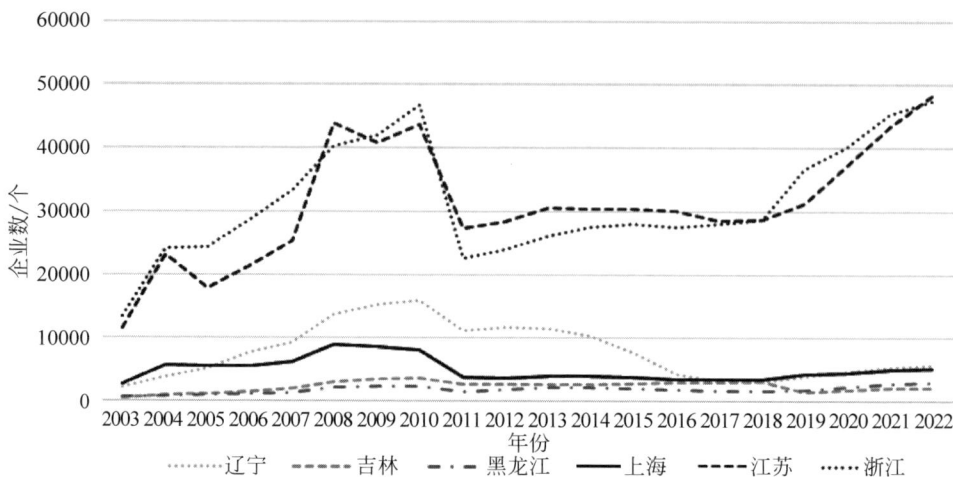

图2-2　2003—2022年东北三省、江浙沪私营工业企业的数量变化趋势

来源：根据国家统计局数据整理。

（2）**振兴东北"加减乘除说"。**关于发展市场经济，调整产业结构，国家领导人曾多次强调振兴东北要"加减乘除说"。2013年，习近平总书记在辽宁考察时强调，全面振兴东北地区等老工业基地是国家既定战略，现在要总结经验、完善政策。深入实施创新驱动发展战略，增强工业核心竞争力，形成三个产业发展新格局。2015年，习近平总书记参加吉林代表团审议时强调，东北等老工业基地振兴发展，不能再唱"工业一柱擎天，结构单一"的"二人转"，要做好加减乘除：加法——投资、需求、创新，减法——淘汰落后产能，乘法——创新驱动，除法——市场化程度。2015年，习近平总书记在吉林考察时强调，振兴东北老工业基地已到了滚石上山、爬坡过坎的关键阶段，结构优化要多策并举，东北地区工业结构比较单一，传统产品占大头、"原字号""初字号"产品居多，这种状况改变得越快越主动，"加减乘除"一起做。要把装备制造业做大做强，加快培育战略性新兴产业，大力发展服务业，改造提升传统产业，扩大基础设施建设，积极发展民营经济。要深入实施创新驱动发展战略，发挥创新对拉动发展的乘数效应。要减少政府对市场的不合理干预和对市场主体的不合理管制，优化营商环境，从放活市场中找办法、找台阶、找出路。

（3）**振兴东北"五大安全说"。**东北的"五大安全"是指维护国家国防安全、粮食安全、生态安全、能源安全、产业安全，这是国家赋予东北地区的重要使命和战略定位。东北资源条件较好，产业基础比较雄厚，区位优势独特，发展潜力巨大，维护国家产业安全的战略地位十分重要。2018年，习近平总书记在辽宁考察时强调，要依靠创新把实体经济做实、做强、做优，坚持凤凰涅槃、腾笼换鸟，积极扶持新兴产业加快发展,尽快形成多点支撑、多业并举、多元发展的产业发展格局。2023年,习近平总书记在辽宁考察时强调,推动东北全面振兴,牢牢把握东北在维护国家"五大安全"中的重要使命,牢牢把握高质量发展这个首要任务和构建新发展格局这个战略任务。

2023年,是东北振兴战略实施20周年,推动东北全面振兴面临新的重大机遇。如何发挥东北地区比较优势,走出一条高质量发展、可持续振兴的道路,也面临着改革的难题。东北有个俗语:"投资不过山海关",指的是东北地区经济走势低迷,营商环境的恶化。对比沿海发达地区,当地人口老龄化,人口流失严重,人口红利正逐渐削弱。人才成长环境、企业发展环境、营商经济环境都亟须变化,激发市场主体活力和发展动力,壮士断腕促转型,刀刃向内去弊病。

1. 人口回流要像"东北天气"变化一样迅速

在东北地区,"孔雀东南飞"的现象明显。从过去的闯关东到现在的逃关东,人口流失比经济下滑更可怕。如图2-3所示,2003—2022年,东北三省常住人口的数量呈现下降趋势。

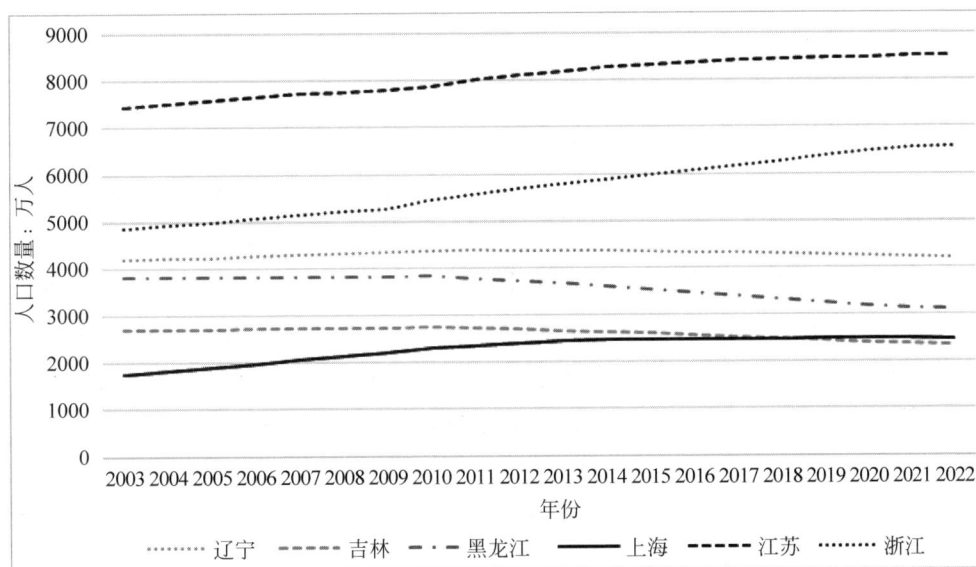

图2-3　2003—2022年东北三省、江浙沪年末常住人口的数量变化趋势

来源:根据国家统计局数据整理。

2021年,第七次全国人口普查数据显示,东北地区总人口为9851万人,占全国总人口的6.98%,比十年前减少了1101万人。在年龄结构方面,全国老人最多的地方主要在东北。如表2-1所示,辽宁的老龄化率25.72%,居全国第一。

表 2-1 2021 年东北三省、江浙沪 60 岁以上老人占比及数量

排名	地区	60 岁以上占比/%	60 岁以上数量/万人
1	辽宁	25.72	1095.45
2	上海	23.38	581.48
3	黑龙江	23.22	739.56
4	吉林	23.06	555.13
6	江苏	21.84	1850.99
18	浙江	18.70	1207.71

东北三省的老龄化非常严重,主要原因是经济低迷,就业机会少,年轻人大量流出。年轻人收入低,不生育的也就越来越多。人才竞争力是未来创新发展的真正引擎,人口要回流,要保持人才优势,就要把引进人才、培养人才、留住人才、用好人才放在优先位置。

(1)留住人才,短期的收入要有,长期的发展更要有。尊重人才,人才如何留下,既要有合理、有竞争力的收入,也要让人才看到未来发展的空间。知人善用,只有打破长期以来论资排辈的用人机制,破格提拔干部,让想干事、能干事、干成事的人走到舞台前面。为人才创造机会,提供舞台,提高工资标准。在企业内部必须建立科学合理的人才选拔机制,建立人才发展上升通道,打破资历限制,打破制度框架限制。肯定人才的价值,才能让人才拥有归属感,才能更好地留住人才。注重情感留人、事业留人,让人才看到美好的未来,实现人生的价值。

(2)吸引人才,就业渠道不能只有国有企业,渠道要广泛。由于东北地区国有企业占比大,民营企业发展不够发达,社会工资平均水平较低,人才外流严重。即使有想留在东北地区的人才,也把就业目标主要放在行政和事业单位。这不能说人才都有抱铁饭碗的思想,而是地区经济不发达,企业效益不好等市场因素,给人才就业的渠道有限。新兴产业、创业公司对年轻人的吸引力近年来越来越呈现下降趋势,政府要鼓励人才流向非行政事业单位,要多给一些政策扶持。

(3)引进人才,不能只盯外部,要优先考虑东北人才。引进高端人才应该优先考虑本地人才,本地人才对家乡有情感,他们希望有平台、有作为的机会。既能施展个人才华又能造福家乡,这对人才来说是巨大的激励。

2. 走向市场经济要学"东北二人转"走向全国一样热情

在东北地区,国有经济"一股独大"的现象非常突出。传统的资源型产业结构和粗放型经济增长方式,使东北形成了较为单一的产业结构,破解单一经济结构困局就是要鼓励企业走向市场,加速市场、产业、要素一体化,鼓励民间资本发展。

（1）企业不仅要考虑去负债包袱，还要按市场经济规则激活企业。国企改革既不是等着靠输血，也不是卖掉甩包袱，更不是国退民进。不能把手段当成目标，而是要激活国企，否则会事倍功半。在国企改制过程中，出现了诸如产权交易不公开透明、管理权力与职工权利冲突等众多问题，都是违背了市场经济的法治精神。要把员工利益和企业健康发展纳入法治框架中，不能让改制成本成为阻碍市场经济健康发展的绊脚石。要坚持多主动向市场要效益，少主动向政府减负债，增强企业适应市场经济的竞争活力；要坚持市场化业绩目标和灵活薪酬机制相结合，业绩与薪酬联动，薪酬"能增能减"，充分发挥市场机制作用，持续激发管理人员的工作激情；要坚持党管干部原则与现代企业选人用人机制相结合，领导岗位与责任挂钩，党管干部就是要追责，不能干好了就说是自己的功劳，干差了就说是机制的束缚，职位"能上能下"，不能单按市场经济那套，干差了拍拍屁股走人，要严格执行一把手追责制。

（2）市场经济不仅要有国有经济，还要有多种经济成分共同发展。东北工业有一个鲜明的标签，那就是重工业，而且几乎都是国企。长期以来，民营经济不够活跃，不能走到台前，无论在中国企业500强还是中国民营企业500强，都很少看到东北企业进入榜单。激发各类市场主体发展新活力变得尤为关键。东北民营企业有着规模小、配套性不足、科技含量不高等特点，长期都是作为东北国有经济的配套产业，和国有经济有着千丝万缕的关联，处于产业链的末端，成长空间有限，很难做大、做强。所以东北的民营经济要有走出国有产业链束缚的勇气，走出关外找市场，走向全国找未来。激活东北民营经济，使东北经济走向良性的增长。成立于2000年的新松机器人公司，虽隶属于中国科学院沈阳自动化所，但作为面向市场的企业来说，却是一穷二白，无钱无地无厂房无设备，只有区区20多人创业。企业从无到有，多次打破国外的技术垄断与封锁，经过十多年发展成为中国最大机器人集团，成为机器人本土人才集中地。"十二五"期间，新松公司产值每年保持30%以上的速度增长，行业市值仅位于ABB、发那科之后，位列全球第三。在东北老装备企业集体落败于市场时，新松公司硬是在东北老工业基地造就了一个年轻而有国际竞争力的神话。

（3）产业不能只有重工业，还要有多种产业并存发力。东北是最早进入计划经济体制的地区之一，但又是最难走出计划经济体制的地区，市场经济发展不活跃，发展环境欠佳，重工业太重，轻工业太轻。东北工业面临的问题有经济总量仍然偏小，新经济、市场主体发育不够，先进的商业模式发展不足，第二、三产业发展不平衡，实体经济亟须壮大促进第三产业的发展。对于第一产业，要加快发展现代化大农业,积极构建现代农业产业体系,使现代农业成为重要的产业支撑,用东北先进的装备武装东北的高效农业,东北黑土地照样能做出工业化的文章,促进各产业之间的互动。积极扶持新兴产业加快发展,形成多点支撑、多业并举、多元发展的产业发展格局。

3. 政府治理要像"东北天池"流水一样清澈透明

营商环境是招商引资的"牛鼻子",法治是最好的营商环境,政府要保障各类市场主体平等参与市场竞争。在东北地区,通过"看得见的手"来发展经济的现象还是大量存在。

(1)不断解放思想,改革创新不是"新瓶装旧酒"。东北地区处于东北亚经济圈和"一带一路"重要枢纽地带,区位和政策优势明显,要抓住国内和国外的机遇,只有努力改变落后思想观念、突破体制机制束缚,才能建成中国的一个新窗口经济中心。解放思想不能依赖"等、靠、要",要从自身突破,例如,从 2000 年开始,由北京大学俞可平教授担任负责的"中国地方政府创新奖"项目在全国开展,该奖旨在激励地方党政机关和群众团体的改革与创新,到 2015 年,总共举办了八届,先后有 2004 个各级政府的创新项目申报此奖项,其中有效申报项目 1334 个。共有 178 个项目获得入围奖,其中 80 个项目获得优胜奖,集中体现了近年来地方政府在政策方面的创新能力。浙江省以 27 个获奖项目名列第一,广东、江苏、上海等发达地区省市均名次较高,地区经济是否发达和地方政策创新成绩还是呈现正相关的。但是身处欠发达地区、肩负西部大开发战略的重要省份四川,却以 12 项获奖数位列第二。而实施振兴东北战略的辽宁、吉林、黑龙江三省分别以 3 项、2 项、2 项处于劣势,其中辽宁还有 1 项政策项目因不能持续被中止。四川的政策创新要远远高出东北三省。如果再对比四川与东北三省近年来的 GDP 增长率,不难看出,无论在全国经济高速增长时,还是在经济增长整体下行时,四川都一直保持着较高的增长率。东北三省经济短暂下行不会限制政策创新能力的空间,相反,政策创新反而会提速经济发展。2016 年,全国省级层面第一部营商环境法规《辽宁省优化营商环境条例》出台,2019 年 10 月施行条例,条例确立了坚持以政治生态的持续净化、法治环境的持续改善,促进和保障营商环境根本好转为目标。同年 10 月,国务院发布《优化营商环境条例》,自 2020 年起施行,条例明确了优化营商环境的原则和方向,加强市场主体保护。

(2)优化资源配置,服务型政府不是管制资源。处理好政府和市场的关系是经济体制改革的核心问题。针对政企不分,该下放到企业的权力必须下放,该放宽给企业的政策必须放宽，让企业有自主经营权，灵活地面对市场经济的竞争。以政府权力的"减法"换取市场活力的"乘法"，政府不但要减少对国企的管控，给国企释放资源，而且要给非国有企业平等的资源，促进各种资源要素在各个市场主体中自由流动，优胜劣汰。

（3）优化营商环境，招商引资不能搞"竭泽而渔"。优化营商环境要有长远眼光，不能只顾眼前、不顾长远。放下"管理员"架子，树立"店小二"服务意识，以营商环境升级带动招商质量的跃升。在经济欠发达地区，营商环境差不是政策给的不足，而是思想认识不足，作风建设跟不上。企业和政府难打交道，企业存在不愿和政府打交道，也不敢和政府打交道的思想。企业害怕政府有事没事烦企、扰企、干企，企业的重心应该是放在经营上，而不是更多地放在和政府谈判上。招商引资是"一把手"工程，投资涉及土地、水、电、交通、配套服务等软环境的及时承诺兑现，但实际执行中隐约会出现政策执行打折扣、层层加码，县官不如现管的现象。企业投资落地后，各职能部门面对企业的需求不能及时做到服务到位，投资大事好谈，办事小事难谈，推诿扯皮常而有之，喜欢打小算盘，没有一盘棋的思想。优化营商环境人人有责，殊不知，赶走了一个，跑走了一批；失信了一个，失去了一批。要解放思想，以一流的服务、优良的作风，营造更加良好的发展环境。

2.2 以高质量发展长三角工业为例

2.2.1 长三角"改革开放的破冰者"

如果说东北工业是成长在新中国下的万众一心，那么长三角工业就是成长在改革开放下的百花齐放，是高质量发展的样板区。长三角地区自古以来就是我国经济最发达、人口最集中的地区之一。人们一般从其原有的江南历史传承、经济基础、得天独厚的区位优势等方面来说明其形成的原因。毫无疑问，这些因素对长三角现存的工业结构有着重大影响，但更重要的是改革与创新。潮起长三角，改革开放以后，地处沿海的江浙沪地区处在中国发展的前沿阵地，成为时代弄潮儿、改革排头兵，主要表现在以下六个方面。

第一，市场化。长三角地区，尤其是沿海城市立足市场，闯出新路，成为改革的开路先锋。建设市场化、法治化、国际化的营商环境，较快地推动生产要素合理流动，市场经济在这里蓬勃发展。

第二，城市化。城市化是最核心也是最复杂的命题。城市化是工业化的载体、市场化的平台和国际化的舞台，所派生出的消费和投资是拉动经济增长的主要动力。长三角人口集聚、人才富集、科技水平高，较早地发展城镇化，推动城市化发展，较快地促进了经济增长。

第三，工业化。工业化是城市化的基础，长三角借助全球制造业产业转移的机遇，发挥劳动力、土地、制度等优势，承接了大量国际产业转移，成为经济发展又好又快的前沿阵地。

第四，产业国际化。发展出口导向型产业，长三角通过参与国际经济循环，以出口需求为经济增长的重要动力，拉动了区域的投资需求与消费需求，形成了推动经济增长的综合性力量。

第五，区域经济一体化。长三角制定并实施多层次多领域的合作机制，交通流、人流、物流等区域一体化加速了城市群的形成，最终以都市圈辐射整个地区工业。

第六，产业结构高质量化。长三角正处在转变发展方式与优化产业结构的关键阶段，产业链供应链相对完备，产业布局集中且高度协同，形成了现代产业集群。

1. 上海工业发展从中外合资开始，以"浦东模式"为代表

上海以约占全国万分之六的面积，2%的人口，吸引了超过1/10的实际使用外资金额。20 世纪 80 年代，上海率先将吸引外资作为发展的重要突破口。1979 年，国家颁布《中华人民共和国中外合资经营企业法》，这是中国第一部关于合资经营的法律。1980 年，中国迅达电梯有限公司上海电梯厂成立，成为中国第一家工业性中外合资企业。1984 年，中国第一个中外合资整车制造厂上海大众汽车成立，中德双方投资比例各为 50%，合营期限 25 年，开启中国汽车工业对外开放、合资合作的先河，随后进入中国的外资汽车公司基本沿用了这种合资经营模式。上海大众汽车建成后，迅速改变了中国汽车工业的制造格局，早期桑塔纳汽车国产化率仍然不到 4%，到 20 世纪 90 年代中期，桑塔纳轿车基本实现国产化。零配件配套1/3 由上汽自己造，1/3 由上海配套厂提供，1/3 由全国各地提供，对全国轿车零部件制造的带动作用非常明显。上汽大众汽车一度成为中国最大的轿车生产基地和上海第一支柱产业。同年，第一家中外合资通信企业上海贝尔成立，是中国现代通信产业的支柱企业。2002 年，上海贝尔阿尔卡特股份有限公司成立，成功完成转股改制，并成为中国第一家外商投资股份制公司。

20 世纪 90 年代，上海对外开启了浦东模式。1990 年，中央作出浦东开发开放的重大决策，在浦东实行经济技术开发区和某些经济特区的政策。浦东开发启动

之后,有实力的跨国公司陆续进入。1997 年,美国通用汽车项目落地浦东金桥,成立上汽通用汽车及泛亚汽车技术中心,成为浦东开发的重大标志性项目。上汽通用汽车工厂从项目开工到第一款产品下线,仅用了 23 个月,创造了上海工业速度。20 世纪 90 年代以后,上海的建设目标是"一个龙头"(浦东),"三个中心"(经济中心、金融中心、贸易中心),服务全国。

进入 21 世纪,上海定位现代服务业和先进制造业,打造总部经济。2002 年,上海出台全国首个吸引跨国公司设立地区总部的政策,吸引世界 500 强和跨国公司总部机构。目前上海是中国内地跨国公司地区总部机构最集中的城市,截至 2020 年年底,累计认定跨国公司地区总部 767 家,其中财富 500 强企业落户地区总部 112 家。2013 年,上海自由贸易试验区在浦东设立,这是我国设立的第一个自贸试验区,对照国际最高标准,强化制度创新,这是上海在更高层次的对外开放中主动引领改革。浦东 80% 的金融机构与跨国公司总部聚集在自贸试验区,截至 2020 年年底,自贸试验区以 1/50 的面积创造了上海 40% 的贸易总额。现在,上海建设的定位是"五个中心"(经济中心、金融中心、贸易中心、航运中心、科技创新中心),已成为长三角一体化的龙头城市。

2. 江苏工业发展从乡镇企业开始,以"苏南模式"为代表

江苏苏南(通常指苏州、无锡、常州三市)是中国民营经济和外资经济最活跃的区域之一。"苏南模式"的概念最早由费孝通先生提出,通过发展乡镇企业实现非农化发展方式和路径,其主要特征是:农民依靠自己的力量发展乡镇企业;乡镇企业的所有制结构以集体经济为主;乡镇政府主导乡镇企业的发展;先工业化再市场化。乡镇企业的前身称为社队企业。20 世纪 70 年代初,江苏首次提出"围绕农业办工业、办好工业促农业",兴办社队工业企业。改革开放后,乡镇企业快速发展,打破了中国传统的城乡二元化结构。到 1978 年年底,江苏已有 55496 个独立核算的社队工业企业,职工近 250 万人,年总产值达 62.56 亿元,居全国各省、区、市首位。1979 年,国务院颁发《关于发展社队企业若干问题的规定(试行草案)》,加速了我国农村发展工业的进程。1980 年,江苏成为全国社队工业产值第一个超百亿元省份。1984 年,社队企业改称为乡镇企业,苏南乡镇企业掀起风起云涌的创业大潮,发扬"四千四万"精神(踏遍千山万水、吃尽千辛万苦、说尽千言万语、历经千难万险),依托于城市工业,农村富余劳动力发展集体经济为主体的乡镇工业。20 世纪 80 年代,苏南乡镇工业产值占全省乡镇工业产值的 60% 以上,1992 年,苏州乡镇工业完成产值占全市工业总产值的比重首次超过 70%。90 年代末,苏南大部分乡镇企业改制成为集体控股的股份制企业或股份合作制企业，促进了当地民营经济的发展，江苏民营企业 200 强中 50％ 以上在苏南。

自 20 世纪 90 年代开始，"苏南模式"开始大力发展外向型经济，并成为江苏"外资经济"的一张名片，外向型活力凸显。第一，利用外资。上海的开放使大量外资涌入，苏南成为中国吸引外资最多的地区。中国最早的跨国工业园就诞生在苏南，1994 年，中国和新加坡两国政府分别出资占股 35％ 和 65％，成立中新苏州工业园区。这次合作被誉为"中国改革开放的重要窗口"。经过多年发展，在 2021 年度国家级经济开发区综合评价中，苏州工业园区排名第一，六连冠。苏州工业园区已成为江苏省首个外资总部经济集聚区，这里已经形成了"2＋3＋1"特色产业体系：两大主导产业为新一代信息技术、高端装备制造，三大新兴产业为生物医药、纳米技术应用、人工智能，以及现代服务业。第二，融入上海。上海经济的辐射让苏南成为上海的工业"后花园"，很多产业如纺织、机械、电子等产业转移至江苏。

如今苏南发达的县域经济、成熟的民营经济、强劲的外资经济支撑了江苏的工业格局。以苏州为例，苏州工业的特点是民资和外资共生共赢。根据江苏省统计局数据显示，2020 年，苏州成为中国首个 GDP 超 2 万亿元的地级市，下辖各县市全部进入中国百强县前 10 名，苏州被誉为"中国经济最强地级市"。苏州同时也是中国工业体系最完备的城市，2021 年，苏州成为中国首座工业产值超 4 万亿元的地级市。2023 年，苏州规模以上工业产值达 4.43 万亿元，仅次于深圳，位居全国第二位。其中制造业贡献了超过 98％ 的产值，恒力集团、盛虹控股集团、沙钢集团既是江苏民企前三名，也是世界 500 强。苏州工厂的制造水平也是国内最好的，截至 2023 年年底，在世界经济论坛全球"灯塔工厂"中，苏州拥有 7 家：强生医疗（苏州）工厂、宝洁（太仓）工厂、博世（苏州）工厂、纬创（昆山）工厂、联合利华（太仓）工厂、亿滋食品（苏州）工厂、亨通光纤（苏州）工厂，数量居全国第一。

3. 浙江工业发展从民营经济开始，以"温州模式"为代表

温州地处浙江东南部，山多、水多、平原少，自古资源缺乏、交通不便。不同于"苏南模式"的先天优势（地理环境、交通便捷、经济基础等）和后天机遇（政府主导、乡镇企业、人才技术等），"温州模式"有点像游击队，主要以家庭工业、专业化市场的方式发展非农产业，从而形成小商品、大市场的发展格局。乡镇企业看苏南，家庭工业看浙南。1986—1998 年，费孝通先生曾三次来到温州，发表的《小商品 大市场》《家底实 创新业》《筑码头 闯天下》，深刻展现了温州民营经济不同阶段的发展活力，以"温州模式"为代表的民营经济带动了浙江民营经济的改革发展。早期的

"温州模式"有其自身的发展特点。

（1）企业自下而上的发展。大多数企业是在家庭作坊的基础上发展起来的，属于非集体经济的市场化发展。在温州，每10人中约有1人经商，多为个体户或私营企业主。1980年，这里诞生了中国第一张个体工商户营业执照。1982年，温州就已出现创业小高潮，个体工商企业超过10万户，约占全国总数的1/10。

（2）企业以生产小商品为主。温州企业白手起家，起点比较低，从低端代工生产到小商品产品全面覆盖，比如，皮鞋、打火机、电气开关、眼镜和服装等产业。这些产业经过大浪淘沙，让温州从当初的小微企业，蜕变成现在的以正泰、德力西、长城电器等企业为代表的"中国电器之都"，以奥康、康奈、红蜻蜓等企业为代表的"中国鞋都"。

（3）企业走出去发展。温州及周边区域城市化发展相对缓慢，产业集中度不高，资源供需不充分，市场交易有限，带来人才和资本的外溢效应。敢闯敢拼的温州人行商坐贾，开始寻求外部发展，足迹遍及全国各地，创业海外。在外创业的温州人四海为家，在全国各地建有250多个温商商会从事商业活动。

（4）民间资本活跃。温州很多企业主要从事民间投资和民间金融活动，民间借贷活跃，早期曾经解决了企业融资难的问题，壮大了市场主体，但同时也缺乏监管。2011年前后，温州民企曾出现过集资、借贷投资房地产的现象，房产贬值后，一度引发过温州民间借贷危机。

（5）资源承载力不足。温州地区经济发展面临的生态资源、人力资源等承载能力不足的问题较为突出，其中温州企业的管理模式偏向家族化管理，再加上温州的城市化发展远远滞后于工业化，人才、技术难以高度集聚。

（6）产业转型亟待升级。温州产业经济长期以轻工业为主，轻工小商品是指生产规模、技术含量和运输成本都较低的商品，产品附加值低，属于劳动密集型产业。城市工业缺乏规模化的科技型产业作为支撑，轻工业对经济增长的带动性不强。

20世纪90年代末，温州经济快速发展，在浙江各市中脱颖而出。根据浙江省统计局数据显示，到21世纪初，浙江GDP前三名是杭州、宁波、温州，3个城市GDP在1000多亿元，差距不大。但随着网络经济和外资经济高速发展，处在长三角核心带上的杭州、宁波发展迅速。温州经济发展速度明显放缓，特别是2008年金融危机之后，出现民间借贷危机、大量企业破产倒闭等现象。到2011年，温州GDP增长后劲乏力，杭州GDP为7037亿元，宁波GDP为6075亿元，温州GDP为3408亿元，温州与前两名的GDP开始形成倍数差异。2003—2016年，在长三角历次城市扩容规划中，温州一直没有划入长三角。但"温州模式"没有过时，对内产业转型升级，对外区域融合发展，以吸引更多的人才、技术、资本、产业。2019年，《长江三角洲区域一体化发展规划纲要》明确将温州列为第 27 个长三角中心区城市。自 2022 年开始,杭温高铁、甬台温高铁等温州高铁将陆续建成,温州深度融入长三角,在区域合作和产业联动中培育发展新动能。

2.2.2 "GDP 高增长"求高质量

长三角地区是中国经济增长的火车头。长三角城市合作起源于 1992 年建立的"长三角 15 个城市经济协作联席会议制度",从最初的 15 个城市成长为现在的三省一市。长三角以占全国 3.7% 的土地面积,聚集了全国 16.7% 的人口,创造了全国 1/4 的经济总量。如果把长三角作为一个独立的经济体进行核算,它可以位列世界前五经济体,经济总量相当于德国。长三角拥有市场主体近 3000 万家,是中国经济发展最活跃区域之一,是国家综合竞争力的重要窗口。其中江浙沪区域互联互通,人流、物流、资金流密集,上海资本市场开放、江苏制造业强、浙江互联网经济活跃,可谓是"资本"+"制造"+"互联网"产业组合的典范。

长三角经济是一个强劲的经济增长极。目前长三角已由高速增长阶段转向高质量发展阶段,是我国最早进入世界前六大城市群的超大型城市群。相比珠三角,除核心城市外,长三角其他城市区域发展较均衡。2008 年,国家首次提出推进长江三角洲地区一体化发展,期间,长三角经过数次扩容发展成 41 个市。2018 年,长三角一体化发展上升为国家战略,同"一带一路"倡议、京津冀协同发展、长江经济带发展、粤港澳大湾区建设相互配合。着力落实新发展理念,构建现代化经济体系,推进更高起点的深化改革和更高层次的对外开放。2019 年,国家发布《长江三角洲区域一体化发展规划纲要》,这是对长三角向更高质量发展的顶层设计,开启了一体化发展的新篇章。

第一,在产业结构方面,长三角各有优势和定位。长三角依据资源禀赋和产业特色,打造若干规模和水平居国际前列的先进制造产业集群,推动产业链关键领域创新,推动产业转型升级。

(1)上海优势。上海服务功能显著,围绕国际经济、金融、贸易、航运和科技创新"五个中心"建设,提升上海大都市综合经济实力,引领长三角一体化发展。

(2)江苏优势。江苏制造业发达、科教资源丰富、开放程度高等优势显著,推进沿沪宁产业创新带发展,加快苏南自主创新示范区、南京江北新区建设,打造具有全球影响力的科技产业创新中心和具有国际竞争力的先进制造业基地。

(3)浙江优势。浙江数字经济领先、生态环境优美、民营经济发达等优势显著,推进大湾区大花园大通道大都市区建设,整合提升一批集聚发展平台,打造全国数字经济创新高地、对外开放重要枢纽和绿色发展新标杆。

（4）安徽优势。安徽创新活跃强劲、制造特色鲜明、生态资源良好、内陆腹地广阔等优势显著，推进皖江城市带联动发展，加快合芜蚌自主创新示范区建设，打造具有重要影响力的科技创新策源地、新兴产业聚集地和绿色发展样板区。

第二，在工业结构方面，长三角聚焦国家战略需求。长三角均已形成"三、二、一"型产业结构，2020 年第三、第二和第一产业增加值分别为 13.8 万亿元、9.7 万亿元、1.0 万亿元，占长三角地区生产总值的 56%、39% 和 4%。长三角传统行业如医药、化工、机械、机床、汽车等，在地区经济生产总值中依然占有重要地位。推动制造业高质量发展，坚持需求导向、问题导向、效果导向，聚焦集成电路、新型显示、物联网、大数据、人工智能、新能源汽车、生命健康、大飞机、智能制造、前沿新材料十大重点领域。随着长三角经济增长模式改变和能源"双控"标准出台，长三角2030 年和 2060 年单位 GDP 能耗将降低至 2020 年的 70% 和 25% 左右，逐步淘汰附加值低、技术水平低、能耗高、污染物排放高、安全生产风险高的"三高两低"企业，产业结构更加趋向先进制造业。例如，2018 年，江苏在全国率先出台《关于加快培育先进制造业集群的指导意见》，13 个集群瞄准世界先进制造，培育一批国际领先的行业龙头企业、"单项冠军"企业，形成若干世界级先进制造业集群。"十四五"期间，长三角先进制造业如表 2-2 所示。

表 2-2 "十四五"期间长三角先进制造业汇总

三省一市	先进制造业的产业方向
上海	推动集成电路、生物医药、人工智能三大先导产业规模倍增，加快发展电子信息、汽车、高端装备、先进材料、生命健康、时尚消费品六大重点产业，构建"3+6"新型产业体系，打造具有国际竞争力的高端产业集群
江苏	围绕 16 个先进制造业集群和 64 个细分产业领域，重点聚焦集成电路、生物医药、人工智能等前沿领域，积极发展新一代信息技术、新材料、节能环保、新能源、新能源汽车等产业，重点打造物联网、高端装备、节能环保、新型电力（新能源）装备、生物医药和新型医疗器械等万亿级产业集群
浙江	重点发展新一代信息技术产业、生物医药和高性能医疗器械、新材料、高端装备、节能环保与新能源等新兴产业，巩固提升汽车、绿色石化、现代纺织、智能家居等优势产业
安徽	加快发展新一代信息技术、人工智能、新材料、节能环保、新能源汽车和智能网联汽车、高端装备制造、智能家电、生命健康、绿色食品、数字创意十大新兴产业

目前长三角地区已形成了"一盘棋"的先进制造业产业链群。以集成电路、生物医疗、汽车工业领域为例展开介绍。

（1）集成电路领域。长三角地区是国内最主要的集成电路开发和生产基地，产业主要分布在上海、苏州、杭州、无锡等城市群。上海已成为产业链最完备的集成电路制造基地；苏州已成为集成电路封装基地；杭州已成为集成电路设计基地；无锡已成为集成电路完整产业链基地。

（2）生物医药领域。长三角形成了以上海为核心，江苏、浙江为两翼的生物医药产业园区。上海是我国生物医药技术研发与成果转化中心；江苏是生物医药产业成熟的地区，生物医药产值位居全国之首，有南京、苏州和泰州三大基地；浙江的生物医药形成了集中间体、原料药、制剂、流通于一体的完备产业链。

（3）汽车工业领域。汽车工业是现代工业中产业链最长的行业之一，长三角地区聚集了100多个年工业产值超过100亿元的汽车产业园区。上海汽车产业基础雄厚，汇聚了上汽、特斯拉等龙头企业；江苏汽车零部件制造、新能源电池产业配套齐全；浙江新能源、车联网、汽车零部件极具优势，如吉利汽车；安徽打造新能源汽车产业高地，如蔚来、奇瑞、江淮等企业。

第三，在要素配置方面，长三角集聚创新资源。2020年，科学技术部印发《长三角科技创新共同体建设发展规划》，强调以"科创＋产业"为引领，充分发挥上海科技创新中心龙头带动作用，强化苏浙皖创新优势，努力建成具有全球影响力的长三角科技创新共同体。共同体建立与科技创新区域协同攻关相适应的制度措施，完善各类创新主体充分参与、有效协同的机制，提高科技资源配置效率。2021年，由上海长三角技术创新研究院联合江苏、浙江、安徽等地相关机构共同组建的长三角国家技术创新中心，打造了长三角科技创新共同体平台，面向国家和长三角重点产业发展需求，发挥企业创新主体作用，布局关键技术攻关，促进产学研合作、大中小企业融通，带动项目、人才、基地、资金一体化配置，推动重点产业链关键核心技术自主可控。

第四，在合作共赢方面，长三角深度融合。为推动人才、技术、资本、信息等创新要素跨区域自由流动，2022年，长三角三省一市签署了《长三角地区市场准入体系一体化建设合作协议》，这意味着长三角地区"一网通办"的统一大市场正在形成。目前长三角区域一体化，已基本建成了多个现代化的都市圈。

（1）上海大都市圈（包含上海、无锡、常州、苏州、南通、宁波、湖州、嘉兴、舟山9市）。2022年，上海、江苏、浙江三地政府联合发布《上海大都市圈空间协同规划》，这是全国首个跨区域、协商性的国土空间规划。上海大都市圈是我国继南京、重庆之后第三个跨省都市圈，也是世界级都市圈，GDP甚至超过了俄罗斯和韩国等发达国家。上海大都市圈将共建世界级高端制造集群体系，与南京、杭州、苏锡常、宁波都市圈等互为腹地、相互促进。

（2）南京都市圈（南京、镇江、扬州、淮安、马鞍山、滁州、芜湖、宣城和常州市

（仅含金坛区、溧阳市）9 市）。2021 年,南京都市圈被国家发展改革委正式批复规划,是第一个国家级都市圈,也是我国第一个跨省都市圈。

（3）杭州都市圈（杭州、湖州、嘉兴、绍兴、衢州、黄山 6 市）。2018 年,衢州、黄山 2 市正式加入杭州都市圈。2020 年,6 市发布了《杭州都市圈发展规划（2020—2035 年）》,到 2035 年,都市圈实现全面融合,一小时通勤圈内实现同城化发展。当然杭州都市圈还在扩容中。

（4）苏锡常都市圈（苏州、无锡、常州 3 市）。苏锡常地区连成一片,GDP 总值高于上海,是江苏接轨上海、辐射长三角的桥头堡,并参与上海大都市圈建设,全面强化与上海的功能对接与互动,加快推进沪苏通、锡常泰跨江融合发展。苏州在上海大都市圈的规划中定性为全球性综合城市。

（5）宁波都市圈（宁波、舟山、台州 3 市）。宁波都市圈北接上海,西连杭州,向南则可与温州合作,世界一流港口宁波舟山港货物吞吐量已跃居全球第一。宁波都市圈是"一带一路"重要的枢纽节点,主要依托自贸试验区,积极建设义甬舟开放大通道,更多承担对外开放的职能。

（6）合肥都市圈（合肥、淮南、六安、滁州、芜湖、马鞍山、蚌埠、桐城（县级市）8 市）。合肥都市圈集中了安徽省内 GDP 排名前三的合肥、芜湖、滁州 3 市,主要依托实体经济,打造世界级电子信息产业集群,引领长三角内陆腹地的增长极。由于靠近南京,该都市圈中心城市辐射带动能力略显不足,同南京都市圈协同发展。

（7）环太湖都市圈（环太湖的苏州、无锡、常州、湖州、嘉兴 5 市）。环太湖都市圈虽未正式列入国家级都市圈,但各市在生态共治、交通互联、产业协同等方面的实践已走在长三角一体化前列。

2.2.3　高质量思变：激发人才、激活企业、优化营商

长三角发展的"两个关键词"。习近平总书记指出,实施长三角一体化发展战略要紧扣一体化和高质量两个关键词,以一体化的思路和举措打破行政壁垒、提高政策协同,让要素在更大范围畅通流动,有利于发挥各地区比较优势,实现更合理分工,凝聚更强大的合力,促进高质量发展。

长三角发展的协同创新。2018 年,长三角三省一市在上海组建并成立长三角区域合作办公室,一体化进程从行政协调机构设立开始迈出了坚实的步伐,着力协调解决省际合作重大问题,开展协同创新路径研究,推动改革试点经验复制共享等。如"长三角生态绿色一体化发展示范区""长三角产业协同一体化发展示范区""长三角科技创新一体化发展示范区"等跨区域示范区建设有利于解决共性问题。

一体化发展战略是优势互补、资源共享，以创新和发展的确定性对冲外部环境变化的不确定性。

1. 人才发展要既有"领先"，又有"领军"

人才旺则科技兴，科技兴则事业长。长三角作为中国高校密集区，教育资源发达，科技实力雄厚，在全国处于绝对领先优势，打造人才共建共享平台，有助于联合提升原始创新能力，形成人才创新特区。

（1）内引国内高端人才，外引国际领军团队。以产引人，以城留人，形成一批攻关项目、汇集一批顶级人才。一是结合国内特色，培养锻炼，给国内创新人才施展抱负的舞台。二是结合地区特色产业，有针对性地无缝对接国际项目团队，实现平稳落地，扎根发展。引进一批人才，就有机会引进一批团队，就有可能引进一批创业项目，培育一批头部企业。

（2）优化人才结构，促进百花齐放。让人才愿意来，留得住，建立引才、育才、留才、用才的一体化人才保障服务标准，实行人才评价标准互认制度。允许地方高校按照国家有关规定自主开展人才引进和职称评定。鼓励沪苏浙一流大学、科研院所到安徽设立分支机构，促进落后地区人才结构的优化。开展长三角创新创业大赛，制定相对统一的人才流动、吸引、创业等政策。推行外国人永久居留、外国人来华工作许可、出入境便利服务、留学生就业等政策试点。

（3）鼓励创一代"传帮带"，激励创二代再创辉煌。在中国的民营企业中，家族企业占据了绝大多数。2019年，中国民营经济研究会发布的《中国家族企业生态40年》显示，家族企业的平均寿命为24年，恰好与企业创始人的平均工作年限相同；有30％的家族企业可以传到第二代手中，其中有不到2/3的企业能够传到第三代，后者中大约仅有13％的企业能够传出第三代。浙江大学《2015中国家族企业健康指数报告》显示，企业二代接班人的接班意愿仅有43％。由于自身经历和学历，他们对低利润的传统制造业缺乏兴趣，内心更偏向互联网、文化传媒、金融等行业，不愿沿着父辈的路径深耕细作传统行业。改革开放后的第一代民营企业家已经到了退休年龄，他们的后代，最早出生的就是80后，也早已过了而立之年。市场经济竞争激烈，机遇转瞬即逝。在父辈传帮带下，如果二代接班人不愿继承，企业将面临代际传承、发展困境的问题。二代接班人不仅要守业，而且要创业，责任大、担子重，要让民营企业接班人能接班，接好班。2009年，江苏省从百强民营企业中选拔出来的50名民营企业家后备人才，也就是通常说的"富二代"，让他们和国家干部一样，一视同仁地接受公费培训教育，两年时间在全省培养1000名民营企业家后备人才,这在江苏乃至全国也是第一次。无论国有企业还是民营企业都是国民经济的重要组成部分,在江浙沪,民营经济的比重达到一半以上,民营企业特别是大型民营企业经营得好坏直接关系到国计民生,关系到市场经济是否能够健康、有活力地成长。重视"富二代"接班人成为"创二代",就是重视民营经济。

2. 企业发展要既有"高原",又有"高峰"

长三角工业经济发达,工业制造规模和水平是中国制造水平的窗口,也是中国智能制造的主战场。以江苏为例,江苏制造业规模连续多年保持全国第一,但一直面临创新有"高原"无"高峰"的尴尬。2018年,江苏在全国率先出台《关于加快培育先进制造业集群的指导意见》,意见指出要培育领军企业和"隐形冠军",构建更高水平的创新体系,打造科创企业高峰。

(1)推进产业升级,加快智能制造。高质量发展工业经济的关键手段就是加快数字网络、智能技术在工业领域的规模化应用,促进产业链上下游开展跨区域、跨环节的生产协作,市场对接,资源共享,从而实现要素优化配置,率先建立区域性工业互联网平台和区域产业升级服务平台。

(2)创新技术研发,提升绿色制造水平。走"科创+产业"道路,加强基础性、战略性关键技术研发,组织实施前沿引领技术基础研究专项和前瞻性产业技术创新专项。加快培育布局一批未来新兴产业,包括量子信息、类脑芯片、第三代半导体、下一代人工智能、靶向药物、免疫细胞治疗、干细胞治疗、基因检测八大领域。

(3)聚焦产业链需求,强化创新链供给。聚力"高质量"协同打造强劲活跃增长极,补短板、促发展。产业梯度布局、孵化创新中小微企业迅速成长。围绕电子信息、生物医药、航空航天、高端装备、新材料、节能环保、汽车、绿色化工、纺织服装、智能家电十大领域,强化区域优势产业协作,推动传统产业升级改造,建设一批国家级战略性新兴产业基地,将国内的产业链延伸为全球供应链的关键端,形成若干世界级的制造业集群。

3. 政府治理既谋"一域",又谋"全局"

长三角是我国科技和产业创新的开路先锋,是改革开放新高地,各区域以"共同体"理念来强化分工协作、整体联动、各扬所长、相互赋能。

一是总结先进经验,出台创新政策。深化改革重要思想,坚持改革不停顿、开放不止步,为全国贡献更多新经验,更好彰显新一轮改革开放"桥头堡"作用,努力在全面深化改革新征程中展现新作为,打造"标杆中的标杆"。下面以苏州、上海、浙江为例展开介绍。

（1）苏州工业再开放，跑出加速度。中国经济最强地级市苏州，同时也是制造业最发达的城市之一。2020 年年初，苏州市政府召开了苏州开放再出发大会。拥有巨大优势的苏州，为什么要再出发呢？正如对苏州的形象描述，"吃老本跑不出'加速度'，不加油轰不出'推背感'"。开放再出发的关键词是"再"，意味着苏州未来的开放必定是更全面的开放、更高水平的开放、更深度的开放，开放就是政策创新，逼迫政府突破限制，给予人才、企业更多政策实惠。苏州曾对 5 万家工业企业摸底画线，其中 A 类企业（亩均税收 47.47 万元）和 B 类企业（亩均税收 10.67 万元）占总数一半以上，贡献了全市 95％的工业税收。D 类企业，亩均税收 1.46 万元的，只占总数 8％以下。于是苏州提出了差别化发展政策，让 A 类、B 类工业企业享受税收减免，对 D 类企业加收电费倒逼转型，以便腾出更多的土地，减免更多的税收用于支持企业向高质量发展。

（2）上海营商环境的一块金字招牌：特斯拉超级工厂。长三角汽车产业链高度集中，目前已形成以上海为中心的供应链跨区域协同布局。同时上海还积极承接世界新能源汽车产业转移，深度嵌入国际分工体系，通过跨国技术要素与本地化生产的深度融合，打造国际化的汽车产业中心。2019 年 1 月，特斯拉上海超级工厂落沪开工建设，是中国首个外商独资整车制造项目，同时也是特斯拉首个海外工厂。当年开工、当年竣工、当年投产、当年上市，从开工、投产到交付，特斯拉上海超级工厂只用了不到一年，创造了行业纪录、上海速度。从营商建设上讲，特斯拉速度就是政府审批流程的速度，围绕"一件事"服务到底，改变"一个部门"跑到底，各项目环节数字化审批、并联审批、边建设边审批。

（3）浙江营商的"亩产效益"评价机制。2006 年，浙江省绍兴县（今绍兴市柯桥区）在全国率先提出了"亩产论英雄"，2013 年，浙江省政府在海宁开展资源要素市场化配置改革试点，并于 2014 年向 24 个县（市、区）推广。从"亩产论英雄"升级为"亩均论英雄"。2018 年，省政府出台实施《关于深化"亩均论英雄"改革的指导意见》，用"亩均论英雄"优化产业政策，促进优胜劣汰，浙江探索推进"亩产效益"综合评价和资源要素市场化配置改革，建立健全"亩产效益"综合评价机制，省市县三级协同联动，以"最多跑一次"改革为牵引，增强改革的系统性、有效性。

二是充分协调资源，形成区域战略。全面创新一体化发展体制机制，着力在区域产业创新协同、基础设施互联互通、生态环境共保联治、公共服务便利共享、开放合作深化共赢等方面不断取得新突破新成效。目前长三角一体化仍存在区域合作不够充分、发展不平衡等问题。通过产业布局一体化破解同质化竞争，进一步打破区域市场壁垒，通过消除体制机制障碍促进要素流动。共建科技创新共同体，沪苏浙皖合作共建的长三角国家技术创新中心形成了 G60 科创走廊、长三角双创示范基地联盟等一些创新实践载体。例如，2020 年，长三角发布《共同推进长三角工业互联网一体化发展示范区建设战略合作协议》。根据协议，深入实施工业互联网网络、平台、安全体系建设，工业互联网关键技术攻关，关键工业软件突破等 12 项重大工程，为全国工业互联网发展提供试点经验和示范引领，助力世界级先进制造业集群建设。2021 年，长三角发布《联合开展长三角产业链补链固链强链行动合作协议》，组建集成电路、生物医药、新能源汽车、人工智能四大产业链联盟，分别牵头开展产业链跨区域研究。地方政府间的竞争在一定程度上会加剧长三角区域分割，形成地方保护主义，使得地区间的发展利益诉求难以协调，而这种行政壁垒将导致长三角地区的环境保护与绿色转型发展面临严峻挑战。以基础设施一体化和公共服务一卡通为着力点，加快南京、杭州、合肥、苏锡常、宁波都市圈建设，统一规划建设都市圈内路、水、电、气等基础设施，实现都市圈内教育、医疗等优质服务资源一卡通共享。深化户籍制度改革，构建城乡居民身份地位平等的户籍登记制度，完善适应上海超大城市特点的户籍管理制度和南京、杭州等特大城市的积分落户制度，提升中心区其他城市人口集聚能力。

三是推动产业升级，实现绿色经济。2005 年 8 月 15 日，时任浙江省委书记的习近平同志在浙江安吉县天荒坪镇考察时首次提出"绿水青山就是金山银山"的理念。追求人与自然的和谐，经济与社会的和谐，通俗地讲，就是既要绿水青山，又要金山银山。过去当地污染严重，常年笼罩在工业制造的烟尘中。当地政府科学决策，宣布关停高污染、高耗能的企业，十几年后，生态工业、生态农业和生态旅游三个产业已在当地协调发展，生态和工业实现了共融，绿水青山同样带来了金山银山。绿色全要素生产率是衡量绿色经济发展质量的重要指标，就是淘汰落后、高耗能、高污染产业。在工业制造方面，大力发展先进制造业、高新技术产业，发展可持续发展的绿色经济。在能耗治理方面，精准施策，严格控制能耗总量和强度。如江苏开展了工业绿色发展的体制机制模式创新，对超能耗限额的产品、能耗水平不达标的企业，督促整改后仍不达标的执行更严格的惩罚性电价；对违规使用国家明令淘汰的落后用能设备、未按规定整改到位的，实施差别电价。在污染治理方面，协同合作，共保联治。如浙江湖州和江苏无锡、苏州等市建立了太湖流域综合管理联动机制，在蓝藻治理领域实现了联防联控。长三角建设世界级的产业集群，仍需要在战略性新兴产业、传统优势产业和先导产业的诸多细分领域密切协同合作，变生态要素为资源要素、生态价值为经济价值、生态优势为发展优势。

◀ 第3章 ▶

结语：以新结构经济学的视角分析

改革开放后,中国加速工业现代化,经济高速增长,成功实现追赶发达国家。林毅夫教授把这种经验归结为要素禀赋结构的动态比较优势,他认为发展中国家或地区应从要素禀赋结构出发,发展具有比较优势的产业,在"有效市场"和"有为政府"的共同作用下,推动经济结构的转型升级和经济社会的发展。

经济发展步入新常态。2012 年,中国 GDP 增速从 2011 年的 9.2% 跌至7.8%,此后,GDP 增速长期保持在 5%～7%。有学者认为,今后的经济增长可能不会出现 L 型,甚至会陷入整体下滑。中国经济进入了新常态,新常态经济有以下三个特征:一是从对经济速度的追求转向对经济质量的追求;二是经济结构不断优化升级,经济发展由单纯追求规模、速度的粗放型增长向更加注重质量、效率的集约型增长转变;三是经济增长动力逐渐由要素和投资驱动转向创新驱动。经济增长动力决定了增长速度和结构转型升级的质量,中国经济结构亟须调整,转变发展方式、优化经济结构,推动经济发展质量变革、效率变革、动力变革。

3.1 有效市场与有为政府

政府引导市场,市场调节资源。厘清政府和市场的边界,不仅要关注两者的范围问题,是否是小政府、大市场,还要关注两者的功能和作用问题,是否是有为政府、有效市场。大市场不能自动形成有效市场,同样,大政府也不一定是有为政府。市场机制发挥作用是有一定条件的,存在盲目性、自发性以及滞后性等弊端,市场需要法治、公平,这些都不是市场可以独自管理的。

2016 年,经济学家曾经对产业政策进行过深入讨论。林毅夫教授强调"有效市场"与"有为政府",他指出只有政府在市场经济中发挥适当的作用才能避免中等收入陷阱,经济发展需要产业政策才能成功。结构转型期内要通过合理配置有限资源来促进产业升级和技术创新,包括补贴、税收优惠、财政和非财政激励措施、产业保护等在内的产业政策对此至关重要。张维迎教授则看中"企业家精神"在创新中的作用,市场经济是实现可持续的经济增长的唯一制度安排,而企业家则是"经济增长之王"。中国经济的快速增长来自资源配置效率的提高,而这主要得益于企业家的套利活动。张维迎教授认为,产业政策的目标是强化竞争、弥补市场失灵,而现实中很多产业政策不成功,很多规则、反垄断法、宏观经济政策等都是阻碍创新的因素,这些产业政策往往起到负面作用,应予以清除。

"有效市场"+"有为政府",将有效配置资源的市场机制与注重社会公平分配的制度优势有机结合,政策是关键。

(1) **有效的市场调节**。1992 年,邓小平同志南方讲话中提出了"发展才是硬道理"的著名论断,强调坚持市场经济,坚定改革开放,让市场在资源配置中起基础性作用。2013 年,习近平总书记围绕经济新常态,深化改革开放,提出让市场在资源配置中起决定性作用。从基础性作用变成决定性作用,凸显了市场配置资源是最有效率的形式。市场的自主性,市场决定资源配置是靠整个市场机制的有效运行来调节的,但并不是说市场起全部作用。从总体上讲,不能盲目绝对地讲市场起决定性作用,而是既要使市场在配置资源中起决定性作用,又要更好发挥政府作用。"决定性作用"和"基础性作用"这两个定位是前后衔接、继承发展的。使市场在资源配置中起决定性作用和更好发挥政府作用,二者是有机统一的,不是相互否定的,不能把二者割裂开来、对立起来,既不能用市场在资源配置中的决定性作用取代甚至否定政府作用,也不能用更好发挥政府作用取代甚至否定使市场在资源配置中起决定性作用。

强化宏观政策逆周期和跨周期调节。一段时期,经济发展呈现出居民消费倾向较低,企业投资意愿不足,货币流通速度下降的现象,要避免因"流动性陷阱"而导致经济增速放缓。逆周期与跨周期是两种典型的宏观调控模式。从具体思路看,逆周期针对的是影响经济趋势的短期负面因素,是指通过及时采取逆向举措来对冲和消除负面影响进而实现稳定经济目标的调控模式。相比之下,跨周期调控则立足于系统思维,针对制约经济发展的主要难题,强调宏观调控应始终围绕影响周期的长期因素来持续发力。要善于将逆周期调控与跨周期调控有机结合,充分发挥各自优势,增强二者的协调运用能力,有助于构建更科学的宏观调控体系。

(2) **有为的政府引导**。市场作用和政府作用是相辅相成、相互促进、互为补充的。要坚持使市场在资源配置中起决定性作用,完善市场机制,打破行业垄断、进入壁垒、地方保护，增强企业对市场需求变化的反应和调整能力，提高企业资源要素配置效率和竞争力。发挥政府作用，不是简单下达行政命令，要在尊重市场规律的基础上，用改革激发市场活力，用政策引导市场预期，用规划明确投资方向，用法治规范市场行为。市场秩序不规范，以不正当手段谋取经济利益的现象广泛存在；生产要素市场发展滞后，要素闲置和大量有效需求得不到满足并存；市场规则不统一，部门保护主义和地方保护主义大量存在；市场竞争不充分，阻碍优胜劣汰和结构调整等。建立和完善政府权力清单、责任清单和负面清单三大制度。用"权力清单"明确"法无授权不可为"的法治政府原则；用"责任清单"明确"法定职责必须为"的法治政府原则；用"负面清单"明确"法无禁止皆可为"的法治社会原则。

3.2 国内国际双循环战略

经济发展面临三重压力。2021年12月，我国首次提出，经济发展面临需求收缩、供给冲击、预期转弱三重压力。全球经济衰退的风险增加了对投资、消费、出口预期的不确定，从供给端看，国际能源、原材料等成本极速上升，再加上俄乌冲突，制约了供给的畅通运行；从需求端看，投资、消费等内需增长比较缓慢，限制了需求的增长空间。面对世界百年未有之大变局，中美摩擦加剧，国际形势错综复杂，地缘政治和全球通胀对我国经济发展影响较大。在开放经济中赢得主动，增强产业链的韧性和竞争力，以供给侧结构性改革为主线，构建以国内大循环为主体、国内国际双循环相互促进的新发展格局。

（1）**保障产业链供应链效率和安全**。坚持"内生式增长和外延式扩张相结合"的发展道路。部分高端制造业向发达国家回流、中低端制造业向要素成本低的发展中国家迁移。在这个大背景下，需要从供给侧发力，减少无效和低端供给，扩大有效和中高端供给，提高全要素生产率，增强供给结构对需求变化的适应性和灵活性，统筹好总供给和总需求的关系，形成需求牵引供给、供给创造需求的更高水平动态平衡。以供给侧结构性改革为主线，把实施扩大内需战略同深化供给侧结构性改革有机结合起来，加快发展新质生产力，是对我国经济发展思路和工作着力点的重大调整。

（2）**外部不"脱钩"，内部不"脱实"**。1987年的改革开放，给中国带来了先进的技术和管理经验，外资的引入推动了中国消费市场的扩大。当然内需也不能完全替代外需，如同人的血液一样，身体内的血液循环只能保证基本需求，当贫血或重度缺血时，就需要外部营养的供血。外资是连接国内国际两个市场的重要循环纽带,是中国经济的活力,对待外资,要更大范围更大深度地吸收和利用。国内大循环分为供给侧结构性改革和挖掘内需潜力两方面,供给侧是针对需求侧提出的,它既强调供给又关注需求,有利于解决外销乏力、内销受阻的困境。经济结构性失衡,主要表现为"三大失衡",即实体经济结构供需失衡、金融和实体经济失衡、房地产和实体经济失衡。吴敬琏教授认为供给侧结构性改革有两个层次的含义:第一层含义的"结构",是指经济结构,也就是资源配置的结构;第二层含义的"结构",是指体制机制的结构。只有破除这些失衡,激发各类市场主体活力,才能形成高效规范、公平竞争的国内统一大市场。

(3) **坚持稳中求进,稳字当头**。中国经济发展的历史逻辑、理论逻辑、实践逻辑证明,中国经济韧性强,要增强发展定力,激发市场主体活力。第一,通过供给侧结构性改革消除制约供给调整的体制和机制障碍。第二,通过市场作用的发挥来实现经济结构的优化和供给质量的提高。第三,通过科技创新来畅通国内大循环和引领国内需求。第四,通过深化要素市场化改革建设高标准市场体系和现代产业体系。

3.3　高质量发展大国制造

高质量发展的核心原则有两个:质量第一、效益优先。从高端装备、重大工程到基础材料、精密仪器,中国制造体系逐渐完善、结构优化升级、竞争力与日俱增。高质量发展推进产业基础高级化、产业链现代化,加快打造面向未来的现代化产业新体系。

(1) **构建现代产业体系**。建设现代化产业体系,是高质量发展的关键步骤,打破了从一二三产业门类角度认识和推动产业体系调整的传统分析框架,提高全要素生产力,构建实体经济、科技创新、现代金融、人力资源协同发展的现代产业体系。以科技创新引领现代化产业体系建设,科技创新是实体经济的第一驱动力,金融要为实体经济服务,人力资源是实体经济的支撑。构建现代产业体系,是关乎我国发展全局的一项重大战略抉择,是转向经济高质量发展的重要战略任务,是促进国内大循环与国内国际双循环的经济基石。

(2) **着力点放在实体经济上**。实体经济是现代产业体系的基础,工业则是实体经济的核心。习近平总书记指出,制造大国必须发展实体经济,不断推进工业现代化、提高制造业水平,不能脱实向虚。坚持把发展经济着力点放在实体经济上,实体经济是大国的根基,经济不能脱实向虚,推动制造业高端化、智能化、绿色化发展。

(3) **做活存量,扩大增量**。必须深刻把握"质"与"量"的辩证关系,量的合理增长为质的跃升奠定基础,质的有效提升为新一轮量变开辟空间。打造质量优势与规模优势并重的竞争力矩阵,更好推动经济质的有效提升和量的合理增长,实现经济动能从要素驱动向创新驱动的转换。当前,我国在工业"五基"方面还很薄弱,创新要素配置不合理,技术趋同化和产品增量不增质现象大量存在。存量规模会进入零和博弈,规模经济并不会随着企业规模扩大而一直存在,当企业规模扩大到一定程度时,企业的各项成本会快速上升,并最终导致规模不经济。稳增长稳住的是存量,增长的是增量。科技创新的"关键变量"正转化为产业高质量发展的"最大增量"。一是做活存量,优化结构实现传统产业的再创新;二是扩大增量,用新动能带动旧动能,必须走自主可控的道路,加大政策支持、扩大科技研发投入,实现核心技术突破。

第2篇

智造动力——智能

◀ 第4章 ▶

智能硬实力：建造智能工厂

4.1　工业革命之困与智能制造之力

1. 四次工业革命的发展脉络

第一次工业革命开始于 18 世纪 60 年代,让人类进入蒸汽时代,率先在英国发生,典型特征是机械化;第二次工业革命开始于 19 世纪末期,让人类进入电气时代,率先在美国和德国发生,典型特征是自动化;第三次工业革命开始于 20 世纪 50 年代,让人类进入信息时代,率先从美国开始,典型特征是信息化;第四次工业革命开始于 20 世纪末期,是以数字技术、人工智能、量子技术、新能源、5G 通信、航空航天、机器人等诸多技术为代表的工业革命,典型特征是智能化。

前三次工业革命,英国、美国、德国和日本先后成为世界工厂,而中国连正面参与的机会都没有。第一次工业革命,中国沉浸在闭关锁国中;第二次工业革命,中国沦陷在炮火战乱中;第三次工业革命,中国成长在改革开放中;第四次工业革命,中国奔跑在民族复兴中。第四次工业革命,中国在世界众多领域不仅成为关键性参与者,而且有机会有能力成为主动引领者。智能化是第四次工业革命的核心变革,以互联网、大数据、人工智能等为代表的智能化新技术,催生了一大批新产业、新业态、新模式,已成为推动新质生产力发展的重要引擎。

古代中国以"四大发明"为代表引领世界科技,如今中国"新四大发明"也别具一格。2017 年,北京外国语大学丝绸之路研究院发起过一次留学生民间调查,让 20 个来自不同国家的人列出他们"最想带回国"的中国技术。其中高铁、移动支付、电子商务、共享单车名列前四,这些技术显示了我国在应用推广方面的领先优势。在 2018 年的达沃斯世界经济论坛上,论坛主席施瓦布认为"第四次工业革命在中国已经发生"。

2. 新一轮科技革命的发展特征

新一轮科技革命、产业革命是颠覆性的变革。面对以工业 4.0 为代表的第四次工业革命带来的挑战,中国的制造业尚处在工业 2.0 后期的发展阶段,眼下必须要在工业 2.0 方面补课,做好自动化;努力普及工业 3.0,做好数字化技术的应用,这样才能为工业 4.0 智能化打牢基础。

新一轮工业革命的主要特征是信息技术与制造技术的深度融合,以实现国家制造业创新能力的提升。2018 年,习近平总书记在中国科学院第十九次院士大会、中国工程院第十四次院士大会上的讲话中提出,世界正在进入以信息产业为主导的经济发展时期。我们要把握数字化、网络化、智能化融合发展的契机,以信息化、智能化为杠杆培育新动能。要突出先导性和支柱性,优先培育和大力发展一批战略性新兴产业集群,构建产业体系新支柱。要推进互联网、大数据、人工智能同实体经济深度融合,做大做强数字经济。要以智能制造为主攻方向推动产业技术变革和优化升级,推动制造业产业模式和企业形态根本性转变,以"鼎新"带动"革故",以增量带动存量,促进我国产业迈向全球价值链中高端。

智能制造是新一轮制造业的革命,也是新一轮工业革命的核心。只有通过智能制造,才能带动各个产业的数字化水平和智能化水平的提升。21 世纪以来,信息技术和互联网应用在经济领域已经取得了举世瞩目的成就,企业国际化步伐加快,新经济、虚拟经济在工业领域强势渗透,已经成为不可阻挡的潮流。

《智能制造发展规划(2016—2020 年)》中对智能制造的定义:智能制造是基于新一代信息通信技术与先进制造技术深度融合,贯穿于设计、生产、管理、服务等制造活动的各个环节,具有自感知、自学习、自决策、自执行、自适应等功能的新型生产方式。

智能制造系统是一种由智能机器和人类专家共同组成的人机一体化智能系统,它在制造过程中能进行智能活动,诸如分析、推理、判断、构思和决策等,通过人与智能机器的合作共事,去扩大、延伸和部分地取代人类专家在制造过程中的脑力劳动。它把制造自动化的概念更新,扩展到柔性化、智能化和高度集成化。智能制造过程是指将智能装备通过通信技术有机连接起来,实现生产过程自动化;通过各类感知技术收集生产过程中的各种数据,通过工业以太网等通信手段,上传至工业服务器,在工业软件系统的管理下进行数据处理分析,并与企业资源管理软件相结合，提供最优化的生产方案或者定制化生产，最终实现智能化生产。智能制造技术包括自动化、信息化、互联网化和智能化四个层次，产业链涵盖智能装备（机器人、数控机床、智能传感器、其他自动化装备等）、工业软件（制造执行系统、数据采集与监控系统等）、工业互联网（云技术、大数据、工业以太网、网络安全等）以及将上述环节有机结合的自动化系统集成及生产线集成等。

在新旧动能转换、高质量发展的新时期，凭借我国在顶层设计和集中力量干大事的制度优势，大力推进智能制造，实现制造强国。智能制造新兴技术蓬勃兴起，解决了传统企业招工难、工序烦琐、工作重复、定制个性化、运营成本高等诸多问题，企业通过数字化转型、智能化升级开启了建设智能工厂的征程。

4.2 大数据：算力算法

在第四次工业革命时代，有哪些通用技术会吸引人的眼球呢？毫无疑问，云计算（cloud computing）、大数据（big data）和人工智能（artificial intelligence）这三个技术是智能时代最让人关注的技术，通常简称"ABC"或"CBA"。也有人说成"云物移大智"（即云计算、物联网、移动互联网、大数据、人工智能），其中云计算是基础性的，用算力实现了从芯片操作系统、应用软件到服务产业链的垂直整合，移动互联正在往物联网方向发展，特别是工业领域的物联网。大数据通过人工智能算法集成数据价值，大数据是人工智能的基础，算法是人工智能的核心，而云计算这种基础通用算力则是实现人工智能算法的基础。云计算、物联网、大数据、人工智能之间的联系如图 4-1 所示。

大数据具体流动过程包括：①传感器的数据通过"消息队列"上传至服务器。②"数据处理"对数据进行清洗，存入"分布式存储"；③"深度学习"依赖处理后的数据进行模型训练；④学习后的模型用于大数据做"数据分析"和"结果预测"；⑤这个分析的过程需要用到云计算的"分布式存储"和"分布式计算"。

大数据驱动科技创新，正朝着更加智能化的方向发展，集中表现为现代智能社会的三大特征：万物感知、万物互联、万物智能。从技术层面上讲，万物在"端-边-云"实现协同。①万物感知：各种智能终端设备广泛渗透，是感知数据、获取信息的触角"端"；②万物互联：高速网络连接万物，是传输数据、交换信息的纽带"边"；③万物智能：人工智能在云端，是分析数据、处理信息的中枢"云"。

4.2.1 "黄金赛道"云计算解决算力

2006 年，谷歌公司在一次搜索引擎大会上，最早正式提出云计算的概念。

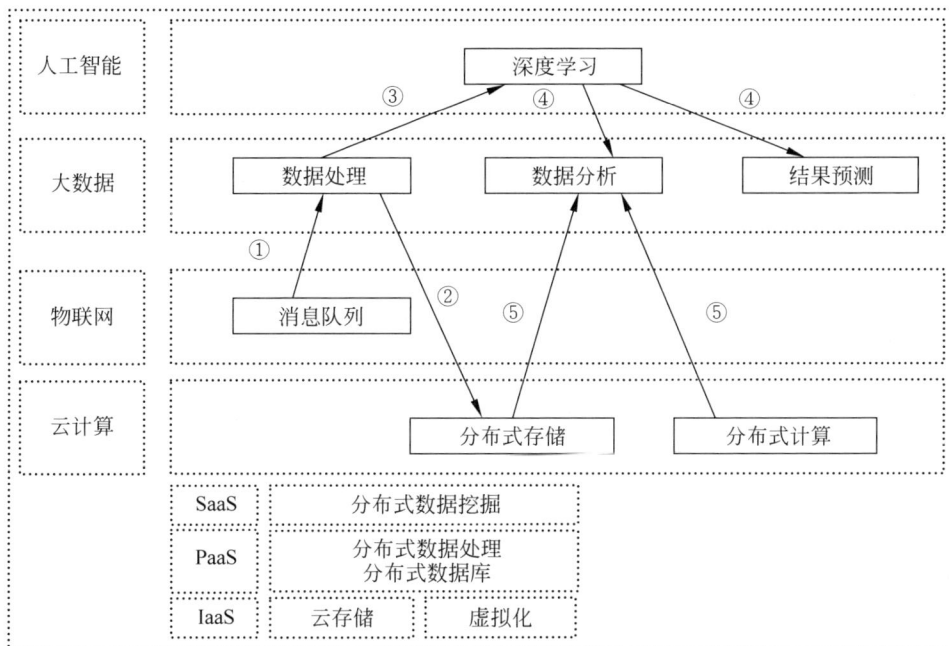

图 4-1 云计算、物联网、大数据、人工智能之间的联系

2011 年，美国提出"云优先"战略。云计算是分布式计算的一种，指的是通过网络"云"将巨大的数据计算处理程序分解成无数个小程序，然后，通过多部服务器组成的系统处理和分析这些小程序得到结果并返回给用户。云计算用户可以通过网络，随时随地访问可配置的计算机资源池（资源包括网络、服务器、存储、应用软件、服务）。

对于云计算的服务类型来说，一般可分为三个层面，分别是：基础架构即服务（infrastructure as a service，IaaS）、平台即服务（platform as a service，PaaS）和软件即服务（software as a service，SaaS）。IaaS 的作用是将虚拟机或者其他资源作为服务提供给用户，分为公有云、私有云、混合云三种形态，一般包括计算、存储、网络和安全等基础产品。PaaS 的作用是将一个开发平台作为服务提供给用户。SaaS 的作用是将应用软件作为服务提供给客户。SaaS 云服务提供商有三种选择方式：①租用别人的 IaaS 云服务，自己再搭建和管理平台软件层和应用软件层；②租用别人的 PaaS 云服务，自己再部署和管理应用软件层；③自己搭建和管理基础设施层、平台软件层和应用软件层。云计算的关键技术是分布式存储和分布式计算，体现的数据处理能力即为算力，是一种新的生产力。

2010 年，我国将云计算列为国家战略性新兴产业。2015 年，云计算首次被写入《政府工作报告》，上升为国家战略。目前在全球算力分布中，中国位列第二，仅次于美国。2020 年，全球云计算市场出现首次增长下滑，而国内云计算增长却创历史新高,成为增速最快的市场。2019 年,我国云计算市场规模超过 1000 亿元,其中公有云市场规模首次超过私有云。2023 年,我国云计算市场规模达到 6165 亿元,较 2022 年增长 35.5%,市场规模呈现高速上涨的趋势,其中公有云市场规模 4562 亿元,占比超过 70%。如表 4-1 所示,2023 年,在公有云市场中,IaaS 基础设施市场规模超过 70%,市场需求依然保持旺盛。

表 4-1　中国公有云细分市场规模

年　份	市场规模/亿元		
	IaaS	PaaS	SaaS
2016	87	8	75
2017	149	12	105
2018	270	22	145
2019	453	42	195
2020	895	103	278
2021	1615	196	370
2022	2442	342	472
2023	3383	598	581

来源：根据中国信通院云计算白皮书整理。

　　(1)站在云端看世界,中国最早建立云计算的企业是阿里巴巴。在发展战略上,马云力排众议,而同时期的腾讯和百度对中国企业发展云计算还是持怀疑态度的。2009 年,阿里巴巴在国内建立了第一个电子商务云计算中心,在"飞天"平台写下了第一行代码,构建了从硬件、数据库、云计算操作系统,到上面的核心应用平台的核心自研技术。经过多年发展,阿里云成为阿里巴巴成长最快的业务之一。全球 IaaS 主要提供商推出服务时间：亚马逊云(2006 年)、谷歌云(2008 年)、阿里云(2009 年)、IBM 云(2007 年)、腾讯云(2010 年)、微软云(2010 年)、华为云(2010年)。2018 年,阿里云收入达到 133.9 亿元,列世界 IaaS 服务提供商第三名。在世界云市场,阿里云从无到有,形成了"3A 鼎立"的格局(亚马逊云、微软云和阿里云)。在亚太云市场,阿里云更是一度让亚马逊和微软丧失大量市场,成为第一。2019 年,阿里云的开创者王坚成为第一位入选中国工程院院士的民营企业科技人才,代表民营企业科研力量逐渐成为国家科技能力的重要组成部分,这是大国科技博弈的重要力量。

　　2021 年,阿里云实现了成立 13 年来的首次盈利,营收超过腾讯云、华为云的总和。在国内企业中,已形成了阿里云、腾讯云、华为云同台竞技的格局,俗称国产"三朵云"。"三朵云"企业通过自主创新实现了云计算领域的"弯道超车",打破了美国亚马逊云、微软云和谷歌云的技术垄断,其中阿里云 IaaS 基础设施技术能力遥遥领先。2022 年,阿里云发布新一代云基础设施处理器(cloud infrastructure processing unit,CIPU),构建云计算"飞天＋CIPU"全栈技术底座,相当于将世界数百万台服务器构建为一台超级计算机,从基础设施到应用生态重塑云计算市场。据阿里云官方数据,目前全国 80％的科技企业和超过一半的人工智能大模型公司跑在阿里云上。2023 年,阿里云业务从阿里巴巴集团分拆出来,计划独立上市,打造世界级科技公司。阿里云通过引入外部战略投资者优化资源投入,聚焦云计算、人工智能等核心技术研发,强化技术竞争力,更好地应对全球科技竞争。云计算的市场应用最初主要集中在互联网、金融、政务等传统领域,随着"车企上云"成为趋势,云计算重构汽车商业模式,改善用户体验,云服务不断渗透汽车、家电等制造业,形成"技术突破——场景验证——规模复制"的良性循环,从而推动工业云计算向更深入的应用场景拓展。

(2)云计算是科技竞争的黄金赛道。从表面上看,虽然我国云计算比美国起步只晚了几年,但相较美国,我国云计算在技术成熟度和细分市场份额等方面还是有很大差距。从技术上看,美国凭借云计算基础技术的创新能力领跑世界。包括服务器虚拟化、网络技术、存储技术、分布式计算、开发语言等核心技术基本掌握在美国公司手中。中国企业原创型的基础技术还不成熟,很多进步是借鉴国外技术开源后取得的。从细分市场上看:一是市场份额方面,中国云的国际化程度不高,还主要集中在国内;二是中国企业 IaaS 市场发展较快,与美国的差距不大;三是美国企业 SaaS 市场要远远超过中国。SaaS 是全球云计算行业中最大的细分市场,中国是最大的移动支付、电子商务国家,云企业的市场优势在 ToC 市场,而美国云企业的主要市场是ToB。如果不能在下游应用市场快速、持续应用,那 IaaS 市场增速就有可能放缓。

(3)高端芯片是云计算的未来发展趋势。计算、存储、网络、资源管理是云计算的四要素,这些要素优化组合成的超大规模云计算依赖于芯片。在半导体行业,芯片成了美国对中国"卡脖子"最严重的领域。美国通过各种禁令来打压中国芯片产业,阻碍中国芯片产业崛起。中国是世界最大的芯片消费国,进口量占到了世界总量的 70％左右,国内厂商市场占有率仅为 5％左右。世界算力供不应求,计算芯片的依赖也已从 CPU 转向 GPU,人工智能的发展全面激增了 GPU 的算力需求,"芯片之王"英伟达公司在人工智能芯片市场的份额超过 80％,为云计算提供 GPU芯片,促使全球云计算企业纷纷自研芯片。2024 年,英伟达市值超越谷歌、特斯拉、亚马逊、苹果、微软,成为美国第一大上市公司。国外芯片的紧张供应和出口限制,海量的数据和大模型的潜在需求将会持续拉动中国算力市场的增长。

4.2.2 "新石油"大数据集成价值

云计算需要大数据，数据作为生产要素，已成为重要的资产。数据一词由来已久，但大数据一词真正风靡全球则发生在2012年，"大数据之父"舍恩伯格教授在《大数据时代》中提出了大数据时代的思维变革、商业变革和管理变革，并强调大数据的核心就是预测。

万物互联，数据量必然是海量的。IBM公司将大数据的一般特征描述为5V（volume、velocity、variety、value、veracity），即数据数量多、数据到达速度快、数据来源和类型多样、数据价值密度低、数据质量多样。5V特征比早期的3V特征多了数据价值（value）和真实性（veracity）的要求。随着大数据技术的发展与应用，在5V的基础上又有了动态性（vitality）、可视性（visualization）、合法性（validity）的要求，即大数据8V特征。大数据的关键技术是数据处理、数据分析、数据预测。数据处理的内容主要包括数据清洗、数据集成、数据变换和数据规约。数据分析是将静态数据（传统结构化数据）与动态数据（非结构化数据）相结合，实现数据驱动业务。数据预测是基于大数据和预测模型去预测未来某件事情的概率，以便作出最佳判断。

大数据与云计算密不可分。云计算为大数据提供了分布式处理、分布式数据库和云存储等技术，是产生大数据的平台之一，没有云计算，无法实现大数据存储与计算。自2013年开始，大数据技术已开始和云计算技术紧密结合，预计未来两者关系将更为密切。除此之外，物联网、5G、人工智能等新兴技术，也将一齐助力大数据革命。

2014年，大数据首次被写入《政府工作报告》。2015年，国务院印发《促进大数据发展行动纲要》，这是我国首个关于大数据的国家行动计划，明确了三方面主要任务：一要加快政府数据开放共享，推动资源整合，提升治理能力；二要推动产业创新发展，培育新兴业态，助力经济转型；三要强化安全保障，提高管理水平，促进健康发展。从此，大数据管理开始从顶层设计走向具体应用，统筹数据资源，推动数据共享共治，释放数据红利，建立大数据产业。

大数据被誉为"新石油"，我国数据量呈现高速增长态势。《数字中国发展报告（2021年）》显示，2021年，我国数据产出达到6.6ZB，连续三年增长速度近30%，占全球数据总产出（67ZB）的9.9%，仅次于美国（16ZB），世界排名第二。要提升数据存储容量和数据处理速度需要一流的超级计算机（简称超算），自主可控的超算系统已成为国家科技竞争力的战略基石。我国超算技术已跻身世界前列，这一历史性跨越源于国家科技自立自强战略的持续深化。自国家"863"计划起，我国开启了超级计算机发展腾飞的历程。2009年，我国首台峰值性能达到千万亿次的超级计算机"天河一号"研制成功，成为继美国之后世界上第二个能够研制出峰值性能达千万亿次的超级计算机系统的国家。2010年，我国"天河一号A"超级计算机首次位居世界超算500强（TOP500）排行榜榜首。之后，我国屡次占据该排行榜第一。2013年，"天河二号"成为我国首台峰值速度达到亿亿次的超级计算机，是世界最快的超级计算机。2016年，基于国产芯片的"神威·太湖之光"超级计算机超越"天河二号"成为世界最快的超级计算机，并获得世界高性能计算应用最高奖"戈登·贝尔奖"。截至2023年年底，我国建有14家国家级超级计算中心，分别位于天津、济南、无锡、昆山、深圳、广州、长沙、成都、郑州、西安、太原、文昌、重庆、乌镇等地。

大数据是优质的核心资产，价值广阔且逐步释放。2021年我国大数据产业规模达1.3万亿元。从行业应用来看，大数据主要集中在互联网、金融、电信等领域。随着大数据与实体经济深度融合，大数据将逐步向智能制造、数字社会、数字政府等领域拓展。大数据为实体经济提质增效，鼓励企业将数据资产当作核心资产，将数据管理打造成企业核心竞争力。工业数据是工业领域产品和服务全生命周期产生和应用的数据，包括但不限于工业企业在研发设计、生产制造、经营管理、运维服务等环节中生成和使用的数据，以及工业互联网平台企业在设备接入、平台运行、工业APP应用等过程中生成和使用的数据。通过运用商业智能（business intelligence）和数据挖掘（data mining）等手段，采集、存储、清洗、分析、可视化、预测数据资源，充分释放和利用大数据中蕴含的巨大价值。

4.2.3 "新基建"人工智能实现算法

人工智能是研究、开发用于模拟、延伸和扩展人的智能的理论、方法、技术及应用系统的一门新的技术科学，被认为是21世纪三大尖端技术（基因工程、纳米科学、人工智能）之一。人工智能科学起源于1956年的达特茅斯会议，提出者麦卡锡被称为"人工智能之父"。现代计算机科学创始人图灵，提出了机器模拟人类的图灵测试思想，将人工智能描述成机器以类似于人类的方式理解、思考和学习的能力。早期的人工智能偏向于通过逻辑运算模拟人类思维方式，也可称为人工智能AI 1.0时代。

AI 2.0时代发轫于21世纪初。随着计算机、互联网、大数据、机器人等领域的快速发展，人工智能开始通过研究智能机器人来模拟更高水平的人类智能，该领域的研究包括机器人、语言识别、图像识别、自然语言处理等。从2015年开始，人工智能技术开始迈向2.0的新时代，大数据驱动知识学习、数据智能、机器深度学习。

在围棋领域，阿尔法围棋(AlphaGo)屡次战胜世界围棋冠军，说明了通过对高水平比赛大数据的测算和自我优化，机器可以战胜人类冠军。在 AI 2.0 时代，如果没有云计算，没有大数据，专家系统的人工智能则不可能成为现实。

很多人把 2016 年定义为新一代信息阶段的开始。2016 年是计算机发明 70 周年、人工智能提出 60 周年、光纤通信提出 50 周年、云计算提出 10 周年，具有重要的里程碑意义。当年，G20 杭州峰会通过《G20 数字经济发展与合作倡议》，标志着以新一代信息技术为依托的数字经济作为国家经济发展的新引擎已经成为各国共识。

AI 3.0 时代，人工智能算法走入了深度交叉时代，人机融合智能达到高水平的人机协同，智能机器被嵌入了意识属性——包括情感、伦理和道德等因素，算法软件和智能芯片的高度结合走向混合型智能。

人工智能是典型的跨学科前沿研究领域，目前在国内尚未被设立为一级学科。由于涉及学科门类众多，当前的人工智能教育体系尚缺乏统一的基础理论框架，其知识体系建构依赖于计算机科学、电子工程、生物学和数学等学科的协同融合。

2017 年，人工智能首次被写入《政府工作报告》，上升为国家战略。同年 7 月，国务院印发《新一代人工智能发展规划》，这是我国第一个关于人工智能领域的发展规划。新一代的人工智能主要是大数据基础上的人工智能，有五个特点：一是从人工知识表达到大数据驱动的知识学习技术；二是从分类型处理的界面或者环境数据转向跨媒体的认知、学习、推理；三是从追求智能机器到高水平的人机、脑机相互协同和融合；四是从聚焦个体智能到基于互联网和大数据的群体智能，它可以把很多人的智能集聚融合起来变成群体智能；五是从拟人化的机器人转向更加广阔的智能自主系统，不是一个单纯的机器人才叫人工智能。比如，智能工厂、无人机系统，这些都是人工智能。

人工智能浪潮已势不可当，云计算、大数据、人工智能三种技术不断深入市场。云计算商业化趋势不断增强，源于其直接可以产业化运用。云计算提供商品化的计算资源，使大数据不断耦合、优化，推动着人工智能技术快速迭代，技术的成熟同样会激发市场需求，使得大数据技术被企业广泛采用。而支撑这三个技术的基础学科便是数学。2019 年，任正非在接受中央电视台采访时曾描述，华为在全球设有 26 个研究所（其中位于俄罗斯、法国的研究所重点研究数学算法，挖掘基础数学资源），共计拥有 700 多名在职数学家。任正非甚至想退休后到大学去教数学。华为在通信、手机、芯片、5G 上取得的飞跃突破其实都是数学技术的突破，华为凭借强大的以基础数学为代表的学科团队，不断攀登着智能时代的核心科技高峰。

我国人工智能在全球属于第一梯队。清华大学《中国人工智能发展报告2020》数据显示,过去10年中国人工智能专利申请量位居世界第一,全球人工智能专利申请超过52万件,其中我国人工智能专利申请近39万件,占全球总量的74.7%。中国在自然语言处理、芯片技术、机器学习等10多个人工智能子领域的科研产出水平居于世界前列;而在人机交互、知识工程、机器人、计算机图形、计算理论领域,中国还需努力追赶。我们要清醒地认识到自己的短板和问题。比如,在研发上,基础理论、核心算法、关键设备、高端芯片、重大产品和系统方面的原始创新成果还比较少;在人才储备上,无论从人才规模还是人才质量,和美国比还存在较大差距,特别是高端领军人才比较缺乏。美国的人工智能高层次学者的数量最多,有1244人;中国位居第二,数量为196人。在产业生态上,我国的科研机构和企业还没有形成具有国际影响力的生态圈和产业链。

算力、数据、算法三者是企业智能化的核心要素。算力、数据、算法定义的经济如图4-2所示,云计算、大数据、物联网、人工智能等新一代信息技术深度融合,将消费端和供给端进行准确对接和匹配,促进商业模式、工作模式、组织模式的高效协同,优化资源配置效率,成为推动传统产业升级和变革的重要力量。

中国信息通信研究院数据显示,2021年,算力核心产业规模超过1.5万亿元,关联产业规模超过80000亿元,其中云计算市场规模超过3000亿元,数据中心服务市场规模超过1500亿元,人工智能核心产业规模超过4000亿元。

类似于云计算分类,人工智能技术架构一般可分为三个层面：基础层、技术层和应用层。基础层是计算平台和数据中心,提供计算能力、算法和数据结构标准;中层是技术层,开发算法将基础层的能力转化为某种问题的解决方案,如机器学习、深度学习、智能语音、机器视觉等;上层是应用层,将中层的技术方案应用到具体的业务场景,如人脸支付、无人驾驶等。人工智能算法通过云计算、大数据分析商业模式和消费者偏好,利用语音或图像识别等工具,完成数据分析,建立消费者画像,提供智能化的服务,增强消费者黏性。国家工业信息安全发展研究中心、工信部电子知识产权中心发布的《AI创新链产业链融合发展赋能数字经济新时代——中国人工智能专利技术分析报告（2022）》显示,在人工智能专利申请量和授权量方面,我国处于世界前列。人工智能十大基础技术领域：深度学习、智能云、计算机视觉、智能语音、自然语言处理、大数据、知识图谱、智能推荐、智能芯片、量子计算等智能技术构成了人工智能创新链技术底座,也是产业链应用的基础技术。从创新主体的申请量排名看,百度、腾讯、国家电网、华为位列前四,专利申请数量均突破10000件,是我国人工智能领域技术创新的主力军。从专利授权量看,百度专利申

智能经济：算力+数据+算法定义的经济
（优化资源配置效率，智能+推动高质量发展）

消费端
个性化消费
智能化生活
数字化娱乐
……

供给端
新品牌
新产品
新零售
新制造
新金融
新物流
新组织
……

高效协同
精准匹配
产销合一

商业模式
网络协同
数据智能
C2B模式

工作模式
自由连接
快速聚散
灵活就业

组织模式
自驱动
自适应
液态化

描述　诊断　预测　决策

数据
IoT、MEMS传感器、
机器数据、大数据技术

算力
5G、NB-IoT、TSN、以太网等
云计算、边缘计算、
泛在计算等核心芯片

算法
机理模型、流程模型、
人工智能、数字孪生等

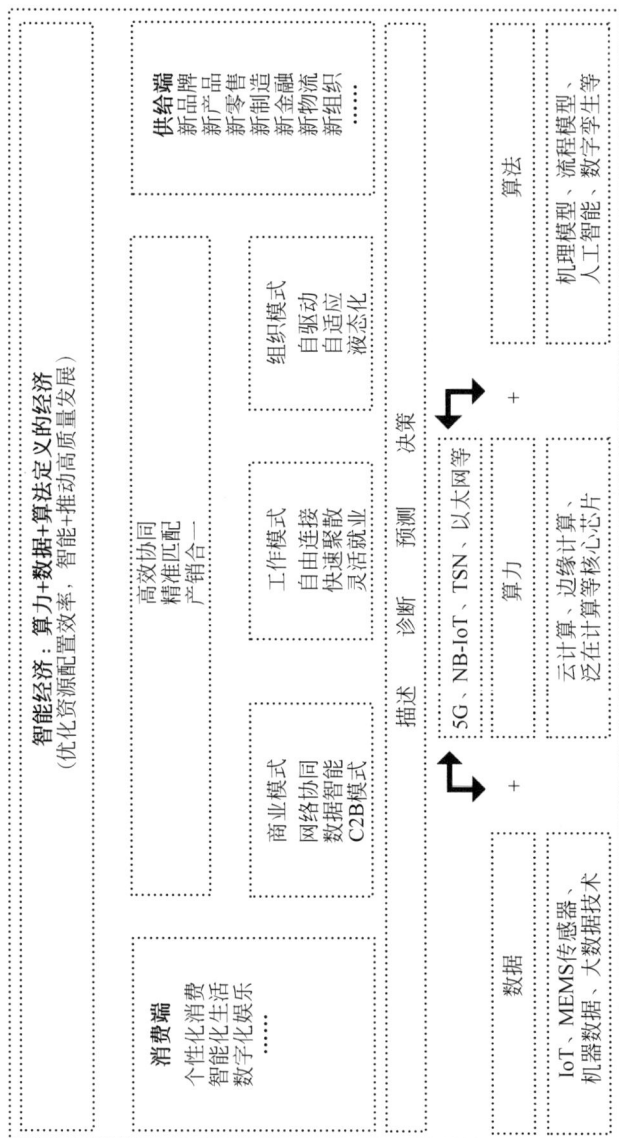

图 4-2　算力、数据、算法定义的经济

请量和授权专利持有量均排名第一。截至 2023 年年底，百度在人工智能全领域专利申请量 19308 件、授权量 9260 件，数次蝉联国内第一。

自 2017 年开始，李彦宏带领百度转型人工智能领域，提出"All in AI"理念，用人工智能重塑核心竞争力，发展智能云、智能驾驶等核心业务。百度人工智能模型"文心一言"，经过数次迭代，已发展成为中国领先的人工智能工具。关于人工智能的发展，李彦宏早在 2020 年世界人工智能大会上，就首次提出了人工智能发展的三个阶段理论。李彦宏认为，人工智能的发展分为技术智能化阶段、经济智能化阶段以及社会智能化阶段。其中经济智能化阶段分为两部分，前半段是人工智能的发展，主要围绕通用能力的开发和作为一种资源的人工智能能力的平台化。后半段是人工智能开始全面的产业化，行业应用与商业化全面普及。李彦宏认为现在中国正处于从经济智能化的前半段向后半段过渡的时期。人工智能行业渗透度主要在互联网、金融、政府、电信和制造等领域。

人工智能的商业化应用，带动了算法的指数级增长，加快了企业的数字化、产业链结构的优化以及效率的提升。2024 年年初，"人工智能＋"行动首次被写入《政府工作报告》，人工智能赋能千行百业，与实体经济的融合将成为新质生产力发展的引擎。人工智能产业链包括三层：基础层、技术层和应用层，如图 4-3 所示，基础层是人工智能产业的基础，是算法、算力、数据的支撑；技术层是人工智能产业的核心，是通用技术及各专业领域的技术集成；应用层是人工智能产业的延伸，是相关产品服务面向应用场景的市场需求。

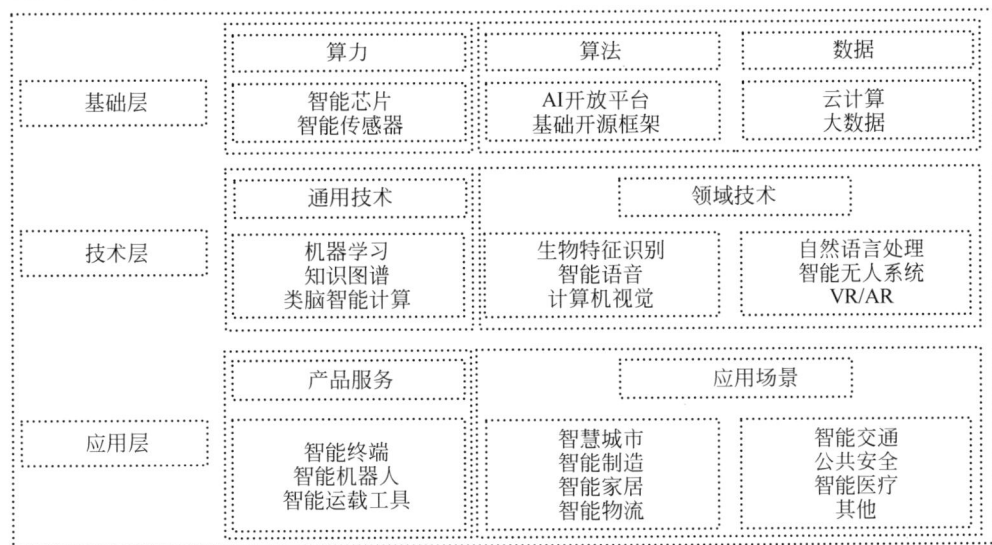

基础层	算力		算法		数据	
	智能芯片 智能传感器		AI开放平台 基础开源框架		云计算 大数据	
技术层	通用技术		领域技术			
	机器学习 知识图谱 类脑智能计算		生物特征识别 智能语音 计算机视觉		自然语言处理 智能无人系统 VR/AR	
应用层	产品服务		应用场景			
	智能终端 智能机器人 智能运载工具		智慧城市 智能制造 智能家居 智能物流		智能交通 公共安全 智能医疗 其他	

图 4-3　人工智能产业链

在智能制造领域,人工智能的需求主要表现在三方面:一是智能装备,包括自动识别设备、人机交互系统、工业机器人以及数控机床等具体设备,涉及跨媒体分析推理、自然语言处理、虚拟现实智能建模及自主无人系统等关键技术;二是智能工厂,包括智能设计、智能生产、智能管理以及集成优化等具体内容,涉及跨媒体分析推理、大数据智能、机器学习等关键技术;三是智能服务,包括大规模个性化定制、远程运维以及预测性维护等具体服务模式,涉及跨媒体分析推理、自然语言处理、大数据智能、高级机器学习等关键技术。

4.3 技术：工业互联网

4.3.1 风口：消费互联到工业互联

2000 年,美国互联网产业泡沫破裂。新浪、搜狐、中华网等早期登陆美国资本市场的中国互联网企业举步维艰,互联网泡沫也在中国蔓延。当时,阿里巴巴公司裁员,腾讯公司艰难融资,百度公司业务转型,这三家公司(俗称 BAT 公司)是当时中国互联网企业的中坚力量,都在寻找新的商业模式。中国电子商务平台重新点燃了互联网的希望,淘宝、天猫、京东、拼多多、美团等电商平台迅速兴起,渗入消费市场。此后,滴滴打车、小黄车等平台经济的迅速蔓延,移动互联网这个新生命孕育而生,造就了消费互联网的繁荣。消费互联网改变了传统消费模式,走进了千家万户,帮助人们在衣食住行、社交娱乐等方面获得更好的消费体验。中国互联网的发展主要经历了四个阶段。

第一阶段:互联网 1.0 时代(1994—2000 年),从四大门户网站到搜索引擎(网络信息查询、搜索),1994 年,中国正式接入国际互联网,互联网时代正式开启,短短几年间,从四大门户网站到 BAT 公司相继建立;第二阶段:互联网 2.0 发展时代(2001—2008 年),以个人为中心的互联网应用显著发展,从搜索引擎到社交化网络(QQ、论坛、博客、微博),到 2008 年,中国网民首次超过美国;第三阶段:互联网 2.0 高潮时代(2009—2018 年),2009 年前后,智能手机开始普及,移动支付兴起,从计算机互联网到移动互联网,以移动支付为代表的电商、游戏、影音视频、微信社交等领域的消费蓬勃发展;第四阶段:互联网 3.0 时代,自 2019 年开始,今后的互联网 3.0 时代就是一个去中心化、高度开放化的时代。

如果说互联网的上半场属于消费互联网,那么下半场一定属于工业互联网。互联网企业从兴起到现在一直围绕广告、网游、搜索引擎和电商等而展开,早期的互联网 BAT 公司各有特色：百度的技术，阿里的运营，腾讯的产品，消费互联领域长期占据了这些互联网企业一半以上的市场。正当大家沉浸在消费互联网中，享受竞争厮杀的狂欢时，大型互联网企业早已将目光转移到了另一领域。2016 年的世界互联网大会上，李彦宏提出，移动互联网的时代已经结束了，靠移动互联网的风口已经没有可能再出现独角兽了。因为市场已经进入相对平稳的发展阶段，那么未来的机会在哪里？李彦宏认为，机会将在人工智能领域。比如，物联网在很多年前就被炒得很热，但是到现在一直没有起来，真正起来的时候，已经为时不远了。

当云计算、大数据、人工智能等信息技术大规模与制造、金融、物流、零售、文娱、教育、医疗等行业融合时，实现互联网创造经济价值，就可将这种融合称为产业互联网。也就是说，互联网的发展，就从提升消费需求效率，转向提升产业供给效率，实现上下游连接的全方位链接。产业互联网不仅仅是电子商务或消费娱乐的简单应用，更是商业模式的创新，在研发设计、生产制造、供应链管理等各个环节上重构实体产业，加速了产业价值链的数字化渗透，赋能传统产业升级。

国内较早提出产业互联网的公司是腾讯，腾讯的优势是社交网络，但马化腾认为腾讯迈向下一个 20 年的新起点就是扎根消费互联网、拥抱产业互联网。腾讯在 2018 年进行了组织架构的调整，新成立了平台与内容事业群，强化社交、平台和内容的整合；新成立云与智慧产业事业群，打造消费互联网和产业互联网的生态融合。

产业互联网和消费互联网相互关联、相互影响，具体有两点表现：一是产业互联网是消费互联网在生产供应端的延伸。产业端的信息以大数据形式自动响应终端消费市场的变化，满足了消费平台企业扩张的野心。二是产业互联网是消费互联网在消费需求端的对接。下游消费需求迅速传导至上游产业端，增强了产业端企业的适应性、灵活性。

制造业与互联网融合，突破口是工业互联网。产业互联网可分为工业互联网、农业互联网、服务业互联网等实体领域，其中以工业互联网最为核心。海尔是目前中国工业互联网做得最好的企业之一，也是最早学习西方先进管理思想，最早引进并透彻学习美国通用电气管理经验的中国企业之一。不管是哪种网，张瑞敏认为都是工业互联网，甚至物联网在某种程度上也是工业互联网。

2012 年，美国通用电气公司最早提出了工业互联网概念。通用电气公司提出的工业互联网与德国明确提出的工业 4.0 战略有异曲同工之妙，被称为美国版工业 4.0。2013 年，通用电气公司提出工业互联网革命（industrial internet revolution），公司 CEO 伊梅尔特在其演讲中宣称，一个开放、全球化的网络，将人、数据和机器连接起来。工业互联网的目标是升级那些关键的工业领域，通过聚焦具有核心竞争力的基础工业设施业务，并通过其首创的工业互联网来不断优化制造流程、降低成本和提高效率，使通用电气能够获取长期、稳定的产业利润，并迎合资本市场的需要。

2018年，工业互联网首次被写入《政府工作报告》，上升为国家战略；2019年，我国明确提出打造工业互联网平台，拓展"智能＋"，为制造业转型升级赋能；到2020年，进一步提出发展工业互联网，推进智能制造，制造业将全面连接互联网的创新应用，变革传统制造体系。工业互联网融入49个国民经济大类，产业规模超万亿元。根据中国工业互联网研究院测算，美、中、日、德等制造业大国正领跑工业互联网发展的主赛道。从规模上看，2020年，美国的工业互联网增加值规模在全球各国中排名第一，高达8858.40亿美元。美、中、日、德的工业互联网规模占59个全球主要工业国家总规模的比重分别为23.68％、15.14％、8.17％、6.62％，四国总的工业互联网规模之和占比超过了50％，占据了工业互联网的半壁江山。2020年，我国工业互联网产业增加值规模达到3.57万亿元，占GDP比重为3.51％。其中工业互联网直接产业增加值规模为0.95万亿元，工业互联网渗透产业增加值规模为2.62万亿元。特别是经历新冠疫情的冲击后，以工业互联网为载体的产业渗透的作用更加明显。当"5G＋工业互联网"取得技术突破，实现规模化应用后，工业互联网将进一步进入工业的核心系统和流程。

那么什么是工业互联网？国务院《关于深化"互联网＋先进制造业"发展工业互联网的指导意见》中指出，工业互联网作为新一代信息技术与制造业深度融合的产物，日益成为新工业革命的关键支撑和深化"互联网＋先进制造业"的重要基石，对未来工业发展产生全方位、深层次、革命性影响。工业互联网通过系统构建网络、平台、安全三大功能体系，打造人、机、物全面互联的新型网络基础设施，形成智能化发展的新兴业态和应用模式。

那工业互联网与消费互联网究竟有什么区别呢？工业和信息化部原副部长杨学山认为，工业互联网姓"工"，不姓"互联网"，这一点极其重要。工业互联网不是IT或互联网的一个分支，是工业发展的一个工具、一条路径，是两化深度融合的一项内容。工业互联网不讲CPS（cyber-physical systems，信息物理系统）、不讲物理实体是不行的，这是和互联网根本的区别。所以当互联网进入工业以后，只要忘了工业流程和信息流程的不同，忘了物质行为和信息行为的不同，那就犯了根本性的错误。

工业互联网与传统的互联网操作系统、工业软件等产品不一样，有其自身特点，基本围绕"姓工"而展开。一是空间对象的差异。消费互联网"姓网"，是数字化的集成，是人与机的连接，是人与机器、点对点的空间，成熟且分布广泛。工业互联网"姓工"，是数字化的延展，是人与机、机与物之间的连接。难点在工业控制协议上。二是连接协议上的差异。消费互联网主要连接的是人、电脑、手机等，网络开放，是统一标准协议，工业互联网需要连接的是几百亿设备，网络与数据封闭，数据只是封闭，是不兼容协议。三是传播速度上的差异。消费互联网对互联网速度的响应要求过于宽泛，适度延迟不影响使用结果。工业互联网的数据需要能够跨域实时控制边界，需要确定性及毫秒或百纳秒级的实时响应，需要工业网络通信协议的时间敏感网络（time-sensitive networking，TSN）实现传统离散工业进行数字化转型。四是信息安全上的差异。第一代互联网——阿帕网以科研为核心，目前大家使用的互联网是第二代，属于"消费型互联网"，侧重于信息的获取。比如，即时通信、在线支付、网上购物、网上办公等各种应用场景，经过多年发展，信息安全是可控的。工业互联网由于其万物互联的特性，对网络的安全性、可控性要求极高，甚至是苛刻。

我国互联网发展正由消费互联网转向工业互联网，工业互联网为推动我国经济高质量发展提供了基础。一方面，发展工业互联网可以优化存量，促进传统产业转型升级、提质增效。另一方面，可以做大增量，有力支撑先进制造业发展壮大。通过云端将工厂、客户、研发、供应商连接在一起，数字化、智能化成为主旋律，推动产业融合发展，形成新的产业形态或模式。

4.3.2 架构："云-边-端"协同

所谓工业互联网的技术架构，即以信息采集、传输、存储、加工、应用为流程，主要涵盖边缘层、IaaS 层（基础层）、PaaS 层（平台层）、SaaS 层（应用层）四个层级，也构成了工业互联网的网络、平台、安全三大体系。工业互联网的技术架构如图 4-4 所示，其中边缘层、PaaS 层、SaaS 层是工业互联网平台的三大核心层级。主要表现为：一是数据采集的边缘层，作为连接端层（现场设备）的中枢，是构建"云-边-端"协同体系的关键基础层，是实现数据"采集-处理-应用"闭环管理的起点，数据采集是基础；二是数据存储加工的平台层，工业 PaaS 是核心；三是加工后的数据作为管理或控制用的 APP 应用层，工业 APP 是关键。

从"数据采集"+"数据加工"="数据应用"的角度看，工业互联网信息化管理又分为四个层次。

第一层，管理层（PLM、ERP 等系统）。管理层以产品全生命周期管理（product life-cycle management，PLM）、产品数据管理（product data management，PDM）、企业

	平台用户		第三方开发者	
	个性定制APP		智能生产APP	
SaaS层	网络协同APP		服务延伸APP	

工业微服务组件库（产品全生命周期微服务及组件）　应用开发（开发工具，测试工具、部署框架）

工业数据建模和分析
数据建模　机器建模　深度学习　迁移学习

工业大数据系统
数据预处理　数据存储　数据计算　数据可视化

资源部署和管理
连接管理　资产管理　运维管理　故障修复

PaaS层

IaaS层：网络服务　计算服务　存储服务　虚拟化服务

边缘层：数据采集　协议解析　数控机床

端层：数控机床　仪器仪表　工业传感器　工业机器人

标识解析体系　工业安全保障体系

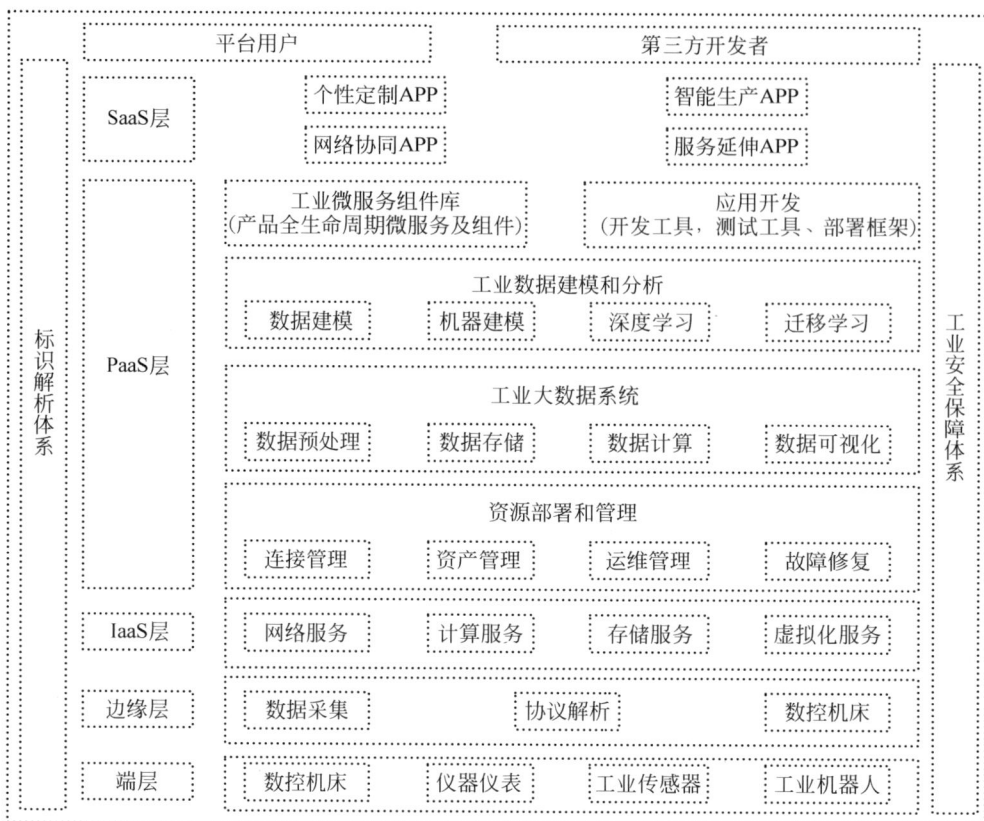

图 4-4　工业互联网的技术架构

资源计划（enterprise resource planning，ERP）、客户关系管理（customer relationship management，CRM）、供应链管理（supply chain management，SCM）等企业级管理软件为主。

第二层，执行层（MES、APS、WMS 等系统）。执行层以制造执行系统（manufacturing execution system，MES）、高级计划与排产（advanced planning and scheduling，APS）、实验室信息管理系统（laboratory information management system，LIMS）、仓储管理系统（warehouse management system，WMS）、能源管理系统（energy management system，EMS）等与生产执行紧密相关的软硬件系统为主。执行层的系统如 MES 是一个车间级管理系统，负责承接 ERP 系统下达的生产计划，应用射频识别（radio frequency identification，RFID）系统，并按制造工艺进行自动化生产监控。

第三层，控制层（PLC、DCS、SCADA、FCS、IPC 等系统）。控制层的系统通常统称为工业控制系统（industrial control system，ICS），ICS 几乎应用于每个工业部门和关键基础设施，其中最常见的是可编程逻辑控制器（programmable logic controller，PLC）、监控和数据采集（supervision control and data acquisition，SCADA）系统、分布式控制系统（distributed control system，DCS）等与人机界面（human machine interface，HMI）集成管控现场。其中 PLC 侧重于逻辑控制，DCS 侧重于流程控制，SCADA 强调数据采集。

第四层，现场层（设备层）。现场层包括数控机床、机器人、数字化量仪、3D 装备、智能专用设备、智能物流与仓库、各种智能传感器等实体。如果再细分，还包括传感层，对各种实体、设备等信号的实时采集。

第一、二层形成虚拟系统；第三、四层放在车间构成实体系统。四个层次构成 CPS，虚拟系统把流程优化后，就使实体系统更加有效地工作。综上所述，我们的机床工具行业提供符合信息化与智能化生产的要求，这就是工业 3.0、工业 4.0 的基础。

从系统分类来看，整个工业互联网系统分为云层、ERP 层、MES 层、通信层、工业控制层和设备执行层。MES 系统实现全程订单执行管理，通过二维码或者 RFID 进行全程追溯，实现机物互联和人机互联技术与方案逐步成形，部分制造企业尝试对生产线进行 MES 部署及应用。

从产业链看，智能工厂的上游是以数控机床、机器人、3D 打印等为主要代表的智能装备，其中，智能装备使用的传感器、控制器等核心零部件也会在物联网中独立使用。中游是工业互联网，包括工业以太网、工业软件及工业互联网平台集成系统。下游是以制造业为代表的行业应用。智能工厂是实现上游设备互联、中游工业平台应用、下游精益生产高效协同的执行系统。

（1）以上游传感器为例。传感器是智能工厂的感官器官，是实现自动检测和自动控制的首要环节。传感器有压力传感器、湿度传感器、光电传感器、微机电系统（micro-electro-mechanical system，MEMS）传感器等种类，其核心功能在于将各类物理量的测量数据转换为电信号，实现从物理世界感官信息到数字信息的精确转化。在物联网架构中，传感器可分为基础型传感器和智能型传感器两类。基础型传感器仅实现物理量感知功能，需依赖外部计算单元进行数据处理，而智能传感器则带有集成微处理器，具备环境感知、数据运算和信息交互的综合能力。RFID 是一种短距离无线通信技术，依据电磁感应定律，通常与唯一识别码结合用于自动识别，是物联网广泛关注的识别技术之一。RFID 从技术上主要分为低频、高频、超高频和微波，在物联网时代，远距离的超高频 RFID 会迎来爆发式增长。

传感器的智能特征：智能传感器除具有检测功能外，还具有自补偿、自校正、自调整、自诊断和逻辑操作、程序控制、自动实现计量和检测最优化等功能。这种传感器需要提供具有超强抗干扰能力的数字输出，还需具备双向通信功能，能实现远端校准，并通过调节门限值提高生产灵活性，省去派遣人员至现场的环节。传感器产业以其技术含量高、经济效益好、渗透能力强得到高速发展，德国博世是目前品类最全的传感器公司。

（2）以工业以太网为例。工业以太网作为一种高效的局域网络，从诞生之初，就担负着传感器数据传输、生产设备控制等功能，是现代工业自动化生产体系中的重要组成部分和工厂信息化的基础。它的构建也就成为智能工厂建设的核心。设备互联是大势所趋，机器与机器的数据通信有利于提高设备使用率，通信方式由有线现场总线扩展至工业以太网和无线接口。网络和系统的数据、通信安全问题都考验着企业的技术实力。工业以太网的互联互通与实时控制技术，是实现智能工厂安全、节能目标的核心支撑。其优势在于能够借助工业软件快速整合销售端至生产流程的数据，为企业提供精准的决策支持和实施方案。消费需求产生的海量数据与信息，以及生产过程中产生的生产信息与数据，这两方面大数据信息流，通过互联网在智能设备间传递，由智能设备进行分析、判断、决策、调整、控制并继续开展智能生产，制造高品质的个性化产品，形成工业 4.0 时代的生产数据云，基于这些海量的数据、分析和算法，将带来制造业管理方式的创新和变革。

（3）以工业软件为例。工业软件赋能智能工厂建设，其技术价值呈现出层级化的特征。在设备层：提升设备智能化水平，优化设备性能与生产效率；在车间层：实现设备群组实时数据交互，强化产线设备协同作业能力；在工厂层：实现跨车间、跨产线的资源智能调度，促进生产能力、供应链体系与市场需求之间的高效动态匹配。智能工厂依赖于工业软件对大规模定制化数据的价值挖掘，工厂基于实时数据的分析结果，实现自主决策，构建了从订单处理、柔性生产到精准营销的闭环管理，形成从微观控制到宏观优化的智能制造闭环体系。

制造业在推进工业互联网建设方面，还存在以下诸多问题。

（1）重视硬件投入，忽略软件系统应用。很多企业仍大量投入资金进行生产线自动化设备改造，大量购入高端数控设备，但却没有配备相应的软件系统，致使生产线及设备应用不足。

（2）工业设备联网率不足。我国工业设备的联网率不足50%。企业在购买设备时没有要求开放数据接口，部分设备还不能自动采集数据，没有实现车间联网。

（3）企业运营方面还缺乏信息系统支撑。与生产管理息息相关的制造物料清单（bill of material，BOM）数据、工时数据、质量标准等数据严重缺失，有些自动化设备制造商不开放数据接口，错把数据采集当成 MES 的全部，造成生产排程、质量管控、物流过程效率低下，精准追溯更是无法实现。

（4）设备基础资料维护不全，绩效不高。很多公司对设备管理仅仅停留在台账阶段，维护保养计划严重缺失，设备备件要么缺失、要么大量堆积形成浪费，设备的健康状态未进行有效管理，常常由于设备故障造成非计划性停机，影响生产。

（5）存在大量信息化孤岛和自动化孤岛。ERP系统、MES、生产线数据采集系统各自为政，互不相让，很多企业只好采用半手工、半自动化的方式管理数据，效率低下，准确性也难以保障，有些公司在管理上仍然采用手工计划与排程模式，生产效率并未因大量的设备改造而得到有效提升。

（6）大功率无线数据传输与通信有待加强。大量的RFID与自动化数据采集系统通过有线传输不仅使现场改造麻烦，而且设备振动致使网络接口松动经常发生，大功率无线数据传输技术广泛应用非常有必要。

中国工业互联网还面临一些阻碍，未来任重道远。一是不同的设备拥有不同的数据传输协议，大大增加了数据采集与上云的难度。虽然现在国内有数据采集公司可以解析一部分通信协议，但是未来需要政府或者是相关机构出台一系列的制度或政策把标准统一。二是国内信息孤岛现象比较严重，传统的互联网企业也只集中在供应链，企业需要开放协作，整合产业伙伴资源，促进工业互联网平台与平台的融合，生态系统的强强联合。三是网络信息产业发展超前与工业基础较差不匹配，和中国5G产业蓬勃发展形成鲜明对比的是我国工业基础比较差，严重制约了工业数字化进程。

4.3.3　趋势：工业互联到工业物联

如果说互联网是主张人人相联，人物相联，那么物联网（internet of things，IoT）就是强调物物相联。物联网将互联思维延伸到了任何事物之间。物联网概念最早由美国麻省理工学院凯文·阿什顿教授提出。他也因此被称为"物联网之父"。1999年，麻省理工学院将物联网的定义标准化：把所有物品通过射频识别等信息传感设备与互联网连接起来，实现智能化识别和管理，即实现万物互联。早期物联网更多地被描述为带有传感装置的识别功能。后来发展成运用信息传感设备，如射频识别技术、全球卫星定位系统、红外感应器、激光扫描器、气体感应器等各种装置与技术，实时采集任何需要连接、监控、互动的物体或过程状态信息。通过互联网形成相互交互的、可识别的、可共享的网络，其目的是实现物与物、人与物在网络上的连接、识别、管理和控制等，物联网的信息是动态的，主要由物理机器生成。综上所述，物联网主要是指各类传感器和现有的互联网相互衔接的一个革命性的新技术。

森德勒认为工业革命 4.0 包括 CPS、物与服务联网（service-oriented internet of things，SO-IOT）、机器对机器（machine to machine，M2M）通信三个主要组成部分。其中 CPS 是指一种特殊的网络，实现计算、通信与物理系统一体化的复杂系统；IOTS 是指将设备和服务实现互联互通，进而形成新型服务经营模式；M2M 是指终端设备间的数据共享与数据交换。

物联网具有海量的设备连接，在分布广泛的场景下，与无线网络的覆盖范围、终端设备的功耗密切相关。工业物联网是物联网技术在工业领域的深度应用，相较于其他领域的物联网，它在数据采集的速度和规模上都有显著提升，展现出更强的效率和数据处理能力。同时，工业物联网对低功耗、广覆盖、低时延和高可靠性有着严格要求，这也使其在技术升级和性能优化方面面临更高的标准与挑战。

工业物联网比工业互联网更加智能化，可以说，工业物联网是工业互联网发展的高级阶段。如果说工业互联网强调数字集成，提高效率，那么，工业物联网更加强调物的智能化。也就是说，工业互联网实现了整个工业过程互联网化，以信息化软件为载体，推动了企业管理的数字化。而工业物联网更注重底层现场的工业硬件，如智能传感器、自动化设备与各平台的深度融合实现智能制造。每个设备都可以变成数据终端，各种设备之间的互联互通需要极低的时延、极高的可靠性，对时延和可靠性具有极高的指标要求，如下一代移动通信网络 5G 与 3D 传感器、工业视频、控制系统等技术相结合，帮助工业企业实现对设备的远程操作、基于增强现实的人机协同、生产过程实时监测等，需要为用户提供毫秒级的端到端时延和接近100％的业务可靠性保证。尤其在数据通信领域，实现智能制造，达到工业生产的个性化与定制化，必须借助于万物互联的工业物联网。

对于中国物联网技术的发展，凯文·阿什顿有句名言："互联网时代美国第一，物联网时代中国第一。"相比云计算、大数据、人工智能，我国较早地将发展物联网产业上升到国家战略。2009 年，我国正式将物联网列为国家五大新兴战略性产业之一，2011 年，物联网产业的发展被写入"十二五"规划纲要。近年来，国家发布的有关物联网发展的主要政策如图 4-5 所示，在国家战略与政策的有力支撑下，我国物联网产业实现了从政策驱动向创新驱动的跨越式发展。产业规模持续扩大，技术创新能力显著提升，应用场景不断拓展，展现出强劲的发展活力。

物联网将重塑商业模式。就全球而言，中国物联网市场增长迅猛且市场巨大，移动物联网连接数占全球比例已经超过 70％。《中国互联网发展报告 2021》数据显示，中国物联网市场规模达 1.7 万亿元。企业从不同环节布局物联网，产业大规模发展的条件正快速形成，物联网经济主要分布在以下三个领域，一是产业数字

《关于推进移动物联网"万物智联"
发展的通知》
《关于推动新型信息基础设施
协调发展有关事项的通知》
《工业领域数据安全能力
提升实施方案(2024—2026年)》 — 2024

《扩大内需战略规划纲要
(2022—2035年)》
《工业能效提升行动计划》
《"十四五"可再生能源发展规划》 — 2022

2023 《数字中国建设整体布局规划》

《"十四五"数字经济发展规划》
《"十四五"信息通信行业发展规划》
《物联网新型基础设施建设
三年行动计划(2021—2023年)》 — 2021

《关于深入推进移动物
联网全面发展的通知》 — 2020

2018 《车联网(智能网联汽车)
产业发展行动计划》

《"十三五"物联网发展规划》
《关于全面推进移动物联网
(NB-IoT)建设发展的通知》 — 2017

2013 《国务院关于推进物联网
有序健康发展的指导意见》
《物联网发展专项行动计划
(2013—2015年)》

《"十二五"国家战略性
新兴产业发展规划》 — 2012

2011 《物联网发展专项资金管理暂行办法》
《"十二五"物联网发展规划》

《国务院关于加快培育和
发展战略性新兴产业的决定》 — 2010

首次列入
国家发展战略

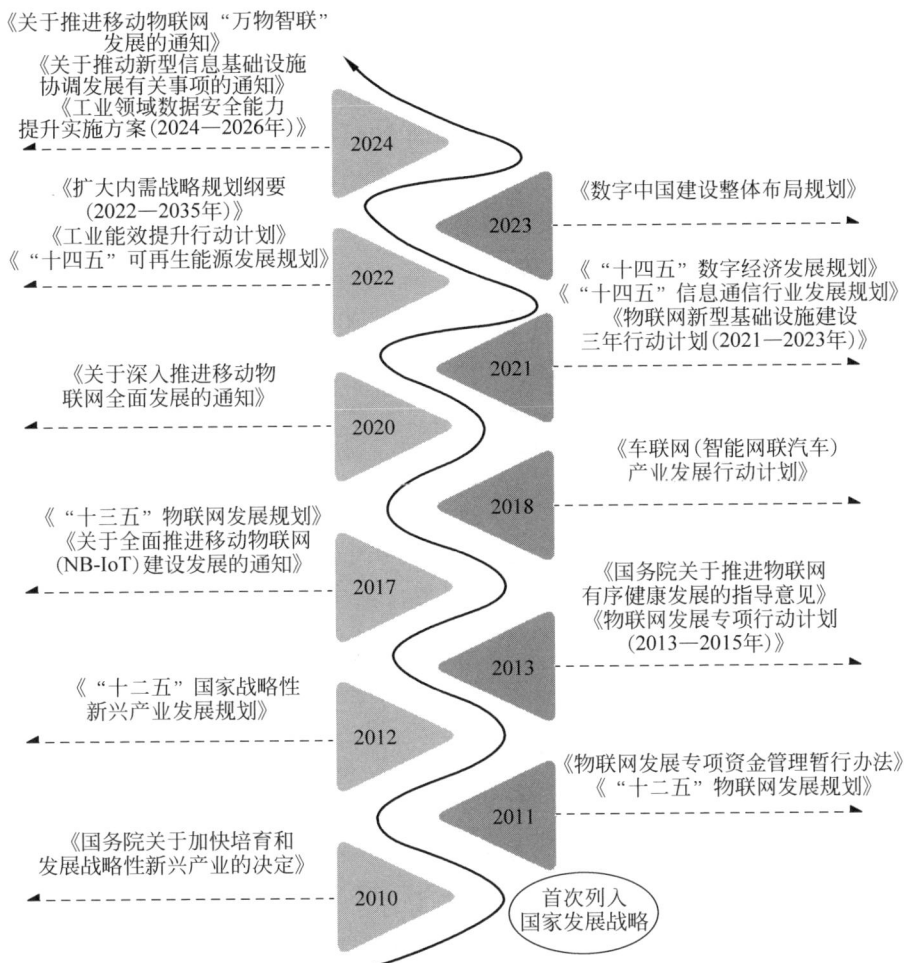

图 4-5 中国物联网政策路线

化,即工业制造、智慧医疗等;二是治理智能化,即公共设施管理、环境监测等;三
是生活智慧化,即智能家居、可穿戴设备等。物联网加速了数字孪生的应用,数字
孪生是物理对象、系统或流程的虚拟表示,通过"云+物联网+5G"对现实世界万
物在时间和空间上进行统一的准确预判,这种技术将高速推进互联网和制造业的
深度融合,加速商业模式的创新。

4.4 路径:"互联网+"还是"+互联网"

中国工业互联网有两条路径,即"互联网+"和"+互联网"。"互联网+"认为
未来的产业互联网发展模式必将不同于消费互联网,互联网不可能成为各个传统
产业领域的颠覆者,而只能是产业的数字化助手。"互联网+"更多的是指互联网

的"赋能"作用，而不是"赋予"作用，一字之差的背后是商业逻辑的天壤之别。马化腾认为，互联网的作用是助力传统产业进行数字化变革而不是去颠覆它。马化腾在2018年"互联网＋"数字经济峰会中提出了腾讯公司在"互联网＋"中扮演的角色：一个目标、三个角色、五个领域、七种工具。其中"一个目标"指腾讯要成为各行各业的数字化助手，助力各行各业实现数字化转型升级；"三个角色"指腾讯要专注做三件事：做连接、做工具和做生态；"五个领域"是过去两年内，数字中国在五个领域扩展和推进：民生政务、生活消费、生产服务、生命健康和生态环保，腾讯希望助力上述五个领域的数字化转型升级；"七种工具"包括公众号，小程序，移动支付，社交广告，企业微信，大数据，云计算与人工智能，以及安全能力等数字化工具。

"＋互联网"不断开花结果。"互联网＋"有流量和资本的双核能力，飞速开枝散叶，"＋互联网"同样也在制造业中拔地而起。比如，装备制造业发展工业互联网具有先天优势。尤其是机械行业，有着数控化、数字化的自主需求和能力，智能制造涉及产品设计、制造与管理决策的全生命周期管理，底层基础是数字化，即数据需要在装备和工业软件两者间得到精准的采集、传输、存储和分析。

制造业实施工业互联网的目的是实现生产优化，制造升级，直接方式是对采集的生产数据进行优化。数据采集是基础，没有详尽的工业数据，任何工业互联网平台都会成为无源之水。装备制造业从事实际的工业制造，处在工业互联网的边缘层，连接数据的终端，是数据获取的一线，相较于互联网的数据流量入口，在取得、维护、分析处理工业数据方面更有优势。装备制造业对生产工艺有深刻的理解，对工业生产的工艺、流程、技术、质量检测等有深厚的积累，能够依据实际高效地开发出适合企业运作的工业软件。

4.4.1　核心："卡脖子"的工业软件

工业软件是工业互联网的核心。工业软件，偏重软件，工业互联网，则侧重于互联。中国工业软件发展空间巨大，如图4-6所示，近年来，软件业务收入保持较快增长，2022年，软件业务收入首次跃上10万亿元台阶，占我国GDP的比重接近10%。行业收入主要分为三个部分：软件产品收入（65.5%）、信息技术服务收入（24.8%）、云服务和大数据服务收入（9.7%）。

我国软件行业每年保持较快增长，但很多软件的关键技术还是长期依赖国外。华为副总裁兼CIO陶景文在2021华为中国生态大会上提出，"华为设计出来的芯片我们造不出来。我们就算自己有生产线可以造的时候，我们的材料，我们的基础

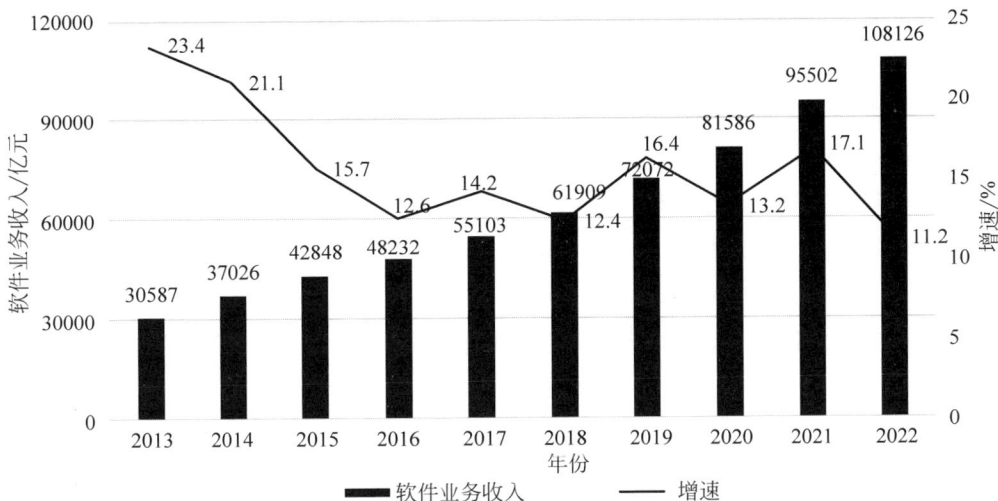

图 4-6　2013—2022 年中国软件业务收入增速

来源：根据工业和信息化部数据整理。

东西跟不上。那我们的'魂'在我们的 ICT 和数字经济行业是什么呢？至少有那么几个东西,数据库、操作系统、工业软件等。我们有这么大的工业规模,却没有世界级的工业软件,是一种耻辱"。

工业软件大体上分为两个类型：嵌入式软件和非嵌入式软件。嵌入式软件是嵌入在控制器、通信、传感装置之中的采集、控制、通信等工具软件,强调硬件与软件的协同性；非嵌入式软件是装在通用计算机或工业控制计算机之中的设计、编程、工艺、监控、管理等软件系统,如 AutoCAD、CAE 等,强调软件的基础通用性。

中国工业软件的分类方式较多,大约有三种方式。第一种,根据《软件产品分类》(GB/T 36475—2018)国家标准提出的工业软件分类方法,工业软件主要包括工业总线、计算机辅助设计(CAD)、计算机辅助制造(CAM)、计算机集成制造系统(CIMS)、工业仿真、可编程逻辑控制器(PLC)、产品生命周期管理(PLM)、产品数据管理(PDM)、其他工业软件九类软件；第二种,根据工业和信息化部运行局的分类方法,主要包括产品研发设计类软件、生产控制类软件、业务管理类软件；第三种,基于产品生命周期的聚类分类方法,主要包括研发设计类、生产制造类、运维服务类、经营管理类软件。

工业软件国产化整体水平正在提高,但研发设计类工业软件还处于"卡脖子"状态。《中国工业软件产业白皮书(2020)》数据显示,2019 年,中国研发设计类工业软件国产化率仅有 5%,生产控制类为 50%,经营管理类为 70%,在高端工业市场,国产化率更低。研发设计类工业软件存在关键技术的"卡脖子"问题,虽然管理类软件占有量高,但管理软件如 ERP 要通过 PLM 软件将研发设计类软件(CAD、CAE 等)进行集成,传递产品和数据间的信息。根据世界银行的数据,中国 2020 年制造业增加值占全球比重为 28.61％,同期工业软件规模占全球比重只有 6％,两者对比,与制造业占全球 1/3 的制造业大国身份不相匹配,发展明显落后。美国不仅在芯片和 5G 发展方面打压中兴、华为等中国高科技公司,还在工业软件方面不断释放打压信号,"卡脖子"的窘境依旧突出。

2020 年发生的"MATLAB 事件",哈尔滨工业大学和哈尔滨工程大学因被列入美国商务部实体名单,并被禁用数学基础软件 MATLAB,深深地刺痛着中国科技人员的心。在通用数学和工程软件上,除了 MATLAB 软件,还有美国的 Mathematica 软件,加拿大的 Maple 软件,中国的工业软件与它们的差距也不是一朝一夕可以改变的。就连最常用的 CAD、3DMAX 等基础研发设计类工业软件,也是国外软件的天下,国内企业不要说是市场,连基本技术(三维几何建模引擎、约束建模、参数建模等)还没有实现质的突破。EDA 软件是专门用来设计芯片的软件,进入壁垒高,需要融合微电子学、拓扑逻辑学、材料学及人工智能等多领域技术,该市场长期被美国新思科技、楷登电子和德国西门子三家公司垄断。目前工业软件市场上占有率较高的当属 ERP 管理软件,相比国外的 SAP、甲骨文等 ERP 软件,国产的用友、金蝶、浪潮等 ERP 软件等深耕中国市场,从价格成本和应用服务上都具有先天优势。由于技术保护和市场竞争,各厂商的工业软件还没有实现真正的集成化、开源化和标准化,互联互通的规模效应还没有充分释放。

4.4.2 生态："使能者"的工业互联网

中国工业互联网从无做起,比工业软件发展迅速。工业互联网侧重于互联应用,这得益于我国是制造大国,有着广泛的应用场景。中国工业互联网企业主要来源于信息技术(IT)、通信技术(CT)、数据技术(DT)、运营技术(OT)四个领域。

中国首批跨行业跨领域工业互联网平台如表 4-2 所示,工业互联网平台的企业主要分为三类。第一类软件端渗透企业,这类企业从软件端等上位系统向下渗透,主要以软件公司为主,代表性企业包括：用友、东方国信、航天云网等;第二类硬件端渗透企业,这类企业从硬件端等下位系统向上渗透,主要以先进制造业公司为主,代表性企业包括：海尔、徐工信息、三一树根等;第三类云企业,这类企业以 IT(信息技术)与 CT(通信技术)融合为主,即 ICT(信息与通信技术),并为 OT(运营技术)提供应用场景方向的信息技术公司,代表性企业包括：阿里云、华为等。这些企业在工业互联网领域各有侧重,通过不同的技术路径和应用场景,推动了中国工业互联网的发展。

表 4-2　中国首批跨行业跨领域工业互联网平台清单

平 台 名 称	单 位 名 称
卡奥斯 COSMOPlat 工业互联网平台	海尔卡奥斯物联生态科技有限公司
东方国信 CLOUDIIP 平台	北京东方国信科技股份有限公司
用友精智工业互联网平台	用友网络科技股份有限公司
根云 ROOTCLOUD 工业互联网平台	树根互联技术有限公司
航天云网 INDICS 平台	航天云网科技发展有限责任公司
浪潮云 Im-Cloud 工业互联网平台	浪潮云信息技术股份公司
华为 FusionPlant 工业互联网平台	华为技术有限公司
富士康 Fii Cloud 工业互联网平台	富士康工业互联网股份有限公司
阿里云 supET 工业互联网平台	阿里云计算有限公司
徐工信息汉云工业互联网平台	江苏徐工信息技术股份有限公司

究竟谁的优势更大，目前还难以判断，每个行业都有各自的优势，但基本目标一致。深度融合实体数据和用户流量，就是要做到更懂行业规律，为企业量身定制提供 OT 解决方案。

1.“互联网+”：以华为、用友为例

工业互联网的兴起，带来了工业软件的发展新高潮。2019 年，专注于 ICT 市场的华为和专注于应用软件市场的用友，强强合作，互补共赢，共建“鲲鹏”新生态。华为的优势在于华为云、鲲鹏云数据处理，而用友则拥有在中国企业的管理数据，这是 ICT 生态与应用软件生态的融合。

鲲鹏生态，不仅指的是芯片，而是一个计算产业体系。基于鲲鹏芯片上的，从计算机，到服务器、存储、操作系统，以及各种中间件、数据库等所有要素构成了鲲鹏生态系统。华为描述的鲲鹏计算产业生态全景是硬件、软件、应用的综合体。在硬件方面，围绕鲲鹏处理器，涵盖昇腾 AI 芯片、智能网卡芯片、底板管理控制器（baseboard management controller，BMC）芯片、固态硬盘（solid state disk，SSD）、磁盘阵列卡（redundant array of independent disks，RAID）、主板等部件以及个人计算机、服务器、存储等整机产品。基础软件方面，涵盖操作系统、虚拟化软件、数据库、中间件、存储软件、大数据平台、数据保护和云服务等基础软件及平台软件。在行业应用方面，鲲鹏计算产业生态覆盖政府、金融、电信、能源、大企业等各大行业应用，提供全面、完整、一体化的信息化解决方案。华为作为鲲鹏计算产业的成员，基于“硬件开放、软件开源、使能伙伴、发展人才”的策略推动鲲鹏计算产业的发展。

华为云为工业互联网引入了三项关键技术：5G、AI、鲲鹏云服务。华为是全球领先的企业级云服务提供商，聚焦云计算基础设施，为全球政企客户提供安全可信、稳定可靠、可持续发展的云服务，致力于成为智能世界的使能者，连接企业现在与未来。

华为工业互联网平台业务架构如图 4-7 所示，华为工业互联网平台 FusionPlant 包含连接管理平台、工业智能体、工业应用平台三大部分。定位于做企业增量的智能决策系统，实现业务在云上敏捷开发，边缘可信运行。赋能行业合作伙伴深耕工业核心业务流，持续释放潜在业务价值。

用友商业创新平台 YonBIP，采用新一代信息技术，按照云原生（含微服务）、元数据驱动、中台化和数用分离的架构设计，涵盖平台服务、应用服务、业务服务与数据服务等形态，集工具、能力和资源服务于一体，是服务企业与产业商业创新的平台型、生态化的云服务群。用友精智是用友 BIP 商业创新平台在工业领域的全面应用。用友精智发布于 2017 年，以连接、协同、共享为核心理念，是基于新一代企业数字化整体架构打造的跨行业、跨领域、跨区域的工业互联网平台。

在业务支撑上，用友精智具有五大支撑，分别是 Iuap 平台、产教融合、产融合作、生态聚合及区域落地。基于 Iuap5.0 搭建的面向制造企业的中台服务，融合 IT、OT、AI 及企业核心业务模型，并集成了 3D 可视化等新技术，面向工厂级、集团级、社会级提供不同 SaaS 应用。帮助大型、多制造模式、多工厂的集团型制造业管控安全、提高质量、提升效率、降低成本、缩短交期，提升企业的综合竞争力。

用友工业互联网目前有四大业务板块：第一面向设备对象，提供设备上云服务；第二面向车间对象，提供智能制造服务；第三面向产业链，提供产业链协同（产业互联网）服务；第四面向产业集群，首批提供产业大脑、安全生产上云、设备上云、智能车间测评等服务。

用友作为华为的长期战略合作伙伴，互补共赢。在鲲鹏计算产业生态的构建过程中，华为专注于 ICT 市场，用友专注于应用软件市场，用友所提供的丰富应用场景，也在帮助这款数据库产品快速成熟和商用。在用友与华为的合作中，除了将加速应用软件与芯片、服务器、数据库、操作系统的适配外，未来还将着重把精力放在打造联合解决方案上，并加速推动联合解决方案在各行各业的落地。

2. "互联网＋"：以三一、徐工为例

工程机械行业是我国国民经济建设的重要支柱产业，是装备制造业的重要组成部分。2021 年世界工程机械销售前 5 名公司分别是美国卡特彼勒、日本小松和

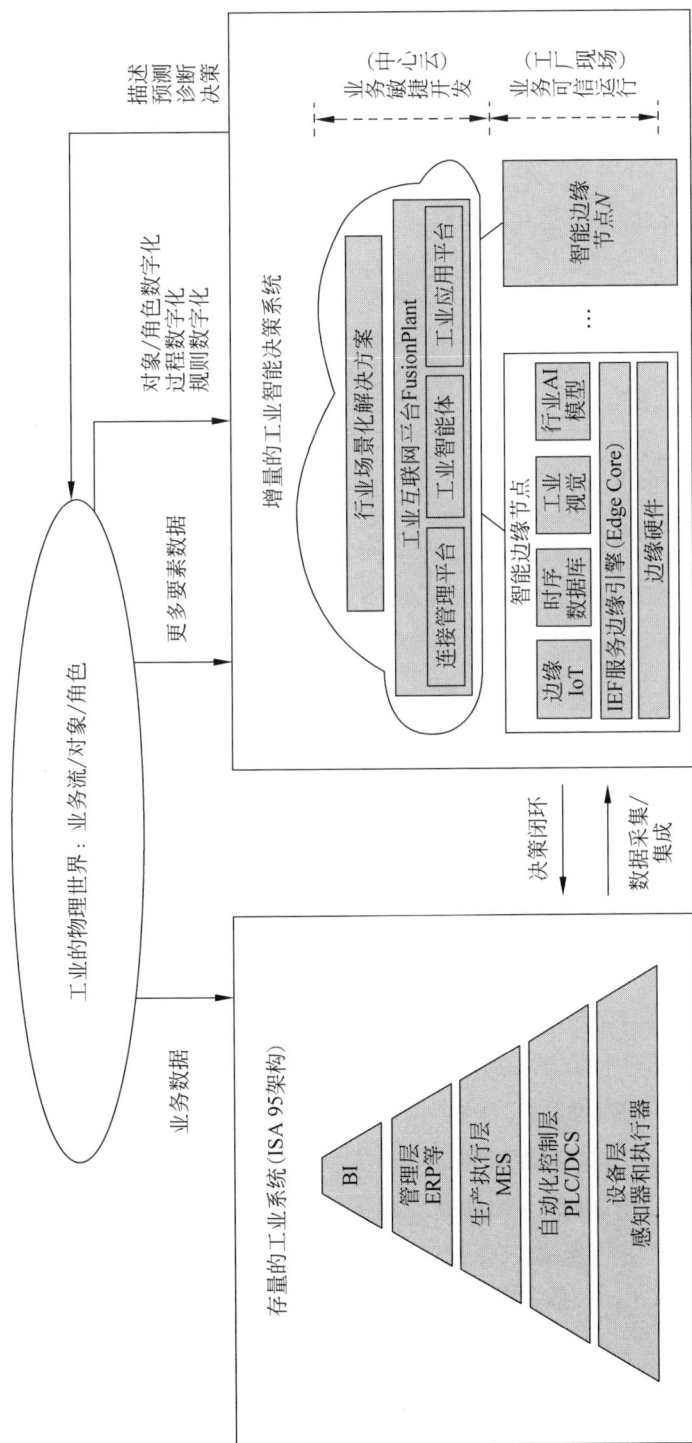

图 4-7 华为工业互联网平台业务架构

中国的徐工集团、三一重工、中联重科，这是中国工程机械公司首次进入世界第三。目前中国这三家工程机械巨头都已建立了工业互联网公司，其中工程机械行业最大的工业互联网应用平台是三一根云和徐工汉云。

三一重工是全球最大的桩工机械制造基地，其中北京桩机智能工厂也是首个工程机械行业"灯塔工厂"的入选者。入选理由是三一公司利用先进的人机协同、自动化、人工智能和工业互联网技术，将劳动生产率提高至85%，生产周期从30天缩短至7天。2020年，三一桩机工厂的人均产值已达到1072.8万元，处于全球领先水平。

依托三一重工在机械领域的优势，三一树根互联公司以机器为对象做万物互联，建立机器的数字模型，包括各种装备、机械等，同时以机器为中心，形成了全生命周期管理的核心能力。树根互联公司还开发了自主可控的以工业互联网操作系统为核心的工业互联网平台——根云平台，提供智能制造解决方案，帮助制造企业实现产品个性化、设计协同化、工业敏捷化、服务主动化、决策智能化。

根云平台能够帮助机器所有者清晰、动态地掌握机器全生命周期的运营情况。借助2D/3D视觉传感技术、AI算法以及高速的5G网络，根云平台已形成了三大核心通用能力，包括多种类工业设备的大规模连接能力、多源工业大数据和AI的分析能力、多样化工业应用的开发和协同能力等。智能工厂有一个"智能大脑"——工厂控制中心（factory control centre，FCC），通过FCC，订单可快速分解到每条柔性生产线、每个工作岛、每台设备、每个工人，实现从订单到交付的全流程数据驱动。沿着数据流程，产品能够了解自己被制造的全过程和细节。目前树根互联的第一大客户为三一集团及其关联方，为其提供运营管理等解决方案，不仅应用在工程机械领域，而且可以运用到其他工业的企业。

2014年，徐工集团打造了具有自主知识产权的汉云工业互联网平台。该平台是我国第一个自主研发的，也是国家级跨行业跨领域工业互联网平台。凭借徐工70多年的制造经验，徐工汉云秉持"为工业赋能，与伙伴共生"的理念，持续为制造业提供与工业互联网、智能制造整体解决方案相关的咨询、设计、开发、生产、实施、运维等专业性产品及服务，推动制造业优化升级。

汉云工业互联网平台为企业提供工业互联网"端-云-用"一体化数字化能力，拥有强大的设备连接、数据采集和边缘计算能力。平台对海量工业数据进行汇聚、管理、分析，提供工业机理模型、应用开发和数据可视化等能力，轻松实现APP快速开发，满足各种工业场景的特定需求，助力企业数字化转型。

4.4.3　颠覆："大模型"时代的生产力

这是一个人工智能大爆发的时代。人工智能正在从分析式走向自动生成式的通用人工智能（artificial general intelligence，AGI）。人工智能大模型是指通过深度学习，训练出拥有庞大参数数量的神经网络模型，来帮助人们解决现实世界中的交互问题。大模型是大规模语言模型（large language model，LLM）的简称。比如，AlphaGo、ChatGPT、Sora等大模型技术被广泛应用于各种领域。

1. ChatGPT 开启人工智能大模型的发展浪潮

ChatGPT 是 OpenAI 公司开发的一款多模态语言模型，基于神经网络技术 Transformer 架构，充分运用了自监督学习进行生成式预训练语言，是一种突破性的自然语言处理模型。2023 年，ChatGPT-4 一经发布，就掀起了人工智能大模型的高潮，写作、编程等应用变得无所不能。大模型让人们相信，机器语言替代人类工作将走进现实。

2023 年是中国大模型发展的元年。国外开源大模型缩短了中国公司的研发进程，几乎所有的科技型公司都参与了这场技术迭代，拼装和套壳成了行业不争的事实，让人感觉只要落后半拍都有可能失去竞争优势。百度文心、阿里通义、华为盘古、360 智脑、讯飞星火、百川智能等众多大模型纷纷走向前台，可谓"百模大战"。不到一年时间，中国大模型的规模呈现井喷的趋势，引发了新一轮的投资潮。大模型需要海量算力，想要占有一席之地，就必须投入大量资本。对于企业来说，在商业化还不够成熟的阶段，很有可能是一项沉没资本。

2. Sora 引领人工智能大模型的全新时代

模拟真实世界趋势不改。2024 年，OpenAI 公司又发布了首个 AI 视频生成模型 Sora。如果说 ChatGPT 只能输出文字和图片，Sora 则把语言、视觉和图像训练到了极致，最长视频甚至可达 60s，具有跨时代的意义！Sora 不仅仅是一个"文生视频"的工具，更是一个通用的"物理世界模拟器"。马斯克给予它"Good Games"的高度评价，称其达到了挑战人类智能的水平。360 创始人周鸿祎则认为 Sora 的诞生意味着通用人工智能的实现将从十年缩短至两三年！Sora 采取了不开源的策略，让中国科技企业集体沉默。Sora 继 ChatGPT 后，再次引发了人们对中美两国人工智能发展差距将会进一步拉大的担忧。

3. 全球大模型之争，归根结底是算力之争

生成式大模型将推高对人工智能芯片的新需求，没有芯片的算力，大模型的训练、应用就难以实现。英伟达公司长期垄断芯片市场，是生成式人工智能革命的受益者。中国在高端芯片、大模型两大产业上的短板，直接影响其他产业的智能化转型。

大模型技术带来了革命性价值，如果提升大模型的可控性，那么极有可能大树之下寸草不生。大模型将渗透到多领域，释放更大价值，促进更大生产力。大模型拥有高阶思维能力，强大的语言表达能力，严谨的逻辑思维能力。通用人工智能解决基础性问题：一是实现统一架构，打破领域壁垒的底层设计；二是统一模态，多模态融合的感知与表达；三是统一任务，从单任务专家到通用问题解决者。而专用大模型解决专业领域知识问题，通过结合行业数据的预训练实现业务场景应用。各种大模型会不断涌现和逐渐应用，未来将会出现工作岗位被智能化替代。数字化人才的需求将会持续增长，专业的程序员将会越来越少，非专业的数字化应用人才将会越来越多，人人都可以是程序员，数字化人才从第三产业走向第二、第一产业，赋能实体经济发展。"大模型＋制造业"蕴含巨大的市场机遇，大模型通过算法，不仅可以给出最优的生产效益，甚至还可以给出合理的价值判断。比如，对同一行业的不同规模、不同特点的企业，大模型根据数据的规模和质量、优化流程，给出最佳决策。

4. DeepSeek 国运级创新，重塑世界大模型市场格局

2025 年是中国人工智能弯道超车的元年。长期以来，人工智能的话语权一直被美国牢牢掌握。各国的科技发展依赖于美国的算力供给。美国试图凭借算力优势打压中国，不断收紧对华芯片出口管制措施，直接加剧了中美人工智能竞争的紧张局势。然而并没有阻断中国的发展，反而加速了中国人工智能的技术创新。2025 年 1 月 20 日，中国初创企业深度求索公司研发的 DeepSeek 大模型横空出世，另辟蹊径将算法、效率、成本做到极致，打破了算力至上的传统认知，削弱了美国在人工智能领域霸主的地位，走出了一条从追随者到领先者的狂飙之路，提升了中国科技的国际影响力和话语权，鼓舞人心、催人奋进。

（1）DeepSeek 单枪匹马吹响了中国人工智能"不可忽视和不可替代"竞争力的战歌。DeepSeek 凭借好用、开源、免费三大特点，实现了与 OpenAI o1 相当的性能，在世界引发热烈反响。2025 年 1 月 26 日，DeepSeek 在中国区和美国区苹果应

用商店 APP 免费榜上同时冲到了下载量第一,创造了 7 天 1 亿用户增长的奇迹。美国《自然》杂志一星期内发表了五篇文章讨论 DeepSeek 对人工智能基础研究带来的革命性贡献。DeepSeek 让美国陷入了极度焦虑,令美国惊愕的不仅是用户增长的速度,而是对美国资本市场科技板块的冲击。1 月 27 日,英伟达、微软、Meta、亚马逊等美股主要科技公司市值共计蒸发上万亿美元,一度创美国股市历史上单日市值损失的新纪录。美国科技股的重创让美国坐立不安,美国政客们迫不及待地向国会提交《2025 年美国人工智能能力与中国脱钩法案》,禁止政府和公民在设备上使用 DeepSeek,违反者面临最高 20 年的监禁,以及最高可达 1 亿美元的罚款! 此外,美国还频频对 DeepSeek 进行大规模网络攻击。英国《经济学人》杂志直接指出,中国正在颠覆整个人工智能行业,美国政策制定者对此只能感到尴尬。为巩固美国在人工智能领域的霸权地位,特朗普早在就任总统第二天,就联合软银集团董事长孙正义、OpenAI 公司 CEO 奥特曼、甲骨文公司董事长埃里森计划投资 5000 亿美元,打造美国版的人工智能"星际之门"。特朗普将此项目誉为"历史上最大的人工智能基础设施项目",目标要将美国建立成一个算力帝国。这一计划充分暴露了美国试图通过构建技术壁垒,垄断人工智能的发展权。而 DeepSeek 的出现,彻底将美国昂贵的人工智能"独奏曲"击碎,吹响了中国人工智能独行者的战歌。在与世界著名科技公司的竞争中,DeepSeek"逆袭"ChatGPT、XAI 等公司,获得了人工智能顶级域名 ai.com 的使用许可。用户可在浏览器输入 ai.com,便直接定向进入 DeepSeek 官网,这是该域名历史上第一次跳转到中国公司的官网,充分展现了世界人工智能科技竞争中的中国力量。

（2）DeepSeek 以一己之力探索出中国人工智能"算法创新和有限算力"模式的新路径。DeepSeek 这个仅由 140 多人组成的名不见经传的小团队,其成员平均年龄只有 28 岁,没有海外留学背景,纯粹毕业于国内高校。在创始人梁文锋的带领下,他们破解了人工智能长期以来依靠"堆算力"的路径依赖,彻底颠覆了顶级人才由西方培养和输送的固有认知。公司从成立之初,就不以商业化为直接目标,专注基础研究,没有短期的绩效考核,也没有一家风险投资机构成功投资。他们通过优化算法架构,实现"模型-系统-芯片"一体化优化,显著提升算力使用效率,降低训练成本。DeepSeek 最终以 560 万美元的总成本和 2048 块芯片,取得了与美国顶级同类产品相当的性能。在模型定位与核心能力方面,DeepSeek-V3 大模型采用混合专家架构,总参数达 6710 亿,通过优化算法,每次调用只激活 370 亿个参数,降低了训练计算成本和算力需求。DeepSeek-R1 大模型专注于复杂推理任务,基于强化学习架构,采用群体相对策略优化（group relative policy optimization,

GRPO)提升训练稳定性，完全摒弃监督微调，直接通过强化学习激发推理能力，相当于一个"超级大脑"，能处理数学、编程和推理等各种高难度任务。DeepSeek在打破算力瓶颈的同时，采用完全开源策略，这对于采取大模型闭源的美国公司来说，无疑是个坏消息，但也促使他们不得不承认中国科技创新的智慧。OpenAI公司CEO奥特曼首次承认公司的闭源策略是"站在了历史错误的一边"。英伟达公司也公开称赞，DeepSeek-R1大模型是"最先进的推理能力"。当然，算法创新的红利短期内还不能缓解芯片供应的瓶颈，若想实现最优部署，还需要更多芯片来满足市场对算力的需求，构筑国产"大模型-算力-云服务"的全产业链协同创新。

（3）DeepSeek聚力同行掀起中国人工智能"百模齐放和百家争鸣"的热潮。DeepSeek的成功，展现了初创公司的顽强生命力，激发了科技自强的信心，让人们相信以更低成本获取更强模型能力是可以实现的。开源的价值利大于弊，拥抱开源才有未来。开源让竞争变得更加激烈，即便是2024年宣称"开源模型实际上是一种'智商税'"的百度公司创始人李彦宏，也不得不改变了对开源大模型的态度，宣布文心一言大模型免费、开源。在开源时代，国产大模型必将呈现爆发式增长，相关企业估值也将会重塑。在DeepSeek-R1大模型一经推出，便直接推动了中国资本市场人工智能板块的强势领涨，DeepSeek概念板块20个交易日的累计涨幅就已经超过50%。对于竞争对手而言，错过DeepSeek"晚班车"是得不偿失的。几乎所有云服务供应商都在第一时间内完成了DeepSeek的服务器部署。微软、英伟达、亚马逊、英特尔等科技巨头陆续上线DeepSeek模型服务。与此同时，中国政府机构、高校科研院所以及华为、腾讯、百度、阿里巴巴等国内企业纷纷响应，接入DeepSeek大模型，完成本地化部署。DeepSeek上线国家超算互联网平台，国家超算互联网平台所提供的丰富异构算力资源和跨域调度算力功能，能够确保推理任务的流畅运行，为大规模应用提供可持续的算力保障。DeepSeek给国内人工智能企业带来的"鲶鱼效应"，阿里云发布旗舰大模型通义千问"Qwen2.5-Max"，成为第二家可以比肩美国OpenAI公司o1系列的国产大语言模型，让行业内外为之振奋。此时的大模型市场，更青睐云算力技术实力强大的公司，比如，阿里巴巴、腾讯、华为、字节跳动等公司。2025年，苹果公司选择和阿里巴巴合作，共同开发苹果手机中国版人工智能功能。人工智能市场将在短期内实现爆炸性增长，阿里巴巴率先加大对基础设施的投入。2月，阿里巴巴宣布计划三年内投资3800亿元于人工智能领域，创下中国民营企业最大规模投资纪录。这是阿里巴巴继2009年为布局算力产业，创建阿里云后的又一次前瞻性战略布局。大模型技术快速迭代，应用成本正在降低，商业模式不断创新，"人工智能＋"的场景将越来越丰富，人工智能万亿产业格局将会重构。

4.5 标杆：智能工厂

制造业是工业互联网的主要应用市场。工业互联网一旦与中国制造深度结合，数字化赋能，就会诞生智能工厂。海尔、富士康、三一等企业是中国智能工厂的代表企业，既是全球化的制造业，又是全球化的工业互联网领军企业，是中国制造获得世界"灯塔工厂"的典范企业。

4.5.1 未来的工厂：人机协作

人机协作的目标就是让机器和人分别从事自己更擅长的事，机器承担更多重复、枯燥和危险的工作，人类承担更多创造性的工作。人类究竟是因为偷懒而需要机器人，还是因为机器人聪明而需要机器人一直值得讨论。但是有一点可以肯定，未来人类不会被机器人取代，相反，它们将人类从复杂的工作中解放出来，让工作变得更加简单。

1. 把机器训练成人，而不是把人训练成机器

如果在流水线上，人工完成一道工序需要 10min，而机器完成该道工序只需要 2min，那当然机器比人更有效率。但并不是说对于所有工序，机器完成都比人更有效率，如果能出现人和机器协同合作比单独使用一方完成更有效率，那就要优先考虑人机协作，人机协作的解决方案变得尤为重要。"机器变人"是指机器有了人的思考而摆脱了固定程序操作，变得更加智能化，拥有自主优化和自主决策的能力。"人变机器"是指作业的均衡化、标准化，人拥有机器的工作效率。人机协作也就是平衡好"机器变人"与"人变机器"之间的关系。即使在富士康苹果手机生产线上，大量的机器人还不能完全替代人工，特别是拧螺丝的工作，机器人还无法准确地把握拧螺丝的力度。不仅在工业生产线，在农业机器人领域也是，如果用机器人的夹爪去采摘西红柿，想要达到像人一样的灵活，就需要机器人具有人的大脑分析能力，这些都是机器人应用的薄弱环节。我们的愿景通常是让机器先服务于人。但是，如果在机器服务于人之前，人先变成机器，人就会变得很烦恼，甚至变成了机器的附庸品。

2. 取代人的不是机器，而是善用机器的人

人机协作只有放在一个整体平台上综合考虑效率、效能才有它的实际意义。

人机共舞,更多的是基于网络平台,将制造任务、订单信息分配给不同地域、不同规模的制造企业,将社会分散的制造资源、制造能力在网络平台进行集聚共享,形成网络化协同的生产组织模式,即为协同制造(collaborative manufacturing)。

（1）人机不协作,从短期看,让机器取代人增加了更多成本。第一,员工本能上拒绝机器,认为机器会导致自己劳动价值的丧失,会促使企业裁员。第二,机器目前没有达到企业降低成本、满足员工工作需求的目的,认为机器不够智能化,利用机器仅仅停留在一个大方向而已,目前只是一个"鸡肋",食之无味,弃之可惜。

（2）人机协作,从长远看,除了对企业有利,对于员工而言同样有利。第一,减轻了员工的工作强度,员工的工作环境和积极性将会提高。第二,提升了员工的工作水平,员工的个人技能将更具有竞争力。通过操作机器、使用机器、改造机器,员工在人机协作中将发挥更有价值的作用,劳动价值会有不断增值的空间。

4.5.2　最先进的工厂："灯塔工厂"

机械化换人,自动化减人,智能化无人。随着信息技术在制造工厂的应用,进而衍生出智能工厂(intelligent factory)的概念。第三次工业革命的自动化技术,将生产过程作为对象进行应用,通常叫作自动化生产线或者工厂。第四次工业革命,将信息技术作为关键技术的应用大幅扩大,智能工厂应运而生,大幅节省劳动成本、提高生产效率、提升客户体验。智能工厂的投入将远超过一般工业领域,能较早地适应工业4.0改造的企业将最先受益,竞争优势不言而喻。

1. 智能工厂

智能工厂是数字化工厂的升级,本质是人机协作。如果说数字化工厂是利用虚拟现实技术对生产过程进行仿真优化,那么智能工厂更侧重体现人与机器的相互协调合作。根据国家标准《智能工厂　通用技术要求》(GB/T 41255—2022)的定义:智能工厂是在数字化工厂的基础上,利用物联网技术和监控技术加强信息管理和服务,提高生产过程可控性、减少生产线人工干预,以及合理计划排程。同时集智能手段和智能系统等新兴技术于一体,构建高效、节能、绿色、环保、舒适的人性化工厂。

智能工厂给人的第一感受就是透明化。在传统工厂的管理中,经常会提到一个词语就是现场,诸如现场管理、现场控制、现场协调、现场解决等管理思想。智能工厂打破了工厂的时空界限,使得管理不再局限于现场,现场出现什么状况不一定要到现场解决。设备相互连接,不仅是物理层面上的互通,更是信息上的共享。解决好硬件端口不一致,软件不兼容的问题,使得设备的利用率达到最佳状态,故障信息得到及时反馈，提高设备维修的速度。用户的订单、生产计划、采购计划、库存数量、设备能源利用等信息将会按照顺序和优先级进行智能规划，同时生产状态得到实时监控，减少怠工、误工，降低损耗，合理、灵活调度资源达到生产运营效率的提升。

　　智能工厂是工业4.0的核心组成部分，包括网络化的生产设施及智能化的生产系统。它是一种新的生产模式，融合了智能设计、智能制造、智能装备、商业智能、运营智能等全新的ICT技术。在工业4.0时代，建设智能工厂的关键在于智能可靠的传感器、海量高速的数据存储、细致深刻的大数据分析洞察、安全稳定的工业通信网络以及灵巧的智能机器人。现代智能工厂有四大关键点：一是要连接所有网络以拿到数据；二是要有智能机器；三是大数据，将所有设备、所有人连接后，所有数据都大批量传送到智能终端上；四是分析，得到数据后从中抓取出应用趋势，提高设备状态的检测和预测水平，整个智能工厂要形成高速运转、数据实时、安全和节能的场所。

2. "灯塔工厂"

　　2013年，德国政府在汉诺威工业博览会上正式提出工业4.0战略。2014年，德国发布了智能制造标准化路线图，智能制造工厂开始如火如荼建立。在2016年的汉诺威工业博览会上，德国西门子公司展示了最具代表的现代智能工厂——安贝格电子制造工厂。该工厂于2021年被选为世界"灯塔工厂"（lighthouse factory）。安贝格电子制造工厂成立于1989年，主要生产PLC及其他工业自动化产品，拥有高度数字化的生产流程。整个厂内没有一台六轴机器人，员工主要从事计算机操作和生产流程的监控，能灵活实现小批量、多批次生产，24小时能极速交货，每秒出一个产品，每100万件产品残次品仅为10余件，生产线可靠性达到99.9985%、可追溯性高达100%。

　　（1）"灯塔工厂"的全球分布。"灯塔工厂"被誉为"世界上最先进的工厂"，代表当今全球制造业领域智能制造和数字化最高水平，也被视为第四次工业革命的领路者。2018年，世界经济论坛对1000多家来自全球各行各业的领先制造商进行了全面筛选，从中确立9家企业为"灯塔工厂"。全球最早期的"灯塔工厂"中有3家工厂来自中国，其中海尔以用户为中心、大规模定制模式的智能工厂成为最早入选"灯塔工厂"的中国企业，另外两家分别是德国博世汽车（无锡）、西门子（成都）在中国的制造工厂，而西门子（成都）便是西门子安贝格工厂在中国的姊妹工厂。2018—2024年，世界经济论坛公布了12批"灯塔工厂"名单，数量如图4-8所示，中国企业是全球"灯塔工厂"中的中坚力量，中国智能制造应用水平位居全球前列。

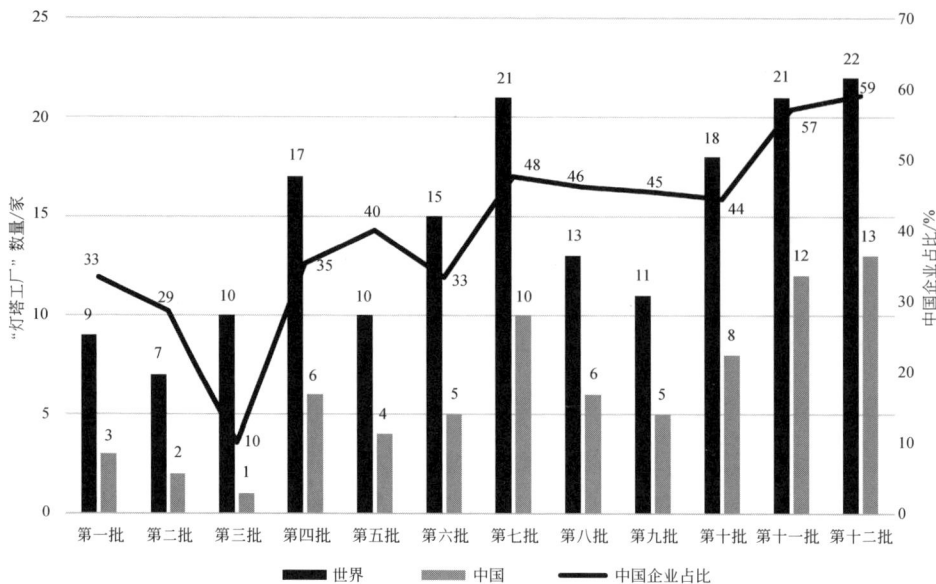

图 4-8　2018—2024 年公布的 12 批全球"灯塔工厂"数量变化趋势

来源：根据世界经济论坛与麦肯锡数据整理。

截至 2024 年 10 月，在全球 172 家"灯塔工厂"中（包含 20 个"可持续灯塔工厂"），累计有 74 家在中国，占比 43%，中国成为拥有"灯塔工厂"最多的国家。①从行业分布看，中国"灯塔工厂"主要分布于 3C 电子、家电、汽车、钢铁、新能源等行业，其中 3C 电子、家电、汽车行业入选总数接近一半。②从区域分布看，江苏、广东、安徽、山东四省工厂入选总数占到全国的近一半。长三角地区入选总数占到一半以上，其中江苏省 13 家位居榜首，苏州市有 7 家，是我国拥有"灯塔工厂"最多的城市。③从企业分布看，海尔（10 家）、富士康（6 家）、美的（5 家）等企业领跑中国"灯塔工厂"，入选数量居于前列。

（2）"灯塔工厂"的应用价值链。"灯塔工厂"的应用有的着眼于生产制造本身，有的侧重打通端到端的价值链。与其他国家相比，中国的制造商更愿意拥抱端到端的全价值链数字化转型。中国不仅是拥有"灯塔工厂"最多的国家，同时也是端到端"灯塔工厂"数量最多的国家，再次印证了中国先进制造业的强大实力。

"灯塔工厂"的重要标志是数字化转型，在业务流程、管理系统、人员系统、工业物联网及数据系统四个方面发力。4 类业务模式如图 4-9 所示，在数字化技术的帮助下，按需批量生产定制产品，并与供应商实时共享数据，快速应对需求波动。此外，借助数据共享和预测性分析，整个流程也能得到优化。"灯塔工厂"创建的全新运营系统可在最短时间内以最小的成本添加更多的数字化用例，进一步扩大自身的竞争优势。在全球"灯塔工厂"端到端的价值链中，数字化用例囊括了数字化制造、供应网络对接、端到端产品开发、端到端规划、端到端交付、客户对接、可持续性等多个方面，其中单个工厂主要聚焦于5大类的数字化技术的用例。

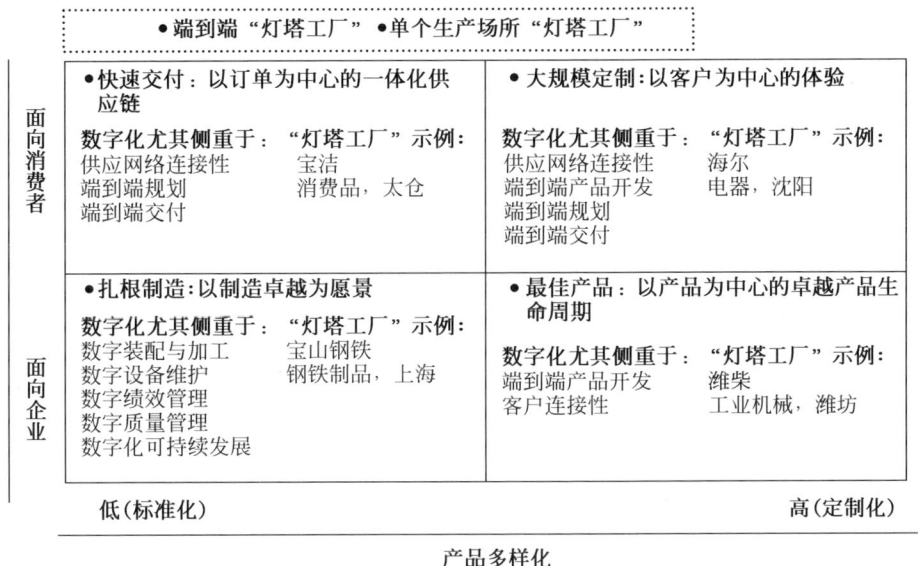

```
┌─────────────────────────────────────────────────────────┐
│ •端到端"灯塔工厂"  •单个生产场所"灯塔工厂"               │
└─────────────────────────────────────────────────────────┘
```

面向消费者	•**快速交付**：以订单为中心的一体化供应链 **数字化尤其侧重于：** "灯塔工厂"示例： 供应网络连接性　　宝洁 端到端规划　　　　消费品，太仓 端到端交付	•**大规模定制**：以客户为中心的体验 **数字化尤其侧重于：** "灯塔工厂"示例： 供应网络连接性　　海尔 端到端产品开发　　电器，沈阳 端到端规划 端到端交付
面向企业	•**扎根制造**：以制造卓越为愿景 **数字化尤其侧重于：** "灯塔工厂"示例： 数字装配与加工　　宝山钢铁 数字设备维护　　　钢铁制品，上海 数字绩效管理 数字质量管理 数字化可持续发展	•**最佳产品**：以产品为中心的卓越产品生命周期 **数字化尤其侧重于：** "灯塔工厂"示例： 端到端产品开发　　潍柴 客户连接性　　　　工业机械，潍坊

客户类型

低(标准化)　　　　　　　　　　　　　　　　　　　　高(定制化)

产品多样化

图 4-9 中国"灯塔工厂"的 4 类业务模式

来源：麦肯锡《全球"灯塔工厂"网络：来自第四次工业革命前沿的最新洞见》。

（3）"代工之王"富士康是入选"灯塔工厂"数量最多的最大电子企业。富士康工厂高峰时期的员工超过 100 多万人，拥有 40 多个产业基地。其中富士康的郑州园区是全球最大的苹果手机生产基地；成都园区是全球最大的苹果 iPad 生产基地；武汉园区是全球最大的台式电脑生产基地；重庆园区是全球最大的笔记本电脑生产基地。富士康代工利润率长期在 5%～10%。为加速转型，富士康确立了"智能制造＋工业互联网"发展战略，基于"三硬三软"建设了智能化的"熄灯工厂"，"三硬"是工具、材料、装备，"三软"则是工业大数据、工业人工智能、工业软件，两者共同构成了富士康工业互联网的生态。2018 年，富士康工业互联网股份有限公司从富士康集团体系中分拆而出，完成独立上市，成为 A 股市场第一家以工业互联网命名的企业。2019 年，富士康深圳龙华工厂首次入选"灯塔工厂"。该厂采用全自动化制造流程，令生产效率提高 30%，库存周期降低 15%。2021 年 3 月，富士康成都工厂入选"灯塔工厂"。该厂采用混合现实、人工智能和物联网等技术，将生产效率提升了 200%，把设备的整体效能提升了 17%。2021 年 9 月，富士康武汉工厂、郑州工厂双双入选"灯塔工厂"。富士康武汉工厂大规模引入了先进分析和柔性自动化技术，重新设计了制造系统，将直接劳动生产率提高了 86%，将质量损失减少了 38%，将交货周期缩短至 48h(缩短了 29%)。而富士康郑州工厂采用了柔性自动化技术，将生产效率提高了 102%，并利用数字化和人工智能技术，将质量缺陷减少了 38%，并将设备综合效率提高了 27%。2023 年，富士康深圳观澜工厂入选"灯塔工厂"，这是世界首座精密金属加工"灯塔工厂"。该厂实现了敏捷的产品推出、快速的产能提升和智能化的大规模生产，将新产品的上市时间缩短了 29%，实现 10 个厂区、200 多个车间的产能快速爬升和智能化生产，同时不良率降低 56%，节省制造成本 30%。

（4）加速培育一批引领智能制造发展方向的样板标杆工厂。工业和信息化部数据显示，2021 年，我国重点工业企业关键工序数控化率、数字化研发设计工具普及率分别达到 55.3% 和 74.7%，较 2012 年分别提高 30.7% 和 25.9%，一批国家级智能示范工厂加快建成，5G 与工业互联网技术也在深度融合。2023 年，工业和信息化部发布了《2023 年 5G 工厂名录》，遴选产生了 300 家正建成的 5G 工厂，覆盖 24 个国民经济大类。其中，装备制造业中的通用设备制造业，计算机、通信和其他电子设备制造业，电气机械和器材制造业 5G 工厂被选入名录数量位居前三，分别有 55 个、40 个、26 个。

4.5.3　最早"灯塔工厂"海尔的战略

张瑞敏有一句著名的话："没有成功的企业，只有时代的企业。"成功的企业就是在不同的时代踏准时代的节拍，自我否定，自我革命，自我创新。在中国，海尔是拥有"灯塔工厂"较多的智能制造公司之一，已经摘得全球空调、冰箱、洗衣机、热水器行业"灯塔工厂"的四个"第一"，海尔青岛智慧园区是全球唯一"灯塔基地"，以海尔为代表的中国智能制造水平已经处于全球领先地位。

1. 海尔集团"六个阶段"的发展战略

如图 4-10 所示，从 1984 年创业至今，海尔集团发展经历了名牌战略阶段、多元化战略阶段、国际化战略阶段、全球化品牌战略阶段、网络化战略阶段、生态品牌战略阶段六个阶段。2019 年 12 月，海尔集团进入第六个战略发展阶段，目标是创建全球引领的物联网生态品牌。在海尔集团创业 35 周年大会上，张瑞敏发布了海尔集团第六个战略阶段——"生态品牌战略"，以及全新时代下的"海尔精神：诚信生态，共赢进化"与"海尔作风：人单合一，链群合约"，这标志着海尔向物联网生态品牌方向的全面迈进和积极探索。

海尔第四代
海尔精神："诚信生态、共赢进化"
海尔作风："人单合一、链群合约"

2019年12月至今
生态品牌战略阶段
2019

海尔第三代
海尔精神："诚信生态、共享平台"
海尔作风："人单合一、小微引爆"

2012—2019年以链群(生态链小微群)创用户体验场景
网络化战略阶段
2012

2005—2012年以海尔人的本土化创全球化本土品牌
全球化品牌战略阶段
2005

1998—2005年欲创国际品牌先创人的国际化
国际化战略阶段
1998

1991—1998年盘活资产先盘活人
多元化战略阶段
1991

1984—1991年高品质的产品出自高素质的人
名牌战略阶段
1984

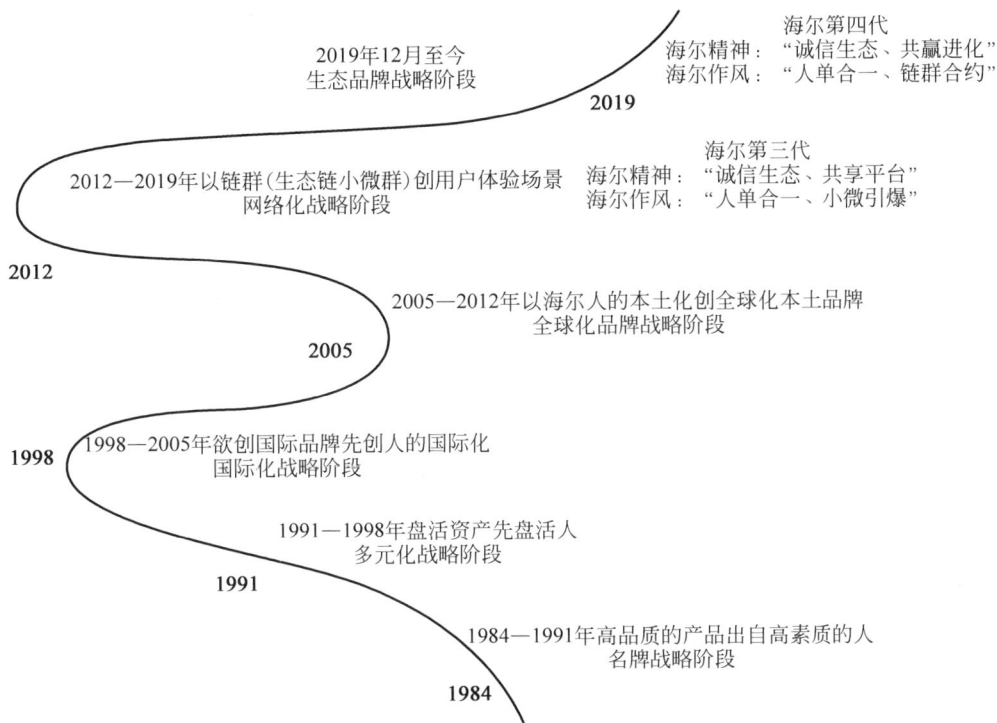

图 4-10　海尔集团六个阶段的发展战略

产品会被场景替代，行业会被生态覆盖。物联网将使传统组织变成去中心化、去中介化和分布式的组织。海尔主动拥抱物联网以创新实践颠覆传统管理理论，以无界生态创造无限可能。物联网生态品牌创立者张瑞敏认为，在互联网时代，用户与企业的关系正在发生改变：第一个改变是企业和用户之间是零距离，从原来企业大规模制造变成大规模定制，所以生产方式要改变；第二个改变是去中心化，互联网时代每个人都是中心，没有中心，没有领导，因此科层制也需要被改变。第三个改变是分布式管理，全球的资源，企业都可以利用，全球就是企业的人力资源部。

2. 海尔集团"人单合一"的管理模式

人是目的，有生于无。过去价值有"不一说"，有客户价值，有员工价值，有股东价值。物联网时代，生态圈的前提是共荣共赢。不承认个体价值，是不会有生态圈的，生态圈不是单一的平台，而是各成员之间交互作用的载体。

对于电商平台经济，张瑞敏认为，在电商和移动互联网早期快速发展时，海尔虽然没有跟上脚步，但平台经济本质还是打价格战，价格没有最低只有更低，最终伤害的还是企业自己。企业组织本质上还是停留在传统模式，能不能创造一个全新的模式，打破企业僵化的固有思维，物联网将商品互联互通，并根据用户的定制需求创造出不同的场景解决方案，既能为顾客提供好的服务模式，又能激活企业创新。海尔的"人单合一"便应运而生。

2005 年，张瑞敏首次提出"人单合一"管理模式。"人单合一"管理模式被认为是继福特模式、丰田模式后的第三代企业管理模式，是应对物联网时代的创新模式。"Ren"在汉语中的原意是人们或人。我们主要用它来指一个组织内的员工，即创客，而非仅仅指科层制下的员工。"Dan"原意是订单，在这里代表用户的需求，即用户体验增值，而非仅仅市场订单。"Heyi"意味着价值合一（即创造价值和分享价值的合一），创客在为用户创造超值体验的同时实现自身价值。"人单合一"管理模式适应了海尔企业无边界思维，体现为企业平台化、用户个性化、员工创客化。未来海尔只有三种人：平台主、小微主和创客。被消灭的那 1.6 万中层只有两个选择：要么创业，要么离开。

对于"人单合一"管理模式，张瑞敏进一步总结提炼。2018 年，张瑞敏面向世界发表了题为《首创"三生"体系，率先引爆物联网范式》的演讲。他首创的"三生"体系，即生态圈、生态收入、生态品牌共同构成的生态体系，它是物联网时代管理范式人单合一模式的理论成果，即海尔所说的"三生"体系。生态圈，中心是用户，意味着从电商或传统交易平台变为持续交互的社群生态；生态收入，意味着产品收入之外还要有全场景的服务方案收入；生态品牌，意味着品牌不再以企业为中心参与零和博弈，而是多方共创共生。"三生"之间具有递进优化的逻辑关系，其中生态圈是必要条件，生态收入是充分条件，生态品牌是追求目标。"三生"体系契合物联网时代社群经济、共享经济、体验经济的特点，最终实现的目标是围绕用户这颗"恒星"打造无边界无限增值的"星际生态"，是对经典管理模式的颠覆性创新。

3. 海尔集团"灯塔工厂"的卡奥斯平台

目前世界智能智造的两极已经形成，一边是代表德国工业 4.0 的西门子 Predix 平台，一边是代表美国工业互联网战略的通用电器公司 MindSphere 平台。

2012 年，海尔开始探索工业互联网发展，2017 年，海尔正式提出建立和打造工业互联网平台，即 COSMOPlat（卡奥斯平台）。COSMO 在希腊语中是宇宙的意思，卡奥斯平台包含全产业链上的各个环节，也是国内首个工业互联网平台，类似于德国的"工业 4.0 平台"和美国的"数字制造平台"。海尔卡奥斯工业互联网平台上共聚集了 400 多万家生态资源，覆盖 60 个细分行业，聚集 3.5 亿用户，连接各类智能终端 2600 多万台、超过 2000 个工业 APP，为将近 7 万家企业提供服务。同时该平台还孕育出像服装、农业等 15 个垂直行业的工业互联网平台。对于转型,张瑞敏表示,海尔的目标不是要成为跨国公司,而是成为一家互联网公司。这种转型,不是停留在口头上,而是创造性破坏式变革。海尔构建了多边交互、共创共享的工业互联网平台,通过 U＋智慧生活 APP、顺逛社群交互云平台和卡奥斯工业云平台,向上生长工业应用,向下接入工业设备,不断拓展行业生态圈,成效显著。

卡奥斯平台是唯一被三大国际标准化组织(IEEE、IEC、ISO)共同批准主导制定大规模定制国际标准的平台,是全球公认的大规模定制领域标准的制定者和主导者。2017 年,国际电气与电子工程师协会(IEEE)通过一项建议书,由海尔卡奥斯平台牵头制定大规模定制模式的国际标准。这是与德国、美国、日本等国的企业在竞争解决方案中胜出的,也是首个由中国企业主导制定的制造模式类国际标准,标志着中国方案由跟随到引领,走到了世界的前列。中国模式走向了世界舞台中心。2018 年,卡奥斯平台获批为国家发展改革委的"基于工业互联网的智能制造集成应用示范平台",成为我国首个国家级工业互联网示范平台。2020 年,工业和信息化部发布的 2019 年中国软件业务收入前百家企业名单中,海尔位居华为之后,名列第二。海尔是技术创新和市场销售取得双丰收的工业互联网企业的典范。自 2020 年中国科学院《互联网周刊》首次发布中国《工业互联网创新 TOP50》榜单以来,海尔卡奥斯平台连续多次荣登榜首。

2021 年,在工业互联网生态创新峰会上,卡奥斯平台以生态引领为目标发布"云领生态计划"。该计划将聚焦资产管理、工厂可视化、视觉检测、园区管理等核心业务场景,吸引生态方共同打造"技术＋产品＋平台"融合共创的生态体系,带动工业互联网生态融合发展,助力传统行业转型和经济高质量发展。卡奥斯平台可以为不同行业和规模的企业提供数字化转型方案。2021 年,青岛啤酒工厂获得啤酒行业首个"灯塔工厂",卡奥斯平台"灯塔经验"在青岛啤酒公司得到跨行业验证。

消费者、平台通过海尔智能工厂完美结合。第一,海尔客户不仅可以参与产品的定制化设计,还可以在平台上看到定制产品的生产、制造和测试全过程。第二,消费者在平台上定制产品后,需求信息会第一时间传到工厂,生成订单。第三,工厂可以知道消费者的需求与数据,消费者也可以通过平台实时看到生产车间现场,大大提高了用户体验。第四,消费者还可以在大规模个性化定制卡奥斯平台上获得满意的解决方案。第五,消费者使用海尔中央空调时,海尔工厂还可以监控产品设备的运行状况,对于产品故障提前发出预警,确保产品安全、稳定运行。

4. 海尔集团"三足鼎立"的生态价值

2018年,海尔首次进入世界五百强企业榜单。为打造智慧家庭生态领域,2019年,青岛海尔正式更名为海尔智家,将家电扩展到成套家电、智慧家庭、衣食住娱全生态的用户最佳体验,通过搭建空气网、水联圈、衣联网等七大生态圈,全面聚焦智慧家庭生态品牌。2019年,公司在上海建立了首个场景体验店,即"海尔智家001号店"。该店采用了以场景替代产品为用户提供个性化的智慧家庭解决方案,让智慧家庭产品、服务及解决方案能够得到快速、精准落地。经过十几年的摸索,以人单合一为管理基础,以卡奥斯工业互联网平台为载体,以智慧家庭为场景,海尔已经成功构建了智家定制的生态体系。

海尔品牌化、美的多元化、格力单一化。中国的白色家电市场进入存量竞争时代后,一直是美的、海尔、格力"三足鼎立"的格局。这三家企业,规模都是世界五百强,具体业务各有特色、各有所长,它们的发展对比如图4-11所示。

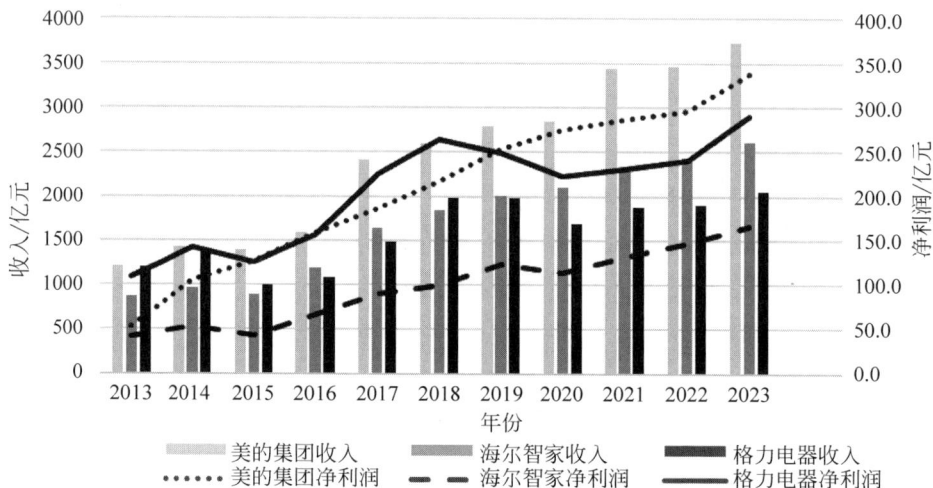

图4-11　2013—2023年美的、海尔、格力"家电三巨头"发展对比

来源：根据三家公司的年报数据整理。

(1) 海尔起步最早,但净利润较低。2023年海尔集团全球总营收3718亿元,与美的集团2023年营收3737亿元旗鼓相当。其中家电板块海尔智家营收2614亿元,营收在三家企业中排名第二,但净利润较低。在三家企业中,海尔产品线和销售渠道广泛,营收以冰箱、洗衣机、空调为主,国际和国内市场几乎各占一半。

(2) 美的营收最高,多元化发展。2013—2023年,美的的营收规模、净利润增长都是最高的,自2019年开始,美的净利润超过格力,在三家企业中排名第一。美的产品线最多元,营收以空调、冰箱及其他小家电为主,还有机器人及自动化产品业务,美的家电产品的销售市场主要还是在国内。

（3）格力净利润较高,单一化发展。自2018年后,格力营收、净利润增长放缓。在三家企业中,格力产品线最专一,产品以空调为主,空调业务占总营收接近70%,销售市场主要在国内,近年来,格力主打的空调业务也被美的超越。相比美的的多元化,格力的多元化遭遇困境,投资的手机、新能源等项目均遭遇滑铁卢。

海尔高端有力、美的多元化强势、格力单一弱势。在三家企业中,虽然海尔产品和市场一直处于不温不火状态,但是从近年毛利率方面看,海尔要领先于其他两家企业。同时海尔也是国际化程度与品牌认可度最高公司。2023年,海尔以全球唯一物联网生态品牌蝉联BrandZ最具价值全球品牌。根据欧睿国际数据显示,2023年,海尔全球大型家用电器品牌零售量第一,这也是海尔第十五次蝉联全球大型家用电器品牌零售量排名第一。海尔智家构建了全球品牌网络,美的集团也在海外市场加强自主品牌的布局。相比之下,格力电器在这两方面的步伐较慢,主要依赖国内市场,业务仍以空调为核心。

寻找新的增长点,发展工业互联网的长期价值是不言而喻的,不能简单地用短期营收、利润的变化来衡量它的作用。从长期看,它会对竞争者塑造新的壁垒,生态圈的重要作用就是流量化,有了流量就有了市场。比如,腾讯社交平台区别于淘宝、天猫等电商,腾讯公司可以向京东、拼多多等电商导入更多的流量、用户数据。海尔的平台,除了本身的软件业务价值外,如果还应用在不限于家电市场的广泛领域,那么它的价值就会真正释放出来了。不仅是海尔,美的也是工业平台化和生态化的领跑者和受益者。2012年,美的启动数字化转型战略,到2018年,美的工业互联网M.IoT平台已实现世界工厂互联,推动研发、生产、销售全价值链的智能化升级。截至2023年年底,美的世界"灯塔工厂"数量仅次于海尔,排名中国第二,美的实现了从传统制造到世界智能制造标杆的跨越式发展。

◀ 第5章 ▶

智能软实力：畅通生态链

5.1　升级：智能制造生态链

对于全球经济而言,中国制造的最大优势是什么? 不仅是劳动力、资本、技术,更是在全球独一无二的供应链。中国完整的产业链正将西方国家短期内制造业回流本国、撤离中国的梦想一次次击碎。在短期内,中国制造业的优势既不可复制,也难以取代。中国制造不仅不能停滞不前,而且更应加快步伐,时不我待地抓住机遇,加快产业结构升级,向高质量的目标快速迈进。

5.1.1　智能制造赋能新定制——以服装业为例

随着全球竞争加剧,智能科技向纵深发展,没有一家企业想成为一座孤岛。2008 年金融危机之后,中国制造工厂的比较优势逐渐消失,而多数企业一直被锁定在价值链低端的代工环节,利润率持续低下,外向型代工模式难以为继,像耐克、阿迪达斯这些劳动密集型行业的代工厂逐步撤离中国,走向越南、印度尼西亚这些劳动力成本更低廉的国家。我国劳动力红利正在逐渐消失,企业转型升级如何走出困境? 建立自己的品牌,从贴牌生产的原始设备制造商(original equipment manufacturer,OEM)到原始设计制造商(original design manufacturer,ODM)到自有品牌制造商(own brand manufacturer,OBM),实施战略转型已成为必然,只有智能制造这条路可以走,用智能制造去创造新竞争力参与全球竞争。

1. 变革制造方式,处在价值链下游的制造是非完全市场化的制造

改革开放初期,我国大批企业依靠代工生产参与国际产业链分工,取得对外贸

易的连续顺差,为我国经济发展做出巨大贡献。这些工厂被称为 OEM。OEM 是一种特殊形式的合同安排,由品牌厂商提供产品设计、规范和质量标准或者指定的零部件,而由合同制造商提供制造加工、组装等环节的服务,在我国也称为贴牌生产或代工企业。随着我国经济的高速增长,早期代工企业从作坊发展成规模企业,人才不断涌入,制造经验不断积累,已能够有能力为国外公司独立设计产品,也逐渐转换成了 ODM。ODM 专门为品牌厂商提供从产品研发、设计制造到后期维护的全部服务。在 ODM 关系下,供给方根据购买方提供的设计要求,承担一些或所有的产品设计和流程任务。一旦合同制造商能够提供产品设计,我们就称其为 ODM。尽管到了 ODM 阶段,但是制造代加工的本质并没有发生变化,因为没有自己的品牌,企业只能凭规模优势、经验优势维持着不被替代的可能。但是供应链在资本引领下渗透到全球落地生根,一旦竞争优势不在,已建立的传统制造资源便会荡然无存。因此从 ODM 走向了 OBM 阶段,OBM 是指产品制造商通过自行创建的产品品牌与营销渠道,销售其所生产的产品。OBM 占据价值链的全部环节,其附加值远远超过 OEM 和 ODM,在价值链上分享着较大的利润。

2. 企业从过去非市场化的"老定制"制造要变成真正走向客户的"新定制"智造

国际贸易的比较优势不会长期存在,我国制造业企业随着国内市场需求的释放,更加会将资本、技术、产业放在国内,以拓展自己的生存空间。互联网经济的到来,销售模式的改变,快递物流的便捷,消费互联网在我国繁荣发展,线上销售,线下倒闭现象盛行,这些变化给传统产业的运营模式带来巨大冲击,颠覆了传统生产供应链体系,飞速发展的科技使得产品生命周期不断缩短,产品迭代迅速,传统的大批量生产逐渐消失,取而代之的是小批量定制化生产,并快速交货、上货,不断推陈出新。不能适应这种变化的企业只能走向灭绝。这一点在服装、鞋业等生活消费品行业尤为突出。不管是 OEM 企业,还是 OBM 的品牌企业,都不能独善其身,企业竞争环境日趋复杂。

个性化定制有两种模式,一种是大批量定制,用户选配零件参数来制造最终产品;另一种是个性化制造,完全根据客户的需求个性化制造。

(1)"红领智造"让"消费者到生产者"(customer to manufacturer,C2M)成为现实。传统服装行业是一个典型的劳动密集型行业。传统生产模式技术含量低,依赖大批量订单,导致库存周转率低,滞后于日新月异的消费需求。在电子商务飞速发展的背景下,整个行业存在供应链敏捷性不足与消费需求高频迭代的结构性矛盾,面临生存危机。创建于 1995 年的山东服装企业红领集团,曾经是一个普通的

OEM 服装企业，却在一段时间内吸引了阿里、海尔、万科、联想和 TCL 等一万多家企业拜访学习，张瑞敏更是率领海尔团队七进车间取经。他不禁感叹，这是真正地从大规模制造转变为大规模定制。企业领导人张代理用了 10 年时间，带领团队自主设计打造了一个中国"魔幻"制衣工厂，通过 C2M 个性化定制平台酷特智能系统，构建了一个数据驱动的智能工厂，确保从需求的采集到传递，再到满足，都能够全程通过数据驱动的服装平台生态企业，如图 5-1 所示。

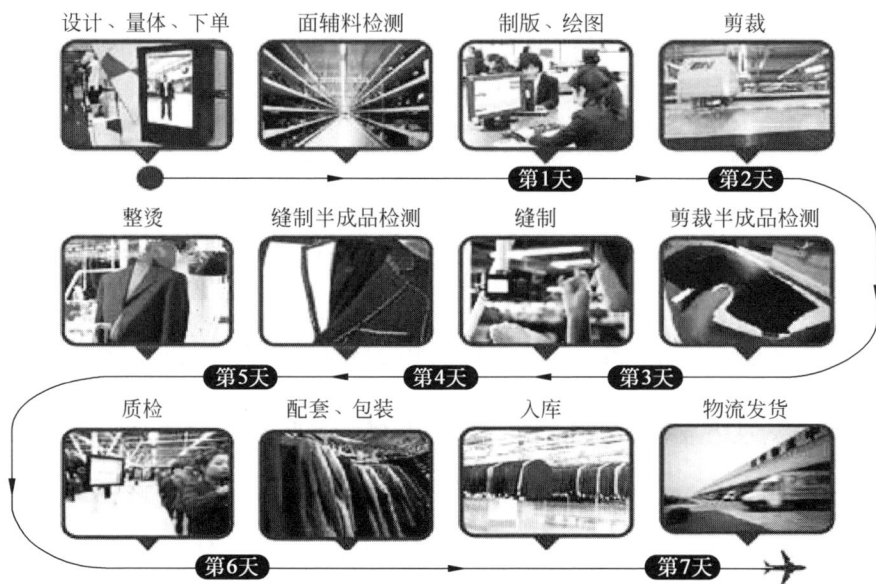

图 5-1 红领智造流程

具体来说，就是"1 件起订，7 天交付"，个性化定制系统使工厂从接单到出货最长只需 7 个工作日。企业自主研发专利量体工具和量体方法，采用 3D 激光量体仪对人体 19 个部位的 22 个尺寸进行数据采集。采集的数据和版型数据库相匹配，客户只需在定制平台上填写或选择自己的量体信息、特体信息和款式工艺信息等数据，可在一分钟内拥有专属于自己的"版型"。后台的智能系统就会根据客户提交的数据，自动将其与数据库中存储的模型进行比对，把个性化的信息变成标准化数据。自主研发的在线定制直销 C2M 平台，以数据为生产驱动，网络设计、下单、定制数据传输全部数字化，打破传统的生产流程、生产模式和管理方式。将生产要素优化配置，生产制造过程与业务管理系统深度集成，最终实现大规模定制生产全流程解决方案精准落地。

传统服装企业经常出现的交货时间、最小起订量、原料利用率、错单漏单率等现实问题，在柔性化生产线前正在被一一解决。通过智能制造，红领集团的生产成本降低40％,利润率提高100％以上,提高了工厂的生产效率和企业资产、资金周转能力。2015年,红领集团互联网定制业务收入及净利润均同比增长超过100％,利润率达到25％以上。2020年,作为中国C2M服装智能定制第一股的酷特智能在深圳证券交易所上市,成为互联网＋定制制造的中国模式的引领者。

（2）"犀牛智造"让"互联网制造"（made in internet）成为现实。如果说"红领智造"产生于传统制造业公司,那么"犀牛智造"则产生于互联网公司。2020年,阿里巴巴历时三年打造,在杭州推出了全球首个新制造平台"犀牛智造工厂",聚焦服装制造,将数字技术与消费者购买行为结合起来,统筹线上线下需求,构建端到端的数字化解决方案,产销协同,为淘宝天猫的商家提供产品。这种全新的数字化制造模式,通过平台分发订单到工厂,工厂设备、产线、物料、人员等生产要素在云平台高效协同,能够承接个性化、小规模订单,定制服装从最初的1000件起订和15天交货,变成100件起订和7天交货,实现了低成本和高效率的运营,该工厂成为世界服装行业第一家"灯塔工厂"。"犀牛智造"现已落地浙江、安徽、山东等省,成为服装行业数字化转型的推动者。与此同时,"犀牛智造"同"红领智造"一样,不仅激活了服装企业,也为其他行业提供了无限可能,协助传统制造企业进行柔性化和个性化定制改造,帮助实体经济转型升级,从而输出若干像它们一样的智能化定制型企业。

（3）"希音智造"让"跨境电商制造"（cross-border e-commerce manufacturing）成为现实。"希音智造"产生于跨境电商互联网公司。希音公司成立于2008年,发展之初就专注于服装时尚,构建希音女装品牌矩阵,专业化发展跨境电商业务。2015年,希音公司将总部从南京搬到广州,早期既没有规模化的服装生产线,也没有耳熟能详的自主品牌,但营业收入却能从2016年的10亿美元飞速增长到2022年的300亿美元。在2023年胡润《全球独角兽榜》上,希音公司以4500亿元估值首次成为世界第四大独角兽企业。在智能制造方面,希音公司柔性化地开辟了消费者需求和生产者供应的共生新路径,具体表现在三个方面。

一是从前端消费看,希音公司瞄准发达国家市场,追踪国外消费时尚,对标世界时装领先公司,设计高性价比的服装,每日上新约3000种款式,且同类服装价格只有Zara和优衣库公司的1/3,让发达国家的年轻人感受到了中国物美价廉产品的时尚水平。

二是从中端平台看,希音公司系统分析全球时尚趋势和品牌热卖情况,多渠道引入消费流量,让欧美、中东等地区的海量用户络绎不绝。公司利用大数据精准选品,消费者通过个性化、定制化的方式网上下单,供需双方在交易平台上精准匹配。

一旦产品成交火爆，平台就能快速响应，做到下单、发货、运输、配送全程可视化，并为消费者提供数字化的消费分析报告和消费者画像，这种用户至上的体验让一直没有时尚话语权的中国公司迅速成为世界时尚行业消费的新坐标。

三是从后端供应看，希音公司整合国内服装工厂制造能力，用小批量生产、快速反馈市场的方式，打造"小单快反"的制造供应模式，其供应链范围甚至涵盖个体服装加工作坊。这种模式不仅实现了服装从设计、打样到上架最快 7 天，而且对销量不多的产品会立即停产，力求做到服装零库存，同时扩大爆款产品供应，真正做到让市场需求决定制造供应。在仓储物流方面，希音公司在广东建立国内中心仓库，主要负责绝大部分产品的供应；在美国等地建立海外运营仓库，主要负责订单处理和配送；在迪拜、澳大利亚、意大利等地区建立海外中转仓库，主要负责接收消费者退货商品。柔性的制造系统和高效的物流系统，促使规模化生产向消费者驱动的定制化生产变成现实，希音公司也因此迅速赢得了海外市场的认可。

跨境电商产业方兴未艾，也为中国制造业发展提供了一个全新的商业业态。2023 年，希音购物平台成为全球下载量最大的购物 APP，公司开始对经营模式做出适时变革，提出"自营品牌＋平台"的发展模式，引入更多第三方企业入驻平台，为海外消费者带来更多优质产品、更多品类的消费选择，全球购物变得更加便捷，更多的中国品牌将会走向全球。

5.1.2　模块思维提升供应链——以智能手机为例

消费者个性化需求和产品迭代考验企业应对市场的反应能力。消费者对产品功能、质量的要求越来越挑剔，市场上产品迭代的周期越来越短。尤其是在消费品行业，面对日新月异的市场需求，习惯于品种单一、批量大的传统生产方式正受到前所未有的挑战。除了像红领服装等大规模定制生产外，小规模企业如何去寻找生存空间？无论是像红领服装大规模的定制，还是小规模的工厂定制，从制造系统看，都有先进制造的模块思维。

如何发挥多品种、小批量生产的规模经济效益，提高生产效率？是否拥有模块化思维变得尤为重要。模块化让生产变得更"聪明"，它将众多复杂多变的零件变成简单、易更换的组装模块。通用性模块与其他产品要素进行多种组合，构成新的系统，产生多种不同功能、不同性能的系列产品。客户需求是个性化的，选择不再局限于单一的产品，需求变化不易掌控。那么，既要做到个性化设计又要满足大规模定制生产，即模块化产品的设计和生产，这对企业制造能力提出了挑战。

模块化有三个优点：一是实现定制规模化生产，降低成本。在模块化生产方式下，把定制零件变成标准零件加工，从而实现定制的规模化生产。二是满足客户个性化需求。如果是模块化的产品，并且可以进行自我组合，那么客户肯定会更偏好购买。三是增强企业设计能力。产品不再按原来简单的图纸去设计，要有整体系统思维。设计师直接感受用户的需求，根据客户的需要量身定做产品，先分解各个模块，然后规模化制造，为用户提供一整套的模块化解决方案。企业凭借方案赢得市场，获取订单。这样企业就变成了一个无边界的组织。

中国不仅是全球最大的手机消费市场，而且还是全球最大的零件制造和成品组装基地。消费和制造高度关联，企业要能快速响应市场变化，模块化的解决方案能有效应对供应链的潜在风险。一部成品手机可以划分为整机代工、CPU、存储、触控屏、触控屏玻璃、显示屏、背光模组、镜头、摄像头模组、指纹识别模组、电声器件、电池、电路板、马达、天线、结构件、连接器、电子元器件、网络通信组件、散热模块等模块。手机技术日新月异，部件领域还会更加精细，模块化的应用对于手机终端变得更加重要，只要更换相应的部件，就可以实现手机更新换代。部件厂商按模块化思维实现零件拆分、研发设计，如果自身不能解决，可以寻求外部模块实现技术迭代。这样的模块思维，无论对于手机厂商还是对于部件厂商，都是利大于弊，企业的经营风险降低，彼此间的合作会更加紧密，供应链也会更加稳定。

5.1.3 产业链升级为生态链——以智能汽车为例

在全球化背景下，分析企业如何从价值链的低端向中高端升级，提高我国产业链、供应链的"韧性"，就是要放大为生态链。在当前经济形势下，特别是从量的发展转向质的提升。具体来说，有以下两点思考。

1."产业链"，以企业利益为导向，将产业化进行纵向关联

产业链向上游延伸一般使得产业链进入基础产业环节和技术研发环节，向下游延伸则进入市场应用环节。产业链关联反映的是产业上下游企业之间的供给与需求的关系，纵向关联会促使企业做深做细产业链。具体来说，上游全产业链，一是延展业务的广度，降低成本，把原材料价格内部化，以此来平抑产品成本波动；二是增强业务的深度，扩大研发投入，加固竞争壁垒，以此来提高产品价格与利润。整合产业链，拓展市场，但企业的精力是有限的，不可能垄断一切资源。不可能达到既想获取资源、垄断资源，又想控制资源、控制市场，这是供给能力与需求层次之间的矛盾。需求侧的特点就是需求随时变换，需求结构很快就会升级。企业改革的方向更多是在供给结构上，使之与需求结构的匹配度更高。单纯刺激需求侧而不改变供给侧，则无法解决供需之间的结构性矛盾。

2."生态链"，以客户利益为导向，将生态化进行横向发散

随着互联网业务发展的重点从生活消费领域转向产业领域，互联网通用技术在各个产业价值链中的作用会不断变化。客户的需求是多样化的，建立生态链，就是将客户需求与企业供给捆绑在一个平台上。此时，企业的技术创新不仅仅停留在企业内部，而是真正面向市场，面向产业的变革，只有这样，才能真正将客户需求转化为企业发展的动力源。通过生态链，企业已不再钟情于自己有限的产品，而是立足于更广阔的空间。企业在生态链中的真正竞争优势，在于既能深耕产业链，又能建立消费黏性——这是独特的价值所在。优秀的企业会把这种独特优势转化为持续的价值捕获能力，将"产业渗透与用户依赖"直接转化为生态链的控制力，既推动了产业融合又培养了用户依赖。横向关联会促使企业在生态链中做广、做长，但能不能做远，还要看企业自身的发展。

生态链中竞争最为激烈的两个产业莫过于手机和汽车。对于汽车赛道，现在已经变得越来越拥挤，企业不应停留在思考传统汽车会不会消失，而是要先发制人，努力去发展智能汽车。很多优秀的企业热衷跨界经营，弯道造车。在传统汽车领域，品牌企业有着天然的优势，产业链长、关联度高、市场成熟等都是新兴企业难以比拼的。在智能汽车领域，跨界者没有包袱，进军新能源领域要比传统车企容易得多，"软件定义汽车"的跨界造车不再是异想天开。

（1）**互联网企业跨界造车。**代表企业：新能源企业小鹏汽车、蔚来汽车、理想汽车和互联网企业BAT公司。生态链顶端的互联网企业加速入侵到了各个行业。智能化成为重塑汽车行业竞争的重要标志之一，以人工智能、新能源为核心的造车理念正在席卷百年汽车制造领域，产业进入了大变革时期。新兴的企业热衷于以"智能＋"的新能源概念进入汽车产业，从2014年开始，新能源汽车的发展翻开了新的一页。汽车行业相继涌现了一批造车新秀：小鹏汽车、蔚来汽车、理想汽车，号称"汽车新势力三剑客"，短短五年多时间，市值均超过百亿美元，一度挤进全球前十，超越福特汽车、本田汽车等老牌造车企业，堪称神话。同期成立的乐视汽车虽因经营不善而破产，但创始人贾跃亭仍在美国宣传誓死将新创立的法拉第汽车进行到底，由此可见，汽车产业吸引力巨大。这些新兴造车企业无不宣传自己的独特标签：智能汽车。智能汽车涵盖的技术已覆盖传统汽车制造、手机制造、互联网应用等众多行业。如表5-1所示，相比传统汽车制造企业，互联网背景的企业在新能

源、智能驾驶方面的专利数量取得新进展。百度在驾驶、导航等方面的专利绝对领先，而华为、小米在芯片、电池硬件方面的专利要遥遥领先于其他互联网造车企业。

表 5-1　2020 年造车新势力和互联网汽车企业的在不同领域的专利数量

单位：件

公司	专 利 数 量						
	汽车	驾驶	雷达	电池	交通	导航	芯片
蔚来	3314	287	61	998	79	93	34
华为	350	424	181	1684	420	407	6293
百度	260	1753	347	237	949	1087	273
腾讯	53	296	46	118	345	932	186
阿里巴巴	90	144	53	72	392	880	208
小米	68	111	4	790	172	180	672

来源：水滴汽车数据。

面对智能汽车公司千亿美元目标市值的诱惑，BAT 公司也都在高调打造智能网联汽车品牌。百度是在自动驾驶领域投入最早、积累最深的中国互联网巨头，百度造车不是制造概念，不是一蹴而就，而是有节奏的渗透。2021 年，百度宣布与吉利汽车结成战略合作伙伴，成立集度汽车公司，以整车制造商的身份进军汽车行业重塑智能汽车产品形态。在此之前，百度在汽车生态链中已经有了 8 年经验，如 Apollo 自动驾驶、小度车载、百度地图等百度核心车载人工智能技术将全面赋能汽车公司。百度 Apollo 目前已经成为全球最大的自动驾驶开放平台。另外，腾讯与广汽达成了战略合作，腾讯联手富士康打造拜腾汽车，阿里巴巴联手上汽打造智己汽车。除了 BAT 等互联网企业造车外，传统制造出身的工业互联网领军企业海尔也不甘示弱，分别与奇瑞、上汽、吉利签署了战略合作协议，通过工业互联网平台赋能连接汽车制造相关企业，打造智能车联网生态圈，实现万物互联，既赋能了汽车企业制造圈，又能为家电和汽车两种营销渠道圈的协同打好铺垫。未来消费者不再局限于传统 4S 店购车方式，也能在海尔线下和线上商城购买产品与服务。

（2）**手机企业跨界造车**。代表企业：小米、华为等。互联网时代，汽车像手机一样，已从耐用品转化为快消品。由软件公司发展而来的小米公司率先完成了跨界造手机、造汽车的神话。2021 年年初，雷军高调宣布加入造车队伍，并且亲自带队，将在十年内向电动汽车投资 100 亿美元，并且首期投资 100 亿元人民币。时隔 1000 天，小米汽车便获得了工业和信息化部批准的新产品许可证。2023 年年末，雷军在汽车技术发布会上，公布了小米汽车在电机、智能驾驶等方面的领先技术。2024 年 4 月，小米汽车品牌 S7 正式上市，售价对标特斯拉 Model3，当月订单量就超过了 8 万辆,掀起了汽车界的一波降价潮。基于澎湃 OS 的"人车家"全生态链开始形成,小米公司在个人设备、智能出行、智能家居这三大板块实现互联互通,通过生态链系统进一步放大盈利空间。华为公司的造车战略和小米公司不同,2023年,华为公司强调华为不造车,而是帮助企业造好车,有效期 5 年。目前车企与华为共有三种合作模式,分别是零部件供应模式、Huawei Inside 模式(即 HI 模式)和智选车模式。赛力斯公司是华为智选车模式最大受益者。2021 年,华为与赛力斯(前身为东风小康汽车)合作代工华为汽车,当时的赛力斯已经严重亏损,华为将造车灵魂赋予赛力斯,不仅提供技术支持,还负责市场营销和整车销售。双方合作 3年时间,先后推出 AITO 问界汽车品牌,M5、M7、M9 三款系列车型热销大卖,在中、高端市场,问界汽车销量进入中国前五名。2021—2023 年,中国很多新能源车企陆续倒闭,赛力斯公司三年间累计亏损也达 100 亿元。从市场增长趋势看,跑赢市场、扭亏为盈只是时间问题。2023 年,赛力斯市值一度飙升至 1000 亿元,远超传统大型车企的市值。2024 年,双方签署全面战略合作伙伴协议,扩大在智能汽车领域的深度合作。同时华为也在寻求新的车企,以扩大智能化汽车领域的合作,比如,华为与长安汽车合作,成立合资公司共建智能汽车,华为将智能汽车解决方案业务的核心技术和资源整合至新公司,通过"技术＋制造"的战略协同,为车企提供从芯片到云端的一站式智能汽车解决方案。

　　智能造车的时代真的已经来临,而企业全面造车的时机不一定成熟,这要看每家企业在造车生态圈中所扮演的角色。就像特斯拉公司一样,虽然是一家新能源造车企业,但实际上是一个生态链企业。从研发投入看,2021 年,特斯拉研发投入26 亿美元,理想、蔚来、小鹏三家公司的研发投入只是特斯拉的 70%。如果单纯从技术上看,特斯拉公司的无人驾驶(FSD 自动驾驶芯片)、软件应用(OTA 技术)、电池系统(优化管理)等均处于绝对领先地位,而且很多专利技术都开源公开。如果放大到马斯克本人所控股的企业来看,马斯克旗下主要有 9 家科技公司,除了特斯拉,其余 8 家分别是 Space X(航天航空)、Solar City(光伏发电)、Star Link(卫星系统)、Neuralink(脑机接口)、Modelπ(卫星手机)、Hyperloop(超级高铁)、Boring Company(高速地铁)、Open AI(人工智能),仅凭特斯拉一家企业,马斯克就成为全球商业和技术的领头羊。如果其他产业也全部商业化上市、技术再共享,很难想象这样产业化的生态链企业到底还有没有竞争对手。

5.1.4　生态链助力共享经济——以平台应用为例

　　互联网之前的商业模式主要是围绕卖产品和卖服务,互联网作为一个媒介平台,连接不同的供需双方,为交易提供了一个便捷平台。平台数目众多,主要有电商平台、社交媒体平台、搜索引擎平台、金融互联网平台、交通物流平台、工业互联网平台等。平台经济主体多元、要素集聚、模式多样、规模较大,已经成为数字经济的重要组成部分,是经济增长的新动能。互联网思维是多中心、多方向和多维度的,不再以企业为唯一的中心,而是主张用生态链思维考虑问题,强调各方平等参与,把生产商、流通商、服务商、消费者等各个环节整合到平台。各大电商、社交等平台既有竞争,又有合作,深度挖掘与分析有价值的数据,有利于构建共利、共赢、共享的生态体系。

共享经济(sharing economy),又称分享经济,共享经济的发展是一个去中介化和再中介化的过程。所谓的去中介化,是个体服务者不需要通过商业组织直接向最终用户提供服务或产品,再中介化是指个体服务者虽然脱离商业组织,但为了更广泛地接触需求方,便接入互联网的共享经济平台。2016 年,国家正式提出共享经济的概念。2018 年的《政府工作报告》提出,要发展平台经济、共享经济,形成线上线下结合、产学研用协同、大中小企业融合的创新创业格局,打造“双创”升级版,从国家战略上支持共享经济的发展。

在共享经济的大背景下,生态链思维作为一种新的工具,对于重塑商业模式与保持企业生命力有了现实意义。

(1) **生态链转化了企业职能**。在共享经济模式中,传统企业完全被共享平台公司取代,平台公司的资产主要表现为无形资产,而有形资产的比例会大幅下降。共享经济对企业职能产生了颠覆性影响,传统经济模式表现为“劳动者-企业-消费者”的相互关系。传统企业是产品与服务的生产者,企业职能的重点在于如何合理安排资源进行生产或提供服务产品。而共享经济模式表现为“供给者-共享平台-消费者”的相互关系。

(2) **生态链改变了消费关系**。传统的消费关系将被完全颠覆。我们的购买方式、支付工具、分享渠道都将从根本上改变。微信是免费的,但它是有价值的,它不仅仅是一款即时通信软件,同时还是一款支付软件,但借用这个平台,可以干很多事情。微信的存量用户是以亿来计算的,也就意味着它的盈利能力也是以亿为单位的,任何产品和服务都可以通过它放大,消费者的衣食住行都可以通过它实现。微信本身是免费的,如果收费了,就会有更多类似微信的产品出现与它竞争。这样建立在它免费基础上的用户就有可能消失,那么通过它赚钱的业务就不能持续。有价值的免费微信造就了有活力的生态链,有活力的生态链造就了可持续的共享经济。

(3) **生态链提高了资源使用效率**。在生态链中,闲置物品或资源得到重新配置,提高了资源的使用效率,而降低了供给和需求双方的成本,包括金钱和时间成本,大大提升了资源对接和配置的效率。例如,曾对北京非正式的汽车共享服务进行调查时发现,汽车共享服务具有比私家车更高的经济生态效率。随着北京私家车的迅猛发展,汽车共享服务在提供更多需求满足、减少私家车数量、减少环境影响方面的作用将日益突出,其经济生态效率也将大大提高。

2022 年,我国共享经济市场交易规模约为 38320 亿元,同比增长约 3.9%,虽受新冠疫情冲击,市场规模出现显著下滑,但总体呈现上涨趋势。如图 5-2 所示,从市场结构上看,生活服务、生产能力、知识技能三个领域的共享经济市场规模位居前三。

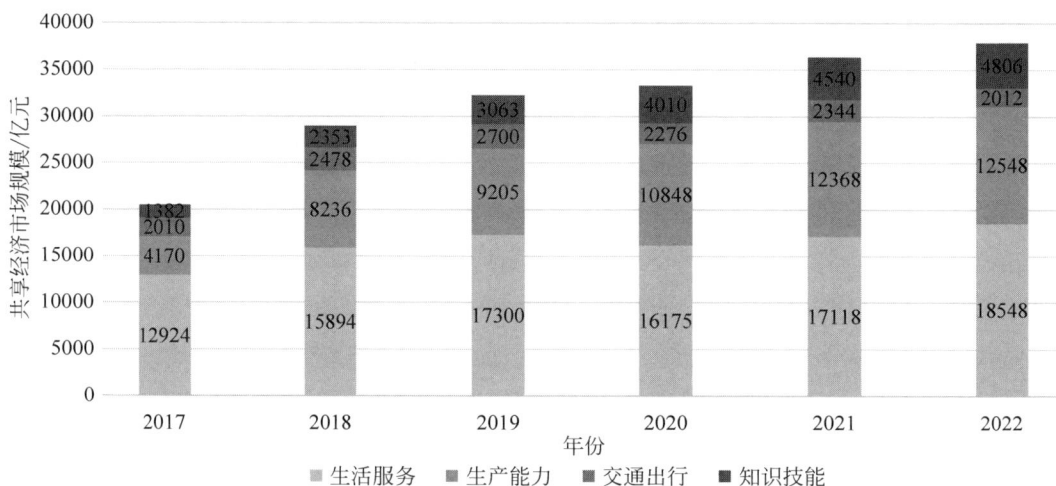

图 5-2　中国共享经济的市场结构趋势

来源:根据国家信息中心数据整理。

生产能力共享领域正成为新的增长点。生产能力共享指的是通过互联网平台,将不同企业闲置的生产能力整合,实现产品的需求方和生产的供应方最有效对接的新型生产模式。共享经济的蓬勃发展,也给制造业的发展带来机遇。共享制造是共享经济在生产制造领域的应用创新,是围绕生产制造各环节,运用共享理念将分散、闲置的生产资源聚集起来,弹性匹配、动态共享给需求方的新模式新业态。共享制造的优势在抗疫的非常时期得到凸显。依托工业互联网平台,大量的制造商、供应商、开发者等主体得以聚合,工业设备、产品、系统、服务实现互联互通。

新冠疫情期间,徐工汉云平台驰援武汉火神山医院建设,紧急调配在线设备,通过实时监测 72 台工程机械,有效开展"云监工"。三一根云平台为西安、广西等地的应急医院建设提供技术支持,通过对工程设备开展远程监控,充分保障了施工进度。富士康利用工业互联网平台加快医疗物资的柔性转产,仅三天就建成口罩生产线,为缓解口罩供给压力提供了重要支持。阿里云、华为等公司通过开放计算能力、运用相关模型,促进药物筛选与研制,为疫情防控争取到了宝贵时间。临时应用的共享制造平台不仅从技术上解决了疫情突发难题,也从供应上体现了中国制造的韧性。让人们从真实的场景中看到了智能制造最紧迫最特殊的应用场景,先进的解决方案在疫情期间得到应用,智能制造不再是虚无缥缈的海市蜃楼。

5.2 转型：疫情催生智能制造

5.2.1 新冠疫情挑战供应链——智造快速响应

2020年年初暴发的新冠疫情对世界经济产生了重大影响。传染病没有国界,在经济全球化下,没有哪个国家能够置若罔闻、独善其身。中国拥有门类齐全的工业体系,是世界制造中心,有最完整的产业链,也有最大的消费市场,在全球供应链体系中扮演举足轻重的角色。中国凭借其制度优势和经济韧性成功抵御了危机。然而,即使中国经济具备较强的抗风险能力,也因美国、欧盟等发达经济体经济下滑、消费需求萎缩,最终导致制造业出口承压。

稳定制造业,就是稳定中国经济。在疫情笼罩之下,在危机突发之时,劳动密集型企业在自动化、信息化方面要比高科技企业落后很多。在疫情冲击下,传统制造业在获取订单与恢复产能方面面临严峻挑战。疫情蔓延导致人员流动受限,外地工人难以及时返岗,叠加物流封锁与供应链中断,企业订单交付严重受阻。这种突发性的"用工荒"及其引发的连锁反应,构成了难以预测且不可抗拒的系统性风险。在生死存亡之刻,智能制造改造传统企业的议题再次被提上日程。对于处在全球供应链主要制造端口的中国企业,能够拥有智能制造的能力变得尤为重要。"互联网+"时代的企业,一旦完成智能化改造,就可实现疫情期间不停工,用工问题就会迎刃而解。通过现代智能技术,在家不出门即可办公或生产,借助无人工厂来解决用工荒,缓解无序管理,较快实现了无障碍信息传递,敏捷调度,适应了市场变化。例如,通过移动互联定位、健康智能扫描、在线办公、在线培训、在线招聘、远程监控等手段,传统的操作员变成机器维护员,设计员变成开发员,实现远程在线管理工厂。

2020年年初,口罩成为全国紧缺的资源。各地口罩供应不上,经常出现抢购一空的状态,由于来不及生产,口罩价格水涨船高。一时间,井喷的需求导致企业投资口罩热情四起。一般口罩生产线供货周期在60天以上,这既是对供应能力的考验，更是对中国制造能力的考验。速度就是验证，格力、比亚迪等不少上市公司也开始"转行"来帮忙。比亚迪调集 3000 名工程师、10 万名产业工人，从零起步制造口罩机，3 天出图纸、7 天出设备、10 天量产、20 天做到全球第一，最高日产量达1 亿只，是疫情前全球产量的 5 倍。这些成绩的取得，除了依靠强大的制造实力，还有一个重要保障，就是比亚迪搭建了大量的数字化、自动化生产线。依托强大的智能制造能力，比亚迪仅用 7 天时间，在 8 个基地，快速建成了 5000 多个信息网络终端，有效保障了口罩机设备的安装和投产，实现了口罩生产的信息化、智能化。据介绍，口罩从原料、成型、包装，直到用户手中，实行全生命周期管理，让每一个口罩均可溯源。比亚迪快速援产口罩的案例，成为制造业数字化转型的一个样本。

实践证明，拥有强大的智能制造能力将颠覆传统制造对于市场的响应速度，企业即使缺乏特定产品的制造经验，亦可依托通用智造技术实现敏捷应对。与此同时，局部疫情在科学防控下得到了控制，有效阻断了规模性风险向全球产业链的传导，这充分体现了中国所倡导的"人类命运共同体"理念的实际践行。世界各国的疫情防控策略与效果迥异，部分西方国家一度陷入失控状态，对世界经济造成重创。在此背景下，发达国家逆全球化思潮抬头，其影响亦显著波及中国经济。

新冠疫情对经济冲击呈现三个特征。一是冲击了总供给和总需求两个侧面。三年疫情导致全球供应链的中断和需求的下降，增加了经济急速下滑的必然性和宏观调控的复杂性。二是全球供应链网络放大了经济萧条的传导效应，鲜有国家得以幸免。这种经济多米诺效应显著加剧了企业经营环境的不确定性。三是难测疫情何时结束和经济何时恢复。这种不确定性增加了恐慌性，在经济低迷时期，信心比黄金更重要。

受此次疫情影响，制造业面临劳动力短缺、需求疲软、贸易萎缩等诸多挑战。为了能够应对冲击，企业积极探索利用工业互联网技术。工业互联网具备工业全要素、全产业链、全价值链全面连接的功能，能够有效实现资源调度优化和精准决策。在提升疫情防控效率的同时，帮助企业精准对接客户，实现网上协同办公，提升企业决策能力和管理能力，推动制造业复苏。

5.2.2　倒逼企业加速智能化——直播平台兴起

危机就是在危险中寻找机遇。比如，2003 年发生的"非典"疫情，国内部分行业受到重创，但恢复速度也非常快。在此期间，阿里巴巴、京东等企业迅速从摸索沉淀期跨入发展高速期，引领了中国互联网的变革。2020年发生的新冠疫情，政府采取了果断措施成功避免了经济下滑，避免了短期冲击变成长期趋势。

2020年被称为"直播元年"，网络直播带货开始走进百姓生活。作为一种全新的营销方式，万物皆可被直播带货，让人惊叹全民直播时代可能真的来临。如表5-2所示，早在2020年新冠疫情暴发初期，第45次《中国互联网络发展状况统计报告》数据显示，受新冠疫情影响，大部分网络应用的用户规模均呈现较大幅度增长。

表5-2　新冠疫情暴发初期各类互联网应用的用户规模及使用率

应　　用	疫情后（2020.3）		疫情前（2018.12）		疫情前后对比
	用户规模/万	网民使用率/%	用户规模/万	网民使用率/%	用户增长率/%
即时通信	89613	99.2	79172	95.6	13.2
网络支付	76798	85	60040	72.5	27.9
网络购物	71027	78.6	61011	73.6	16.4
在线教育	42296	46.8	20123	24.3	110.2
网络视频（含短视频）	85044	94.1	72486	87.5	17.3
短视频	77325	85.6	64798	78.2	19.3
网络直播	55982	62	39676	47.9	41.1

来源：《中国互联网络发展状况统计报告》。

在线教育呈现爆发式增长。截至2020年3月，我国在线教育用户规模达4.23亿，较2018年年底增长110.2%。网络视频成为仅次于即时通信的第二大互联网应用类型。2020年3月的疫情给企业的生存发展带来严峻挑战，直播新零售变成了产品营销的新阵地。最早的直播零售从罗永浩、董明珠等开始，巨量的曝光带来巨大的价值。罗永浩通过直播还清了6亿元的债务。董明珠从4月开启首场直播，其间仅3小时就带货3亿元。面对镜头，她向客户展示了格力电器的产品、制造工厂、发展理念等情况。2020年，董明珠一年13次的直播带货就完成476亿销售额，直接促进了格力对传统营销渠道的变革，缩减了地区代理。这种直播营销让更多企业看到了"制造业＋新零售"的新可能。

互联网企业不会放弃这次绝佳机会。借助于互联网＋的催化作用，数字新经济得到了扩张，在一定程度上弥补了传统经济的损失，加速了经济复苏的步伐。哪怕面临绝境都会有机会，在疫情危机中发展起来的企业，更是赶上了好时机，如阿里巴巴钉钉、企业微信、腾讯会议、华为WeLink等平台，通过免费应用快速占领市场，加速数字化转型。实体制造业也没有放弃这次转型契机。疫情对于制造业，尤其是自身抵抗风险能力较弱的中小微企业，是一次难得的考验和机遇。

（1）传统产业并非不具备盈利能力，应予以持续扶持与发展。如口罩产业，原来都是中小企业干的产业，平常订单少，利润低，仅维持日常运转。疫情一来，储备供应不足，需求井喷，价格疯涨，全社会疯狂投入资本。从全球来看，大型企业都不约而同建设生产线投入口罩的生产制造。

（2）传统制造业并非等同于低端制造，关键在于智能化升级。如口罩产业，属于劳动密集型产业，我国支援国外的医用口罩受到质量歧视，除了政治因素外，还有一个原因，就是发达国家不相信中国制造，他们潜意识认为中国制造就是低劣品的代名词，包括口罩这种产品。因此宁愿选择用本国口罩也不用中国的。

（3）风险难以完全规避，智能制造可以有效减少外部不确定。制造业的日子比较困难，经受不起折腾就会迅速倒闭，企业越大，风险就越大。当遇到不可抗拒的系统危机时，拥有智能制造的企业在用工成本、制造效率等方面都有一定的抗风险优势。

疫情倒逼企业加速智能化，促进新基建发展。2008 年金融危机，政府通过以基础建设为主的 4 万亿项目刺激经济。受 2020 年的新冠疫情冲击，显然传统基建已不能适应我国经济增长和供给侧结构性改革的要求。2018 年年底，中央经济工作会议首次提出"新型基础设施建设"（简称新基建）。2019 年，新基建被写入《政府工作报告》，大力发展包括 5G 基建、大数据中心、人工智能、工业互联网、物联网等在内的新一代信息技术。这些基础设施和数字赋能的平台，推动数字经济产业链不断延长，为相关产业提供新动能，实现经济健康发展。

第6章

结语：以数字经济的视角分析

数字经济是继农业经济、工业经济之后的新经济形态。数字经济是一个全新的生产要素，这种要素是一个增值的过程。数字经济是信息经济的直接表现，数字化是信息化的高阶阶段，数字化通过算法实现了信息的输出，从收集、分析数据到预测数据，是信息化的广泛运用。数字的变化就是价值的变化，数据作为生产的基本要素，连接供需双方，数据的生产、处理、交易和消费带动价值的产生、交换、增值与衰减。数据成为社会经济活动的主要要素，在整个经济活动链条中产生决定性或者基础性的作用。

"信息论之父"香农认为，信息是能够用来消除不确定性的东西。数字信息的商业价值可以总结为四个方面。第一，信息可以匹配需求和提升需求，网约车在这方面表现得尤其明显；第二，信息可以降低成本和提高效率，特别是基于流量、大数据、算力、算法等关键要素所产生的范围经济；第三，信息还可以帮助构建信用和信任体系，这一点对于类似金融这样的行业具有极为重要的商业价值，而基于互联网的区块链在未来更是具有无限的商业想象空间；第四，基于信息平台可以产生各种通用的新技术和新服务，比如，人工智能、自动驾驶、区块链、物联网、共享经济等。

2016年，G20杭州峰会通过了《二十国集团数字经济发展与合作倡议》，对数字经济概念有如下描述："数字经济是指以使用数字化的知识和信息作为关键生产要素、以现代信息网络作为重要载体、以信息通信技术的有效使用作为效率提升和经济结构优化的重要推动力的一系列经济活动。"2017年，数字经济首次写入《政府工作报告》。报告指出，"要推动'互联网＋'深入发展、促进数字经济加快成长"。2020年，国务院发布《关于构建更加完善的要素市场化配置体制机制的意见》，提出"数据要素是作为继土地、劳动、资本、技术外第五种生产要素，加快数据要素市场培育，使数字经济成为推动经济高质量发展的新动能"。2021年，北京国际大数据交易所、上海数据交易所相继成立，开启了我国数据流通交易机构的市场化发展。

6.1 数字经济的内生外延

发展数字经济从数字经济的产业基础、数字经济的头雁效应、数字经济的重要支撑、数字经济的关键环节、数字经济的主要阵地这五个维度来讲。

6.1.1 数字经济的产业基础

互联网是数字经济产业的基础。互联网的本质是提供信息，利用数据能够提供信息服务，解决信息不对称问题。互联网到了数字经济时代，数字化技术的成熟，加速资源重新配置，重塑商业模式，从而推动供给侧和需求侧逐渐走向融合。供给和需求的界限日益模糊，数字化浪潮下，信息资源的生成与价值转化正为数字经济发展提供了前所未有的历史性机遇。

（1）**互联网加速需求侧**。互联网时代的消费升级具有追求个性化、品质化、体验化、情感化的本质特征。"互联网＋"通过打造多点支撑的消费增长格局，培育和发展消费新热点和新兴消费，从而实现从需求侧牵引推动消费升级。

（2）**互联网倒逼供给侧**。互联网不仅可以影响生产的数量和层次，催生供给侧革命，而且可以影响消费的数量和层次，催生需求侧革命。对传统产业消费主体、消费客体与消费载体的整合改造，使传统产业通过互联网实现产业间互联互通，催化传统产业形成跨领域的生态级响应能力，进而推动消费生态重构、消费模式创新和消费价值跃迁。同样，供给端的规模效应也给企业带来了边际成本递减，"互联网＋"通过驱动制造业转型升级，推进生产组织模式变革，推动个性化定制生产方式，从而实现从供给端发力促进消费升级。

（3）**互联网重塑产业价值链**。如图 6-1 所示，我国消费端数字化程度已位居全球前列，但供给端数字化水平相对滞后，特别是产业互联网对全链条协同的催化效应尚未充分释放，数字经济呈现"需求侧超前发展，供给侧响应迟滞"的非均衡特征。在此背景下，充分发挥互联网在供需高效匹配、产业链协同优化中的关键作用，借助大数据的发展优势，建立去中心化的价值链分工，提升我国产业在全球价值链分工中的地位。

6.1.2 数字经济的头雁效应

2023 年，我国网民规模达 10.92 亿，互联网普及率达到 77.5%，是世界最大最

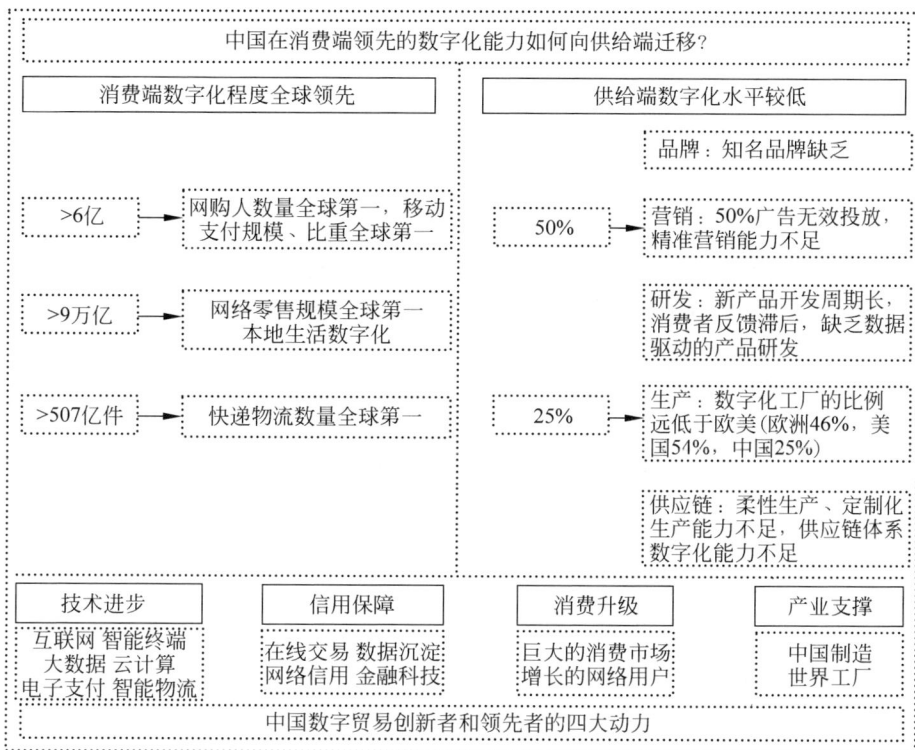

图 6-1　数字化经济的迁移与动力

来源：根据阿里研究院报告整理。

活跃的数字国家。过去 10 年,数字经济在我国蓬勃发展,如图 6-2 所示,2014—2023 年,我国数字经济规模由 16.2 万亿元增长至 56.1 万亿元,总量稳居世界第二,数字经济正成为推动经济增长的主要引擎之一。

"两化产业"凸显了数字经济的头雁效应。"两化产业"即数字产业化和产业数字化,我国实体经济规模大,数字化应用场景丰富,"两化产业"发展迅速。2021年,《中华人民共和国国民经济和社会发展第十四个五年规划和 2035 年远景目标纲要》(以下简称《十四五规划纲要》)首次将"数字经济核心产业增加值占 GDP 比重"列为体现创新驱动的指标。2023 年,中国数字经济规模达到 56.1 万亿元,占 GDP 比重达 44%,其核心产业增加值占 GDP 比重达到 10%,数字经济成为稳定经济增长的关键动力。其中,中国数字产业化规模达到 10.09 万亿元。产业数字化规模达到 43.84 万亿元,占数字经济比重达 81.3%。

数字产业化、产业数字化分别通过"互联网＋"和"＋互联网"推动相关产业发展。工业和信息化部原部长李毅中指出,"数字工业包括数字产业化和产业数字化两重含义,数字产业化是把通信技术(CT)、信息技术(IT)、数字技术(DT)产业化,

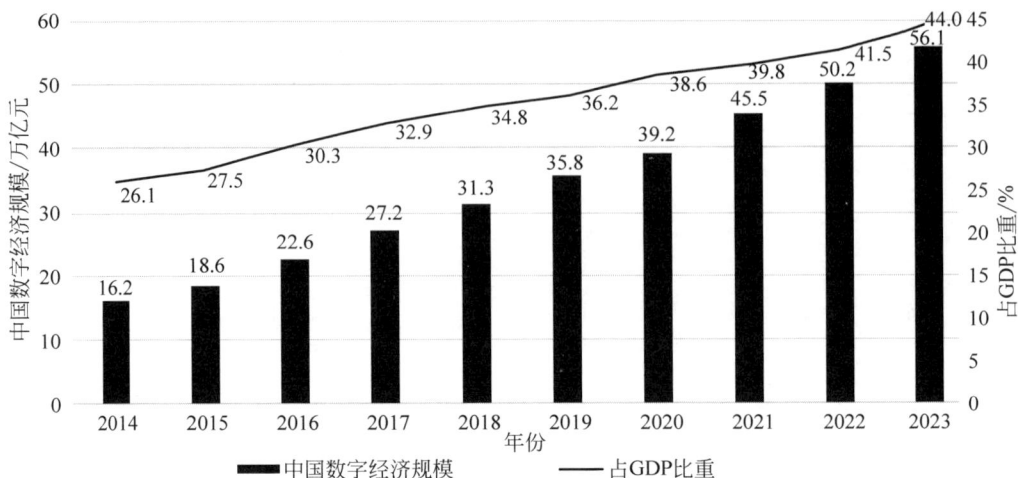

图 6-2　近 10 年中国数字化经济规模及占 GDP 比重
来源：根据中国信息通信研究院数据整理。

是工业互联网产业的核心先导产业；产业数字化是指对工业各个垂直行业数字化转型升级，实现降低成本，增加产出，提升效率”。

2021 年，国家统计局首次发布《数字经济及其核心产业统计分类（2021）》，将数字经济的基本范围划分为数字产品制造业、数字产品服务业、数字技术应用业、数字要素驱动业、数字化效率提升业 5 大类。其中前 4 大类为数字产业化部分，即数字经济核心产业，是指为产业数字化发展提供数字技术、产品、服务、基础设施和解决方案，以及完全依赖于数字技术、数据要素的各类经济活动，对应于《国民经济行业分类》（GB/T 4754—2017）中的 26 个大类、68 个中类、126 个小类，是数字经济发展的基础。第 5 大类产业数字化部分，是指应用数字技术和数据资源为传统产业带来的产出增加和效率提升，是数字技术与实体经济的融合。该部分涵盖智慧农业、智能制造、智能交通、智慧物流、数字金融、数字商贸、数字社会、数字政府等数字化应用场景，对应于《国民经济行业分类》（GB/T 4754—2017）中的 91 个大类、431 个中类、1256 个小类，体现了数字技术已经并将进一步与国民经济各行业产生深度渗透和广泛融合。

6.1.3　数字经济的重要支撑

数字基础设施是发展数字经济的重要支撑。美国兰德智库将数字基础设施定义为由硬件和软件组成的网络，用于以数字方式处理、存储和传输数据，数字基础设施由海缆网络、无线网络、地面网络和卫星网络组成，并且包括微型芯片和技术标准两个基本组成要素。数字基础设施具有战略重要性，并认为世界强国的竞争归根结底是数字基础设施的竞争，是对全球所有权、访问权和控制权的竞争。

数字基础设施是布局未来产业发展的底座。建设以数据创新为驱动、通信网络为基础、数据算力设施为核心的基础设施体系，加快数字化转型，将成为未来经济发展的新引擎。数字基础设施有 3 个基础。

（1）**新技术——通信技术（CT）、信息技术（IT）、数字技术（DT）**。《十四五规划纲要》提出了七类数字经济核心产业：云计算、大数据、物联网、工业互联网、区块链、人工智能、虚拟现实和增强现实，如表 6-1 所示。

表 6-1　数字经济的七大领域

七 大 领 域	细 分 领 域
云计算	加快云操作系统迭代升级，推动超大规模分布式存储、弹性计算、数据虚拟隔离等技术创新，提高云安全水平。以混合云为重点培育行业解决方案、系统集成、运维管理等云服务产业
大数据	推动大数据采集、清洗、存储、挖掘、分析、可视化算法等技术创新，培育数据采集、标注、存储、传输、管理、应用等全生命周期产业体系，完善大数据标准体系
物联网	推动传感器、网络切片、高精度定位等技术创新，协同发展云服务与边缘计算服务，培育车联网、医疗物联网、家居物联网产业
工业互联网	打造自主可控的标识解析体系、标准体系、安全管理体系，加强工业软件研发应用，培育形成具有国际影响力的工业互联网平台，推进"工业互联网＋智能制造"产业生态建设
区块链	推动智能合约、共识算法、加密算法、分布式系统等区块链技术创新，以联盟链为重点发展区块链服务平台和金融科技、供应链管理、政务服务等领域应用方案，完善监管机制
人工智能	建设重点行业人工智能数据集，发展算法推理训练场景，推进智能医疗装备、智能运载工具、智能识别系统等智能产品设计与制造，推动通用化和行业性人工智能开放平台建设
虚拟现实和增强现实	推动三维图形生成、动态环境建模、实时动作捕捉、快速渲染处理等技术创新，发展虚拟现实整机、感知交互、内容采集制作等设备和开发工具软件、行业解决方案

（2）**新要素——数字化的知识和信息，即数据**。数字经济围绕数据这一关键生产要素，数据越多，数据产生的价值就越大，中国是数据资源大国，正是发展数字经济的最大优势。2022 年，我国数据产量 8.1ZB，全球占比 10.5％，位居世界第二。

（3）**新设施——现代信息网络，即新型基础设施**。2020 年，国家发展改革委对新型基础设施的范围做了基本描述，主要包括 3 个方面的内容。一是信息基础设施。主要是指基于新一代信息技术演化生成的基础设施，比如，以 5G、物联网、工业互联网、卫星互联网为代表的通信网络基础设施，以人工智能、云计算、区块链等为代表的新技术基础设施，以数据中心、智能计算中心为代表的算力基础设施等。二是融合基础设施。主要是指深度应用互联网、大数据、人工智能等技术，支撑传统基础设施转型升级，进而形成的融合基础设施，比如，智能交通基础设施、智慧能源基础设施等。三是创新基础设施。主要是指支撑科学研究、技术开发、产品研制的具有公益属性的基础设施，比如，重大科技基础设施、科教基础设施、产业技术创新基础设施等。新型基础设施主要包括七大领域：5G 基建、特高压、城际高速铁路和城市轨道交通、新能源汽车充电桩、大数据中心、人工智能、工业互联网。

我国构建了全球规模宏大、性能优越的信息网络基础设施。截至 2021 年年底，我国已建成 142.5 万个 5G 基站，总量占全球 60% 以上，IPv6 地址资源总量位居世界第一，算力基础设施快速发展，算力规模全球排名第二。2020 年，清华大学互联网产业研究院发布《中国新型基础设施竞争力指数白皮书(2020 年)》，这是国内首个关于新基建竞争力指数的报告。新基建的指标由 3 个一级指标和 11 个二级指标组成，如表 6-2 所示。

表 6-2 新基建竞争力指数指标体系

一级指标	新型网络基础设施指数		新型应用基础设施指数			新型行业基础设施指数					
二级指标	感知网络发展指数	宽带网络发展指数	大数据发展指数	云计算发展指数	人工智能发展指数	智慧能源设施指数	智慧医疗设施指数	两化融合设施指数	智慧教育设施指数	智慧交通设施指数	智慧农业设施指数

一是新型网络基础设施指数。包含感知网络发展指数和宽带网络发展指数 2 个二级发展指数，主要反映新一代信息网络发展情况。二是新型应用基础设施指数。包含大数据发展指数、云计算发展指数和人工智能发展指数 3 个二级发展指数，主要从要素投入角度来衡量新一代应用基础设施的建设情况。三是新型行业基础设施指数。包括智慧能源设施指数、智慧医疗设施指数、两化融合设施指数、智慧教育设施指数、智慧交通设施指数、智慧农业设施指数 6 个二级发展指数，主要评价在网络基础设施和应用基础设施支持下形成的各类行业基础设施发展情况。

报告显示，东西部在新基建竞争力上发展极不平衡。2019 年，全国新基建竞争力指数为 75.3。东部地区新基建竞争力指数为 81.2，在新基建竞争力指数排名全国前 10 位的省份中有 8 个属于东部地区，中西部新型基础设施建设仍需加强。

2022 年年初，国家正式启动"东数西算"发展战略。作为继"西气东输""西电东送""南水北调"后又一项国家重要战略工程，"东数西算"工程，是通过构建数据中心、云计算、大数据一体化的新型算力网络体系，将东部算力需求有序引导到西部，可以充分发挥西部地区气候、能源、环境等优势，扩大可再生能源供给和就近消纳，既有利于缓解东部地区能源供给短缺问题，又能助力我国数据中心实现低碳、绿色、可持续发展。

我国构建了 8 个算力枢纽和 10 个数据中心集群。即在京津冀、长三角、粤港澳大湾区、成渝、内蒙古、贵州、甘肃、宁夏等 8 地启动建设国家算力枢纽节点，并规划了 10 个国家数据中心集群。京津冀、长三角、粤港澳大湾区、成渝 4 个节点定位于进一步统筹好城市内部和周边区域的数据中心布局，实现大规模算力部署与土地、用能、水、电等资源的协调可持续，优化数据中心供给结构，扩展算力增长空间。贵州、内蒙古、甘肃、宁夏这 4 个节点定位于不断提升算力服务品质和利用效率，充分发挥资源优势，夯实网络等基础保障，积极承接全国范围的后台加工、离线分析、存储备份等非实时算力需求。利用西部自然资源的禀赋，非实时性计算的冷数据集中存放在西部，实时性计算的热数据存放在东部，"东数西算"从这个意义上讲就是"东数西存"。依托这 8 个算力枢纽，有利于集中政策和资源，着力优化网络、能源等配套保障，更好地引导数据中心集约化、规模化、绿色化发展，促进东西部数据流通、价值传递，带动数据中心相关产业从东向西有效转移。

6.1.4 数字经济的关键环节

数字化转型是发展数字经济的关键环节。如图 6-3 所示，数字化转型具有四大核心价值，一是经济价值，促进经济发展，增强竞争力；二是社会价值，保障民生，完善治理体系；三是产业价值，实现转型升级，结构优化；四是商业价值，实现降本增效，产品升级。数字化转型从战略到执行，覆盖国家、城市、行业、企业四大载体，基于不同的载体，数字化转型可划分为四个阶段：基础信息化、应用数字化、全面系统化、智慧生态化。过去的 20 年，我国基本完成了基础信息化阶段，数字经济快速发展，正在与实体经济深度融合，提高全要素生产率，推动产业数字化向更深层次、更广领域渗透融合。

数字化转型，网络是基础，高速的网络提升了安全能力和运营效率。云为核心，灵活的云基础设施和技术服务提高了数字应用，网随云动、云网一体，再加上万物互联的物联网，也就是我们常说的云、管、端。云是公有云服务平台，管是 5G 网络，端是基于物联网构建的一个边缘端，三者形成一个完整的整体。

总体来看，当下中国数字化增长动能整体强劲，数字化转型指数持续走高，长期增长的趋势没有变化。但是随着疫情趋稳，各行业数字化紧迫性降低，转型进程

四大 核心价值	经济 价值	社会 价值	产业 价值	商业 价值
六个角度	国家-城市-行业-企业-家庭-个人			
四个层次	国家-城市-行业-企业			
四个阶段	基础信息化	应用数字化	全面系统化	智慧生态化
	通信网络及基础 信息系统建设	科技应用数字 化场景试点	数字化平台构建， 体系化转型	全面智能化 均衡普惠

中国网络 建设和数 字化转型 历程	• 1993年2G网络建设，开始移动GSM电话 • 1999年ADSL宽带商用 • 2009年3G网络发牌，进入3G时代 • 2013年4G网络发牌，进入4G时代 • 2015年"互联网+"行动计划发布实施 • 2019年5G网络发牌，进入5G时代 • 2020年之后，数字中国网络基建世界领先

牵引方向 → • 平台化
• 系统化
• 智能化

发展产业 • 数字产业化
• 产业数字化
• 平台集成和
系统协同

五大支撑	组织、资金、人才、监管、生态

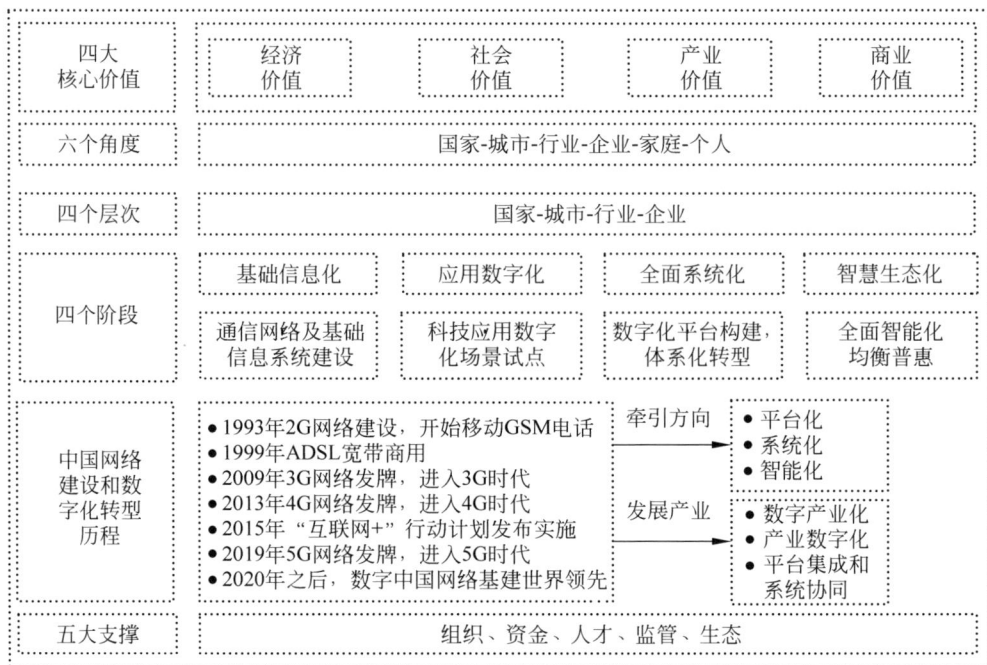

图 6-3 数字化转型与中国网络建设

来源：根据华为《数字化转型，从战略到执行》整理。

可能放缓。未来的数字化转型，将进入一个动力与压力并存的时期，行业需要营造良好的空间和环境，以便发掘更多长期性的、刚需型的场景，持续鼓励数字经济与实体经济的融合、共生与创新。

6.1.5 数字经济的主要阵地

智能制造是发展数字经济的主要阵地。智能制造是数字经济的皇冠，数字经济的发展阶段和数字化的应用息息相关。早期的数字化关注的是数据化，即数据驱动是数字化转型的核心，表现为网络经济。随着数字化转型应用场景的不断落地，加速了万物相联，表现为数字经济。万物互联的背后就是将物联变成数联，变成数字连接，在数据层面解决互联问题。这一阶段，数字化更加关注的是数智化，即认为数字智能化才是数字化的核心。中国信息经济学会原理事长杨培芳认为，"数字经济是指数字化信息技术（数字计算机、数字通信和数字传感等）及其网络，广泛渗透到人类经济活动中，形成的新经济成分或新经济模式"，并提出，"智能经济是信息经济的高级阶段。从 PC、移动互联网到人工智能，信息经济已经从数字经济发展到了智能经济阶段"。如图 6-4 所示，在数字化进程中，各行业数字化转型分为三个波次：一是数字开拓者，主要集中在信息通信、金融保险等信息密集型领域；二是转型追随者，主要集中在制造、交通物流、能源电力等支柱型工业领域，以及政务、医疗、教育等消费与服务领域；三是转型潜力股，主要集中在房地产、建筑、农业、餐饮等属地性领域。

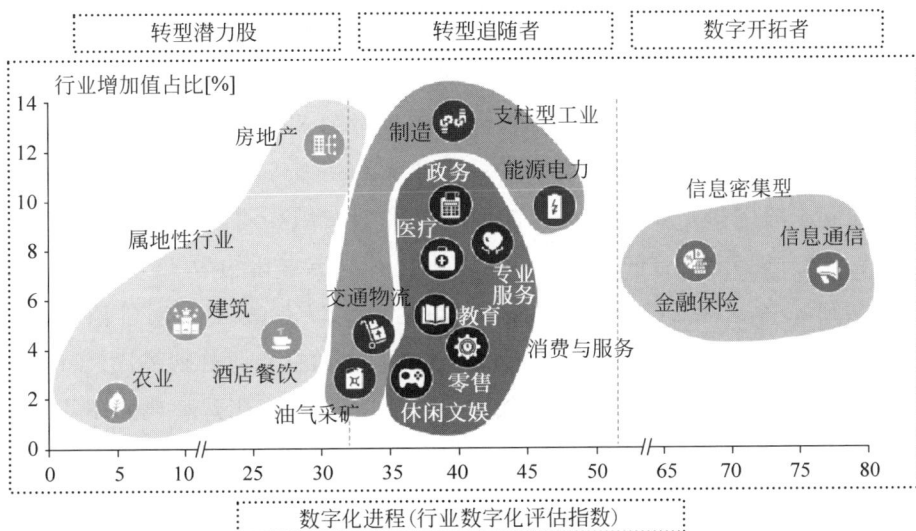

图 6-4　各行业数字化转型进程波次

来源：华为《数字化转型，从战略到执行》。

以智能制造为代表的工业领域正成为数字经济发展的主阵地。数智技术不仅包括以数据要素为核心的数字技术，而且包括与实体经济发展相关的一系列智能技术。数字技术推动各类生产要素有机组合，智能技术提高全要素生产率和经济潜在增长率，激发各类生产要素活力，促进企业降本增效、产业链资源整合集成、产业结构优化升级等。例如，江苏是制造业大省，江苏制造业增加值占 GDP 比重达 35％以上，占比全国最高。江苏提出"智改数转"，即智能化改造和数字化转型，更加突出体现了对技术与业务的融合创新，全面提升企业在设计、生产、管理等各环节的智能化水平，实现生产信息的纵向集成和产业链的横向集成。

6.2　数字经济的黄金时代

数字经济的发展推动了双碳绿色革命，从能源革命到产业嬗变，能源数字经济将成为普遍现象。2020 年，我国明确提出将力争 2030 年前实现碳达峰，2060 年前实现碳中和。按照欧盟 21 世纪中叶实现碳中和的目标，其碳达峰到碳中和历经至少 60 年。中国提出只用 30 年的时间实现碳中和，美国承诺碳达峰到碳中和实现周期约为 45 年，欧盟经济体承诺约为 60 年，中国承诺的完成时间远远短于发达国家所提出的时间，中国力争在全球绿色转型进程中实现弯道超车。

6.2.1 碳中和与新能源产业

新能源是实现碳中和的主导产业，是推动全球能源结构转型的关键力量。中国是全球最大的碳排放国。2021 年世界碳排放量为 338.84 亿吨，中国碳排放总量超过 103 亿吨，在世界碳排放总量中的占比大约是 27%，大约相当于美国、欧盟和日本加起来的碳排放量总和。从能源生产和消费结构看，世界能源已形成煤、油、气、新能源"四分天下"的格局。目前中国化石能源占比约为 82%，非化石能源占比还不到 20%，其中石油的对外依存度高达 70% 以上，天然气对外依存度约为 40%。化石能源面临枯竭、生产技术落后，实现碳中和主要通过碳替代、碳减排、碳封存、碳循环等四种途径。其中碳替代主要包括用电替代、用热替代和用氢替代等新能源方式，碳减排主要包括节约能源和提高能效，太阳能、风能、水能、核能、氢能等是新能源产业的主力军。

1. 政策和价格是新能源产业的两大法宝

早期的新能源产业受益于国家产业政策的扶持得以快速发展，政策和成本赋予了中国新能源产业在国际舞台上更广泛的市场竞争力。随着产业规模扩大，产品质量提升，各项补贴开始退坡，新能源产业走向更为成熟的市场化竞争。在碳替代上，新能源汽车替代传统燃油车，风电光伏替代燃煤发电促进了市场的繁荣，每一个细分市场都是万亿级的赛道，自主品牌的企业在竞争中迅速崛起，中国的新能源技术与产业发展水平已经处于世界前列。中国是全球最大的新能源汽车市场，也是全球最大的太阳能光伏、动力电池生产国，三大新能源产业的出口带动了相关产业的发展，全国建立了完整的设备制造产业链，全球超过 50% 的陆上风电、超过 60% 的海上风电和超过 80% 的光伏设备来自中国。

（1）**新能源发电领域**。实现"双碳"目标，能源是主战场，电力是主力军。自 2006 年《中华人民共和国可再生能源法》实施以来，可再生能源发电产业得到了价格、财税、金融等一系列优惠支持政策，以光伏发电、风力发电为代表的新能源发电装机规模出现爆发式增长。大力扶持可再生能源产业发展，电价补贴、税收减免等政策发挥了重要作用。政府制定一个高于市场价格的收购价格，要求电网企业在一定期限内收购可再生能源发电者的发电量，可再生能源电价与市场电价的差额由发电量按比例分摊。经过十多年的发展,新能源发电已具备了和传统发电同平台竞争的规模,部分地区新能源发电成本已经低于煤电的基准价,逐步实现风电、光伏发电平价上网已经成为大势所趋。2016 年,国家建立了光伏发电、风力发电等可再生能源发电的不同的标杆电价制度。2019 年,将上网标杆电价调整为指导价,新增项目上网电价通过竞争方式确定。2021 年,新能源发电正式开始实行平价上网。针对日益突出的电网消纳、发电供需不对称等问题,在市场化背景下,还要充分释放新能源发电的容量价值和绿色价值,就必须发展绿色储能产业,提高新能源的利用率。2024 年,发展新型储能被首次写入《政府工作报告》。新型储能产业将驶入发展"快车道",以新能源为核心推动储能产业协同构建新型电力系统,拓展"新能源＋储能"应用;完善新能源、储能参与电力市场交易机制,提升新能源大规模并网发电的效益。

（2）**新能源汽车领域**。21 世纪初,我国启动国家"863"计划电动汽车重大专项,开始探索新能源汽车产业的发展规划,新能源汽车技术被列入国家优先与重点研究清单。2007 年,新能源汽车正式进入国家的鼓励产业目录。2009 年,国家发布《汽车产业调整和振兴规划》,重点实施新能源汽车的应用推广工作,新能源汽车开始享受财政补贴,三年的"十城千辆"工程让新能源汽车在北京、上海等大中城市得到了广泛应用。2012 年以后,新能源汽车开始进入全面推广阶段,国家免征购置税、实施财政补贴、建立充电桩基础设施、引进外商产业投资等一系列政策激发了整个产业的蓬勃发展。与此同时,锂电、5G、智能网联等新技术的应用也将新能源汽车产业带入了发展快车道。中国汽车工业协会统计数据显示,2012—2021年,我国新能源汽车销量从 1.28 万辆跃升至 352.1 万辆,位居全球第一。2022 年,我国新能源汽车销量同比上年增长近 1 倍,高达 688.7 万辆。自 2023 年起,国家开始取消新能源汽车购置补贴,当年我国新能源汽车销量达到 949.5 万辆,市场占有率达到 31.6％。新能源汽车产业将走向更加市场化的良性竞争,更多的产业政策将倾向于充电桩基础设施、电池技术开发与回收利用等领域。

2. 质量和创新是新能源产业的两大挑战

抢占全球能源科技制高点,需要攻克能源转型发展的技术难题。过去 10 多年,同质化的竞争和低端的价格战,让过剩的风电、光伏、锂电产能逐步释放。今后,新能源产业盈利模式将会更加清晰,行业将转向高端化、定制化发展,绿电、储能等新领域进一步打开发展空间,"光伏制氢＋炼化""海上风电＋海洋牧场""海上风电＋氢能""风光波联合"等模式创新不断显现。在国际市场上,中国新能源产业正面临着技术封锁和贸易保护主义的挑战，加强技术创新，提高产品质量是新能源产业未来的出路。

清洁能源和节能提效是新能源创新发展的重要路径。加强科技创新，大力推进产业结构调整，降低单位 GDP 能耗和碳排放强度。中国作为制造业大国，发展新能源行业的优势非常明显。碳中和覆盖了电力、石化、建材、有色、造纸、航空、化工、钢铁等八大行业。目前碳中和在中国还处于早期阶段，工业能耗占全社会总能耗的 70% 左右。短期目标是到 2025 年，规模以上工业单位增加值能耗较 2020 年下降 13.5%。制造业的"碳中和"转型发展，是实现全球"碳中和"的重中之重。碳中和的最终目标就是能源转型，一方面，我国已开发的可再生能源还不到技术可开发资源量的 1/10，丰富的可再生能源将为能源转型提供坚实的保障；另一方面，企业控碳的路径重点围绕提效节能减排来降低能耗总量，从而达到降低碳排放，源头减量、能源替代、节能提效等手段组合应用，逐步实现工业产业结构、生产方式的绿色低碳转型。

6.2.2 智能时代的能源红利

"数实融合"激活碳中和红利。中国投资协会发布的《零碳中国·绿色投资蓝皮书》显示，碳中和将带来 70 万亿元绿色投资，催生出再生资源利用、能效、终端消费电气化、零碳发电技术、储能、氢能、数字化七大最具潜力的零碳投资领域。碳中和不仅需要清洁能源，也需要数字化转型，数字化转型将在产业生命周期管理中提供新兴技术，通过绿色制造实现绿色经济。清华大学陈玲教授把"两化融合"的工业化和信息化的特征归纳成"新两化"，即低碳化与数字化的"数实融合"。通过三类措施推进减碳：一是优化生产流程，减少碳排放。数字化广泛应用在源头控制、过程减排和末端治理的三个环节。二是升级产业结构，减少碳排放。数字化加速了产业转型升级和商业模式创新。三是优化环境治理，减少碳排放。数字化提高了监测、监督的综合治理能力。

人工智能加速释放低碳储能红利。在智能时代，人工智能、云计算等技术革新将会导致全球能源负担与日俱增。比如，ChatGPT 日耗电超过 50 万千瓦·时，如果生成式人工智能得到广泛应用，全球电力消耗将会大幅攀升，预计到 2027 年，人工智能带来的电力消耗将达到 100 太瓦·时左右。数字经济和能源产业同频共振，全球产业发展将会发生重大变化，由芯片材料的"硅片短缺"转向人工智能的"电力短缺"，以储能为代表的新能源需求将呈现指数级增长的趋势。

6.3 数字经济的治理能力

2017年，我国明确提出建设"网络强国、数字中国、智慧社会"，数字中国首次写入党和国家纲领性文件。"十四五"规划纲要提出，数字中国建设要聚焦数字经济、数字社会、数字政府和数字生态的四位一体布局，这也正是环境、社会和治理(ESG)所重点关注的领域。提升数字化治理能力一方面要扩大经济规模、降低交易费用、改变经济结构，另一方面要公平竞争、有效监管、拒绝零和游戏、坚持长期主义。

6.3.1 数字角色定位

互联网思维最早由企业家提出，企业家是推动信息化的重要力量，是推动数字化转型的主力军。一个新生事物的出现，还是因为它有经济价值，只有眼光独到的企业家才会发现、利用互联网的经济价值。在中国，最早把互联网商业思维带进千家万户的人可能是马云。马云早期创业时，向国家有关部门推销互联网黄页的视频至今还流传在互联网上，从无到有路程艰辛、创业艰难。信息化按主体不同可分为五个层次：产品信息化、企业信息化、产业信息化、国民经济信息化和社会生活信息化。互联网的兴起，推动信息化、数字化的发展进程，信息在企业、社会、政府之间流动，促进经济社会发展。推动载体通常有两个：一个是企业端，另一个是政府端，并形成一个闭环。具体来讲，有两种路径推动着数字化发展。

（1）**企业数字化推动社会信息化，促进政府数字化**。21世纪初，中国互联网经济迅猛发展，网络社交、网络支付渗透到人们生活的各个领域。方便快捷的工作生活使人们不得不依赖于网络，人们的私人领地不由自主地被各种网络工具覆盖，个人的隐私在大数据下不再是秘密，以BAT为代表的互联网企业拥有强大的数据分析能力，几乎掌握人们的私人信息、消费信息、舆论信息以及还未被挖掘的有价值的信息，甚至比政府掌握的户籍信息更有价值。一方面，互联网的数字技术促进了政府的数字化建设，另一方面很多企业的互联网权力已经僭越到国家治理的范围，数字技术不仅是技术创新，更意味着政府治理理念和思维方式的革新。提升政府数字化治理水平有助于提高公共服务水平、推进制度转型。

（2）**政府数字化提升社会服务化，加速企业财富化**。企业为了自身利益最大化，有时将互联网作为一个工具。例如，"小黄车"从一夜之间泛滥于城市各大街道到销声匿迹，"滴滴打车"从私车可以共享出租到打车不再安全，盲目滥用互联网平台，导致各种社会不和谐事件频发，说明企业的信息化尽管会促进社会生活的方便，但是缺少政府监管，这种信息化就是自私的。2017年，《中华人民共和国网络安全法》正式施行,网络安全进入法治化轨道。但是企业有时会过度粉饰、包装数据,政府也不能完全依赖于企业的数据资源。政府数字化水平至少需要同步于企业,在某些领域,甚至是要超越的。有效的监管体系有利于保护优质企业,增强企业竞争力,促进市场经济有序发展。

6.3.2　科技向善赋能

坚持科技向善,营造"良币驱逐劣币"的市场环境。数字化、智能化已深入社会各方面,时间在缩短,空间在缩小,共享的社会资源正加速各领域变革。政府在数字经济发展中要科学规划,营造良好环境,维护市场公平。

(1)**避免数字经济概念空转,推动数字经济落地生根**。资本热衷于数字经济带来的预期利益,有些市场主体过度追求包装数字化,吸引眼球,带来很多虚假流量,有"脱实向虚"的危险。流量经济变化成虚拟资产,一旦这种虚拟资产证券化,就会出现弄虚作假式的套利。2015—2024年,《政府工作报告》中对于数字经济发展的描述,从"互联网＋""智能＋"转变到"人工智能＋"。新旧动能的转换,人工智能时代的产业变革正加速形成新质生产力。

(2)**强化新型基础设施建设,深化数字经济融合创新**。我国数字经济发展存在产业和区域之间不平衡、不充分的现象。服务业的数字化发展快于制造业的数字化,东部沿海地区的数字经济发展快于西部地区。坚持需求导向、应用牵引、创新驱动,加速数实融合,新型基础设施是数字化、网络化、智能化的基石,促使各行各业涌现新模式、新业态和新成果。产业互联网是新基建最重要的应用之一,致力于通过数字技术助力产业升级,扩展了数字经济的新空间。新基建的发展要有适度超前的思维,充分发挥海量数据优势,推动数字领域核心技术突破,发挥数字化对经济社会发展的引领作用。

(3)**优化数字政府运行效能,提升数字经济服务水平**。建设数字政府,运用新一代信息技术,通过数据驱动重塑政务信息化管理架构、业务架构和组织架构,形成用数据决策、用数据服务、用数据创新的现代化治理模式。数字政务按服务主体可以分为政府对政府(G2G),政府对公众(G2C),政府对政府雇员(G2E)和政府对企业(G2B)。建立完善"互联网＋监管"系统,通过便民利企的"一网通办",城市治理的"一网通管",政府内网的"一网协同"等方式,实现政府对权力"放管服"的改革目标。政企合作、多方参与,推动各地区各部门政务服务平台互联互通、数据共享和业务协同,形成统一规范、信息共享、协同联动的全国"互联网＋监管"体系。

(4)**防止资本无序野蛮扩张,规范数字经济竞争秩序**。通过"反垄断""防止资本无序扩张"等监管措施治理市场主体。第一,政府要为各类资本、各个行业健康发展提供更为牢固的保障。不正当竞争行为增加了平台参与者、生产者、消费者的成本。主要体现在三方面：一是电商容易成为"过度收租"平台，具有垄断地位的平台企业面对暴利诱惑，凭借自己的商业规则通过"价格战""二选一""高额提成"等手段赢者通吃，绑定上游实体供应商，恶意打压同行；二是电商容易成为"过度包装"的平台，低价获客策略是最简单最粗暴的手段，没有低价只有更低价，平台假冒伪劣产品层出不穷；三是电商容易成为"微薄利润"的平台，明星扎堆做直播销售，使企业增加了高额销售费用。2021年，《关于平台经济领域的反垄断指南》出台，阿里、腾讯、京东、百度、字节跳动等互联网企业均未能幸免，互联网平台经济正式被纳入了反垄断常态化监管。第二，政府大力建设、监管公共数据平台。对数据加以分类，企业自建平台用于非常重要的数据，不重要的数据更多地放在公有平台上。但是私有平台技术能力和公有平台数据安全导致大量数据的存储、利用存在诸多潜在风险，会侵犯个人权利。要提高对风险因素的感知、预测、防范能力，规范公共平台对数据的保护，特别是对个人信息安全保护。

（5）**构建多元协同治理体系，提高数字经济发展质量。** 从市场发展来看，数据的利用最早从下游消费需求端开始，然后向上游生产供给端转移，最后全面渗透到社会各个领域，整个环节流程增加了政府、公众、企业共同参与数字治理的难度。"数据孤岛"现象普遍存在，数据的壁垒主要体现在四个方面：一是数据量大，采集利用不容易；二是硬件传播速度、协议标准不统一；三是数据共享机制不完善；四是数据权利机制不健全。打破数据壁垒，需要完善数据资源产权、交易流通、数据监管等方面的基础制度和标准规范。即便是公共部门的数据，它的利用价值和红利释放出来也是巨大的。例如，数字金融创新是一把双刃剑。一方面，数字金融带来了效率，数字货币对传统的金融体系、银行业务等产生了巨大冲击。方便快捷的交易不再需要传统纸币，合约自动生成，传统服务方式会发生改变，如银行柜员、高速收费员等从业人员将面临职业危机。另一方面，数字金融同样也带来了风险。例如，区块链技术是一个共享数据库，推动数字金融发展的同时，也要考虑是否有安全风险，民间数字货币利用区块链技术是否能够颠覆主权信用货币。另外，P2P网络融资平台跑路事件频出，2016年，国家确定拟划定12项禁止行为，确定了网贷行业监管总体原则，实施以市场自律为主，行政监管为辅的金融监管。

构建网络命运共同体，形成治理强大合力。与西方发达国家相比，中国在网络核心技术、网络基础设施等诸多方面仍然依赖发达国家，如何维护自身网络安全，实现网络技术颠覆性突破，有效提升网络治理的主导权和话语权，是中国建设网络强国的重要课题。创建全球治理新秩序，坚持开放发展，通过互联互通、共享共治，促进经济与社会的全面发展，为建设网络强国、数字中国提供坚强保障。

第3篇

智造趋势——融合

◀ 第7章 ▶

现实多元化之困与两化融合之路

7.1 两化融合与产业融合

1. 两化融合的政策演进

两化融合是制造强国建设的主线,智能制造是主攻方向。推进两化融合深度发展,是党中央、国务院作出的重大战略部署。其政策表述随着时代需求而不断深化,准确反映了科技变革的趋势,本质是生产关系适应生产力的动态调适。两化融合政策演进主要分为以下阶段:①在互联网萌芽时期,党的十五大报告提出"推进国民经济信息化";②在电子商务兴起时期,党的十六大报告提出"坚持以信息化带动工业化,以工业化促进信息化";③在移动互联网发展初期,党的十七大报告正式提出两化融合,即"大力推进信息化与工业化融合";④在云计算、大数据来临之际,党的十八大报告提出"促进工业化、信息化、城镇化、农业现代化同步发展,推动信息化和工业化深度融合";⑤在人工智能、物联网广泛应用时期,党的十九大报告提出"推动互联网、大数据、人工智能和实体经济深度融合";⑥在人工智能等新技术加速迭代升级时期,党的二十大报告提出"要着力提升产业链供应链韧性和安全水平,推进新型工业化,促进数字经济与实体经济深度融合"。当前,我国经济正处在转变发展方式、优化经济结构、转换增长动力的攻关时期,明确两化融合发展目标和路径,加快发展智能制造,对进一步提升制造业竞争力,促进创新链和产业链深度融合,推动产业升级和创新发展具有重要意义。

2. 产业融合的发展趋势

产业链日渐形成,势必形成多元化共融的态势。两化融合有四个发展阶段:

起步建设阶段、单项覆盖阶段、集成提升阶段、创新突破阶段。我国工业企业两化融合总体上处于单项覆盖向集成提升的过渡阶段,推动新一代信息技术与制造业的两化融合,是推进制造业转型升级的根本。信息化与工业化主要在技术、产品、业务、产业四个方面进行融合,技术层面的融合走向产业层面的融合,即多元化发展,发展先进制造业和现代服务业深度融合的商业新模式。2019 年,国家开始实施推动先进制造业和现代服务业深度融合,在培育融合发展新业态新模式、探索重点行业重点领域融合发展新路径方面提供了方向。这是继工业化与信息化"两化融合"之后,国家首次提出的"两业融合",这是增强制造业核心竞争力、培育现代产业体系、实现高质量发展的重要途径。

在智能化时代,产业的界限将变得模糊,两化融合催生出新产业,形成一些新兴业态。早在 20 世纪初期,多元化经营开始进入学术界和企业家研究的视野。随着经济全球化、资本国际化、竞争产业化,多元化经营与企业绩效的关系也就成为研究的热点。关于两者关系的争论也是众说纷纭:有人提出多元化经营导致企业绩效溢价,也有人认为多元化经营导致企业绩效折价或两者无关。

7.2　装备制造业的实证研究

《中国制造 2025》纲领明确了装备制造业是中国未来制造十大领域的国之重器。在新时代,对于装备制造业要求产业融合,提出了中国制造向中国创造转变的时代任务。因此研究装备制造业现阶段多元化经营的问题变得尤为重要。中国制造业由大到强转变,必须高度重视高端装备制造业发展,培育高端装备制造企业的核心竞争力。而高端装备制造企业的核心竞争力是在整合现有资源的前提下打造的,因此要重点研究行业的多元化经营。

1. 摆脱目前发展困境的现实需要

装备制造业属于重资产行业,不少企业不仅融资难,而且长期背负着沉重债务。企业对资本投入甚为饥渴,但投入资金之后,多数用于还债、购买重资产、支付运营成本。对于关系企业长远发展方面的战略性资金投入还是甚少。目前最为迫切的是产业升级,改制剥离社会职能和不良资产,通过并购重组、专业化发展,提升企业核心竞争力、品牌影响力。

有关装备制造业的多元化与专业化一直争论不断。现有装备制造业呈现两个方面的趋势:一方面,原专业化经营的最大机床集团沈阳机床和大连机床,都曾一度多元化涉足金融行业,但经营出现困境导致破产重组,最后两家公司都被央企中国通用技术集团收购;另一方面,三一集团、格力集团等企业却多元化进入装备业。三一集团曾在 2007 年竞购沈阳机床没有成功,后又自建了精机公司发展机床业务。2015年,格力集团董明珠提出自建数控机床业务,从第一台智能机床实验成功到装备企业的成立,显示了迫切改变基础制造水平的决心,当然经营业绩还需要时间考验。

2. 完成价值链从低端到高端的发展跃迁

装备制造业科技含量高,本身有着复杂的加工工艺、高精度的操作要求、柔性化的制造特点,但这些高标准的技术长期被德、美、日等发达国家掌握。改革开放以后,我国经济、社会虽有高速发展,但装备制造业企业大多从计划经济中转型而来,离发达国家的制造水平还存在一定的距离。创新能力的先天不足,导致关键装备、核心零部件、工业软件等高度依赖进口的现象尤为严重。

我国装备制造业平均利润水平低,处于国际产业链的末端,离高端价值链发展还有一定距离。未来更需要大力协同上游关键零部件、中游工业制造＋工业互联、下游智能服务等产业,发挥产业融合,促进装备制造业的高质量发展。

3. 加速中国制造产业深度融合的战略布局

产业大发展要求加快产业融合,加快装备制造业从自动化到智能化产业升级的速度。研究现阶段中国装备制造业多元化变得尤为重要,本章试图从多元化的视角出发,分析多元化经营对企业绩效的影响。

目前中国装备制造业尽管从整体上实现了世界产值第一,但距离质量和效益第一还存在巨大差距,众多企业面临激烈竞争、短期需求不足、负债累累等一系列现实问题。通过研究装备制造业上市公司发展现状,探究以工业化与信息化为主线的产业结构转型,实现产业升级。装备制造业的多元化经营建立在微观经济学理论关于企业多元化资源与企业绩效供需关系的基础上。企业改革以供给侧结构性改革为主要特征,在原有需求曲线向右上方移动不足的情况下,要使得供给曲线不断向左上方移动,实现更高水平的供需平衡,不断优化产业结构,增强企业未来的核心竞争力。

鉴于此,本章选择以通用机械、专业设备为代表的 268 家装备制造业上市企业,以 2015—2018 年连续 4 年的经营数据为样本,共计 1072 个样本,并利用 STATA 软件做模型选择、描述分析、相关分析与回归分析。同时将 SCP(structure-conduct-performance,结构-行为-绩效)产业经济学框架引入并用于分析多元化经营对企业绩效的影响。企业行业结构 S 可用多元化程度表示,借用衡量市场集中度的赫芬达尔-赫希曼指数(Herfindahl-Hirschman index,HHI)作为反向指标来表达多元化程度,企业行业行为 C 可用多元化类型(单一型、主导型、非主导型)表示,企业绩效 P 可以用一系列可量化的财务指标表示,加入装备制造业特有的重资产、高负债的行业特征指标作为控制变量,另外加入企业研发投入指标、企业集聚区域、员工与股东人数、上市时间、企业性质、两化融合的发展政策等作为控制变量。

实证研究得出以下结论:自 2017 年后,装备制造业的上市企业从专业化经营走向了多元化经营;从多元化程度上看,多元化经营与企业每股收益负相关;从多元化类型上看,多元化经营与企业每股收益、托宾 Q 负相关;细分多元化类型后,单一型多元化经营与企业每股收益负相关;主导型多元化经营与企业每股收益正相关;非主导型多元化经营与企业每股收益无关。

基于上述结论,提出如下建议:装备制造企业要根据价值链的行业特征和发展方向,向主导型的多元化发展,向高质量、高附加值的智能制造领域发展。从多元化的视角中找出一条可持续发展的出路:发展产业价值链的"调结构",推动产业链上的战略性重组和专业化整合;发展资产质量"去杠杆化",促进高负债企业负债率回归合理水平,支持企业战略性产业投资;把创新放在突出位置,发展"高附加值"的战略性新兴产业与未来产业;推动产业投资"优化升级",加快实现从管企业向管资本转变,做强做优主业,引导产业集团投资质优产业,不断开辟新赛道,形成新质生产力。

7.3　多元化的理论基础

7.3.1　多元化与绩效的经济学曲线

企业能够实施多元化经营的范围是企业多元化经营能力的体现。按照微观经济学供需曲线理论,试将企业多元化经营能力分为供给能力和需求能力。供给能力是企业追求多元化经营所必需的技术水平、管理能力、资金实力等内在的综合能力;需求能力则代表的是企业从事多元化经营所具备的资源配置能力。借用经济学中供需关系曲线来分析两者的关系。

多元化资源和绩效的供需关系如图 7-1 所示,当 $S \rightarrow S'$ 向左上方移动的时候,在同等的资源,即现有的产业水平下,企业的综合绩效不断提高,具有了为多元化的动机提供强大供给的能力;当 S 线向右下方移动时,企业的综合绩效能力不断降低,多元化的供给能力不足,企业会陷入过度多元化的危机;当 $D \rightarrow D'$ 向右上方移动的时候,企业会高效利用现有资源,不断扩充产业需求,提高企业的综合绩效,具备多元化的冲动;当 D 线向左下方移动时,企业要利用现有资源,并缩小资源的需求,以保持企业现有的综合绩效,减小多元化的冲动。

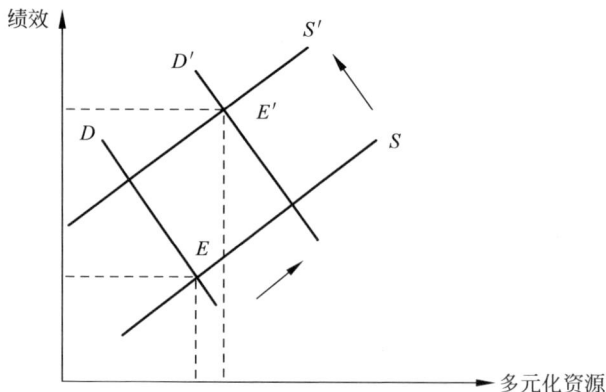

图 7-1　企业多元化资源和绩效的供需关系

多元化经营的绩效是由供需曲线的相互作用确定的，任何一方的或大或小都会导致失去平衡，从而直接影响企业的效益。均衡点左边的效益由企业的资源供给能力决定，E 点右侧企业的资源供给能力过剩。均衡点右边的绩效由企业的扩张需求能力决定，E 点的左侧企业的扩张需求能力过剩。

多元化资源和绩效的均衡关系如图 7-2 所示，①在 $D<S$ 区域内，表现为现有资源下，企业的核心能力供应要大于现有资源的扩张需求。在这种情况下，企业可以选择一定范围内的多元化需求，通过多元化的选择，可以在更大范围内强化已有的核心竞争力。②在 $D>S$ 区域内，表现为现有资源下，企业的核心能力供应要小于现有资源的扩张需求。在这种情况下，企业可以选择减少一定范围内的多元化需求，减少多元化的选择，可以在更大范围内强化核心竞争力。③企业低水平核心能力供应和现有资源的扩张需求都比较弱小时，企业无竞争力，企业资源弱小，不能进行多元化经营。④企业高水平核心能力供应和现有资源的扩张需求都比较充分时，企业可以利用现有资源进行垂直和水平方向多元化的整合，甚至可以进入新领域，寻求新增长点，以追求未来的持续发展。

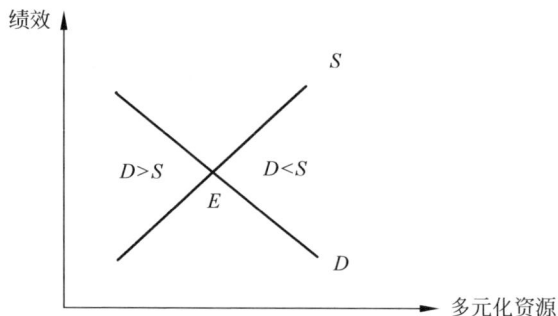

图 7-2　企业多元化资源和绩效的均衡关系

从整体上看,制造业发展问题的"牛鼻子"已经不在需求侧,而是在供给侧。D 线向右上方移动是理想状态下的市场需求,企业资源和绩效都能得到充分的释放与发挥。多元化资源和高质量绩效的供需关系如图 7-3 所示,$S→S'$,在 $TP'E'$ 区域内,企业提高了新的高水平的绩效需求;在 $PP'E'$ 区域内,企业将更多的资源集中在能产生高水平绩效的产业上;S 线在向左上方移动的过程中,企业逐步远离了在 LPE 区域内多元化资源产生的低效能的供给浪费,逐步提高了新的高水平的绩效需求。供给侧结构性改革的政策其实是促进供给曲线向左上方移动,就是要不断地促进产业结构升级。在企业需求不足的情况下,不能浪费企业资源,使得产业布局合理,淘汰落后产业,促进优势产业的大融合。

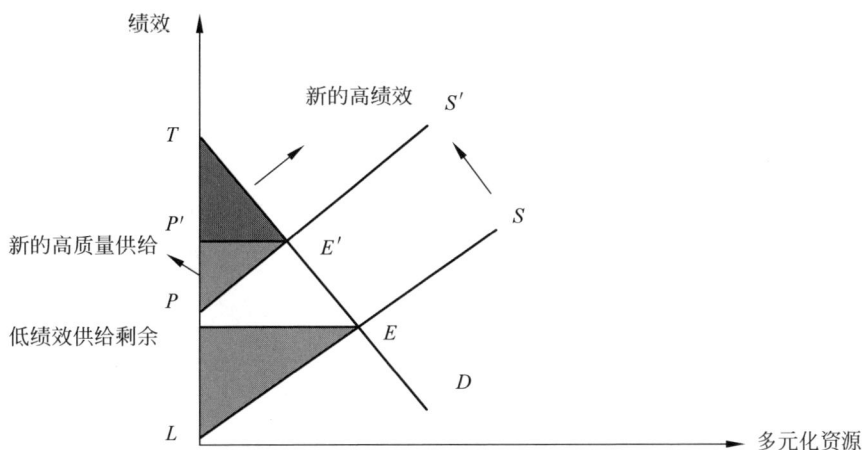

图 7-3　企业多元化资源和高质量绩效的供需关系

那么,即使在需求曲线 D 线向左下方移动的情况下,企业也能保证经营绩效的提高。装备制造业是重资产行业,更要坚持供给侧结构性改革,去库存资产、去杠杆负债。如果企业盲目扩大多元化,使得 S 线向右移动,只会不断消耗资源,降低企业绩效。如果再遇上需求线 D 线向左下方移动时,那么企业整体绩效水平只会更低。

7.3.2　装备制造行业分析

目前我国是制造业大国,但还不是制造业强国,总量大,但质量有待提高。装备制造业面临着国内外激烈的市场竞争和挑战,企业已进入转型发展期。一方面,当前行业竞争激烈,供求市场急需结构调整,产品供过于求的现象较为明显;另一方面,需求市场处于持续低迷状态,导致规模化生产难以继续,库存产品难以消化,企业利润率不高。要想突破发展的瓶颈,更需要依赖产业结构的优化升级。

(1) 行业面临的优势。第一,中国的装备制造业已形成完备的产业体系。规模持续拓展,重点企业的竞争力不断提高,行业规模位居世界首位,已成为世界装备制造业的重要力量。第二,产业的集聚效应凸显。大型企业发展迅速,东北地区、长三角地区、珠三角地区已形成装备制造业的重要集聚地。第三,产业结构不断优化。产业布局不断优化,全产业链格局已经形成。

(2)行业面临的劣势。第一,装备制造业总量第一,但质量并非第一。高端装备长期依赖国外的进口,关键的技术和工艺也受制于国外封锁,从整体上看,具有高附加值的自主产品还没有在国内市场占有绝对优势。第二,企业自主研发能力薄弱,原创性技术和产品较少。企业技术投入资金少,影响到技术革新和长远发展,需要增加研发投入。高端人才缺失,需要完善收入分配制度和激励机制。第三,产业结构整体不平衡。关键零部件、控制系统等基础领域仍与国际先进水平存在较大差距。产品可靠性、稳定性不高,智能制造的互联集成度不高。第四,产品同质化现象严重,靠模仿生产产品,造成市场上恶性价格竞争。再加上装备制造业成本大部分是由基础性材料构成。尤其是钢铁、铜铝等原材料价格在不同的经济周期、不同的国际价格竞争中经常变化,企业对抗不确定风险的应变能力弱。同质化的竞争和过剩的产能,导致企业以极低的价格和成本在市场上生存,行业利润普遍偏低。大部分企业的利润率在 2%～5%。第五,重资产性的行业特征。企业负债率高,资金投入大,制造周期长,短时间内投资不一定能见到回报。

(3)行业面临的机会。第一,国家政策的支持。鼓励发展装备制造业,推动智能化升级,做强做优产业已成为一种趋势。第二,推动一体化发展,规模化成长。行业上下游产业链高度关联,通过购买或兼并行为,实现产业链与创新链的高度协同。第三,立足技术创新,形成专业化竞争优势。第四,加快国际化步伐,实现全球化的产业链供应链。第五,加强产学研创合作,推动关键领域突破,提升企业市场竞争力。

(4)行业面临的威胁。第一,整体需求总量出现周期性波动。受电力、冶金、石化等行业转型升级压力而淘汰落后产能的影响,短期内市场对传统型装备的需求不旺盛,高端型装备的供给能力还有待释放。全球经济增长放缓,国外市场需求总量也呈现下降趋势。第二,发达国家制造业回流本国。国外企业不断挤压国内企业的发展空间,将会加剧行业的不良竞争。第三,国际贸易争端、贸易壁垒和技术封锁加剧了对外贸易的不平衡。如中美贸易摩擦升级,谈判时间长久,这种不稳定的国际贸易争端正倒逼企业主动求变,以提高产品附加值来应对更加复杂的不确定因素。

加快发展装备制造业,实现工业强国迫在眉睫。新型工业化深入推进,对于先进装备的需求还在不断增长,2023 年,我国工业、农业等重点领域装备投资规模约为 5 万亿元。巨大市场空间带来巨大发展机遇。2024 年,国家首次推动大规模设备更新和消费品以旧换新行动,推动各类生产设备、服务设备更新和技术改造,提升资源循环利用水平,促进装备制造业高质量发展,为经济带来新动能。装备制造业面临前所未有的机遇,机遇在挑战中呈现,要深耕智能制造的场景;困难在磨炼中克服,要淘汰低端廉价的产品;产业在调整中升级,要突出科技创新的价值。通过两化融合、产业联合、资本整合、人才聚合助力装备制造业发展,发挥产业价值链在企业发展中的核心导向作用,引导企业往高附加值、高利润、高质量方向上发展。

7.3.3　产业融合的价值链

任何战略都有局限性,企业难以做到既庞大又敏捷。企业在市场经济中的竞争比拼的是核心竞争力的竞争,一个公司的多元化逻辑,应该建立在核心竞争力的价值之上。经济学中"马歇尔冲突"理论认为,"追求规模经济会扼杀竞争;而要保持竞争活力,又得牺牲规模经济,这是一个两难选择"。因此,企业的有效竞争要兼顾规模经济和市场竞争活力,保持适度均衡是关键。有的时候,企业追求规模的惯性会让多元化冲动变得过于乐观,树立一个新的目标时,一定要设立在企业的能力范围内。中国上市公司协会会长宋志平认为,"专业化还是多元化,焦点在于'把鸡蛋放在几个篮子里'。如果放在一个篮子里就必须放对,否则,一旦这个篮子出了问题就会全军覆没;如果放在多个篮子里,虽然安全系数大了,但篮子太多又会增加成本"。战略澄清,归根结底要看"业务归核化",即突出主业、聚焦主业、做强主业,提高主业发展质量,不断提升企业核心竞争力,在此基础上,如有必要可适度开展多元化经营。

1. 通用电气是世界企业多元化战略实践的经典案例

通用电气从巅峰到低谷,经历了"数一数二战略""工业与金融并重"到"重回工业化"再到"一分为三战略"的曲折发展之路。

(1) 专业化扩张时期(1981—2000 年)。在全球第一 CEO 杰克·韦尔奇时代,通用电气坚持"数一数二"的行业领先战略,整顿关闭不是市场领导者的所有产业,专注核心竞争力产业,包括家用电器、照明、发动机、医疗、电力、航天等核心业务,在主导产业下开展多元化业务,发展工业与金融服务业。直到他卸任,金融服务业占总业务比重超过 40%,打造的 12 个产业中有 9 个产业的指标都能单独入围世界 500 强企业,公司的市值从 130 亿美元增加到 5900 亿美元,排名从全球第十跃升至全球第一。

(2) 多元化收缩时代(2001—2016 年)。2001 年,CEO 伊梅尔特上任后,开始了大刀阔斧改革,不断剥离金融、家电、媒体等以往明星业务,还投资了生命科学、新能源等新兴行业，大量资金被用于研发与收购数字化产业，以振兴工业业务。工业的回报率是金融的 2 倍以上，通用金融成立的初衷是帮助销售核心工业产品，但同时也改变了通用电气的经营重心。伊梅尔特将金融和工业拆分发展，金融业务失去了支撑，金融业务因 2008 年金融危机爆发而濒临破产。

（3）重新聚焦优势时代（2017 年至 2024）。2017 年，伊梅尔特卸任，之后的历任 CEO 都试图为深陷困境的公司注入动能，昔日的美国第一企业"活力曲线"不再。直至韦尔奇 2020 年去世时，通用电气的市值才不足 1000 亿美元。在数字化转型、新能源发展背景下，公司频繁地调整业务方向和组织架构，发展停滞不前。2018 年，通用电气被剔除道琼斯工业指数，投资几百亿美元的新能源导致集团业务长期亏损。为聚焦优势业务，公司最终计划在 2023—2024 年拆分成 3 家上市公司，分别专注于航空、医疗健康和能源产业。

2. 美的集团是中国民营企业多元化战略实践的经典案例

美的集团从乡镇小作坊发展成世界 500 强，经历了从"白色家电"到"全球化战略"再到"智能家居与智能工业并重"的数字化高质量发展之路。

（1）专业化扩张时期（1985—2013 年）。1980 年，美的集团开始生产电风扇，1985 年，美的集团创始人何享健带领公司进入空调行业，主打"空调＋风扇"两大业务，1993 年，美的电器在深交所上市。从 2004 年开始，美的集团开始发展家电相关领域多元化，通过一系列并购，实现了在冰箱、空调和洗衣机等白色家电领域的全面布局，通过收购小天鹅、荣事达等企业，成为白色家电行业中唯一一家全产业链、全产品线的企业。2013 年，美的集团整体上市，和格力、海尔并称成为中国家电三巨头。

（2）全球化扩张时代（2014—2020 年）。2012 年，职业经理人方洪波担任美的董事长，完成了从家族企业向现代企业的转变。2013 年，美的集团寻求新的产业机会，坚持以产品领先、效率驱动、全球经营为三大战略主轴，投资智慧家庭、智能机器人制造、家用医疗器械等领域，相继收购日本东芝家电业务、德国库卡机器人、意大利中央空调企业 Clivet 等著名企业。2016 年，美的集团成为中国家电行业首个进入世界 500 强的企业，全球化产业布局，国际化运营加速了美的数字化转型。

（3）数字智能化时代（2020 年至 2024）。多元化战略下构建品牌的核心竞争力，进一步深耕智能制造。2020 年，美的将三大战略主轴升级为新的四大战略主轴——科技创新、用户至上、智能驱动、全球突破，开始布局智能制造产业。2021 年，美的集团首次将主营业务重新划分为五大板块，转型为"智能家居、工业技术、楼宇科技、机器人与自动化、数字化创新业务"的全球科技集团。在"双智战略"布局中，智能家居整合了集团所有面向消费者 C 端的业务，主要包括空调、冰箱、洗衣机等大家电,以及厨房家电、清洁家电等小家电业务。智能工业的商业及工业解决方案业务主要是 B 端业务。2022 年,美的集团智能家居业务营收占比 67.3%,比两年前下降 10%,B 端业务占比在逐年上升,新兴业务还在扩张阶段。至今还有不少人认为美的或有陷入多元化危机的可能,面对质疑,美的集团目前还是家电板块市值最高的上市公司。方洪波认为,数智化带给了美的三个好处,一是做生意的方法,与传统的业务方法彻底不同;二是商业模式,从卖产品变成卖集成式的解决方案;三是工作模式,所有员工与上下游伙伴紧密相连。

3. 比亚迪是智能汽车全产业价值链实践的经典案例

就产业价值链而言,美的主张在规模优势的基础上,发展智能家电产业链一体化;在品牌优势的基础上,发展智能制造产业链一体化;在智能家居和智能工业的优势下,实现美的产业链的生态化、数字化的高壁垒等方面的核心竞争力。

在智能汽车领域,比亚迪是全产业链的代表。比亚迪通过深度布局,在新能源汽车行业实现了上中下游全产业链布局。比亚迪自研自产,整体降低了电动车的生产成本,汽车业务毛利率高达 20%,是国内首家市值突破万亿的新能源车企。目前比亚迪全球累计申请专利超 4 万项,授权专利约 3 万项,研发人数近 7 万人。

(1)上游电池原材料。动力电池在新能源汽车成本中占比约 30% 以上。2010 年,比亚迪投资西藏矿业,最早开始布局锂电池上游业务,之后逐步加大电池原材料(正极、负极、隔膜、辅材、电解液等)及锂电池等产业的布局,主要方式包括投资锂资源企业,建立碳酸锂等锂盐产品产销合作;与锂资源企业合资建厂;在国内外直接购买锂矿开采权。

(2)中游三电系统。比亚迪掌握着新能源汽车"三电系统"(电池、电机、电控)的核心技术,是国内唯一一家实现"三电系统"全覆盖的企业。比亚迪自成立之初就开始研发电池技术。2005 年,比亚迪第一款磷酸铁锂动力电池面世。2020 年,比亚迪"刀片电池"问世,整体提升了电池在续航、寿命、安全、成本上的优势。2024 年,比亚迪在动力电池领域的市场表现卓越,其装机总量位居世界第二。比亚迪拥有成熟的扁线电机技术及电机总成解决方案,还能研发生产各类集成芯片,独立开发以汽车网联系统、自动驾驶系统等为核心的汽车智能系统,并积极与英伟达合作,在智能驾驶领域实现了新的突破。

(3)下游整车智能制造。比亚迪拥有完整的整车制造及研发体系,2003 年,比亚迪收购西安秦川汽车进入整车制造行业;2007 年,比亚迪开始发展新能源汽车,在智能汽车领域形成了完整的闭环;2022 年,比亚迪宣布停售燃油车,成为全球首家正式宣布停产燃油车的车企。目前比亚迪建有全球先进的绿色、智能工厂,力求在成本控制、品质保证等方面做到最优，巩固它在新能源领域的领先地位。

4. 智能制造产业链融合价值链

产业链变革、价值链重构不仅发生在汽车领域，在其他领域也同样如此，在智能制造领域，我国企业至少还有四个不足：缺乏核心竞争力、标准化普及不够、工业大数据应用价值未充分挖掘，以及智能制造相关现代服务业发展滞后。装备制造业产业融合的价值链框架如图7-4所示，应加快从传统型制造向服务型制造转变，走新型工业化道路，结合智能制造的特征，深耕产业链上有价值的关键领域，推动上下游产业融合发展。

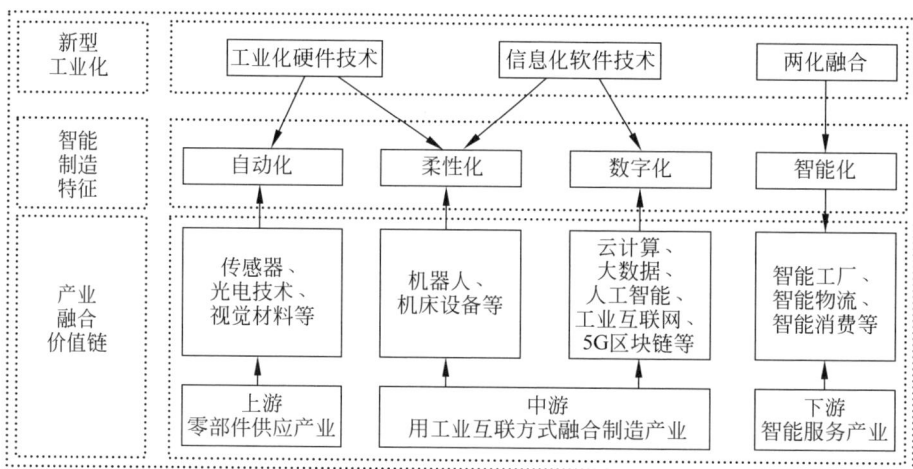

图 7-4　装备制造业产业融合的价值链框架

将制造企业的价值链延伸到增加值更高的环节。以供给侧结构性改革为主线，强化产业融合，推动智能化发展，促进新一代信息技术与制造业深度融合。深化供给侧结构性改革，将创新链、产业链、资金链、人才链深度融合。上游深挖关键零件的产业发展，中游拉动工业制造与智能信息的互联发展，下游实现智能制造服务产业的落地。

7.4　多元化战略与企业绩效文献综述

多元化是一把双刃剑，争论一直不断，研究视角也不断发展。本节的文献综述主要围绕多元化的含义、动机及影响因素，多元化战略对企业绩效影响的实证研究而展开。

7.4.1　多元化战略概述

国外最早研究多元化战略的是美国学者安索夫,他在《多角化战略》中首次提出战略管理这一概念,企业通过新的产品、新的市场规划多角化战略,并提出了安索夫矩阵模型之一的"多角化战略——未来产品与未来市场的组合"。但安索夫并没有深入研究什么样的产品和市场影响企业多角化。哥特提出多元化可以定义为单个企业服务的市场异质性的增加,但也没有提出增加的产品能否符合市场的需求。后来,Rumelt 提出多角化战略,定义多角化战略为综合当前的多角化发展水平、技巧和目的,采用全新的发展方式和市场策略,进入全新的领域,增加市场占有率。

关于多元化的分类,最早提及的学者是 Wrigley,他将企业分成四种类型,分别是单一型、多元型、有关类型和无关类型。哥特采用了标准产业分类(SIC)测度多元化,这种方法简单、客观性强,有较好的可比性。后来,Rumelt 又在多元化分类研究的基础上,把企业多元化分类指标的标准设定为专业化比率、相关性比率等内容,将 4 种多元化类型进一步细分为 9 种类型,用区别相关和非相关多元化的办法权衡多元化的发展水平。对于企业多元化类型的界定则采用工作相关性和企业净收益作为标准,对多元化与企业绩效的关系做了更精确的描述。

然而,关于分类,哥特测度多元化的结论中尚未涉及相关和非相关多元化的区别,得出的多元化策略与企业绩效无显著关系的结论,很难解释企业经营的一个产业为什么比其他产业更重要。而 Rumelt 对多元化的测度、多元化的区分又主要依据自己设定的标准,缺乏客观性。

关于多元化是否能提高企业竞争力的问题,波特认为采用多元化需要从多方面考虑:①新进入的领域要具有特色;②要考虑成本是否能够有效回收;③是否能提升经营管理水平。此三项内容都关乎企业的成败,企业通过利用资产整合、重组、技术创新等方式提高多元化管理水平。柳卸林对比了美国和中国的国情,认为中国是新兴工业国家,企业在多元化战略的范围和速度上都要比发达国家快,美国的企业目前正朝着反多元化经营的趋势发展。在技术飞速发展的时代,企业不能过分追求垂直一体化,而应该以培育核心竞争力为目标。王任华认为我国的多元化战略应该在塑造核心竞争力的基础上追求低度的相关多元化。李庆华等认为从多元化经营方向和范围的角度来看,企业实施多元化必须要注意以下方面:一是企业核心能力;二是行业吸引力与行业相关性;三是企业剩余资源与能力。对比国外的经济体制,高蔚卿认为波特的研究产生于成熟的市场经济体制下,但我国企业多元化经营的现状要求企业必须考虑产业生命周期、产业结构调整,并不断提高企业现有资源的积累和现代管理能力。考虑经济环境的同时,也要考虑企业的组织能力,兰卫国等通过研究市场和能力两个维度对多元化重新进行分类,分别从由内到外和由外到内的两个方向,提出了四个多元化方向战略。

综上所述,早期的国外学者更多是从公司战略的角度分析多元化战略。企业通过选择开辟新领域,有利于提高经营管理水平,提升核心竞争力。不足之处是很少有学者深入分析哪些因素影响多元化战略,另外,难以验证多元化战略的实践效果。

7.4.2　多元化战略动机及影响

正如 Montgomery 早期分析的三个理论来解释多元化的动机。第一,资源基础理论:可以帮助企业实现规模经济;第二,代理理论:可以提高领导者的各种获得感;第三,市场力量理论:可以帮助企业快速占领市场。本节总结了国内外学者研究多元化战略动机的角度,主要有以下几点。

1. 资产组合分散风险

Markowitz 认为随着多元化程度的增大,企业利润率不一定会提高,但是企业利润率的变化会很小,从而达到了分散风险的目的,企业风险应呈减少的趋势。企业处在社会系统中,不可避免地会受到来自内部环境和外部环境的双重风险和压力。政治、经济、文化这些系统性风险具有不可规避性。企业便选择了分散经营风险,及时预测产品、行业、市场的变化,利用企业多元化战略来规避行业风险。当企业从事多元化发展的时候,可以用利润高的产业弥补利润低的,甚至是出现亏损的产业,从而从整体上降低了企业出现风险的可能。如果放在整个经济周期上看,企业所有经营的产业不可能同时面临行业的不景气。但分散风险对于企业经营产业的能力提出了更高的要求,不然会耗费企业所有的资源,抗风险能力差的企业是不可能将所有产业都经营成功的。

2. 规模经济获得市场

企业通过多元化战略可以整合内外部的资源,形成规模经济。当多元化的收益大于多元化整合成本的时候,企业倾向于在熟悉的领域内发展相关多元化业务。Edwards 指出大型多元化集团公司通过相互采购形成自己的圈子,从而把规模较小的竞争者排斥在外。扩大范围经济产生的收益取决于企业的多元化范围及其产品在市场的地位。Penrose 指出企业成长有三种方式:技术创新成长、规模经济和范围经济成长、多元化成长,企业多元化是企业成长的一种有效方式。吴伟众等认为规模较大的企业,多元化程度明显较高,而且均倾向于不相关多元化,表明企业希望充分利用自己的资源优势拓展市场,并且摆脱行业对自身发展的限制。

规模必须跟着市场走。只有规模以上的企业才能获得更多的市场,才能说企业从多元化经营中获得了成长。如果企业当前的投资项目紧密关联,那企业资源配置的效率就高;否则,如果企业投资的项目关联度不大,内外部资源缺乏市场竞争力,企业资源配置方面的优势就显现不出来。

3. 组织理性驱动变革

坎迪隆和奈特两位经济学家,将企业家精神与风险不确定性联系在一起。创新是企业家的主要特征,企业家的使命就是创新商业模式,开拓新市场,推出新产品,保持企业活力。企业多元化战略在某种程度上也是企业家冒险精神和创新能力的体现。当然企业家也会考虑自己的现实权力和职业发展而选择企业多元化战略,这个时候追求企业效率最大化与追求企业家利益最大化是捆绑在一起的。郝旭光认为多元化战略的经济动机主要有四个:一是最高层领导班子的价值观是最重要原因;二是企业可持续发展的要求;三是分散经营风险;四是深度开发企业无形资产。姜付秀认为多元化战略模式更多基于组织理性动机(降低公司风险)和个人理性动机(公司高管出于利己动机的考虑),个人和组织的利益是捆绑在一起的,驱动着企业持续寻求新的增长点。不仅如此,组织变革也深刻影响多元化。王凤彬通过构建企业组织架构跨层次模型,分析阐明企业集团多元化为什么可在集团成员企业专业化中产生或涌现。比如,华润集团通过重组,逐步确立了"集团多元化、利润中心专业化,主营行业拥有领导地位"的经营模式。企业集团的多元化主要取决于集团各成员企业间业务的区分度,也为多元化战略提供了借鉴意义。

关于多元化动机的研究,目前很少用案例深入剖析经济动机产生的原因,很少指出动机对多元化的影响程度所占的比例以及相互间的关系。中国经济快速发展、企业规模壮大、制度创新、政策变化对企业多元化战略的影响也是相当大的。

4. 制度变迁影响方向

贾良定等通过分析在欧美知名刊物上发表的超过130篇的关于企业多元化的文章,发现中西方企业追求的目的不同,西方企业更加关注资本价值、市场发展等内容,我国企业更加关注资金投入和产业组织的政策指引等内容;欧美专家更加重视企业陷入困境时多元化的选择,我国企业重视在发展黄金时期开展多元化战略。胡旭阳等通过对500强民营企业实证调查发现,在中国转轨环境下,民营企业的政治资源影响民营企业多元化的程度和策略选择，政府政策与民营企业多元化程度呈现明显的正相关关系。殷瑾等通过研究制度因素对多元化的影响机制发现：我国民营公司的多元化程度高于国有公司；制度环境对公司多元化程度有显著的影响。

不断调整的政策也会引导企业发展的方向。马忠等通过调查 A 股上市公司发现，财务援助和隐性政策援助有助于企业开展多元化战略；受政策影响越大的企业，越容易获得银行贷款等方面的支持，其多元化的程度也越高。邓新明通过对上市民营企业分析发现：受政府政策扶植的企业更容易开展多元化发展战略，特别是开展非相关多元化战略；受政策扶植的企业在开展国际化业务时，有更大的机会利用此战略占领国际市场；对于没有政策扶植的企业，在国际化时就更需要专业化。

改革开放后，产业政策的变迁、产权制度的发展也深刻影响着产业多元化的发展。林毅夫等从宏观经济的角度，分析中国产业多元化的历史变迁，而事实上中国的产业是更加专业化了。从中国产业变迁的角度，宏观上指出产业多元化发展水平在不同的发展中国家是不一样的。因为各个国家面临的产业政策、国家资源、国际环境的影响是不一样的。廉永辉等考察了企业经营环境恶化对不同产权约束下企业多元化价值效应的影响。实证结果表明，私有产权的多元化企业能够利用内部资本市场替代外部资本市场，从而更好地抵御不利的外部冲击。从多元化战略的风险因素考察了不同产权制度下外部融资的优势和劣势，企业经营环境影响企业多元化价值的研究也得到了验证。

7.4.3　多元化产业负相关折价研究

20 世纪 80 年代后，国外学者对多元化战略和企业绩效做了大量的实证分析，得出很多关于两者负相关折价的结论。Amihudand Lev 实证研究发现，由于股东对管理者多元化的监督，多元化程度高的公司企业绩效反而不断下降。Wernerfelt 通过调查发现，企业专业化在一定程度上增加了净利润率，但是多元化会拉低托宾 Q 的水平，所以多元化有负面影响。Grant 等提出，公司业绩和经营业务的数目呈正相关，超过这一界限后，随着经营业务越来越多，公司业绩呈下降趋势。Lang 等利用托宾 Q 当作考量企业绩效的标准，研究了美国 3600 多家的上市公司，与专业化公司相比，多元化公司的折价平均为 8%。Berger 等发现管理者和股东之间存在代理冲突，认为企业的多元化程度和企业绩效呈负相关。

邹春勇等通过分析企业多元化战略价值和成本，提出企业采用多元化发展战略会在很大程度上降低企业价值。沈红波通过调查 696 家非金融上市公司发现，从整体上看,多元化的成本仍然大于收益,导致多元化程度与公司绩效呈负相关。严根珠研究了15家大型家电上市公司的财务数据发现,多元化程度越高的家电企业,其公司的绩效越差。赵凤随机抽取191家上市企业发现,多元化战略对企业绩效有显著的负面影响。凌泽华通过调查中国酒业30家上市企业发现,企业多元化水平与其企业经营绩效之间存在显著的负相关。张红等通过调查房地产113家上市公司发现,各种类型多元化与企业绩效显著性关系不强。具体而言,区域类型多元化对企业绩效折价效应最小,产品类型多元化对企业绩效折价效应略微显著,业务类型多元化对企业绩效折价效应最为显著,此外,公司综合多元化程度越高,对企业绩效的折价效应越显著。陈姝等通过调查上市公司共570家产业多元化折价效应的成因,认为上市公司与董事会成员之间具备诸多联系,企业在选择多元化战略时,产生经济外部性的溢出。

综上所述,多元化的折价存在多方面的原因。保罗·肯尼迪在《大国的兴衰》中给人以警示,大国的兴衰都是由于过度扩张造成的。多元化之痛也是如此,企业所有者和管理者的"委托-代理"冲突;公司治理结构的不完善;企业在资源整合方面的成本要远大于企业的收益;信息资源不对称,多元化企业的市场应变能力没有专业化企业强。比如,21世纪初,我国房地产行业高速发展,知名房地产企业都有多元化发展,而高负债的房地产企业是否能承受多元化战略所带来的财务风险?答案显然是毋庸置疑的。比如,恒大集团借助高杠杆,盲目追求多元化扩张,拥有地产、金融、互联网、文化旅游、大健康、农牧、汽车、物业八大产业。而这些多元化产业对集团营收贡献率却不足10%,新业务长期处于亏损状态。在"房住不炒"的新规下,融资受限,负债2万亿的"负可敌国"的恒大最终走向破灭。而同一时期的万达集团却选择战略收缩、回归主业,提前"去杠杆化",成为房地产界能够安全着陆的企业。

7.4.4　多元化产业正相关溢价研究

Hadlock通过对上市公司研究发现,多元化的企业比专业化企业更容易进入证券市场,多元化的赫芬达尔指数与公司绩效有正相关关系。Campa等研究美国公司,将多元化视为内生变量,发现多元化的企业与公司绩效呈正相关关系。

吴明礼等通过分析51家大型纺织企业数据,发现立足于当前的发展状况,多元化发展战略日益成熟。国内纺织业净利润率不断提升,开展相关多元化战略的企业发展效果更好。孙维峰等通过调查制造业92家国际多元化上市企业发现,企业绩效与国际多元化程度之间的关系是线性的,不存在非线性关系,企业绩效随国际多元化程度的增加而上升。段正梁等通过调查17家旅游上市公司发现，相关多元化对旅游企业价值具有正向影响。吴晓芬基于39家中国农业上市公司的面板数据，认为多元化促进了农业上市公司绩效的较小幅度上升，绩效表现较差的公司会更多地转向多元化战略；杠杆的冲击降低了农业上市公司的企业绩效，绩效表现较好的公司会选择更低的负债率。杨威等调查我国277个重大资产重组的样本发现，多元化并购存在8.42%的溢价。在机制上，转型到新业务企业（"另起炉灶"型）完全导致了多元化并购溢价，其并购前业绩较差，并购后业绩明显改善，企业转型的力度可以解释多元化溢价。多元化并购在短期内帮助业绩较差的上市企业实现了转型，金融市场能部分反映并购后企业经营绩效的改善。

多元化发展并不是单纯地扩大产品的品种和规模，而是为了主动应对市场环境变化。我国市场经济环境较为宽松，企业处于发展期到成熟期之间，发展机制较为灵活，更多会表现为企业绩效的溢价。比如，2018年，华为任正非就郑重声明："华为不造车，但我们聚焦ICT技术，帮助车企造好车"。华为不造车但会帮助车企造好车，是基于其核心竞争力而进行的相关多元化发展战略的选择。在新能源汽车领域，华为具有新能源电池技术、系统开发技术等优势。

7.4.5　多元化产业不相关或复杂关系研究

Grinyer通过调查英国48家企业发现，多元化战略与企业绩效没有明显关系。后来，Palepu也通过实证研究发现，企业净利润率的增幅和多元化战略的实施程度并没有直接的联系，企业利润率与相关和不相关多元化之间也没有太大的关系。Markides认为多元化战略对企业绩效有一定的提高作用，但多元化超过一定限度后就会产生负面作用。对于最优多元化水平的准确测度就像对于效用的测定一样，是一件极为困难的事情。

程勇等通过对143家上市公司研究发现，上市公司的多元化水平与其经营绩效之间没有显著的相关关系，且无验证结果证实存在所谓的"最优多元化水平"。兰卫国等通过对美的集团财务数据分析，发现由于企业多元化协同的复杂性，反映美的集团多元化业务与其空调业务之间协同效应的协同度先降后升。李志辉等通过对50家商业银行调查发现，多元化经营与银行绩效之间存在非线性关系。大型银行开展多元化提高收益的同时分散了风险；小型商业银行开展多元化提升了盈利能力，但增加了信用风险。贝淑华等通过调查16家上市银行数据发现，多元化经营会对中小型股份制商业银行经营绩效产生正向影响，对大型国有商业银行经营绩效产生负向影响。何郁冰等通过调查110家制造业上市公司，引入产品与技术多元化等变量,指出产业和技术多元化方面存在相关关系;实施不同多元化发展战略对企业的利润增加有显著差别;产品多元化与技术多元化的协同对企业绩效有正向影响。李晓阳等通过分析 34 家农业上市公司面板数据,运用门槛自回归模型调查发现,中国农业上市公司多元化经营对公司绩效的影响存在显著的门槛效应,证明了两者之间存在显著的非线性关系。当规模低于门槛规模时,多元化经营对公司绩效的影响并不显著;当公司规模突破门槛规模时,表现为显著的正向影响。姚丽娜等通过分析 9 家渔业上市公司数据,发现渔业上市公司的多元化战略与其经营绩效呈现显著的非相关关系。

当然多元化战略与公司绩效不相关,也有可能是以下两种情况。一是公司在选择多元化之前,公司就已经出现各种财务危机,与选择多元化战略本身没有本质上的必然联系;二是公司在选择多元化之前,公司的各项经营绩效都良好。公司选择多元化战略后,对新的产业介入不深,投资也不大,在短期内,公司经营绩效的波动不大。

文献评述:

(1) 早期的国外学者更多从公司战略的角度去分析多元化经营。企业通过选择发展新领域,有利于提高企业效益、提升核心竞争力。不足之处是很少有学者深入分析哪些因素影响多元化经营,也难以验证多元化实践的效果。

(2) 对于企业多元化战略和企业经营绩效关系的观点并不一致。调查发现,相关的多元化会提高企业的绩效,非相关的多元化会让企业的绩效变差。多元化难以衡量,数据又缺乏,样本选择的偏差会导致研究结论存在差异,所以实证方面的研究很少,对相关产业和多元化经营数据的分析变得更加重要。

(3) 早期的国外学者更多地研究了多元化负相关折价,而国内学者更多地研究了多元化正相关溢价。随着经济发展进入新常态,上市企业优胜劣汰、有进有退的现象会不断出现,多元化战略和企业绩效的关系将会变得更加复杂。

(4) 研究市场结构时,利用赫芬达尔指数和熵指数作为测试多元化的程度。当出现企业绩效正相关或不相关的时候,具有普遍意义;若出现不相关的情况,尤其要分析企业的市场行为,会得出多元化和企业绩效之间具有相关性的可能。

(5) 不同的行业,企业多元化的绩效可能也不同。一是行业不区分,样本多,会出现更多多元化对企业绩效负相关的折价效应;二是行业越细,样本越少,会出现越多正相关或不相关;三是在不同国家的体制下,企业多元化的发展程度不一样,经营绩效的影响程度也会不一样;四是部分行业在不同时间、不同阶段上会出现正相关、负相关的交替。

◀ 第8章 ▶

结语：以实证研究的视角分析

8.1 上市企业实证分析

8.1.1 测量方法

1. 企业多元化水平测量的主要方法

在国内外研究中，对多元化经营程度的测度指标主要有业务项数和赫芬达尔指数（HHI）。Rumelt 提出了 $HHI = \sum_{i=1}^{n} S_i^2$，其中，$n$ 是企业跨行业经营的项目数。S_i 是业务部门 i 的销售额占企业总销售收入的比重。当企业专业化经营时，即经营的项目数只有 1 个时，HHI 为 1。企业多元化程度越高，即经营的跨行业项目数越多，HHI 就越低。HHI 比行业数据更准确地衡量了企业的多元化程度。

Jacquemin 和 Berry 用熵度量法来衡量多元化水平。熵指数主要是根据 SIC 编码，以此为基础确定多元化的发展状况。计算方式涉及 2 个多元化发展，也就是相关和非相关多元化水平，分别简称 DR 和 DU。而总多元化水平（DT）是相关多元化和非相关多元化之和，即：DT＝DR＋DU。$DT = \sum_{i=1}^{n} P_i \ln(1/P_i)$。$P_i$ 表示第 i 类销售收入占总销售收入的比例。Wrigley 产品类别法是将一体化策略分为 4 种结构，每种结构划定的计算方式为：专业化率（RS）＝企业最大经营项目的销售额/企业销售总额。本节借用 Wrigley 产品分类法，并把多元化分为单一型（RS≥95%）、主导型（95%＞RS≥70%）、非主导型（RS＜70%）三类。

2. 企业绩效指标测量的主要方法

可以量化的企业绩效主要表现为盈利能力指标、成长能力指标、偿债能力指标、市场价值指标等。本节加入了以技术研发费用为代表的研发与创新能力指标作为考量，具体指标构成如表 8-1 所示。

表 8-1 企业绩效的指标汇总

企业绩效能力	绩效内容	选用说明
盈利能力指标	净资产收益率＝净利润/平均净资产×100%	指标值越高，说明投资带来的收益越高
	净利润率＝净利润/营业收入×100%	指标值越高，反映企业或行业的经营利润越高
	基本每股收益＝净利润/普通股总股本	指标值越高，表明所创造的利润越多
成长能力指标	净资产增长率＝本期净资产增加额/上期净资产总额×100%	指标值越大，代表企业资本规模的扩张速度越快
	净利润增长率＝本期净利润增加额/上期净利润总额×100%	指标值越大，代表企业盈利能力越强
偿债能力指标	资产负债率＝总负债/总资产×100%	指标值越低，表明企业的偿债能力越强
研发与创新能力指标	研发费用占营业收入比＝研发费用/营业收入×100%	指标值越大，代表企业的研发与创新能力越强
市场价值指标	托宾 Q＝(股票市值＋负债账面值)/总资产×100%	当 $Q>1$ 时，企业发行较少的股票而买到较多的投资品，投资支出便会增加；当 $Q<1$ 时，投资支出便降低

8.1.2 样本模型

样本数据来源于上海、深圳证券信息有限公司数据库。通过计算 HHI 指数和企业项目经营数，根据《上市公司行业统计分类与代码》(JR/T 0020—2024)以及上市公司公布的报表进行分类汇总。样本包括沪深两地上市的通用机械、专业设备的装备制造业公司，在剔除不在时间范围内上市和部分财务数据不完整的公司后，通过计算得到 268 家上市公司 2015—2018 年连续 4 年的经营数据，共计 1072 个样本。

将 SCP(structure-conduct-performance，结构-行为-绩效)产业经济学框架引入并用于分析多元化战略对企业绩效的影响。这个框架对于考察产业市场结构的内部特征、企业在市场上的发展以及产业利润率的增长有着重要和长远的意义。

这个框架强调了市场的作用，分析市场行为的过程是企业做出战略决策的关键，企业的战略决策决定了企业盈利能力，利用多元化发展战略改革市场结构以提高企业的效益。

市场结构的变化是指市场环境的改变对行业内企业带来的改变，具体涉及竞争环境的变革，行业内供求关系的改变，市场占有率、营销策略的改变等；企业行为的变化重点是指企业面对各种因素的冲击和产业结构的革新而采取的策略，具体涉及企业对各项业务之间关系的处理、业务拓展和整合、营销策略的变化、企业管理方式的革新；经营绩效的变化重点是指企业采取的市场策略促进了利润率增长、市场占有率提高。

通过研究多元化的方法来分析三者之间的关系。市场结构 S 可用 HHI 表示，市场行为 C 可以用多元化类型经营项目数表示，P 用企业绩效表示，P_{it} 可选取企业绩效指标的分项指标，如托宾 Q、每股收益、净资产收益率、净利润率等作为因变量，a_i 是回归方程的常数项，其余的 a 项为系数，ε 为模型误差项，i、t 分别表示个体和时间。本节选用的自变量和因变量的具体指标如表 8-2 所示。

表 8-2　自变量及因变量的指标汇总

变 量 类 型	影 响 因 素	变 量 名 称	简 写 符 号	参 考 因 素
自变量	多元化程度	HHI	HHI	计算企业 $HHI = \sum\limits_{i=1}^{n} S_i^2$
	多元化类型	经营项目数	PC	计算企业 RS≥95%
				计算企业 95%>RS≥70%
				计算企业 RS<70%
控制变量	产业集聚地	集聚区域	Location	分为长三角、珠三角、其他地区
	企业进入资本市场时间	上市日期	ListAge	分成 1990—1999 年、2000—2010 年、2011—2018 年
	企业人数规模	企业人数	Employee	
	企业股东数量	股东人数	Holder	
	企业所有者性质	企业性质	SOE	国有、民营
	偿债能力指标	资产负债率	Lev	
	研发与创新能力指标	研发费用占营业收入比	R&D	
	资产规模指标	总资产（对数）	Size	

续表

变量类型	影响因素	变量名称	简写符号	参考因素
控制变量	智能制造政策实施环境	两化融合发展水平	Intelevel	2015—2018年综合发展水平为49.6,50.7,51.8,53
		两化融合发展阶段	Intestage	2015—2018年发展阶段：2015年单项覆盖,后三年集成提升
因变量	盈利能力指标	基本每股收益	EPS	
		净利润	Profit	
		净利润率	NPR	
		净资产收益率	ROE	
	市场价值指标	托宾Q	Tobin Q	
	成长能力指标	净资产增长率	NAGR	
		净利润增长率	NPGR	

首先,通过STATA软件对比分析混合效应模型(mixed effects model,MEM)和固定效应模型(fixed effects model,FEM)的选择,固定效应模型呈现显著;其次,要分析面板模型属于固定效应模型还是随机效应模型(random effects model,REM),并且通过Hausman检验判定选择哪种效应模型。三种模型的检验方法主要有：①F值检验,用于区分混合效应和固定效应的选用;②LM值检验,用于区分随机效应和混合效应的选用;③Hausman检验,用来检验个体效应是否与回归变量相关,并区分固定效应和随机效应的选用。

如表8-3所示,经Hausman检验,优先选择固定效应模型,并对固定效应模型以OLS法进行有效估计。从两种模型的对比来看,二者仅在模型系数大小和显著性水平上略有差异,但并不影响本节关键结论的得出,这也从侧面验证了计量结果的稳健可靠。考虑到异方差和序列相关的显著影响,针对截距项不同的固定效应模型,通过STATA软件调整了异方差和序列相关后的robust标准误差,以此获得相对稳健型标准误差。在多元化程度和类型两个维度下分析对企业绩效的影响,可以建立的模型如下。

表8-3 固定效应与随机效应的Hausman检验与异方差、自相关检验

Hausman FE RE	(b) 固定效应(FE)	(B) 随机效应(RE)	(b—B) 差别	对角矩阵平方根 sqrt(diag(V_b—V_B)) 标准误差
PC	0.008	0.015	—0.007	0.018
HHI	—0.106	0.148	—0.254	0.106

续表

Hausman FE RE	（b）	（B）	（b—B）	对角矩阵平方根 sqrt(diag(V_b—V_B))
	固定效应（FE）	随机效应（RE）	差别	标准误差
Size	0.195	0.057	0.138	0.042
Lev	−0.008	−0.006	−0.002	0.001
R&D	−0.046	−0.031	−0.015	0.006
Year	1.957	0.002	1.955	0.772
Location	0.061	0.139	−0.078	0.028
ListAge	0.049	−0.017	0.066	0.031
Employee	0.148	0.124	0.024	0.130
Holder	−0.205	−0.238	0.033	0.190
SOE	0.086	0.120	−0.034	0.090
Intelevel	−1.764	−0.045	−1.719	0.670
Intestage	0.269	0.049	0.221	0.088
Hausman 检验显著性	Prob＞chi2＝0.0001			
异方差检验显著性	Prob＞chi2＝0.0000			
自相关检验显著性	Prob＞F＝0.0006			

企业市场结构 S 用 HHI（代表多元化程度）表示，影响市场绩效 P 的模型 1 如下：$P(S)_{it} = a_i + a_1 \mathrm{HHI}_{it} + a_2 \ln(\mathrm{Asset})_{it} + a_3 \mathrm{R\&D}_{it} + a_4 \mathrm{Lev}_{it} + a_5 \mathrm{Location}_{it} + a_6 \mathrm{Employee}_{it} + a_7 \mathrm{Holder}_{it} + a_8 \mathrm{ListAge}_{it} + a_9 \mathrm{SOE}_{it} + a_{10} \mathrm{Intelevel}_{it} + a_{11} \mathrm{Intestage}_{it} + \varepsilon_{it}$。

企业市场行为 C 用跨行业的经营项目数（代表多元化类型）表示，影响市场绩效 P 的模型 2 如下：$P(C)_{it} = a_i + a_1 \mathrm{PC}_{it} + a_2 \ln(\mathrm{Asset})_{it} + a_3 \mathrm{R\&D}_{it} + a_4 \mathrm{Lev}_{it} + a_5 \mathrm{Location}_{it} + a_6 \mathrm{Employee}_{it} + a_7 \mathrm{Holder}_{it} + a_8 \mathrm{ListAge}_{it} + a_9 \mathrm{SOE}_{it} + a_{10} \mathrm{Intelevel}_{it} + a_{11} \mathrm{Intestage}_{it} + \varepsilon_{it}$。

结合跨行业的经营项目数，并按照 Wrigley 多元化分类可以细化模型为：

（1）模型3：单一业务型（RS≥95%），$P(C)_{it} = a_i + a_1 PC_{it} + a_2 HHI_{it} + a_3 \ln(Asset)_{it} + a_4 R\&D_{it} + a_5 Lev_{it} + a_6 Location_{it} + a_7 Employee_{it} + a_8 Holder_{it} + a_9 ListAge_{it} + a_{10} SOE_{it} + a_{11} Intelevel_{it} + a_{12} Intestage_{it} + \varepsilon_{it}$；

（2）模型4：主导业务型（95%＞RS≥70%），$P(C)_{it} = a_i + a_1 PC_{it} + a_2 HHI_{it} + a_3 \ln(Asset)_{it} + a_4 R\&D_{it} + a_5 Lev_{it} + a_6 Location_{it} + a_7 Employee_{it} + a_8 Holder_{it} + a_9 ListAge_{it} + a_{10} SOE_{it} + a_{11} Intelevel_{it} + a_{12} Intestage_{it} + \varepsilon_{it}$；

（3）模型5：非主导业务型（RS＜70%），$P(C)_{it} = a_i + a_1 PC_{it} + a_2 HHI_{it} + a_3 \ln(Asset)_{it} + a_4 R\&D_{it} + a_5 Lev_{it} + a_6 Location_{it} + a_7 Employee_{it} + a_8 Holder_{it} + a_9 ListAge_{it} + a_{10} SOE_{it} + a_{11} Intelevel_{it} + a_{12} Intestage_{it} + \varepsilon_{it}$。

8.1.3 描述统计

首先对于自变量和因变量中出现的连续性变量进行描述分析。连续性变量更能直观地体现近4年来企业发展的量化数据特征，具体描述统计如表8-4所示。

近4年来，企业跨行业经营平均集中在2～3个行业，HHI均值从2015年的87%逐渐下降到2018年的81%，说明多元化策略已经成为行业趋势。资产负债率的均值呈现逐年上升状态，上市公司行业平均利润近两年有整体性提升。而托宾Q均值呈现逐年下降的状态，说明市场对于企业的利润增长的变化还有一个逐渐吸纳的过程。

2017年是装备制造企业从专业经营开始进入多元化经营的拐点。如图8-1所示，近4年来，经营项目数为1的专业化企业的数量呈现逐渐下降趋势，企业多元化经营的趋势明显。专业化经营的企业数量由2015年的60.45%下降到2018年的36.19%，而跨2～3个行业的多元化企业数量呈现逐渐增长的趋势。跨2～3个行业经营的企业由2015年的28.73%增长到2018年的49.26%，多元化经营已成为装备制造企业发展的一个趋势。2015—2018年，还需要通过计算企业数量的变化来分析这4年来企业多元化类型的变化。

如表8-5所示，单一业务型多元化企业的数量呈现逐渐下降趋势，企业多元化经营的趋势明显。单一业务型多元化企业的数量由2015年的66.04%下降到2018年的52.24%。而主导业务型多元化企业和非主导业务型多元化企业的数量呈现逐渐增长趋势。主导业务型的企业由2015年的15.30%增长到2018年的19.78%，非主导业务型的企业由2015年的18.66%增长到2018年的27.98%，这4年期间，非主导业务型企业的增长数量略高于主导业务型企业。

表 8-4 连续性变量的描述统计

变量	2015				2016				2017				2018			
	极小值	极大值	均值	标准差	极小值	极大值	均值	标准差	极小值	极大值	均值	标准差	极小值	极大值	均值	标准差
Tobin Q	0.8	56.8	2.8	3.6	0.8	78.8	2.7	4.8	0.8	43.0	2.1	2.7	0.6	28.2	1.9	2.1
PC	1.0	10.0	1.9	1.6	1.0	13.0	2.1	1.7	1.0	12.0	2.2	1.7	1.0	12.0	2.3	1.6
HHI	0.2	1.0	0.9	0.2	0.2	1.0	0.8	0.2	0.2	1.0	0.8	0.2	0.2	1.0	0.8	0.2
EPS	-1.7	7.1	0.3	0.7	-2.8	2.9	0.3	0.6	-2.0	4.0	0.4	0.6	-4.2	2.5	0.2	0.7
ROE	-85.0	57.8	6.6	13.4	-698.6	37.6	2.5	46.5	-141.5	45.3	6.5	12.7	-1323.0	30.2	-14.1	123.7
NAGR	-72.2	426.8	17.2	57.2	-87.5	347.0	12.3	49.9	-38.2	485.0	28.8	53.9	-133.0	260.3	10.2	41.5
Size	9.0	16.1	12.1	1.2	8.8	16.0	12.2	1.1	8.6	15.9	12.5	1.1	8.4	16.1	12.6	1.1
Profit	-179505.8	214472.3	5711.1	27643.5	-573401.9	144909.1	2333.5	47556.7	-102412.6	209225.3	12931.5	24146.3	-280064.2	611628.8	9011.5	55223.7
Lev	2.4	89.9	38.7	17.8	1.7	96.7	38.3	18.3	7.7	95.2	39.1	17.7	6.9	100.7	41.6	18.5
NPGR	-41468.8	1455.6	-146.5	2536.7	-143.0	40.0	-1.2	11.3	-55.0	15.5	-0.2	5.1	-16907.2	1636.5	-170.3	1156.4
NPR	-99.9	44.4	6.6	16.1	-178.9	36.1	5.3	21.4	-56.6	41.1	8.3	11.2	-890.6	36.4	-8.5	91.5
R&D	0.9	27.7	4.9	3.3	0.0	26.4	5.2	3.3	0.0	34.8	5.0	3.3	0.3	28.6	5.3	3.5

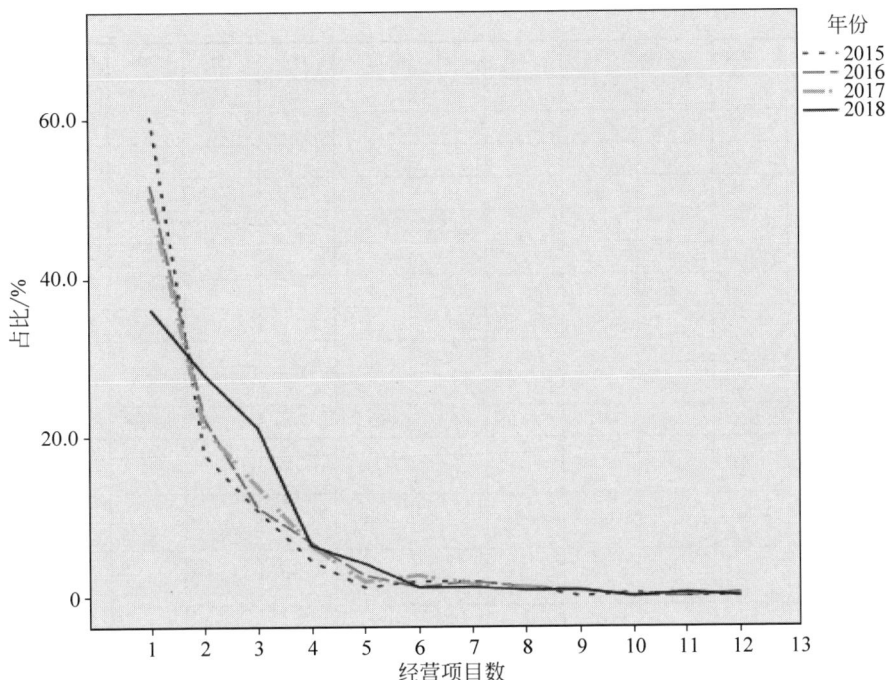

图 8-1 企业经营项目数占比图

表 8-5 企业多元化类型描述统计

多元化类型	2015 年		2016 年		2017 年		2018 年	
	企业数量/家	占比/%	企业数量/家	占比/%	企业数量/家	占比/%	企业数量/家	占比/%
单一业务型（RS≥95%）	177	66.04	164	61.19	150	55.97	140	52.24
主导业务型（95%＞RS≥70%）	41	15.30	44	16.42	50	18.66	53	19.78
非主导业务型（RS＜70%）	50	18.66	60	22.39	68	25.37	75	27.98
合计	268	100%	268	100%	268	100%	268	100%

8.1.4 相关分析

分析各自变量和因变量相互之间的关系，首先对所有的变量做 Pearson 相关分析，相关系数的值区间为 $-1\sim1$。经 STATA 软件分析后，具体数值如表 8-6 所示。

表 8-6 关键变

变量	(1)	(2)	(3)	(4)	(5)	(6)	(7)	(8)	(9)	(10)	(11)	(12)
(1)PC	1											
(2)HHI	-0.794**	1										
(3)EPS	-0.062*	0.100**	1									
(4)Tobin Q	-0.062*	0.055	0.009	0								
(5)ROE	0.017	0.012	0.460**	-0.037	1							
(6)NAGR	0.007	-0.017	0.227**	-0.01	0.184**	1						
(7)NPR	0.001	-0.005	0.444**	-0.122**	0.564**	0.193**	1					
(8)NPGR	0.016	-0.022	0.065*	0.003	0.073*	0.090**	0.091**	1				
(9)Size	0.206**	-0.159**	-0.219**	-0.309**	-0.078*	0.034	0	0.042	1			
(10)Lev	0.081**	-0.036	-0.193**	-0.002	-0.250**	-0.205**	-0.235**	-0.107**	0.445**	1		
(11)R&D	-0.074*	0.062*	-0.093*	0.034	0.001	-0.031	-0.085**	0.016	-0.117**	-0.171**	1	
(12)其他地区	-0.006	-0.025	-0.228**	0.034	-0.119**	-0.048	-0.103**	0.005	0.261**	0.135**	0.136**	1
(13)珠三角	0.004	0.026	0.138**	-0.016	0.046	0.015	0.045	0.01	-0.147**	-0.073*	0.007	-0.305**
(14)长三角	0.003	0.007	0.135**	-0.023	0.087**	0.037	0.072*	-0.011	-0.161**	-0.086**	-0.138**	-0.786**
(15)Y2015	-0.080**	0.076*	0.035	0.072*	0.053	0.001	0.044	-0.028	-0.133**	-0.022	-0.031	0
(16)Y2016	-0.006	0.009	-0.002	0.047	0.019	-0.054	0.028	0.032	-0.053	-0.036	0.017	0
(17)Y2017	0.011	-0.029	0.058	-0.042	0.052	0.131**	0.065*	0.033	0.063*	-0.01	-0.017	0
(18)Y2018	0.075*	-0.056	-0.092**	-0.078*	-0.124**	-0.078**	-0.136**	-0.038	0.124**	0.69*	0.031	0
(19)Age (1990-1999)	0.037	0.003	-0.113**	-0.071*	-0.104**	-0.093**	-0.025	0.013	0.333**	0.285**	-0.132**	0.128**
(20)Age (2000-2010)	0.088**	-0.076*	-0.179**	0.113**	-0.052	-0.054	-0.107**	0.008	0.233**	0.161**	-0.015	0.135**
(21)Age (2011-2018)	-0.098**	0.061*	0.228**	-0.042	0.117**	0.111**	0.105**	-0.016	-0.429**	-0.337**	0.107**	-0.202**
(22)Employee	0.080**	-0.041	-0.048	-0.284**	0.001	-0.016	0.102**	0.032	0.739**	0.334**	-0.125**	0.135**
(23)Holder	0.134**	-0.090**	-0.299**	-0.135**	-0.106**	-0.075*	-0.064*	0.016	0.713**	0.311**	-0.075*	0.259**
(24)SOE	-0.082**	0.04	0.172**	0.108**	0.073*	0.095**	0.028	0.004	-0.526**	-0.383**	0.063*	-0.275**
(25)Intelevel	0.094**	-0.84**	-0.063*	-0.104**	-0.097**	-0.012	-0.098**	-0.005	0.171**	0.057	0.03	0
(26)Intestage	0.080**	-0.076*	-0.035	-0.072*	-0.053	-0.001	-0.044	0.028	0.133**	0.022	0.031	0

注：*、** 分别表示在 0.05、0.01 统计水平上具有显著性。

量的相关性统计

(13)	(14)	(15)	(16)	(17)	(18)	(19)	(20)	(21)	(22)	(23)	(24)	(25)	(26)
1													
-0.349^{**}	1												
0	0	1											
0	0	-0.333^{**}	1										
0	0	-0.333^{**}	-0.333^{**}	1									
0	0	-0.333^{**}	-0.333^{**}	-0.333^{**}	1								
-0.061^{*}	-0.086^{**}	0	0	0	0	1							
-0.004	-0.130^{**}	0	0	0	0	-0.158^{**}	1						
0.047	0.168^{**}	0	0	0	0	-0.586^{**}	-0.708^{**}	1					
-0.069^{*}	-0.088^{**}	0	0	0	0	0.294^{**}	0.147^{**}	-0.331^{**}	1				
-0.168^{**}	-0.145^{**}	0	0	0	0	0.326^{**}	0.273^{**}	-0.458^{**}	0.525^{**}	1			
0.123^{**}	0.191^{**}	0	0	0	0	-0.487^{**}	-0.165^{**}	0.484^{**}	-0.458^{**}	-0.335^{**}	1		
0	0	-0.792^{**}	-0.228^{**}	0.249^{**}	0.770^{**}	0	0	0	0	0	0	1	
0	0	-1.000^{**}	0.333^{**}	0.333^{**}	0.333^{**}	0	0	0	0	0	0	0.792^{**}	1

从自变量的相关性检验中可以看出，企业经营项目数和 HHI 高度负相关，相关系数非常高，达到－79.4%，存在多重共线性。在其他因素不变的情况下，经营项目数越多，HHI 越小。总资产（对数）ln(Asset)与经营项目数呈正相关，相关系数达到 20.6%。资产负债率与研发费用占收入比两者之间呈负相关，说明企业在高度负债的情况下会选择减少研发费用的支出。地处珠三角、长三角发达地区的近 10 年上市的企业绩效普遍好于其他地区和以往上市的企业。

在对自变量与因变量的相关性检验中，多元化的自变量关键指标 HHI、经营项目数分别与因变量净资产收益率、净资产增长率、净利润增长率、净利润率都没有关系。HHI 与托宾 Q 的显著性不强，经营项目数对每股收益与托宾 Q 呈负相关。在剔除非相关变量后，在对因变量的相关性检验中，基本每股收益、净资产收益率、净资产增长率、净利润增长率、净利润率都是高度正相关。它们分别都与资产负债率、研发费用占收入比高度相关。托宾 Q 与净资产收益率、每股收益不相关。托宾 Q 反映的是证券市场价值，对于重资产低收益的企业投资期望不是太理想。

8.1.5 回归分析

用回归分析测量自变量对因变量的影响程度。S 代表企业市场结构的多元化程度，HHI 与经营项目数存在多重线性影响企业绩效 P 的关系模型如下。模型 1：$P(S)_{it} = a_i + a_1 \mathrm{HHI}_{it} + a_2 \ln(\mathrm{Asset})_{it} + a_3 \mathrm{R\&D}_{it} + a_4 \mathrm{Lev}_{it} + a_5 \mathrm{Location}_{it} + a_6 \mathrm{Employee}_{it} + a_7 \mathrm{Holder}_{it} + a_8 \mathrm{ListAge}_{it} + a_9 \mathrm{SOE}_{it} + a_{10} \mathrm{Intelevel}_{it} + a_{11} \mathrm{Intestage}_{it} + \varepsilon_{it}$。

如表 8-6 所示，HHI 与托宾 Q 的显著性不强，与净资产收益率没有关系。经营项目数对每股收益与托宾 Q 呈负相关。在表 8-7 中，按照模型 1 进行回归，资产负债率、研发费用占收入比、HHI、集聚区域、员工人数、股东人数、两化融合发展水平对每股收益的回归中，显著性较强，F 值达到了 16.8。说明多元化程度越高，每股收益整体上越低。同时两化融合发展阶段存在着多重线性，另外，地处珠三角和长三角发达地区、股东人数越少、员工人数越多的企业，每股收益也会呈现增长。

表 8-7　多元化程度对绩效的回归分析

变　　量	系　　数	T 值	Robust 标准误差	95% 置信区间		P 值
HHI	0.177	2.27	0.078	0.02	0.329	0.023**
Size	－0.025	－0.76	0.033	－0.09	0.039	0.446
Lev	－0.004	－3.52	0.001	－0.01	－0.002	0.000***
R&D	－0.02	－3.7	0.006	－0.03	－0.01	0.000***

续表

变 量	系 数	T 值	Robust 标准误差	95％置信区间		P 值
珠三角地区	0.235	3.83	0.061	0.11	0.355	0.000***
长三角地区	0.128	3.16	0.041	0.05	0.208	0.002***
Y2016	0.008	0.18	0.044	−0.08	0.094	0.857
Y2017	0.112	2.53	0.044	0.03	0.199	0.012**
Y2018	−0.226	0.091	−2.48	−0.41	−0.047	0.013**
Age(2000—2010)	−0.099	−1.37	0.072	−0.24	0.043	0.171
Age(2011—2018)	0.057	0.82	0.07	−0.08	0.194	0.415
Employee	0.135	4.94	0.027	0.08	0.189	0.000***
Holder	−0.194	−6.05	0.032	−0.26	−0.131	0.000***
SOE	0.087	1.52	0.057	−0.03	0.199	0.128
Intelevel	−0.028	−1.89	0.015	−0.06	0.001	0.06*
常数项	2.894	3.69	0.785	1.35	4.435	0.000***
R^2	0.182					
F 值检验	16.808					
AIC 检验	1894.649					
BIC 检验	1969.308					
样本数	1072					
Prob＞F 检验显著性	0.000***					

注：*、** 和 *** 分别表示在 0.10、0.05 和 0.01 统计水平上具有显著性。

虽然利用 HHI 能得出多元化程度与每股收益显著相关，回归分析也比较理想。如表 8-8 所示，模型 2 中的经营项目数对每股收益回归分析的显著性却不明显，因为没有细分市场行为的多元化类型。模型 2 还需要按照市场行为继续细分，将多元化类型分为：单一型、主导型和非主导型。

表 8-8 经营项目数对绩效的回归分析

变 量	系 数	T 值	Robust 标准误差	95％置信区间		P 值
PC	−0.01	−0.5	0.011	−0.03	0.02	0.615
Size	−0.03	−1.04	0.033	−0.1	0.03	0.298
Lev	−0.004	−3.43	0.001	−0.01	−0.01	0.001***
R&D	−0.02	−3.59	0.006	−0.03	−0.01	0.000***
珠三角地区	0.24	3.84	0.062	0.12	0.36	0.000***

续表

变　　　量	系　　　数	T 值	Robust 标准误差	95％置信区间		P 值
长三角地区	0.13	3.15	0.041	0.05	0.21	0.002***
Y2016	0.01	0.15	0.044	−0.08	0.09	0.88
Y2017	0.11	2.5	0.044	0.02	0.2	0.012**
Y2018	−0.23	0.09	−2.47	−0.41	−0.05	0.014**
Age(2000—2010)	−0.11	−1.46	0.072	−0.25	0.04	0.144
Age(2011—2018)	0.05	0.77	0.07	−0.08	0.19	0.442
Employee	0.14	5.11	0.027	0.09	0.19	0.000***
Holder	−0.19	−5.97	0.032	−0.26	−0.13	0.000***
SOE	0.09	1.48	0.057	−0.03	0.2	0.139
Intelevel	−0.03	−1.93	0.015	−0.06	0	0.054*
常数项	3.15	4.04	0.779	1.62	4.68	0.000***
R²	0.178					
F 值检验	16.38					
AIC 检验	1899.626					
BIC 检验	1974.285					
样本数	1072					
Prob＞F 检验显著性	0.000***					

注：*、** 和 *** 分别表示在 0.10、0.05 和 0.01 统计水平上具有显著性。

回归分析如表 8-9 所示，股东人数对每股收益负相关，说明股东人数越多，对企业的绩效会产生负面作用。在模型 3 中，企业在单一型的多元化中，经营项目数对每股收益负相关；在模型 5 中，非主导型的多元化企业经营项目数对每股收益没有关系；在模型 4 中，回归显著性较好，在主导型多元化企业中，经营项目数对每股收益正相关。另外，单一型和非主导型的多元化企业资产规模的扩大对企业的绩效产生负影响，可能是由于企业资产规模的扩大并没有改善企业的负债水平；同样，地处珠三角地区和长三角地区的企业，单一型和主导型的企业区域优势对每股收益也呈现正相关。而在主导型多元化企业中，资产规模的增加会促进企业绩效的提高，说明企业资产规模的扩张对企业绩效的改善产生了正向作用。三类多元类型的企业的每股收益都滞后于两化融合的发展水平，企业应该适时抓住与智能制造相关的，有利于企业发展的政策优势，实现跨越发展。

表 8-9 三种多元化类型对绩效的回归分析

变 量	单一业务型模型 3			主导业务型模型 4			非主导业务型模型 5		
	系数	T 值	P 值	系数	T 值	P 值	系数	T 值	P 值
PC	-0.12	-1.66	0.098*	0.12	2.44	0.016**	0.04	1.7	0.11
HHI	-6.08	-1.68	0.093*	0.47	0.94	0.349	0.748	1.94	0.053*
Size	-0.12	-2.67	0.008***	0.24	3.22	0.002***	-0.043	-0.6	0.547
Lev	-0.01	-1.32	0.187	-0.01	-4.44	0.000***	-0.004	-1.6	0.111
R&D	-0.02	-2.84	0.005***	-0.01	-0.66	0.509	-0.026	-1.9	0.059*
珠三角地区	0.27	3.43	0.001***	0.3	1.95	0.053*	-0.136	-0.99	0.322
长三角地区	0.15	2.72	0.007***	0.21	2.28	0.024**	-0.025	-0.31	0.756
Y2016	0.01	0.22	0.828	0.01	0.11	0.911	-0.012	-0.13	0.896
Y2017	0.12	1.97	0.049*	0.05	0.46	0.648	0.134	1.59	0.112
Y2018	-0.23	-1.92	0.056*	0.08	-0.4	0.69	-0.292	-1.69	0.092*
Age(2000—2010)	-0.06	-0.61	0.544	-0.18	-1.14	0.257	0.199	1.37	0.172
Age(2011—2018)	0.02	0.24	0.808	0.06	0.38	0.701	0.277	2.12	0.035**
Employee	0.19	4.89	0.000***	0.02	0.39	0.695	0.126	2.33	0.02**
Holder	-0.2	-4.83	0.000***	-0.26	-3.38	0.001***	-0.112	-1.77	0.078*
SOE	0.21	2.63	0.009***	-0.13	-0.95	0.342	0.037	0.37	0.709
Intelevel	-0.01	-0.41	0.682	-0.1	-2.83	0.005***	-0.018	-0.61	0.541
常数项	8.9	2.26	0.024**	4.54	2.46	0.015**	1.392	0.88	0.38
R^2	0.258			0.292			0.122		
F值检验	14.267			4.73			2.199		
AIC 检验	1110.304			327.693			430.57		
BIC 检验	1181.46			379.476			487.104		
样本数	631			188			253		
Prob>F 检验显著性	0.000***			0.000***			0.007***		

注：*、** 和 *** 分别表示在 0.10、0.05 和 0.01 统计水平上具有显著性。

综上所述,既然单一型多元化经营对每股收益负相关;主导型多元化经营对每股收益正相关;非主导型多元化经营对每股收益不相关。那么有必要调查一下企业从事的主要行业。通过查阅 2018 年的年终报告和资料,这 268 家企业 90% 以上还是围绕相关业务而经营。从多元化类型上讲,连续 4 年的企业经营项目数并没有出现大的波动;从多元化程度上讲,企业还是集中于单一型的多元化经营。因此没有出现大量企业选择过度多元化投资的现象。尽管企业遇到发展瓶颈,如果沿着产业价值链的发展方向进行产业结构的调整和升级,塑造企业核心竞争力,主导型多元化经营还是能够提升经营绩效的。

8.2　实证研究结论

基于以上数据实证分析,本节得出以下结论。

1. 企业单一型的多元化经营与每股收益呈负相关

即便单一型多元化企业(RS≥95%)有了多元化经营,大多还是维持原先的产业发展。进入的新行业还没有形成较大销售额,缺乏有效的市场占有率,很难产生企业收益。相反,单一型多元化经营耗费了企业的有限资源,也不准备向新行业再投入新资源,导致企业发展缓慢。这样,每股收益会随着所经营行业的数量的增加而降低。

2. 企业主导型的多元化经营与每股收益呈正相关

主导型多元化企业经营项目数多集中在 2~3 个行业,进入的领域已经形成新的优势。企业不能过度、过快地实施多元化,要围绕核心业务而展开经营,突出主业,培育企业核心竞争力。只有主业具备相对竞争力时,才能有更多资源发展新行业,才能有更多时间培育新的利润增长点。盲目切入新业务,只会分散企业资源,导致企业绩效下降。

3. 从多元化类型上看,企业多元化经营与托宾 Q 呈负相关

托宾 Q 的值越高,代表在证券市场上,企业的价值将高出企业的资产重置资本。即当 Q 值较大时,企业会选择将金融资本转换为产业资本。中国股票市场的托宾 Q 普遍存在偏高的情况,一旦遇到外部市场变化和企业经营不善就容易出现下滑趋势。托宾 Q 从 2015 年到 2018 年每年都整体下滑,均值从 2015 年的

2.82%下滑至 2018 年的 1.92%。主导型多元化虽然能够带来每股收益的增加,但是主导型多元化经营未来能否带来持续增长还有待观察,甚至还会持有悲观情绪。

4. 企业非主导型的多元化经营与每股收益无关系

企业处于复杂的市场环境和多样化的产业链中,多元化经营使企业不断增设部门和子公司来适应当前环境的变化,从而对企业管理水平提出了更高要求。因此企业管理者必须具备较高的专业素养,才能胜任多个行业的经营工作。企业要审慎对待盲目的多元化、无关联的扩张行为,缺乏核心竞争力只会不断耗费企业资源。否则,多元化不仅不能防范风险,还会在很大程度上降低企业绩效。

5. 短期内企业研发费用的投入与企业绩效呈负相关

企业研发费用的投入不一定会对企业绩效产生积极影响。可能有以下三方面原因:第一,有些高科技项目研发周期可能比较长,从研究到投入生产可能会经历漫长的时间;第二,增加研发费用到企业实际产出绩效还有待市场考验,很难直接从无形资产变现成实际利润;第三,当研发投入的资金还没有产生无形资产,早期阶段的成本已变为沉没成本,实际产生的费用会影响企业当期利润。因此资产负债率高的企业对增加研发费用会变得更加谨慎。

8.3　管理启示及央企战略实践案例

基于实证数据分析和 8.2 节的结论,虽然近 4 年的上市装备制造企业的绩效滞后于国家两化融合的发展水平,但是可以从多元化战略的视角中找出一条可持续发展之路。从央企近 20 年的改革经验中,我们不难发现,牢牢把握做强做优做大国有资本和国有企业这一根本目标,立足提升核心竞争力和增强核心功能这两个途径,以价值创造为关键抓手,聚焦主业核心竞争力,减少无效多元化,压减组织架构、压缩管理层级、减少法人户数、剥离"两非"(非主业、非优势)产业和清退"两资"(低效资产、无效资产)产业,推动企业高质量发展,努力建成世界一流企业。2003 年,国资委成立,开始推动中央企业进行合并重组,央企从 2003 年的 196 家减少到 2023 年的 97 家。通过战略性重组,专业化整合,在关键领域不断优化布局,最终通过聚焦横向合并、纵向联合、创新攻坚、内部协同这四种方式,实现国有企业专业化整合,加快市场化改革,培育具有全球竞争力的世界一流企业。

8.3.1　产业价值链"调结构"

发展产业价值链的"调结构"，推动产业链上的战略性重组和专业化整合。企业价值创造的基本逻辑是提升自身的核心竞争力，基于企业核心能力开展相关产业多元化，沿产业链、价值链调整重组，实现高水平的协同，做强做优主导产业，组建规模化的集团型企业，打造具有国际竞争水平的一流企业。当前，阻碍我国产业结构调整的一个因素就是产能过剩，低端产品供过于求，而高端产品供给不足。根据供给侧结构性改革的要求调结构，做到"三去一降一补"，去产能、去库存、去杠杆、降成本、补短板，引导市场资源向优势企业集中，提高产业集中度和专业化水平，降低重复投资的概率，遏制产业内无序竞争的状况。

并购重组是央企提高核心竞争力的加速器，带来的不仅是规模变化和数量增减，更蕴含国有经济布局优化、结构调整。战略性重组多在关系国家安全与现代化产业体系的企业中发生，优化行业集中度，侧重于国有经济布局结构进一步优化；专业化整合多在同业竞争的企业中发生，更侧重于资源配置效率有效提升。专业化整合有四条路径：横向合并、纵向联合、创新攻坚、内部协同。

（1）**横向合并，战略重组同一产业，聚焦主责主业**。产业横向整合有利于减少边际成本，推动资源持续向主业企业、优势企业集中，提升市场份额，做到"一企一业、一业一企"，做强做精主责主业，实现"1＋1＞2"，提升产业集中度和竞争力。同时增强战略性新兴产业规模实力，加大对关系国家战略安全、关系未来发展等领域的资源整合力度。

2014年，"南北车"重组，南车采用换股吸收北车的方式，合并组建中国中车股份有限公司。两家公司重组前属同业竞争，重复建设、过度竞争、全球市场竞争力偏弱等问题较为突出。重组后的集团抓住"一带一路"倡议等机遇，成为全球最大轨道交通高端装备跨国集团。

2016年，"宝武"重组，宝钢武钢采用换股吸收的方式，合并组建中国宝武钢铁集团。专业化整合传统产业，淘汰落后产能，减少同业竞争，化解产能过剩，提高了行业集中度，发展高端产品。重组后的宝武又相继以"合并同类项"的方式，重组马钢、重钢、中钢、新钢、山钢等十几家钢铁企业，实行一总部多基地平台化运营，减少了钢铁行业产能长期过剩的问题。2022年，中国宝武经营规模和盈利水平位居全球钢铁企业第一，成为推进绿色低碳发展的重要力量。

2019年，"两船"重组，中船工业和中船重工重组合并成立中国船舶。两家公司业务基本相同，是我国最大的造修船基地，拥有科研院所、企事业单位147家，上市公司 9 家,资产总额 7900 亿元,员工 31 万人。自 2008 年金融危机以来,全球航运市场持续低迷,全球尤其是国内造船产能过剩,合并是大势所趋。重组后的集团从大到强,全球市场占有率超过 20%,超越韩国现代重工,资产总额、营业收入、净利润均居世界造船集团第一,国际竞争力显著增强。

(2) **纵向联合,上下游产业链一体化,提升产业协同。**纵向联合的最大价值就在于产业协同。通过整合上下游产业链,优化资源配置,加快全链条联合开发、融合创新,有利于推动创新组织形式和研发制造模式的全方位变革,增强产业竞争力。

2018 年,中国核工业集团与中国核工业建设集团实施重组,中国核工业建设集团整体并入中国核工业集团。两家企业属于产业链不同环节,二者的重组属于典型的产业链上下游整合。重组前,中国核工业集团是中国最大的核电站建设和运营商,主要从事核军工、核电、核燃料循环、核技术应用、核环保工程等领域的技术研发、建设和生产经营,以及对外经济合作和进出口业务。而中国核工业建设集团的主要业务是为国内的核电工程、核能利用和军工工程提供工程承包建设和服务。两家公司重组后形成合力,打造更高水平的核工业创新链和产业链,提升了我国核工业的资源整合利用水平和整体国际竞争实力。

2018 年,神华集团与中国国电合并重组,组成国家能源集团。两家企业都是世界 500 强,神华集团是规模最大的煤炭企业,中国国电是最大的火力发电企业,重组合并是加速推动煤、电产业链上下游协同发展,化解煤电产能过剩,在业务上形成更专业化的协同管理,具有独特的煤电路港航油一体化和产运销一条龙发展模式。重组后,国家能源集团成为全球规模最大的煤炭生产公司、火力发电公司、风力发电公司和煤制油煤化工公司。

2021 年,中国电科与中国普天重组,中国普天整体并入中国电科。两家企业在主营业务上既存在上下游关系,也存在部分相同或相似的业务。中国电科拥有电子信息领域相对完备的科技创新体系,拥有大量的科研院所,11 家上市公司,是军工电子、网络信息商。中国普天拥有 4 家上市公司,是通信设备制造商,有完善的工业产品生产线。两家公司协同性较高,重组后有助于对信息领域关键"卡脖子"技术的突破,能更好地将中国电科军工研究成果转化为民用品,打造符合国家战略、拥有关键核心技术、科技创新能力突出的龙头企业,全面提升企业在创新链与产业链上的国际竞争力。2023 年,中国电科又与华录集团重组,加速布局数字经济产业链,推动信息通信技术与实体经济深度融合。

(3) **创新攻坚,重塑产业链优势,打造创新联合体。**聚焦战略性产业,专业化整合相关产业链，打造创新联合体，推动科技创新，从而形成更大的规模优势和协同效应，并且有利于在尚未形成竞争优势的关键领域实现从 0 到 1 的突破。

2021 年，"两化"重组，中化集团和中国化工重组成立中国中化控股。两家公司属于强强联合，2020 年，中化集团是世界 500 强第 109 位，中国化工是世界 500 强第 164 位。两家企业合并后，资产总额超过 1.4 万亿元，营业收入超 1 万亿元，员工 22 万人，成为全球最大规模的化工企业。首任董事长宁高宁提出，"重要不在规模，不在世界 500 强排名，而在是否提升了科技创新水平，没有这一点，整合就不算成功"。中化控股把新型战略性产业和基础产业有效结合，业务范围覆盖生命科学、材料科学、基础化工、环境科学、橡胶轮胎、机械装备、城市运营、产业金融八大领域，在全球超过 150 个国家和地区拥有生产基地和研发设施，旗下有 16 家境内外上市公司，推动企业在更高层次、更高水平实现资源优化配置，推进创新体系优化组合，对加速农业现代化、增强化工行业国际竞争力具有重要意义。

2021 年，中国卫星网络集团由国资委宣布组建，全力打造中国卫星网络新基建。卫星通信是现代科技的战略资源，"空天地一体化"网络将成为未来通信网络的重要发展趋势，而太空卫星低轨道和频段资源极其有限。目前马斯克的 SpaceX 星链项目是全球最大的卫星互联网，并计划用数万颗低轨卫星组成一个太空通信系统。中国卫星网络集团的组建，标志着卫星批产时代的到来，从顶层设计到资源整合，不仅是对标 SpaceX 星链，更是要立足国家战略全局，提高全产业链创新能力，构建一张全球无所不在的大卫星系统。

（4）**内部协同**，**发力战略性新兴产业**，**优化国有资本布局**。在内部协同层面，通过整合管理、技术、市场资源等方式，协同工作、压减机构。通过吸收合并、破产重整、对外转让等方式，加大"两非""两资"处置力度，投入更多资源发展战略性新兴产业，共同推动现代化产业发展。

8.3.2　资产质量"去杠杆化"

美国企业的资产负债率约 40%，中国企业的资产负债率约 70%。相比之下，中国企业的负债率普遍较高，仅仅一个房企恒大的负债竟然高达近两万亿元。提升资产质量、减少债务比例是建设一流企业的重要内涵。2023 年，央企的经营考核指标从"两利四率"调整为"一利五率"，最重要的变化是净资产收益率取代了净利润、营业现金比率取代了营业收入利润率，更加注重企业的投入产出比，体现了对经营质量与现金流方面的更高要求。总体目标要求是利润总额增速高于国民经济增速，资产负债率稳定在 65% 左右。2016—2022 年，央企的负债率从 66.1% 降低到 64.8%，负债水平从"控"到"稳"，促进高负债企业负债率逐步回归合理水平，有利于企业支持战略性产业投资。

（1）从融资看，建立多渠道降低企业债务的管理机制。一是通过股权激励进行融资，提高股权融资的比重。比如，优化股权激励、市值管理等机制。二是推进市场化、法治化债转股，支持债转股多渠道融资。

（2）从业务看，控制主业、非主业高风险的项目。央企强调主业突出，就是将非主业、非优势的业务出清，降低高负债运营风险的业务，聚焦优势主业，发展引领能力强、产品关联度高、技术水平优的产业。

（3）从资产看，发展轻、重资产组合"去杠杆化"的项目。针对重资产、负债率高、员工多、转型速度慢的项目，企业可以适当地引进轻资产、利润高、体现新经济特征的产业进行整合。两者组合可互补优势，能避免过去同类重资产行业组合后，企业仍旧出现进退两难的经营困境，这种新式组合也可以为企业未来产业升级争取到足够时间，以时间换空间。

8.3.3　科技创新"高附加值"

把创新放在突出位置，发展"高附加值"的战略性新兴产业与未来产业。这些产业是新质生产力的代表，是产业"微笑曲线"的两头产业，具有高壁垒、高附加值，研发必须是高投入、高强度。我国企业过去普遍存在重规模、轻研发的产业导向，导致总体竞争力不强，对国外高技术依赖较重。要破除影响高质量发展的体制机制障碍，聚焦发展关键领域及高附加值环节，走"自主可控"的高质量发展道路。

（1）央企是产业升级的推动者。央企是产业链的"链长"，即站在全产业链的角度全面考虑，通过聚集各环节的资源，打通基础研究、应用研究、产业化全链条。在基础研究上，促进科研成果市场化；在应用研究上，建立创新联合体，推动应用研究和产业化融合发展；在产业化全链条上，强链补链延链，使得产业链协同发展，营造开放合作的良好产业生态，推动产业链上下游企业融通创新。

（2）央企是科技创新的排头兵。在"卡脖子"技术上，提升关键核心技术攻关能力，持续加大研发投入，打造原创技术策源地。根据国务院国资委研究中心发布的《中央企业高质量发展报告（2023）》显示，2022 年，央企的营业总收入为 39.6 万亿元，利润总额为 2.6 万亿元，研发投入首次超过 1 万亿元，约占全国研发投入的1/3。在产业研发上，主要聚焦在集成电路、5G 通信、高速铁路、大飞机、发动机、工业母机、能源电力等核心竞争力产业。在研发平台上，积极参与国家实验室等国家重大创新平台建设，打通关键核心技术的卡点、堵点。在研发决策上，健全公正科学的评审规则,完善科研项目决策、资源分配等机制。在研发激励上,以市场化方式引进和吸引高端人才,完善股权激励,进一步激发科技人员积极性和创造性,推动研发主体深度参与研发创新。

8.3.4　产业投资"优化升级"

多元化战略的初衷不是一味追求利润,而是在满足企业生存的基础上,不断使主业升级。比如,过去很多国有企业看到中国房地产行业的高额利润,便向房地产行业投入资本,让企业逐渐失去了原有的优势地位。造成人才大量流失,企业资源严重浪费,最终导致技术落后、市场竞争力丧失。即便短期追求到了高额利润,而在当房地产下行时,发展也将会陷入顾此失彼的两难境界。

国有资本有进有退,有所为有所不为。经济学家杨瑞龙教授根据国有企业所提供产品的性质及国有企业所处行业的特征,把这两个维度作为国有企业选择不同改革的模式,横坐标由竞争到垄断,纵坐标由私产品到公产品,分为四个象限。对于分类改革的逻辑,杨瑞龙教授提出:①如果产品是公共产品,行业是垄断的,原则上国家所有、国家经营;②如果产品是私人产品,行业是垄断的,可以进行股份制改革,但国有资本占主体地位;③如果行业是竞争的,产品是私人产品,原则上要进行市场化改造,可以实施产权多元化或非国有化。按照以上分类,国有资本可以从缺乏竞争力的企业中退出,清退不具备优势的非主营业务和低效无效资产。要推动国有资本向重要行业和关键领域投入,国有资本主要集中在关系国家安全、国民经济命脉,提供公共产品和公益类服务,前瞻性战略性新兴产业等重要行业和关键领域。

推动产业投资"优化升级",新一轮的国企改革提出要加快实现从管企业向管资本转变,做强做优主业。优化国有经济布局和结构,提高资源的配置效率,市场化产业投资有进有退,引导产业集团投资质优产业,不断开辟新赛道、形成新质生产力。

(1)聚焦做强做优主业,建立"有进有退"的资源配置机制。促进资源从非主业向主业集中,不断加大专业化整合力度。进,是引导国有资本向前瞻性、战略性产业集中,向产业链、价值链中高端集中;退,则是要推动国有资本从不具备竞争优势、产能过剩的行业和领域退出。2016—2021年,央企共"压减"法人户数19965户,占央企总户数38.3%,推动管理层级控制在5级以内,地方国有企业管理层级普遍压缩到4级以内,使企业组织结构面貌发生了显著变化。央企和地方国企"两非""两资"剥离清退完成率超过85%,全国纳入名单的"僵尸企业"处置率超过

95%。精简机构、消除冗员，有利于形成高质量投入产出关系，加快提升企业技术创新能力。

（2）加快市场化产业投资，完善"管资本"的管理机制。2014年，央企开展国有资本投资公司、国有资本运营公司试点，这是管理职能和监管方式的一次转变，两类公司在运作上拥有更大的灵活性和市场化的竞争力。以管资本为主线，可以有效激发企业内部的活力和创新力，提高国有资本的配置和运营效率。2016—2022年，央企"两类公司"形成5家转正国有资本投资公司、12家试点国有资本投资公司、2家国有资本运营公司的"5＋12＋2"格局。

国有资本投资公司以产业资本投资为主，主要是投资实业，发展产融结合，以投资融资和项目建设为主。挖掘新的增长点和新的专业化发展机会，主要以服务国家战略、优化国有资本布局、提升产业竞争力为目标，在关系国家安全、国民经济命脉的重要行业和关键领域，以对战略性核心业务控股为主。

国有资本运营公司以资本运营为主，运营的对象是持有的国有资本（股本），包括国有企业的产权和公司制企业中的国有股权。国有资本运营公司提供金融服务，促进国有资本投资公司的重组改革与产业升级，以提升国有资本运营效率、提高国有资本回报为目标，以财务性持股为主。

在混合所有制改革背景下，"两类公司"立足企业核心功能，在发展战略上充分发挥产融平台作用，推动基础产业升级，突出战略性新兴产业和未来产业布局，有利于大型产业集团通过资本运营方式加大对主业产业的投资，有利于推动国有资本与产业发展的有机融合。

第4篇
智造展望——能力

第9章

世界智能制造战略比较

9.1 大国博弈下的价值链重构

经济大国不等于经济强国。自 2008 年金融危机后,我国出现制造业外流现象。特别是国际地缘冲突、中美不断升级的贸易摩擦与博弈,带来全球经济发展的不确定性。美国商务部数据显示,2017—2023 年,中国商品占美国进口总额从 21% 下降到 13.9%。2023 年,墨西哥 20 多年来首次超越中国,成为美国进口商品的最大来源国。大国博弈和贸易摩擦成为全球价值链重构的主要推手。以美国为首的发达国家,将"对华脱钩"去风险化的产业链转移作为打压中国的核心战略,对中国的技术进步与经济增长造成了负面冲击,进一步增加被"卡脖子"的风险,但同时又加速了中国科技自强的进程。中美之间的竞争已是全面、立体的竞争,当前中国制造业面临着两个外部挑战。

1. 发达国家实施"再工业化"战略

发达国家致力于产业链的高端性、供应链的安全性,减少对海外供应链的依赖,推行制造业回归、友岸外包和近岸外包等战略以提升全球经济领导权。制造业回归是指通过各种政策优惠,吸引本国的制造业回归;近岸外包指的是将供应链转移回国内或离本国更近的地方;友岸外包则仅允许供应链网络拓展到盟友和友好国家。这些"再工业化"战略打破了经济全球化时代形成的世界产业分工模式。刘鹤认为,"发达国家再制造业化战略将对其发展理念与政策产生重大而深远影响"。金融危机爆发前,发达国家居主流地位的发展思路是认为本国已经进入后工业化社会,推动经济服务化、金融化,通过发展知识经济,占据全球分工的高端环节，低附加价值的制造活动不再得到重视。金融危机爆发后，发达国家再制造业化战略是对危机原因和发展思路进行深刻反思的结果，是对制造业作用重新认识的结果，也是对制造业与服务业关系再认识的结果。美国重新强调了制造业对于提高生产效率、创造高收入工作岗位、带动服务业发展的作用，凸显了制造业对于保持国家综合实力不可或缺的作用。

2. 跨国企业实施"降本转移"战略

一些发展中国家也积极利用低成本优势，鼓励国际企业向低劳动成本的国家转移。美国企业为降低制造成本，优先将劳动密集型产业转移至劳动力更加低廉、法律制度相对宽松的国家。供应链多元化已成为许多跨国公司的重要战略，美国将低端制造投资在欠发达国家，如越南、印度尼西亚等国，高端制造回流到本国的现象尤为突出。

（1）劳动密集型产业。改革开放以后，美国的跨国企业最早将其劳动密集型产业的工厂设在中国，随着中国经济的快速发展，一些企业开始向更低成本的地区流动。例如，美国耐克公司早期的生产基地设在中国，分别是广东清远、上海、江苏太仓。但 2012 年后，投资在越南的鞋厂产量已经远超中国，成为第一大生产基地。而 2019 年，耐克公司更是投资 1.85 亿美元，在美国亚利桑那州新建一座工厂用于生产技术含量更高的气垫产品。

（2）高科技产业。美国主张的多元化供应链策略加速了科技产业转移、脱钩的步伐，特别是在电子、半导体等领域。例如，苹果公司于 2022 年宣布将转移中国工厂的产能，在印度生产 iPhone 13。不仅是美国，韩国三星集团于 2019 年 10 月宣布关闭位于广东惠州的最后一家中国手机工厂，将工厂转移到印度、越南等国家。失去中国市场和基地，不代表三星手机的没落，三星手机每年以近 3 亿台的出货量，约 20% 的市场份额，继续位列全球第一。而越南也成为三星手机海外投资最大的生产基地，累计投资已超过 200 亿美元。2023 年，中国实际使用外资总额 1.13 万亿元，为过去 5 年来首次下滑，当然规模总量还处于高位。最早在中国投资的美国惠普公司，也宣布将笔记本电脑生产线转移离开中国，迁往墨西哥、泰国和越南等地，惠普科技（上海）有限公司于 2024 年 1 月注销，当月注销的还有戴尔服务（中国）有限公司。现在，东南亚地区也已经成为全球重要的半导体制造基地，很多科技企业因美国对中国贸易管制，通过转口避免高关税在东南亚设立中转基地，但是很多上下游产业的核心环节还需要中国企业做产业配套才能够实现最终贸易。

面临发展转型阵痛，加速打造制造强国迫在眉睫，这是一个系统性跃升。2015年，在发达国家"再工业化"战略和新兴低端制造业国家转移的双重压力下，中国政府提出"互联网＋""中国制造2025"两个行动计划，并且推动建设产业互联网，重点促进以云计算、物联网、大数据为代表的新一代信息技术与制造业、生产型服务业等融合，给我国传统代工制造企业提供了发展契机。

世界各国为抢占工业制造领域优势都在积极行动，并制定了一系列的政策，如美国"先进制造伙伴计划"、德国"工业4.0战略"、英国"工业2050战略"、法国"新工业法国计划"、日本"超智能社会5.0战略"、韩国"制造业创新3.0计划"、欧盟"工业5.0计划"等，智能制造高质量发展正成为大国博弈和全球价值体系重构的焦点。

9.2　德国工业4.0战略

德国制造业一直是"工业立国"的典范。2013年，德国在汉诺威工业博览会上首先提出工业4.0，希望在制造业中通过以智能技术为主导，实现智能生产、智能工厂，进而提升自己在世界制造业中的地位。德国长期以来持续保持工业的国民经济支柱性地位，一度认为德国甚至欧洲都失去了全球信息通信业发展的机会，在世界上最活跃的工业创新的互联网行业中，世界上最大的20家互联网公司中没有欧洲公司。欧洲互联网市场基本上被美国公司所垄断，德国公司的数据受到美国硅谷四大公司的控制。虽然德国传统产业在世界上的竞争优势仍然十分突出，但在新一代信息技术与产业加速融合的背景下，产品、设备、工艺和服务的智能化增强，德国制造是否能够在全球保持竞争力？德国的"能力陷阱"让各界都有深刻的危机感，德国原总理默克尔指出，目前90%的创新在欧洲之外产生，欧洲不能错失下一代工业技术变革，德国政府在科技创新和企业竞争方面大力支持本国企业，以应对日趋激烈的国际经济竞争。

2013年，德国政府在《德国2020高技术战略》中率先把工业4.0作为十大未来项目之一。德国机械及制造商协会、德国电气电子行业协会和信息技术协会等单位设立"工业4.0平台"，该平台已成为德国政府在联邦层面促进工业4.0发展最直接的渠道。2015年，德国"工业4.0平台"发布《工业4.0实施战略》，其中一项重要内容是提出"工业4.0参考架构模型"（reference architecture model industrie 4.0, RAMI 4.0），对工业4.0内涵与体系进行了直观和具体的描述。工业4.0的总体视图包含三个维度，分别是功能维度、价值链维度和工业系统维度。其构建思路是,从工业角度出发,结合已有工业标准,将以"信息物理生产系统"(CPS)为核心的智能化功能映射到产品全生命周期价值链和全层级工业系统中,突出以数据为驱动的工业智能化图景。

RAMI 如图 9-1 所示,RAMI 第一个维度,将物理系统按照其功能特性,分层进行了虚拟映射。按照 IT 和通信技术常用的方法,将纵轴自上而下划分为 6 个层级:业务、功能、信息、通信、集成、资产。第二个维度是信息物理系统的核心功能,以各层级的功能来进行体现。资产层处于底层,连同其上层集成层一起被用来对各种资产进行数字化的虚拟表达。第三个维度是价值链,即从产品全生命周期视角出发,描述了以零部件、机器和工厂为典型代表的工业要素从虚拟原型到实物的全过程。

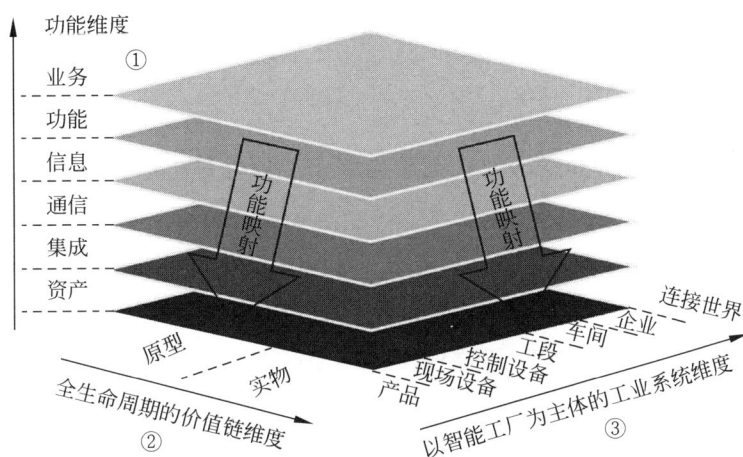

图 9-1　德国工业 4.0 参考架构模型

西门子公司是德国工业 4.0 的代表性企业。西门子开发出 MindSphere 平台,该平台是西门子基于云的开放式物联网操作系统,是云计算技术在工业领域的应用,是西门子全面数字化解决方案的组成部分。SAP 公司是德国另外一家具有工业软件背景的工业 4.0 企业,也是世界最大企业管理和协同化商务解决方案供应商。SAP 公司认为工业 4.0 或者说工业物联网是指利用新数字技术收集和分析机器与业务系统的数据,提高流程的速度、灵活性和效率,以更低的成本生产更优质的个性化产品,实现工业转型。这种转型将提高资源的生产力和效率,提升企业的敏捷性和响应能力,加快产品上市速度,并支持根据客户需求进行定制。具体而言,工业 4.0 是指利用信息和通信技术实现工业机器和流程的智能联网。SAP 工业 4.0 实施方法适用于各类行业,如图 9-2 所示。

(1)离散制造行业。根据批量生产的平均规模和每个工厂的变式数量,离散制造行业主要分为三大集群。一是按订单设计生产:这种模式主要应用于造船、

分类	离散制造			流程制造		
	按订单设计生产	批量定制生产	大批量生产	特制品生产	大批量生产	大宗商品生产
生产模式	订单生产	排序生产	按需求生产	按订单生产	按批量生产	连续生产
生产力要素	最小批量生产的效率	批量定制生产的产量和质量	全自动化生产的灵活性	多产品共线生产厂房设施利用率	产量与合规性	全球资产效率
业务趋势	●需求波动加剧能够在本地参与全球市场竞争●服务业务模式●集成式系统	●消费化、个性化●供应链敏捷性	●产品生命周期缩短●劳动力成本增加(低成本地区)●循环经济	●去全球化●定制配方(药品、生物科技)	●供应链敏捷性●脱碳和可持续发展●合规与监管	●新兴市场增长●区域化●循环经济
工业4.0场景	●数字双胞胎(数字化产品和流程)●数字化员工(无纸化)●资源驱动的优化(质量、自动化)	●灵活生产和自适应生产●扩大自动化和协作机器人技术应用范围●内联质量控制	●"熄灯生产"(全自动化)●追踪和可追溯性●自动化质量保证	●消费化、个性化●供应链敏捷性	●由数据驱动的产量优化●可追溯性和合规性●互联物流	●数字工厂和模拟●数字化现场服务●预测性维护

图 9-2　德国 SAP 工业 4.0 实施方法

来源：《SAP 的工业 4.0 战略白皮书》。

高端机械、航空等行业，根据小批量订单或单个订单进行生产，力求实现高效的小批量或单件生产。二是批量定制生产：通常应用于汽车、农业设备和工业零部件制造行业。即使产品变式增加，该模式依然能保持高产量并做到品质如一。三是大批量生产：主要应用于消费型电子产品、商用设备和半导体芯片等行业。全自动化（"熄灯生产"）进一步提高了这种模式的生产力，但产品组合的变化对灵活性和生产线适应性提出了更高的要求。

（2）流程制造行业。小批量生产变为大批量生产，每个工厂的变式数量则变为不同配方的数量。对于按订单的特制品生产，多产品共线生产厂房设施的利用率最为重要。通过采用新技术，企业可以根据个性化需求定制产品，但需要高效利用生产设备。在以批处理为导向的批量生产行业，如精细化工、造纸、金属、建材、食品和制药行业，越来越多的企业将高产量目标与合规、监管和可追溯性要求结合起来。对于大宗商品，如石化产品、散装化学品和矿石，为了提高连续生产下的全球资产效率，企业希望实现进一步优化。

SAP 公司认为，工业 4.0 由四大主题驱动，这四个主题分别为企业提供独特的价值。一是智能产品完全按照客户需求来生产和配置；二是智能资产与所有流程互联，并实施动态维护；三是智能工厂利用数据和智能尽可能实现自主运行，大规模交付定制产品；四是被赋能的员工拥有必要的工具和信息来出色地完成工作。SAP 公司推出的 HANA 平台，基于物联网和大数据等创新技术构建，支持对海量数据的实时分析，使得企业能够以基于云的方式访问其内存数据库。该产品一度也成为 SAP 公司成立以来发展最快的产品。

9.3 美国工业互联网战略

美国作为世界最大的工业强国,在经济与科技领域一直是世界的领军者。面对中国制造业的全球逆袭,其全球霸主地位受到挑战,美国政府强势主张"再工业化""制造业回归"等战略,增强美国供应链弹性,削弱中国在全球供应链中的价值。2009年,美国奥巴马政府出台《重振美国制造业框架》,详细分析了重振制造业的理论基础及优势,成为美国发展制造业的战略指引。2011年,美国启动"先进制造伙伴计划",旨在加快抢占21世纪先进制造业制高点。2012年,奥巴马政府发布《先进制造业国家战略计划》,正式将先进制造业提升为国家战略,明确提出实施先进制造业战略的五大目标。2014年,美国提出"美国先进制造伙伴计划"(AMP2.0)。2018年,特朗普政府发布《美国先进制造业领导战略》,大力发展未来智能制造体系,通过开发和转化新的制造技术、培育制造业劳动力、提升制造业供应链水平这三大任务,保持美国先进制造业的领导力,以确保国家安全和经济繁荣的总目标。

美国的工业4.0主要发轫于工业互联网。工业互联网是第四次工业革命的关键支撑,2014年,由工业互联网概念的提出者美国通用电气牵头,联合AT&T、思科、IBM和英特尔发起了美国工业互联网联盟(Industrial Internet Consortium,IIC)。2019年,IIC发布美国工业互联网参考架构(Industrial Internet Reference Architecture,IIRA),IIRA包括商业视角、使用视角、功能视角和实现视角四个层级,并论述了系统安全、信息安全、弹性、互操作性、连接性、数据管理、高级数据分析、智能控制、动态组合九大系统特性。IIC早期成员中有很多美国科技巨头企业,随后德国、中国和日本的著名企业也纷纷加入,但由于各国经济利益和科技竞争,并没有形成实质性的通力合作。与此同时,美国、德国、日本和中国都相继建立了与工业互联网相关的参考体系或标准体系。许多成员企业都纷纷退出了IIC。2021年,美国工业互联网联盟全面转型物联网,其名称改为美国工业物联网联盟。通用电气作为美国最大的工业集团,是工业互联网最具代表性的企业,率先推出Predix平台,提供工业数据的集成与分析,其他IT企业也通过平台加快向工业互联网布局和延伸,如IBM、思科、英特尔、EMC等。

9.4 日本社会5.0战略

在中国经济未超过日本之前,日本长期是世界第二大经济体。虽然日本是个岛国,但人口多、老龄化严重、劳动力不足、资源能源短缺,多年来经济增长缺乏动力,经济发展满足不了社会需求。即便如此,日本较早地进入了后工业化社会和信息社会,也不愿在美国、中国等国家面前示弱。日本是制造强国,同时也是科技强国、经济强国。自1990年开始,日本一直保持全球最大海外净资产国,这些得益于日本的"官产学"模式,"官"指的是政府,"产"指的是产业界,"学"指的是高校。"官产学"就是充分整合政府、产业界和学术界的力量,联合进行科技研究,产业投资,发展经济。

1. 日本超智能社会,以"社会5.0"为核心理念,建立新型经济社会体系

2016年,日本政府发布《第五期科学技术基本计划》,首次提出"社会5.0"概念。将超智能社会定义为能够细分掌握社会的种种需求,将必要的物品和服务在必要时以必要的程度提供给需要的人,让所有人都能享受优质服务,超越年龄、性别、地区、语言差异,快乐舒适生活的社会。日本认为"社会5.0"具有全球标志性意义,日本自信地认为,日本"社会5.0"战略关注点不会停留在制造业,将超越德国、美国、中国,从解决社会问题出发,实现社会和经济同步发展,努力将日本打造为世界最适宜创新的国家。"社会5.0"强调协同创新的开放性,该计划的主要意图是最大限度应用信息通信技术,通过网络空间与物理空间(现实空间)的高度融合,给人带来富裕的"超智能社会"。

2017年,日本政府发布《未来投资战略2017:为实现社会5.0的改革》战略,认为人类社会在经历了狩猎社会(社会1.0),农业社会(社会2.0),工业社会(社会3.0)和信息社会(社会4.0)之后会迎来未来社会(社会5.0)。"社会5.0"是以人类为中心的社会,它通过高度集成网络空间(虚拟空间)和物理空间(现实空间)的系统来实现经济发展和解决社会问题,把实现以人为中心的高度人性化的超智能社会作为经济社会发展的终极目标。这份投资战略为日本描绘了一个崭新的未来社会:这是一个充满智能的社会,它可以根据个体的需要,实现并满足人类所需的物质和服务。在这样高度智能的社会中,人们可以随时随地得到高质量的服务,而无须担忧服务的专业性。而从业者也无须担心自己的职业会被人工智能所替代。"社会5.0"基于物联网技术,以人与机器交互为代表,试图将数字化渗透到经济社会生活各层面。为实现"社会5.0",要聚焦发展"5+3"战略领域:一是健康寿命领域;二是交通出行领域;三是智能供应链领域;四是基础设施和城市建设领域;五是金融技术创新及应用领域;六是能源与环境制约及扩大投资领域;七是机器人革命与生物材料革命领域;八是存量住宅流通与改造市场领域。

"社会5.0"的实质是建立新型经济社会体系,形成人、物、社区、城市、社会等跨界互联产业,通过人工智能、物联网、机器人等科技创新形成跨界互联产业的技术基础,系统性、整体性地解决经济社会发展问题。2019年,日本政府出台《人工智能战略2019》,改革教育体系,发展人工智能普及教育,推动社会制度改革。

2. 日本工业价值链,以"智能制造系统"为核心理念,创造制造业管理新价值

为实现物联网时代的智能工厂,助力日本超智能社会的实现,2015年,日本工业价值链促进会(Industrial Value Chain Initiative,IVI)成立。日本希望通过强大的工业自动化能力来驱动新工业革命,日本的"智能制造系统"是基于人机一体化系统,高度柔性与集成的生产方式。2016年,IVI基于日本制造业的现有基础,推出了智能工厂工业互联网的基本架构:工业价值链参考架构(industrial value chain reference architecture,IVRA)。

如图9-3所示,IVRA基本上与工业4.0平台的RAMI4.0类似,也是一个三维模式。三维模式的每一个块被称为智能制造单元(SMU),将制造现场作为1个单元,通过3个轴进行判断。纵向作为资源轴,分为员工层、流程层、产品层和设备层。横向作为执行轴,分为计划、执行、检查和处置(PDCA循环)。内向作为管理轴,分为质量(Q)、成本(C)、交付(D)、环境(E)(QCDE活动)。

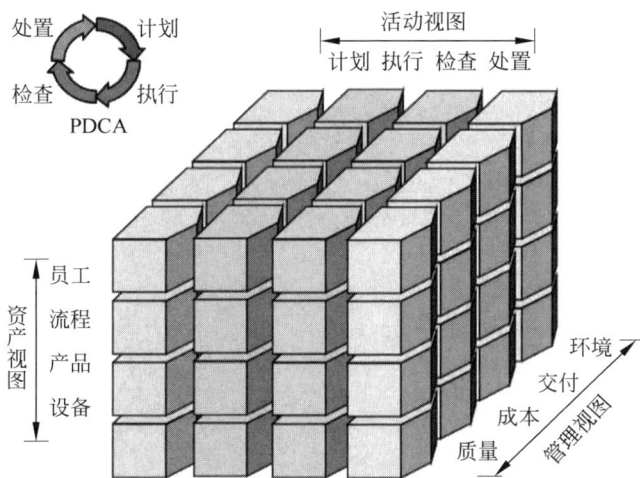

图9-3 日本工业价值链参考架构(IVRA)

如图9-4所示,IVRA通过多个智能制造单元(SMU)的组合,展现制造业产业链和工程链等。多个SMU的组合被称为通用功能块(GFB)。SMU可从资产视图、活动视图和管理视图这三个视角发现问题、确定问题和解决问题。

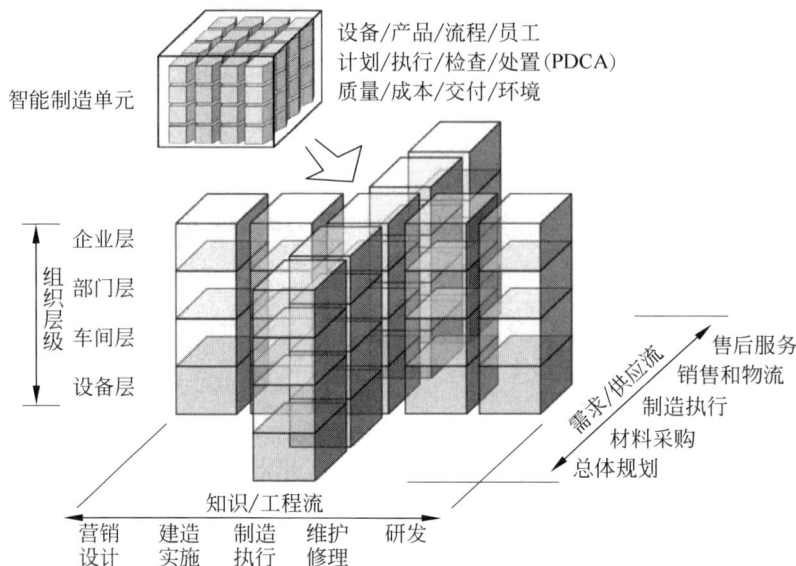

图 9-4　IVRA 中的通用功能块（GFB）

　　如何针对一个企业来构建其智能制造模型？从整个制造业角度来看，并根据企业的实际运作流程，赋予不同层级相应的活动类型和工艺范围。于是通过"知识/工程流""需求/供应流"和"组织层级"这三个维度的交叉，就可以从整体上对一个企业的智能制造进行建模，构成一个 GFB 的组成部分，GFB 类似 RAMI 4.0 中的由若干不同组件构成的管理区块。

9.5　中国制造 2025 战略

1. 中国工业 4.0 道路和德国模式有相似之处

　　德国的产业优势主要集中在汽车制造、机械制造、制药化工等传统高端制造业，这和中国的产业基础有点类似。可以看出，在工业制造数字化方面，两国有着优势互补的借鉴。2014 年，中国与德国双方发表《中德合作行动纲要：共塑创新》，首次提出两国加强工业 4.0 合作。纲要有四点内容，其中重点指出工业生产的数字化（工业 4.0）对于未来中德经济发展具有重大意义。双方认为，该进程应由企业自行推进，两国政府应为企业参与该进程提供政策支持。工业 4.0 在世界范围内的成功取决于国际通行的规则与标准。中德两国将在标准问题上紧密合作，并将工业 4.0 议题纳入中德标准化合作委员会，进一步深化两国在移动互联网、物联网、云计算、大数据等领域的合作。

另外，可以看到一个不争的事实，同为工业大国的中德两国，应该有更广阔的互惠共赢空间。一是德国强大的工业实力是其经济增长的根基。2023 年，德国GDP 超越日本，成为世界第三大经济体。二是"对华脱钩"思潮并没有阻挡德国对华的投资热情。2023 年，德国对华投资占德国海外投资总额的比重达到 10.3%，为 2014 年以来的最高水平。

2. 中国工业 4.0 道路处在"并联式成长"阶段

与德国制造先进水平相比，中国制造业大而不强，还未真正进入工业现代化阶段，先进制造业还只是目标。工业 1.0 机械化、工业 2.0 电气化、工业 3.0 信息化、工业 4.0 智能化。目前中国大量的中小企业还处于工业 2.0 阶段，企业自主发展的意愿不强，即使一些优秀的企业也仍然处于工业 3.0 初级阶段，信息化还停留在表面，或者是一些简单的软件应用、数据的搜集。中国制造的现状是工业 2.0 和工业 3.0 长期并存，德国制造是从工业 3.0 串联到工业 4.0，而中国是工业 2.0、工业3.0 一起并联到工业 4.0，要真正实现理想中的智能制造，还有很长一段路要走。

如表 9-1 所示，美国、德国、日本是世界智能制造发展的引领型国家。美国强调"互联网＋制造业"，基于强大的信息技术能力，发展先进制造业，巩固美国的霸主地位；德国强调"制造业＋互联网"，基于强大的制造能力，发展信息物理系统，实现德国的全球领先；日本强调"产官学"系统的跨界合作，基于强大的工业优势，发展智能制造系统，构建超智能社会。不仅如此，2021 年，欧盟又发布了"工业 5.0计划"，认为在数字化、智能化之后，需要对工业未来发展再思考，以人为本、可持续发展和富有韧性将成为新时代的三大标志性特征，这被誉为"新工业革命"。工业5.0 更侧重于价值导向，不单纯以经济效益和效率为追求目标，而是重视以系统观整体平衡和解决经济、社会、生态问题。

表 9-1　中美德日智能制造战略对比

主要政策	德国工业 4.0	美国先进制造伙伴计划	中国制造 2025	日本社会 5.0
时间	2013 年	2014 年	2015 年	2016 年
环境	欧洲面临集体衰退	全球霸主地位受到挑战	百年未有之大变局	内部发展缓慢，外部竞争优势不再
目的	制造业领先全球	再工业化，制造业回流	从制造大国迈向制造强国	构建超智能社会

续表

主要政策	德国工业 4.0	美国先进制造伙伴计划	中国制造 2025	日本社会 5.0
方向	制造业＋信息技术	互联网＋制造业	两化融合、智能制造	"产官学"系统的跨界合作
优势劣势	制造技术优势,信息化水平发展缓慢	信息技术优势,制造业本土化不足	制造业大国,供应链完备,互联网发展迅速	以机器人为代表的工业制造优势
领域	加速工业转型,通过信息物理系统,构建智能工厂	先进传感技术、先进控制技术、先进数字技术、先进材料技术等	十大重点领域	社会生活的各个领域

而中国在世界智能制造发展格局中,属于追赶发达国家的先进型国家,正在从制造大国向制造强国迈进。应对百年未有之大变局,要在国际竞争中抢占先机、主动作为,发展智能制造是破解我国制造业现实困境,加快推进新型工业化建设,实现制造强国目标的关键举措。《中国制造 2025》明确了全面推进实施制造强国战略,标志着中国版的工业 4.0 出台。

如图 9-5 所示,我国制造强国分为三个阶段:第一阶段,2025 年中国制造业进入世界第二方阵,迈入制造强国行列;第二阶段,2035 年中国制造业将位居第二方阵前列,成为名副其实的制造强国;第三阶段,2045 年中国制造业可望进入第一方阵,成为具有全球引领影响力的制造强国。

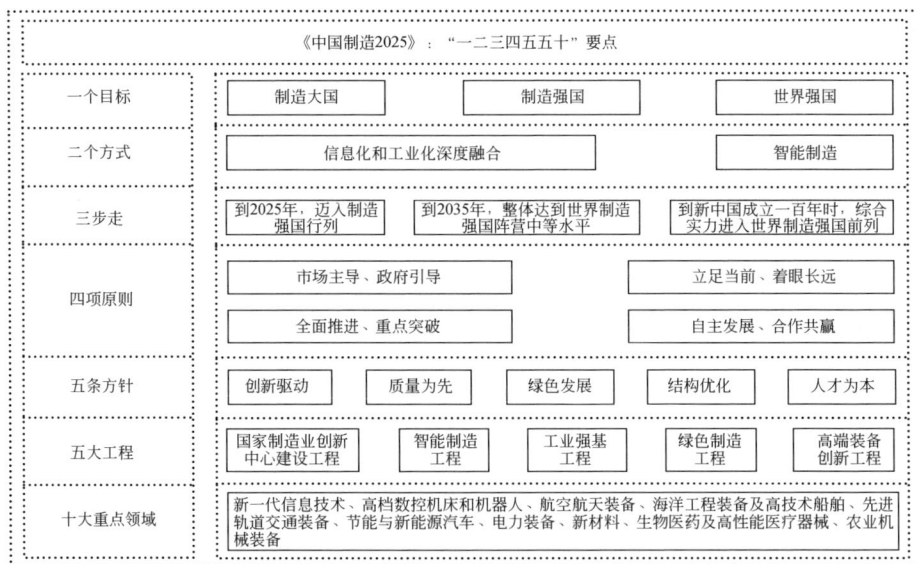

图 9-5 《中国制造 2025》要点汇总

《中国制造 2025》的核心和实质就是我们通常提到的两化融合,主攻方向是智能制造。即以信息化带动工业化、以工业化促进信息化,走新型工业化道路。与世界先进水平相比,中国制造业仍然大而不强,在自主创新能力、资源利用效率、产业结构水平、信息化程度、质量效益等方面差距明显。《中国制造 2025》对制造业转型升级的整体谋划,不仅提出培育发展新兴产业的路径和措施,还要加大对量大面广的传统产业的改造升级力度,同时还要解决制造业创新能力、产品质量、工业基础等一系列阶段性的突出矛盾和问题。《中国制造 2025》提出了九大任务,包括提高国家制造业创新能力、推进信息化与工业化深度融合、强化工业基础能力、加强质量品牌建设、全面推行绿色制造、大力推动重点领域突破发展、深入推进制造业结构调整、积极发展服务型制造和生产性服务业、提高制造业国际化发展水平。

2015 年,工业和信息化部、国家标准化管理委员会联合发布《国家智能制造标准体系建设指南》,详细阐述了我国的智能制造系统架构,从生命周期、系统层级和智能功能三个维度构建,智能制造系统架构如图 9-6 所示。

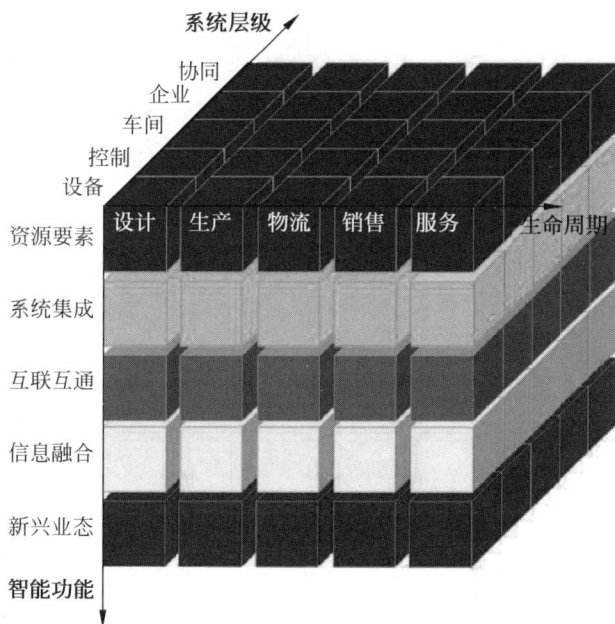

图 9-6 智能制造系统架构

(1) 横轴生命周期涵盖从产品原型研发到产品回收再制造的各个阶段,包括设计、生产、物流、销售、服务等一系列相互联系的价值创造活动。生命周期的各项活动可进行迭代优化,具有可持续性发展等特点,不同行业的生命周期构成和时间顺序不尽相同。

（2）系统层级是指与企业生产活动相关的组织结构的层级划分，包括设备层、控制层、车间层、企业层和协同层。

（3）智能特征是指制造活动具有的自感知、自决策、自执行、自学习、自适应等功能的表征，包括资源要素、系统集成、互联互通、信息融合和新兴业态等智能化要求。

对标国际先进水平的智能制造标准体系。中德智能制造/工业 4.0 标准化工作组围绕两国智能制造标准化工作进行深入交流，我国已与德方开展智能制造系统架构和德国工业 4.0 参考架构模型的互认工作，中国智能制造系统架构与 RAMI 互认阶段性成果如图 9-7 所示。

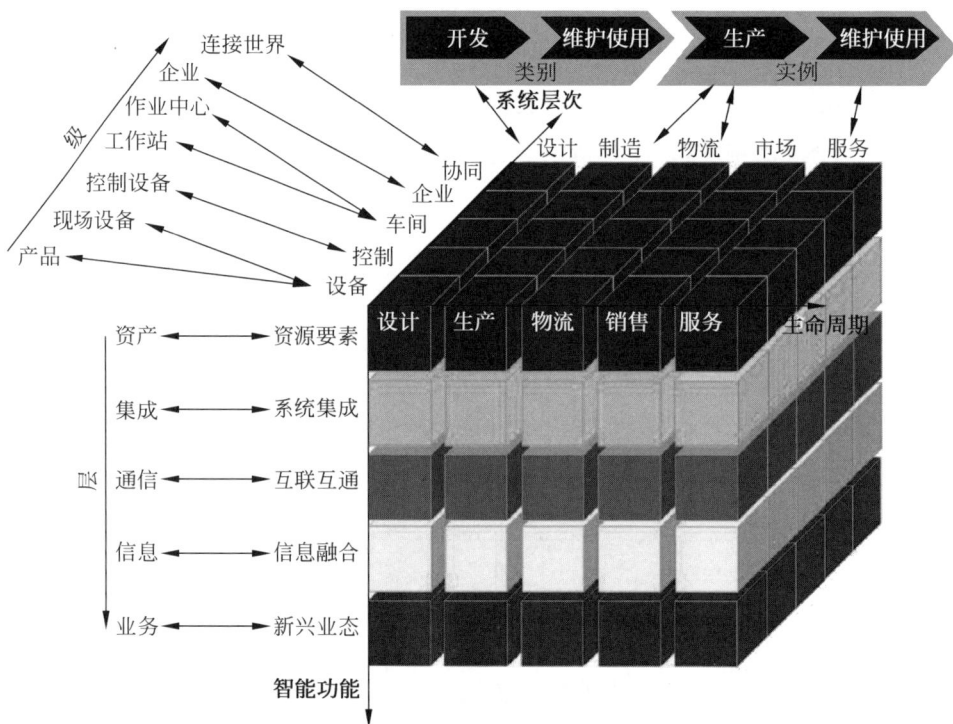

图 9-7　中国智能制造系统架构与德国工业 4.0 参考架构互认阶段性成果

在工业互联网方面，中国目前有 3 个工业互联网参考架构体系：①工业和信息化部中国信息通信研究院发起的、工业互联网产业联盟发布的《中国工业互联网体系架构》；②工业和信息化部四院（中国电子技术标准化研究院）发布的《中国智能制造能力成熟度模型白皮书》；③工业和信息化部一所（中国两化融合服务联盟）发布的《两化融合管理体系评估审核要点》。

◀ 第**10**章 ▶

世界制造业的中国实力

10.1 智能制造发展现状

1. 制造业体系完备,产业链韧性强

中国制造业规模于 2000 年超过德国,2006 年超过日本,2010 年超过美国,成为世界第一制造业大国。 目前我国是全世界唯一拥有联合国产业分类中 41 个大类、207 个中类、666 个小类所有产品的、具有完整工业体系的"全产业链"国家。在世界 500 多种主要工业产品中,我国有 220 多种产品产量位居世界第一。制造业是工业的主力,我国制造业有 31 个大类、179 个中类和 609 个小类,产业链配套能力全球领先,具有强大的韧性和发展潜力。我国制造业增加值从 2012 年的 16.98 万亿元增加到 2021 年的 31.4 万亿元,10 年增长近 1 倍。如表 10-1 所示,2020 年中国在世界制造业强国中,制造业增加值占全球比重接近 30%,约是美国、日本、德国三国制造业增加值的总和。

表 10-1　2010—2020 年中美日德韩制造业增加值全球占比　　　　单位:%

国家	年　份										
	2010	**2011**	**2012**	**2013**	**2014**	**2015**	**2016**	**2017**	**2018**	**2019**	**2020**
中国	18.20	20.60	22.40	24.00	25.10	26.00	25.60	26.30	27.50	27.40	28.50
美国	16.90	15.80	16.00	16.20	16.10	17.30	17.00	16.50	16.40	16.80	17.30
日本	11.30	10.30	10.30	8.20	7.60	7.40	8.20	7.70	7.40	7.50	7.40
德国	6.30	6.40	5.90	6.10	6.20	5.60	5.80	5.70	5.70	5.40	5.20
韩国	3.00	3.00	3.00	3.10	3.20	3.20	3.20	3.30	3.30	3.00	3.00

来源:根据世界银行数据整理。

2. 制造业影响力大，综合竞争力强

20 世纪 90 年代，世界制造中心位于欧洲和美洲，贡献了世界制造业增加值的 70%。21 世纪以来，世界制造中心转移至亚洲，亚洲占世界制造业增加值超过 50%，其中中国就占了近 30% 的份额。在联合国工业发展组织发布的全球工业竞争力绩效（CIP）指数排名中，德国长期位居第一，自 2015 年以来，中国排名第二。CIP 主要有 3 个维度 8 个指标：①生产和出口制成品的能力，包含人均制造业增加值和出口值等；②科技发展与升级，包含工业化程度和出口质量等，特别是中、高科技制造业的作用；③对世界的影响，包含该国对世界制造业增加值和出口贸易的影响等。在这些指标中，中国对世界制造业增加值的影响长期稳居第一，体现了中国制造业较强的韧性。但中国制造业总量大，表现为产能普遍过剩，技术含量不高，与美、日、德等制造强国相比还存在比较大的差距。随着欧美国家再工业化，全球贸易摩擦不断，各国制造业竞争将更加激烈。

3. 制造业结构优化，警惕过早"去工业化"

2012 年以后，我国经济进入新常态，随着经济结构调整，制造业占 GDP 比重开始出现下降现象。

如表 10-2 所示，我国制造业增加值占 GDP 比重自 2012 年以来就进入持续下滑通道，由 2012 年的 31.53% 持续下降到 2020 年的 26.29%。而同时期的德国和日本这一比重大致稳定在 20% 左右，美国这一比重维持在 11% 左右。美国比重虽低，但含金量却高，美国制造的优势主要集中在飞机、汽车、芯片、发动机、精密仪器、化工、电子产品、装备制造业、军工等领域。以增强美国制造为特征的"美国优先"政策成为美国两党的共识，2018 年以来，逆全球化思潮抬头，单边主义、保护主义明显上升。美国遏制中国制造业发展意图明显，为了让制造业回流美国，确保工作岗位和产能留在美国，2017 年美国单方面退出跨太平洋伙伴关系协定（TPP）。美国屡次对中国出口采取"双反"（反倾销、反补贴）和加征关税措施，对中国高科技公司采取技术封锁，施压日本、荷兰等国对中国半导体、芯片制造装备实施出口管制，同时对中国赴美投资项目施加限制。面对海外订单减少叠加国内有效需求不足的挑战，我国制造业始终处在经济发展的核心地位，并承担大量的就业任务，制造业转型升级。

表 10-2　2010—2020 年中美日德韩制造业增加值占本国 GDP 比重

单位：%

国家	年　份										
	2010	2011	2012	2013	2014	2015	2016	2017	2018	2019	2020
中国	31.61	32.06	31.53	30.67	30.40	28.95	28.07	28.11	27.84	26.77	26.29
美国	11.91	11.95	11.86	11.80	11.66	11.66	11.22	11.25	11.34	11.07	11.19
日本	20.77	19.54	19.67	19.33	19.59	20.46	20.29	20.44	20.62	20.06	19.75
德国	19.70	20.23	20.16	19.93	20.42	20.35	20.66	20.39	20.04	19.44	18.17
韩国	27.44	28.24	27.83	27.79	27.04	26.61	26.36	26.95	26.64	25.22	24.81

来源：根据世界银行数据整理。

4. 制造业转型升级，智能制造提质增效

2020 年开始，新冠疫情肆虐全球，中国坚持精准防疫、动态清零，保证了制造业正常运转，成为全球唯一实现正增长的主要经济体。2021 年，中国外贸额首破 6 万亿美元关口，GDP 同比增长 8.1%，制造业增加值占 GDP 比重达到 27.4%，同比提高 1.1 个百分点，成为近十年来制造业增加值占 GDP 的比重连续下降后的首次回升。《十四五规划纲要》首次提出了"保持制造业比重基本稳定"的要求，避免"脱实向虚"，这意味着今后会更加重视实体经济的稳定发展。2015 年以后，中国政府密集出台了关于智能制造方面的很多政策，重点政策如图 10-1 所示。

5. 增强制造业核心竞争力，智能制造发展的四个问题

2022 年，"增强制造业核心竞争力"首次被写入《政府工作报告》。《"十四五"智能制造发展规划》提出，我国智能制造涌现出离散型智能制造、流程型智能制造、网络协同制造、大规模个性化定制、远程运维服务等新模式新业态。但与高质量发展的要求相比，智能制造发展仍存在供给适配性不高、创新能力不强、应用深度广度不够、专业人才缺乏等问题，归纳起来主要有以下四个问题。

（1）**关键技术和共性技术的"卡脖子"**。基础零件、元器件、先进技术基础工艺、关键基础材料、产业技术基础这"五基"总体还比较薄弱，严重依赖进口，产品质量和可靠性不强，创新体系缺失，制约制造业由大到强的瓶颈凸显。2018 年，《科技日报》列举了中国 35 个"卡脖子"的关键技术，如表 10-3 所示。

《关于加快经济社会发展全面绿色
转型的意见》
《关于进一步全面深化改革，
推进中国式现代化的决定》
《推动大规模设备更新和
消费品以旧换新行动方案》

2024年

《制造业可靠性提升实施意见》
《制造业技术创新体系建设和
应用实施意见》

2023年

《扩大内需战略规划纲要
（2022—2035年）》

2022年

《"十四五"智能制造发展规划》
《"十四五"机器人产业发展规划》
《"十四五"信息化和工业化深度
融合发展规划》

2021年

《关于工业大数据发展的指导意见》
《国家新一代人工智能标准体系
建设指南》

2020年

《关于推动先进制造业和现代服务业
深度融合发展的实施意见》
《"5G+工业互联网"512工程推进方案》

2019年

《国家智能制造标准体系建设指南》
《数字中国建设发展战略》

2018年

《新一代人工智能发展规划》
《制造业"双创"平台培育三年行动计划》
《关于深化"互联网+先进制造业"发展
工业互联网的指导意见》

2017年

《机器人产业发展规划（2016—2020年）》
《关于深化制造业与互联网融合发展的
指导意见》
《国家信息化发展战略纲要》
《智能制造发展规划（2016—2020年）》

2016年

《中国制造2025》
《关于积极推进"互联网+"行动的
指导意见》
《国家智能制造标准体系建设指南》

2015年

首次列入
国家发展战略

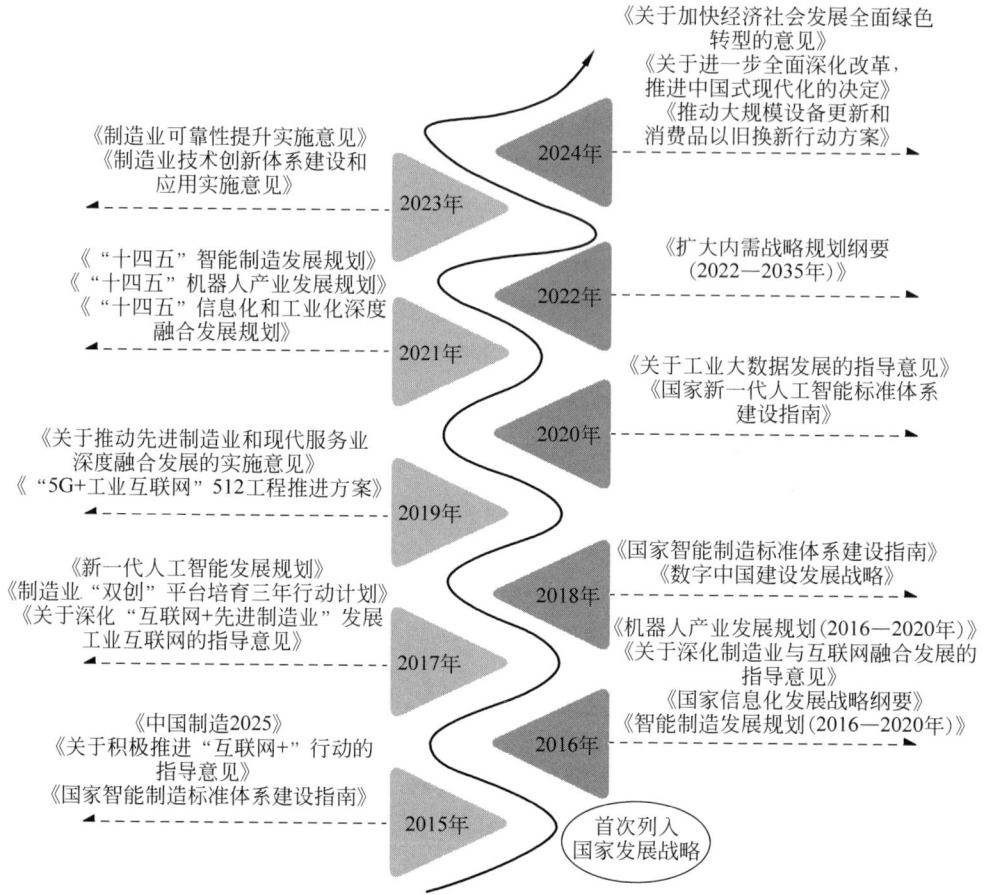

图 10-1　中国智能制造政策路线图

表 10-3　中国 35 个"卡脖子"的关键技术

序　号	关键技术	序　号	关键技术
1	光刻机	12	高端电容电阻
2	芯片	13	核心工业软件
3	操作系统	14	ITO 靶材
4	触觉传感器	15	核心算法
5	真空蒸镀机	16	航空钢材
6	手机射频器件	17	铣刀
7	航空发动机短舱	18	高端轴承钢
8	ICLIP 技术	19	高压柱塞泵
9	重型燃气轮机	20	航空设计软件
10	激光雷达	21	光刻胶
11	适航标准	22	高压共轨系统

续表

序　号	关　键　技　术	序　号	关　键　技　术
23	透射式电子显微镜	30	医学影像设备元器件
24	掘进机主轴承	31	数据库管理系统
25	微球	32	环氧树脂
26	水下连接器	33	超精密抛光工业
27	高端焊接电源	34	高强度不锈钢
28	锂电池隔膜	35	扫描电子显微镜
29	燃料电池关键技术		

当然"卡脖子"的关键技术还远远不止这些,关键核心技术通常不是单一的技术,而是复杂的技术系统。科技自立自强,现有体制和能力还需要在更高效的系统下有更大突破。目前关键技术和核心零部件还高度依赖进口,自给率仅为 1/3。高端数控机床、芯片、光刻机、高端传感器等均存在"卡脖子"的问题。工业和信息化部曾对中国 30 多家大型企业 130 多种关键基础材料做过深入调研,结果显示 32%的关键材料仍为空白,52%的关键材料依赖进口,大部分计算机和服务器的 95%高端专用芯片、70%以上智能终端处理器以及绝大部分存储芯片依赖从外国进口。

（2）**基础科学和基础技术的投入不足**。2012—2021 年,我国研发投入进步明显。制造业研发投入强度从 2012 年的 0.85%增加到 2021 年的 1.54%,专精特新"小巨人"企业的平均研发强度达到 10.3%,570 多家工业企业入围全球研发投入 2500 强。规模以上工业企业新产品收入占业务收入比重从 2012 年的 11.9%提高到 2021 年的 22.4%。企业创新投入和成果虽有所提高,但基础科学和基础技术的投入还不足。

中国科学院院士王贻芳指出,中国的研发经费是 GDP 的 2.4%,基本达到中等发达国家水平。但其中基础研究经费占研发经费只有 6%,和发达国家（15%～20%）相比有较大差距。2020 年,我国基础研究经费为 1467 亿元,约为美国的 1/5。当前,我国企业基础科学研究总投入不足,且存在结构失衡的问题:企业研发经费占全国 76.4%,基础研究和应用研究分别占 4%和 8%,发展和实验研究占 88%。基础科学和基础技术的供给不足,引发企业的原创研究力量薄弱,也不利于产学研的进一步结合。为抢占全球未来技术创新制高点,破解当前"卡脖子"难题,2021 年,清华、北大等众多高校相继成立未来技术学院及相关学科学院,聚焦国家关键领域,推动交叉学科发展,加快紧缺高层次人才培养。从某种意义上讲,未来学院更加侧重的是对未来经济社会具有颠覆性影响,但当前尚未实现的技术。

（3）**高水平、高素质制造业人才缺乏**。中国正从人口红利转向人才红利,需要与之相适应的人力资源配备和人才持续供应。现阶段,技能人才的供给与制造强国的战略需求不相适应,就业结构性矛盾突出,高层次、创新型产业人才匮乏。在过去的教育制度、高考制度、社会观念下,技能人才待遇普遍偏低、社会地位不高,很少有学生愿意去做高技能技术工人。现在我们在改革,从教育制度、收入分配、社会观念来鼓励更多的年轻人从事高技能的制造业,要让长期压在石头下的小草发芽,就只有把石头搬开,小草才会长高,让从事制造业的年轻人看到希望,他们不会被埋没在"石头"底下。

（4）**企业长远发展的意愿不足**。这主要是现实所迫,很多企业的第一要务是生存,而非发展。面对"市场冰山、融资高山、转型火山"三座大山的生存压力,很多企业不愿意拿钱、拿不出钱搞研发,特别是处于产业链制造环节的企业,既没有足够的利润空间,也没有足够的发展时间去发展技术和培养人才。企业的技术水平和管理方式大多还停留在传统工业时代,整体向现代工业过渡还需要很长的时间。

尽管如此,我国智能制造还是取得了很大进步。我国在智能制造领域整体呈现出"工业 2.0 补课,工业 3.0 普及,工业 4.0 示范"的现状。工业和信息化部对《"十四五"智能制造发展规划》的解读中归纳了三点:"十三五"以来,一是供给能力不断提升,智能制造装备国内市场满足率超过 50%,主营业务收入超 10 亿元的系统解决方案供应商达 43 家。二是支撑体系逐步完善,构建了国际先行的标准体系,发布国家标准 300 余项,主导制定国际标准 42 项,培育具有行业和区域影响力的工业互联网平台近 100 个。三是推广应用成效明显,试点示范项目生产效率平均提高 45%、产品研制周期平均缩短 35%、产品不良品率平均降低 35%,涌现出网络协同制造、大规模个性化定制、远程运维服务等新模式新业态。

10.2　智能制造发展能力

近 10 年来,中国制造业综合实力显著提升。截至 2021 年年底,中国制造业企业 500 强营业收入从 2012 年的 21.7 万亿元增长到 2021 年的 40.24 万亿元,有 58 家制造业企业进入 2021 年世界 500 强榜单,产业竞争力逐渐增强。但在工业竞争力、智能制造水平等方面与美、日、德等发达国家相比尚存差距。我国智能制造发展能力有以下几点体现。

1. 制造强国梯队,中国处于世界第三梯队

工业和信息化部原部长苗圩认为,目前全球制造业已基本形成四级梯队发展

格局：第一梯队是以美国为主导的全球科技创新中心；第二梯队是高端制造领域，包括欧盟、日本；第三梯队是中低端制造领域，主要是一些新兴国家；第四梯队主要是资源输出国，包括 OPEC（石油输出国组织）、非洲、拉美等国。中国制造的综合实力达到世界制造强国前列还需要近 30 年的奋斗。

2. 制造强国发展指数，中国大而不强

自 2015 年开始，中国工程院持续发布《中国制造强国发展指数报告》。在 2021 年版报告中设定了制造强国评价指标体系，其中包括规模发展、质量效益、结构优化和持续发展这 4 个一级指标，分别测算了美国、德国、日本、英国、法国、韩国、印度、巴西和中国等国的制造强国发展指数，具体指标如表 10-4 所示。

表 10-4　制造强国评价指标体系

一级指标			二级指标		
指标	权重	权重排名	具体指标	权重	权重排名
规模发展	0.1951	4	制造业增加值	0.1287	1
			制造业出口额占全球出口总额比重	0.0664	9
质量效益	0.2931	1	质量指数	0.0431	11
			一国制造业拥有世界知名品牌数	0.0993	2
			制造业增加值率	0.0356	13
			制造业全员劳动生产率	0.0899	3
			销售利润率	0.0252	14
结构优化	0.2805	2	高技术产品贸易竞争优势指数	0.0689	7
			基础产业增加值占全球比重	0.0835	4
			全球 500 强中一国制造业企业营业收入占比	0.0688	8
			装备制造业增加值占制造业增加值比重	0.0510	10
			标志性产业的产业集中度	0.0085	18
持续发展	0.2313	3	单位制造业增加值的全球发明专利授权量	0.0821	5
			制造业研发投入强度	0.0397	12
			制造业研发人员占从业人员比重	0.0132	15
			单位制造业增加值能耗	0.0748	6
			工业固体废物综合利用率	0.0116	16
			信息化发展指数（IDI 指数）	0.0099	17

如表 10-5 所示，世界制造强国这几年指数的变化不是很大。第一阵营是美国，遥遥领先；第二阵营是德国和日本，伯仲之间；第三阵营是中国、韩国、法国、英

国；第四阵营是印度、巴西、阿根廷等国家。中国虽仍处于全球制造业第三阵营，但与第一、二阵营国家制造强国的发展指数差距不断缩小。

表 10-5　近年来世界制造强国发展指数

年份	国　　　家								
	第一阵营	第二阵营		第三阵营				第四阵营	
	美国	德国	日本	中国	韩国	法国	英国	印度	巴西
2015	165.12	118.73	107.13	105.78	68.60	68.01	66.86	42.69	29.25
2016	172.28	121.31	112.52	104.34	69.87	67.72	63.64	42.77	34.26
2017	170.99	124.96	111.84	108.94	78.11	67.82	63.46	43.80	32.96
2018	166.06	127.15	116.29	109.94	74.45	71.78	67.99	41.21	30.41
2019	168.71	125.65	117.16	110.84	73.95	70.07	63.03	43.50	28.69
2020	173.19	125.94	118.19	116.02	73.95	69.35	61.45	44.56	27.38

2015—2020 年，中国制造强国发展指数由 105.78 增长到 116.02，累计增加 10.24。但中国制造业发展不平衡不充分的问题依然突出。"质量效益""结构优化""持续发展"三项数值合计值仅排名第六，大而不强、全而不优的局面并未得到根本改变。

3. 制造业隐形冠军，企业应专注与聚焦

1992 年，德国著名管理学家西蒙最早提出"隐形冠军"的概念，"隐形冠军"是指长期专注于某一细分行业产品的研发、生产和经营，具有较高市场份额的中小企业，但要成为"隐形冠军"还需要满足三个条件：一是在细分领域为世界前三强公司或者某地域名列第一；二是年营业额低于 50 亿欧元；三是鲜为外界所知。

如图 10-2 所示，在德国评选的 2019 年全球"隐形冠军"近 3000 家企业中，排名第一的是德国 1307 个，其次是美国 366 个，日本 220 个，而中国仅 92 个，与德国相差 1215 个，排在世界第六。德国"隐形冠军"企业数量占全球总数的 47.8%，位于榜首，主要集中在中小企业。而德国的世界 500 强大型企业仅有 20 多家，数量众多的"隐形冠军"企业体现了德国经济实力的含金量。

"隐形冠军"企业往往低调务实，不喜抛头露面。这些"隐形冠军"是在某个细分市场占据绝对领先地位，但鲜为人知的中小企业，因掌握行业的关键技术、知识和技能，享有其他企业无法替代的优势地位，是真正领导者。德国"隐形冠军"企业的年龄中位数为 66，主要集中在工业领域，占总数的 86%，而另外 14% 的企业属于服务业。从工业细分领域来看，机械制造业的企业数量最多，占总数的 25%；其次是电子电气行业，约占总数的 10.5%；从事医疗技术、金属加工、化学工业、金属生

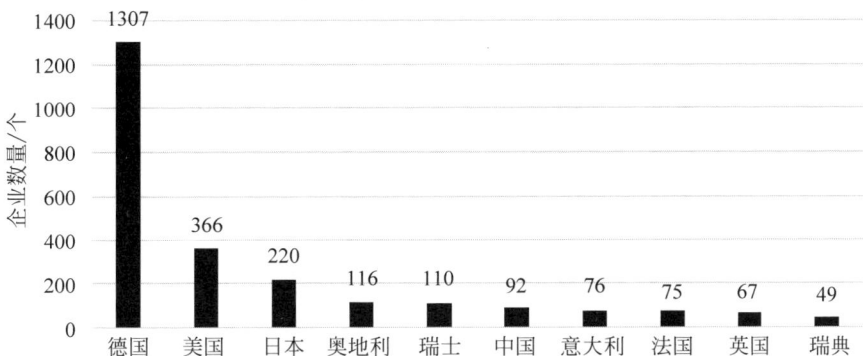

图 10-2　世界前 10 名"隐形冠军"国家的企业数量

来源:《隐形冠军:未来全球化的先锋》,赛迪智库数据。

产和塑料加工的德国"隐形冠军"企业占比均在 5%～6%。

西蒙认为,全球化的商业成功并不主要取决于大型企业,而是取决于像"隐形冠军"这样的中等规模世界级企业,中国的中小企业应该培养更多的"隐形冠军"。"隐形冠军"的诞生不是一日之功,在成长中构筑护城河,才能长时间保持领导地位。美国《财富》杂志曾有过调查,美国中小企业平均寿命不到 7 年,大企业平均寿命不足 40 年。而中国的中小企业的平均寿命仅 2.5 年,民营企业平均寿命只有 3.7 年,集团企业的平均寿命仅 7～8 年,每年倒闭的企业约有 100 万家。持续的技术创新才能创造更多的价值,而不是仅仅靠低价或模仿,高度专注才是"隐形冠军"的核心。

4. 智能制造能力成熟度,发展阶段任重道远

智能制造的本质是制造,特征是智能,智能制造能力是获得竞争优势的重要保障。根据工业和信息化部中国电子技术标准化研究院制定的智能制造能力成熟度模型,如图 10-3 所示,模型由维度、类、域、等级和成熟度要求等内容组成。维度、类和域是"智能+制造"两个维度的展开,是对智能制造核心能力要素的分解,分解为设计、生产、物流、销售、服务、资源要素、互联互通、系统集成、信息融合、新兴业态 10 大类能力以及细化的 27 个要素域,对每个域进行分级,每一级别对应相应的要求,构成智能制造能力成熟度矩阵。

目前智能制造成熟度可以分为五个级别,分别是:一级,即已规划级,有实施智能制造的愿景,能够对核心制造环节进行信息化管理,具备部分满足未来通信和集成需求的基础设施;二级,即规范级,制定智能制造战略规划、培养员工智能制造意识、配备相应的资金支持,开展数字化改造,实现核心装备、产线的数字化、核心

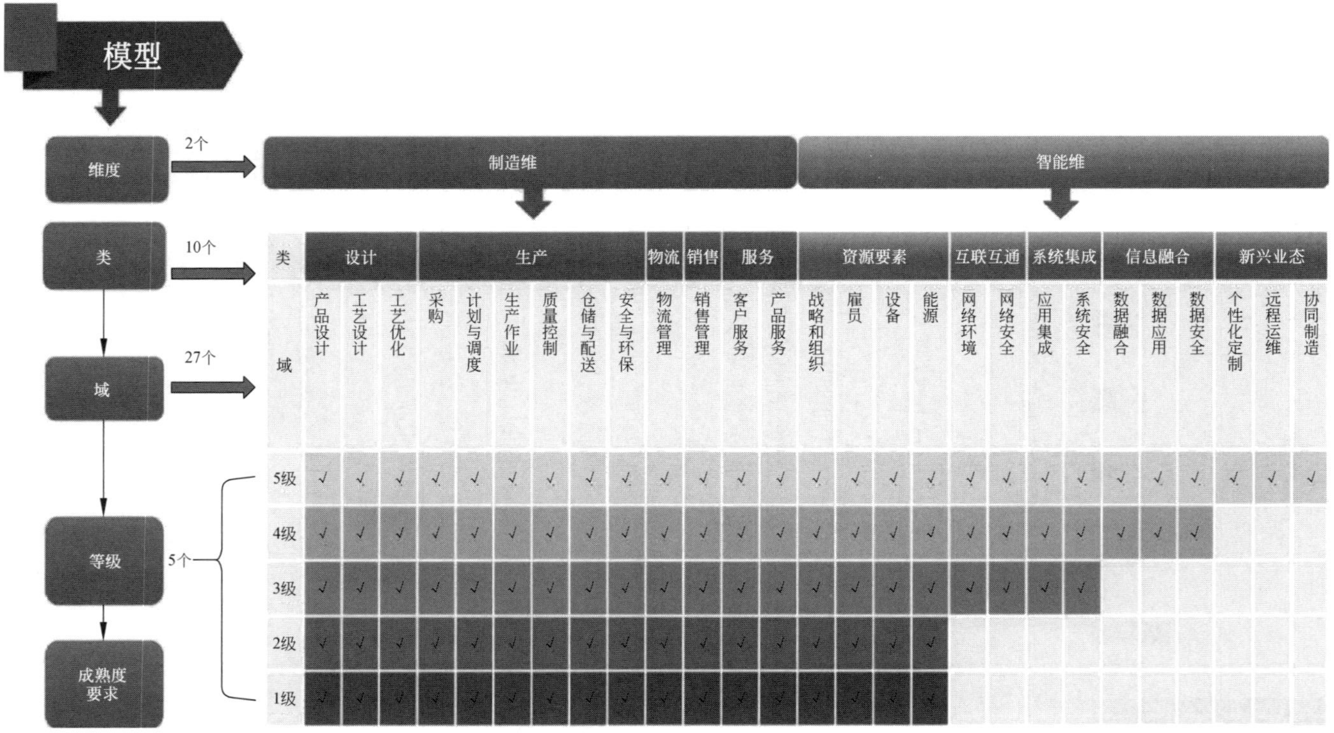

图 10-3 模型架构与能力成熟度矩阵关系

来源：《智能制造能力成熟度模型白皮书 1.0》。

模型 → 维度（2个）→ 类（10个）→ 域（27个）→ 等级（5个）→ 成熟度要求（5个）

业务内部的数据共享;三级,即集成级,应开展网络化集成,实现核心业务在工厂、企业范围内数据共享;四级,即优化级,应开始建立数据模型,能够对人员、装备、产品和环境所采集的数据以及生产过程中形成的数据进行分析和利用,在企业范围内形成智能化应用;五级,即引领级,企业应基于模型驱动业务优化,并实现与产业链上下游的协同。

《智能制造发展指数报告(2022)》数据显示,截至 2022 年年底,全国近 6 万家制造业企业通过平台开展了智能制造能力成熟度自诊断。从等级分布情况看,63%的制造业企业达到的智能制造能力成熟度处于一级及以下水平(32%处于一级),21%的制造业企业达到成熟度二级,实现了核心业务环节的数字化网络化。12%的制造业企业迈进成熟度三级,实现了网络化集成及单点智能。4%的制造业企业达到四级及以上的高成熟度,实现了深度智能化,正引领着中国式智能制造创新发展。计算机电子设备、汽车等行业智能制造成熟度位居前列,TOP10 智能制造能力成熟度等级分布如图 10-4 所示。

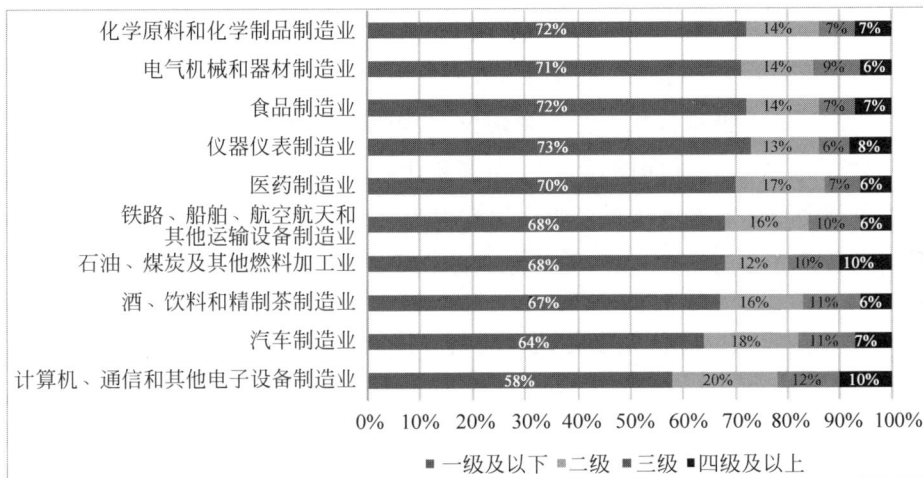

图 10-4　行业 TOP 智能制造能力成熟度等级分布

来源:《智能制造发展指数报告(2022)》。

5. 智能制造软硬件协同,数字化转型提速

发展智能制造,构建软硬间协同的智能制造体系,驱动制造范式创新。目前中国企业在智能制造硬件与软件市场赛道的竞争力较为薄弱。许多企业在战略层面上缺乏智能制造发展的顶层设计,缺乏业务规划与商业价值的深度分析,这导致智能制造转型疲于表面,片面追求自动化取代人工,而忽略了数字化转型的应用价值。为实施智能制造工程和制造业数字化转型行动,深化云计算、大数据、人工智能与制造业融合发展,《国家智能制造标准体系建设指南》数据显示,截至2021年年底,全国建成700多个数字化车间、数字工厂,实施305个智能制造试点示范项目和420个新模式应用项目,培育6000多家系统解决方案供应商,初步建成国家、省、企业三级协同的工业互联网安全技术监测服务体系。2021年,我国重点工业企业关键工序数控化率、数字化研发设计工具普及率分别达到55.3%和74.7%。智能制造发展道路将从制造模式向绿色、服务方向升级。推动制造业绿色发展,加快行业结构低碳化、制造过程清洁化、资源能源利用高效化,大力发展新能源、节能环保等绿色产业。

10.3　智能制造产业赛道

产业是经济之本,是生产力变革的具体表现形式。党的二十大报告提出,"建设现代化产业体系。推进产业智能化、绿色化、融合化,建设具有完整性、先进性、安全性的现代化产业体系"。在现代化产业发展的三个基本方向中,智能化居于首位。以智能制造助推现代化产业体系建设,必须依靠科技创新来推动战略性、先导性、基础性产业发展。面向国际竞争,中国智能制造产业以国家实验室体系强化国家战略科技力量;以战略性新兴产业和未来产业为发展方向;以装备制造产业、软件和信息技术产业为基础,重大科技创新正在重塑未来产业发展体系。

1. 构建国家实验室体系强化国家战略科技力量

2016年,《国家创新驱动发展战略纲要》正式提出建设世界科技创新强国"三步走"战略——到2020年进入创新型国家行列,到2030年跻身创新型国家前列,到2050年建成世界科技创新强国。为了推进创新强国建设,突破科技"卡脖子"难题,围绕原始创新和关键技术领域,国家组建全新标准的一批若干国家实验室,使其成为引领基础研究和重大创新的国家战略科研力量。《十四五规划纲要》进一步明确,构建国家实验室体系是以国家实验室为核心、全国重点实验室为关键、其他各类科技创新基地为支撑,共促科技自立自强,提升国家创新能力,特别是战略性的创新能力。

(1) **国家实验室引领国家战略科技力量。** 科技创新是国家发展全局的核心,国家实验室是整个国家科学研究的核心,代表着国家最高科技创新水平,是国之重器。在我国科研实验室体系中,国家实验室等级最高、数量最少,以国家重大需求为导向,以前沿、交叉、共享为研究特点,同时又为国民经济发展提供科技支撑。在

美国创新体系中,国家实验室体系发挥着核心作用。以国家实验室命名的有 18 家
(15 家由能源部资助,另 3 家分别由国防部、国家航空航天局和卫生与公众服务部
资助),主要负责学科交叉、战略前沿的大系统科学;大学实验室主要负责基础理
论、应用前沿等科学;企业主要负责市场应用、技术集成等科学。从某种意义上
讲,中国国家实验室正是对标美国国家实验室,面向国家重大战略需求和未来科技
发展的战略制高点,引领国家战略科技力量。

　　2003 年,科学技术部批准第一批共计 5 个国家实验室并开始筹建,北京凝聚
态物理国家实验室(筹)、北京分子科学国家实验室(筹)、武汉光电国家实验室
(筹)、清华信息科学与技术国家实验室(筹)、合肥微尺度物质科学国家实验室(筹)
这五所批准筹建中的国家实验室与 2006 年纳入名单的青岛国家海洋科学研究中心
(筹)成为科学技术部国家实验室的首批试点。实际上,仅有青岛海洋科学与技术试
点国家实验室得以摘掉筹字,成为试点国家实验室,其余 5 所试点和"沈阳材料科学
国家(联合)实验室"在 2017 年则获批组建为 6 个国家研究中心。2006 年年底,国家
决定扩大国家实验室试点,启动海洋、航空航天、人口与健康、核能、洁净能源、先进制
造、量子调控、蛋白质研究、农业和轨道交通 10 个重要方向的国家实验室筹建工作。

　　如表 10-6 所示,自第一批国家实验室筹建至今已经过去 20 多年,国家实验室
却至今"筹"字难除。2017 年,有 5 个国家实验室(筹)和 2003 年以前建成的 1 个国
家实验室转成 6 个国家研究中心,剩下的 9 个国家实验室仍处于筹建状态。截至
2023 年年底,科学技术部披露一共 14 个国家实验室(另有 6 家被降级为国家重点
实验室),其中 5 个建成,9 个处于试点(筹)状态,都是 2006 年及以前批准筹建的。

表 10-6　国家实验室名单

序　　号	单　　　位	实　　验　　室
1	中国科学技术大学	国家同步辐射实验室
2	中国科学院高能物理研究所	正负电子对撞机国家实验室
3	中国原子能科学研究院	北京串列加速器核物理国家实验室
4	中国科学院近代物理研究所	兰州重离子加速器国家实验室
5	中国海洋大学、中国科学院海洋研究所等	青岛海洋科学与技术试点国家实验室
6	中国科学院合肥物质科学研究院、核工业西南物理研究院	磁约束核聚变国家实验室(筹)
7	中国科学院大连化学物理研究所	洁净能源国家实验室(筹)
8	上海交通大学	船舶与海洋工程国家实验室(筹)
9	南京大学	微结构国家实验室(筹)
10	中国医学科学院	重大疾病研究国家实验室(筹)
11	中国科学院生物物理研究所	蛋白质科学国家实验室(筹)
12	北京航空航天大学	航空科学与技术国家实验室(筹)

序　　号	单　　位	实　　验　　室
13	西南交通大学	现代轨道交通国家实验室（筹）
14	中国农业大学	现代农业国家实验室（筹）

来源：中国科学报社"科学网"。

在重大创新领域启动组建国家实验室以来，各省市已相继以国家实验室为目标，挂牌成立了中关村、昌平、怀柔、张江、鹏城等十几个国家实验室后备军。其中代表性的包括：①北京中关村国家实验室，以国家网络信息为核心领域；②北京怀柔国家实验室，以能源科学为核心领域；③北京昌平国家实验室，以生命科学为核心领域；④上海张江实验室，以光子科学、生命科学、集成电路信息技术、类脑智能等为核心领域；⑤上海临港实验室，以生命科学为核心领域；⑥上海浦江实验室，以人工智能为核心领域；⑦深圳鹏城实验室，以网络通信为核心领域；⑧武汉汉江实验室，以海洋科技为核心领域；⑨合肥量子与信息科学国家实验室，以量子信息为核心领域。

（2）**全国重点实验室支撑国家科技兴国战略**。全国重点实验室是国家组织开展基础研究和应用基础研究、聚集和培养优秀科学家的国家科技创新基地，是国家创新体系的重要组成部分。自1984年启动国家重点实验室建设以来，各地聚焦国家战略目标和产业创新发展需求，重点实验室数量和质量得到显著提升，2018年，国家提出重组国家重点实验室，推进科研院所改革，从"国家重点实验室"发展成"全国重点实验室"。2021年年底，《中华人民共和国科学技术进步法》明确提出建立健全以国家实验室为引领、全国重点实验室为支撑的实验室体系，为建设世界科技强国提供有力支撑。截至2023年年底，已有超过200个国家重点实验室完成重组，被纳入全国重点实验室的新序列之中，北京、上海、江苏的全国重点实验室数量位居前列。科技部原部长王志刚提出，"强化全国重点实验室等国家战略科技力量，关键要看干不干国家战略层面的事情，有没有召之能战、战之能胜的能力，有没有解决战略性的科学技术问题"。2022年，科技部遴选出首批20个标杆全国重点实验室批准建设，芯片、人工智能等领域的重点实验室数量位居前列，如表10-7所示。

表10-7　中国首批20个标杆全国重点实验室

方　　向	单　　位	全国重点实验室（领域）
芯片	北京大学	微纳电子器件与集成技术
	复旦大学	集成芯片与系统
	中国科学院计算技术研究所	处理器芯片
	中国科学院上海微系统与信息技术研究所	集成电路材料

续表

方　向	单　位	全国重点实验室（领域）
人工智能	北京航空航天大学	虚拟现实技术与系统
	北京理工大学、同济大学	自主智能无人系统
	浙江大学	脑机智能
	科大讯飞、中国科学技术大学	认知智能
	中国科学院自动化研究所	多模态人工智能系统
高端装备	清华大学	高端装备界面科学与技术
农业	湖南省农业科学院、武汉大学	杂交水稻
	华中农业大学	作物遗传改良
	兰州大学	草种创新与草地农业生态系统
	中国农业大学	畜禽生物育种
传媒	人民网	传播内容认知
能源	清华大学	新型电力系统运行与控制
	中国华能集团有限公司	高效灵活煤电及碳捕集利用封存
	中国电力科学院有限公司	电网安全
	中国科学院大连化学物理研究所	能源催化转化
	中国石油天然气有限公司勘探开发研究院	提高油气采收率

来源：科学技术部数据。

聚焦关键问题，引领科技前沿。高校、科研院所、企业共建全国重点实验室，科研管理体制和运行机制不断完善，新的研究方向和技术生长点不断涌现，在"卡脖子"领域上加速科技成果转化、促进科技和经济社会发展相结合。

2. 中国智能制造产业以战略性新兴产业和未来产业为发展方向

战略性新兴产业和未来产业是新质生产力的核心产业。2023 年 9 月，习近平总书记首次提出"新质生产力"一词，指出整合科技创新资源，引领发展战略性新兴产业和未来产业，加快形成新质生产力。新质生产力有别于传统生产力，涉及领域新、技术含量高，依靠创新驱动是其中关键。新质生产力利用新技术全方位提升全要素生产率，以劳动者、劳动资料、劳动对象及其优化组合的质变为基本内涵，以全要素生产率提升为核心标志，强调前瞻性、引领性、颠覆性创新，是未来经济增长和产业结构优化的新动能。新质生产力作为全新的理论还需要在实践中丰富和完善，产业高质量发展的关键是要做好与新质生产力匹配的新质生产关系变革，科技创新从更多依靠应用研究、集成创新转向更多依靠基础研究、原始创新。智能制造是第四次工业革命的核心技术，是先进制造技术与新一代信息技术的深度融合，已成为世界制造业科技创新的制高点，是战略性新兴产业和未来产业发展的重要方向。

（1）**战略性新兴产业**。战略性新兴产业是以重大技术突破和重大发展需求为基础,对经济社会全局和长远发展具有重大引领带动作用,属于知识技术密集、物质资源消耗少、成长潜力大、综合效益好的产业。2010 年,国家正式提出加快培育和发展战略性新兴产业,提出聚焦节能环保产业、新一代信息技术、生物、高端装备制造、新能源、新材料、新能源汽车七大产业。2021 年,战略性新兴产业在《十四五规划纲要》中做了相应调整,提出聚焦新一代信息技术、生物技术、新能源、新材料、高端装备、新能源汽车、绿色环保以及航空航天、海洋装备九大产业。这些产业带动作用显著,发展相对成熟,已经呈现融合化、集群化、生态化发展趋势。

(2) **未来产业**。未来产业比战略性新兴产业更为前沿,产业边界不清晰,突破认知极限,呈现科学交叉融合,是体现国家核心竞争力的非对称优势的战略产业。超前布局建设未来产业,在某种程度上,是解决战略性新兴产业出现的基础薄弱问题。未来产业主要集中在未来制造、未来信息、未来材料、未来能源、未来空间和未来健康六大方向。这些产业发展处于早期萌芽阶段,一般尚不具备规模化生产或市场化运营条件,应用场景和商业模式尚不明确,产业成长的不确定性很大,但属于颠覆性创新产业。

3. 中国智能制造产业以装备制造产业、软件和信息技术产业为基础

装备制造产业、软件和信息技术产业是智能制造的基础产业,也是"挑大梁"的产业。《十四五规划纲要》明确了制造业核心竞争力提升的八个方向,分别是高端新材料、重大技术装备、智能制造与机器人技术、航空发动机及燃气轮机、北斗产业化应用、新能源汽车和智能(网联)汽车、高端医疗装备和创新药、农业机械装备。壮大智能制造产业体系,优先要实现装备制造和工业软件的自主供给。关于建设智能制造产业体系自主供给,《"十四五"智能制造发展规划》提出了三个方面要求:一是大力发展智能制造装备;二是聚力研发工业软件产品;三是着力打造系统解决方案。

(1) **装备制造产业的区域发展**。装备制造领域具有研发技术壁垒高,上下游产业关联度高以及应用领域广泛等特点。从国内智能制造装备区域格局看,高端装备制造业已形成长三角、环渤海、珠三角和中西部四大产业集聚区,以四川和陕西为代表的西部地区为支撑,中部地区快速发展的产业格局。具体来看,长三角、珠三角作为我国制造业的核心区,在推动智能制造方面担当主角。

长三角是我国经济发展的前沿地带,高校和研究机构集中,是高端装备制造业研发和生产的中心,高端装备制造业发展相较于国内其他地区更为成熟,产业集群发展在国内也处于领先地位。长三角产业专业化分工体系和协同创新网络已初步

形成,具备发展成为世界级产业集群的潜力。产业包括工程机械、高档数字机床、增材制造、工业机器人、海洋装备、医疗装备、环保装备等。上海是国内民用航空装备科研和制造重点基地,成套装备制造是其重点支柱产业;江苏的海洋工程装备、航空航天、轨道交通、数控机床、机器人产业发达,是长三角规模最大的制造基地;浙江的轨道交通和数控机床产业较为成熟。

环渤海以辽东半岛和山东半岛为核心区域,以北京、天津、哈尔滨、沈阳等城市为代表。北京凭借其丰富的人才、科研与教育资源,成为全国航空装备、轨道交通、数控机床等高端装备制造业的研发中心和科研成果转化基地;天津的航空部件制造、轨道交通、海洋工程装备发展快速;辽宁是以数控机床、机器人、航空装备、轨道交通、海洋工程装备为主的老工业基地。

珠三角高端装备制造业主要分布在广州、深圳、珠海等地。广州以大中型集装箱船和特种船为主;深圳正着力建设华南地区数控系统技术研究开发中心,大力发展工业机器人和机械手的研发与生产;珠海依托珠海航空产业园,将大力发展通用航空产业。

中西部地区形成以四川、陕西、湖南和山西为中心的航空航天、轨道交通装备等高端装备产业集聚区。湖南和山西分别以株洲和太原为中心成为我国轨道交通装备的重要制造基地;湖南和江西作为国家重点航空产业基地,重点发展航空装备产业;四川、重庆、陕西也逐渐形成了航空、卫星、轨道交通装备和机床等产业的集聚区。

(2) **软件和信息技术产业的区域发展**。软件和信息技术产业是数字经济的先导产业。我国5G产业处于并跑或局部领跑态势,而芯片、操作系统等软件和信息产业起步晚,基础有待加强。根据工业和信息化部《2023年软件和信息技术服务业统计公报》显示,2023年,东部地区完成软件业务收入100783亿元,占全国软件业的比重为81.8%,中部和西部地区完成软件业务收入占全国软件业的比重分别为5.7%和10.2%,东北地区完成软件业务收入占全国软件业的比重为2.3%。2023年全国软件业务收入前10名省份排名如图10-5所示,其中软件业务收入居前5名的北京、广东、江苏、山东、上海共完成收入85135亿元,占全国软件业比重的69.1%。

截至2023年年底,国家火炬计划软件产业基地共44个,销售收入约占全国的一半,主要集中在经济发达地区,其中江苏(7个)、山东(4个)和广东(3个)位列前三。这些基地通过技术突破、产业链整合和政策赋能,成为我国软件产业创新的核心载体。

4. 中国智能制造产业的集群发展、区域布局

全国各地智能制造产业初步形成产业集群和先进制造业聚集区,区域增长极

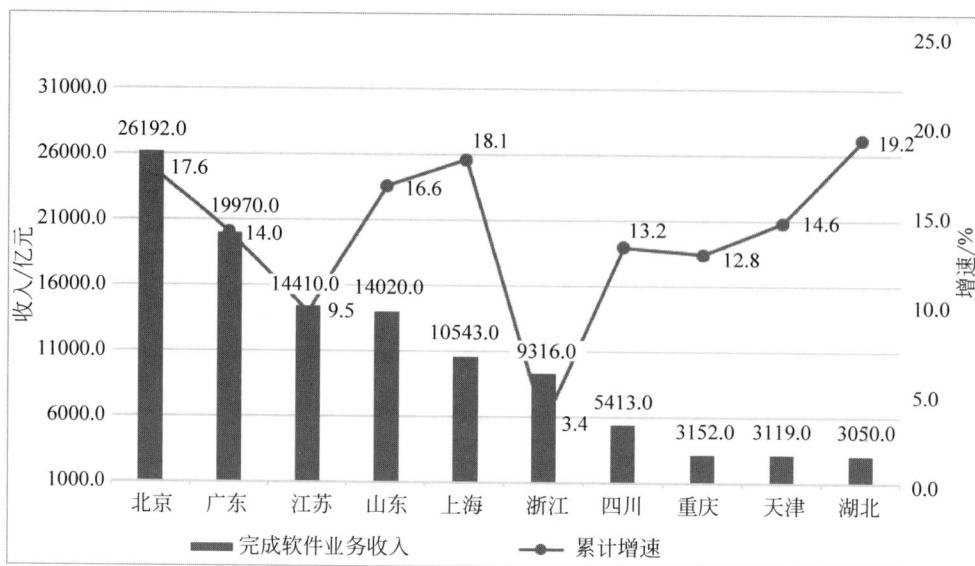

图 10-5   2023 年全国软件业务收入前 10 名省份排名

来源：工业和信息化部数据。

的"乘数效应"有力助推了产业经济的发展。

（1）**先进制造业集群发展**。2019 年，工业和信息化部启动首轮国家先进制造业集群竞赛工作，重点聚焦围绕新一代信息技术、高端装备、新材料、生物医药等重点领域。如表 10-8 所示，2022 年，工业和信息化部共发布 45 个国家先进制造业集群，其中新一代信息技术领域 13 个、高端装备领域 13 个、新材料领域 7 个、生物医药及高端医疗器械领域 5 个、消费品领域 4 个、新能源及智能网联汽车领域 3 个。从区域分布看，江苏 10 个、广东 7 个、浙江 4 个、湖南 4 个、上海 3 个、山东 3 个。

表 10-8   2022 年拥有 3 个以上先进制造业集群省份

省　份	名　　　称	
江苏 （10 个）	常州市新型碳材料集群	苏州市纳米新材料集群
	南京市软件和信息服务集群	苏州市生物医药及高端医疗器械集群
	南京市新型电力（智能电网）装备集群	泰州市、连云港市、无锡市生物医药集群
	南通市、泰州市、扬州市海工装备和高技术船舶集群	无锡市物联网集群
	苏州市、无锡市、南通市高端纺织集群	徐州市工程机械集群

续表

省　份	名　称	
广东 (7个)	东莞市智能移动终端集群	深圳市、广州市高端医疗器械集群
	佛山市、东莞市泛家居集群	深圳市先进电池材料集群
	广州市、佛山市、惠州市超高清视频和智能家电集群	深圳市新一代信息通信集群
	广州市、深圳市、佛山市、东莞市智能装备集群	
浙江 (4个)	杭州市数字安防集群	宁波市绿色石化集群
	宁波市磁性材料集群	温州市乐清电气集群
湖南 (4个)	长沙市新一代自主安全计算系统集群	株洲市轨道交通装备集群
	长沙市工程机械集群	株洲市中小航空发动机集群
上海 (3个)	上海市集成电路集群	上海市新能源汽车集群
	上海市张江生物医药集群	
山东 (3个)	青岛市智能家电集群	青岛市轨道交通装备集群
	潍坊市动力装备集群	

来源：工业和信息化部数据。

45个国家级集群主导产业产值近20万亿元,布局建设了18家国家制造业创新中心,占全部国家级创新中心数量的70%,拥有国家级技术创新载体1700余家,培育创建了170余家国家级"单项冠军"企业、2200余家国家级专精特新"小巨人"企业,成为推动制造业高质量发展的重要载体。

截至2024年年底,我国先进制造业集群扩容到80个,其中高端装备领域29个和新一代信息技术领域16个,占比超过50%。从区域分布看,江苏以14个先进制造业集群位居全国首位,占全国比重近1/5,广东和浙江均为8个,并列第二。从跨区域合作与区域经济协同发展看,京津冀和长三角区域的先进制造业集群数量增多。通过区域产业布局、智能产业园集聚、先进制造业集群等协同创新政策,配套以出口加工区、综合保税区、自由贸易区等优惠贸易机制,所带来的集聚经济、外部经济、范围经济正逐步推动智能制造产业的高速发展。

（2）**智能产业园的区域发展**。产业园区作为产业集聚的载体,能够有效激发企业的创新活力,促进企业的高速发展。为推动发展智能制造产业,全国各地新建了大量智能产业园区。《世界智能制造中心发展趋势报告（2019）》数据显示,带有"智能制造"名称的所有产业园区,目前中国总共有537个,分布在全国27个省市。园区的优势在于可构建集"科技研发＋产业苗圃＋孵化器＋加速器＋推广应用"于一体的服务体系,激发智能制造产业的投资创业。

从地区分布看，智能制造产业带基本分布在"胡焕庸线"（黑河—腾冲线）以东的地区，以西的地区潜力城市为0。如表10-9所示，智能制造产业园区大部分集中在全国经济最为发达的长三角地区、珠三角地区、中部地区、环渤海地区和西南地区五大区域，长三角地区智能制造园区数量占全国28.3%。江苏制造业增加值占地区GDP约36%，制造业规模位居全国第一位，也是智能制造园区数量最多的省份。

表 10-9　中国国家级智能制造类试点项目分布

省/市	产业园区数量/个	省/市	产业园区数量/个
江苏	79	贵州	15
广东	59	上海	13
山东	43	天津	13
浙江	39	辽宁	12
河南	38	内蒙古	10
重庆	23	广西	8
湖北	22	黑龙江	8
四川	22	江西	6
安徽	21	云南	6
北京	18	山西	5
河北	18	新疆	4
福建	17	吉林	3
湖南	17	甘肃	1
陕西	17		
合计		537	

来源：《世界智能制造中心发展趋势报告（2019）》。

从城市分布看，智能制造产业园分布呈现出两条纵贯南北的产业带，中部产业带以"北京—天津—济南—郑州—武汉—长沙—广州—佛山—深圳"为线，东南沿海产业带则以"连云港—盐城—合肥—南京—苏州—上海—杭州—宁波—莆田—厦门—汕头—深圳"呈带状分布。苏州、宁波、上海、重庆、深圳位列智能制造企业数量前五名。

从产业分布看，大数据产业园是数量最多的产业园类别，达到111个，占比为20.7%。其次是综合型园区，占比为17.9%。新材料产业园区占比也达到了17.1%。机器人产业园总数也达到了68家，占比为12.7%。

10.4　智能制造专精特新

1. 中小企业是中国经济的"主力军"

中小企业是中国制造的重要支撑，也是发展中国智能制造的重要战场。2018

年3月,我国市场主体总量开始突破1亿户,位居世界第一。市场主体以中小企业为数量主体,规模型企业为质量主体,虽然中国大企业很多,但"隐形冠军"企业却不多见。为推进中小企业数字化转型,实施中小企业数字化促进工程,国家开始加快专精特新"小巨人"企业发展。工业和信息化部在梯度培育中小企业方面有"四个梯度":第一个梯度是量大面广的创新型中小企业;第二个梯度是专精特新中小企业;第三个梯度是专精特新"小巨人"企业;第四个梯度是制造业"单项冠军"企业。其中制造业"单项冠军"企业是制造企业的第一方阵,也是"中国制造"的排头兵。

2. 专精特新是中小企业的"领头羊"

专精特新是指具备专业化、精细化、特色化和创新型特征的中小企业。专精特新鼓励专业化和差异化发展,加强产业链上下游协作配套,完善供应链体系。专精特新"小巨人"企业主导产品应优先聚焦制造业短板弱项,鼓励发展支柱和优势产业。专精特新"小巨人"企业具有"5678"的特征,即超五成研发投入在1000万元以上,超六成属于工业基础领域,超七成深耕行业十年以上,超八成居本省细分市场首位。"小巨人"企业是专精特新中小企业中的佼佼者,是专注于细分市场、创新能力强、市场占有率高、掌握关键核心技术、质量效益优的排头兵企业。从2018年开始,政府首次提出要开展专精特新"小巨人"培育工作,优先聚焦制造业短板弱项,符合"工业五基"发展所列的重点领域。截至2024年年底,前六批专精特新"小巨人"企业累计培育数量达1.46万家,数量持续上升。

3. "单项冠军"是中国制造业的"排头兵"

制造业"单项冠军"企业是指长期专注于制造业某些特定细分产品市场,生产技术或工艺国际领先,单项产品市场占有率位居全球前列的企业。2016—2024年,中国专精特新"小巨人"企业与"单项冠军"企业(产品)数量对比如图10-6所示,从2016年开始,中国制造业"单项冠军"第一批有53家示范企业,此后每年的制造业"单项冠军"企业数量稳步增长,截至2024年年底,前八批名单共计1557家企业上榜。

从地区分布看,浙江、山东、江苏、广东四个制造强省制造业"单项冠军"企业达887家。从产业分布看,在前八批的中国"单项冠军"示范企业中,装备制造业处于领先地位,主要集中于通用设备制造业、专业设备制造业等23个制造业大类。"单项冠军"企业是制造业发展的排头兵,培育更多的制造业"单项冠军"企业,是制造

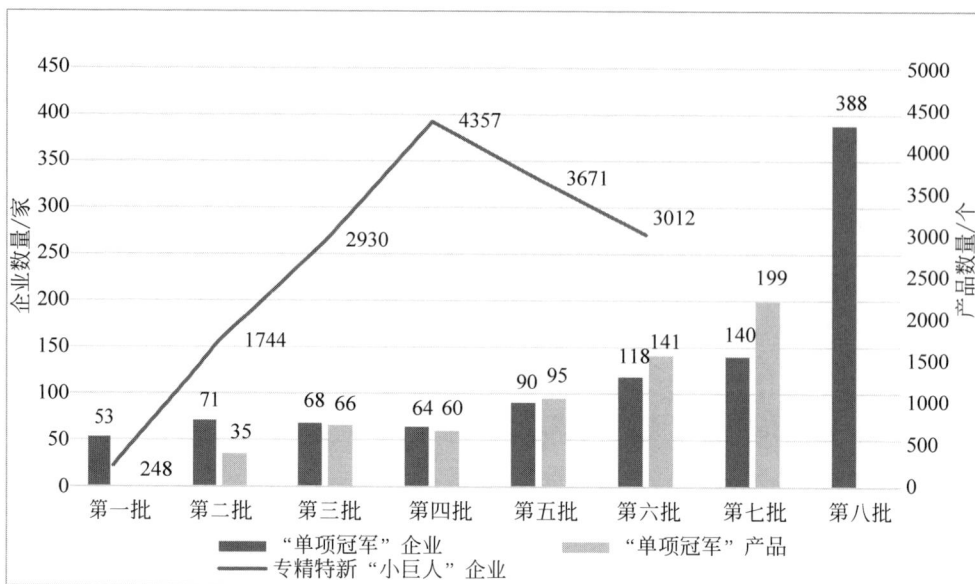

图 10-6　中国专精特新"小巨人"企业与"单项冠军"企业（产品）数量对比

来源：根据工业和信息化部数据整理。

强国建设的重要支撑。进入新时代，"单项冠军"企业与培育新质生产力的方向高度契合，更集中于高端装备、新一代信息技术、新材料等战略性新兴产业，代表着中国制造业在国际细分领域的最高发展水平、最强市场实力。

第11章

中外教育与人力资源

    国家之间的竞争就是科技水平的竞争,一个国家的科技实力归根结底是由教育水平决定的,高素质人才是发展新质生产力的第一要素和主体力量。根据国家《制造业人才发展规划指南》,制造业十大重点领域2020年的人才缺口超过1900万人,至2025年,中国制造业重点领域人才缺口将接近3000万人。在新一代信息技术、电力装备、新材料等领域,人才缺口巨大。加快发展职业教育,大力培养技能人才刻不容缓。

    培养高技能人才,提高劳动力的整体水平以及创新能力,是摆在我们面前的一项紧迫任务。制造业科技人才既要掌握迅猛发展的新一代信息技术,也要熟悉工业制造的关键环节,成为多学科交叉的复合型人才。中国工程院院士周济指出,智能制造领域要培养和造就三方面高质量人才,即智能制造高技术人才、高技能人才和管理人才。具体说来,一是培养数以千万计的掌握制造技术,熟悉数字化、网络化、智能化技术,精通智能制造技术,具备实战能力,善于解决工程问题的智能制造高技术人才。二是培养亿万热爱制造、知识先进、技术精湛、能工巧匠型的智能制造高技能的人才。三是培养和造就大批高质量、高水平的智能制造管理人才,尤其是企业家。

    智能制造需要一大批智造型人才,需要杰出的领军人物、卓越的工程师、高素质高技能的劳动者。当前,我国制造业人才供需在一定程度上出现了结构性矛盾。一方面,一般制造业人才市场供给相对过剩,这与制造业大而不强直接相关。另一方面,智能制造的人才供给不足,相应的培养与成长机制不够完善与健全,高等教育特别是工程教育的传统模式亟待转型升级,面向智能制造的重点人才培养与成长策略亟待深入研究。

    将人力资源规模优势转化为人才质量优势,职业教育是技能人才培养的主要力量，也是培育工匠精神的重要载体，以美国、德国、日本为代表的制造业发达国家的教育经验值得借鉴。

11.1　美国："CBE"与"STEM"能力教育

教育是一场没有硝烟的战争。美国是世界上国际学生最多的国家，而中国是世界上最大的国际学生输出国之一。根据《2023 年国际教育交流门户开放报告》，中国连续第 14 年成为美国国际学生的最大生源国。美国出于国家安全考虑，从特朗普时期开始，限制中国学生赴美学习，甚至遣返在美中国留学生。美国对于科学无国界和关键技术封锁的双重教育思维，来源于对本国科技教育的高度自信。

（1）美国的 CBE 教育。CBE 教育（competency based education）是以能力为基础的教育，是当今一种较为先进的职业教育。CBE 模式的主要特点是"引企入教"，首先由学校聘请行业中一批具有代表性的专家组成专业委员会，按照岗位的需要，层层分解，确定从事这一职业所应具备的能力，明确培养目标。其科学性体现在它打破了以传统的公共课、基础课为主导的教学模式，强调以岗位群所需职业能力的培养为核心，保证了职业能力培养目标的顺利实现。这种职业教育主要是由学校或学院这种公共教育机构来承担。

（2）美国的 STEM 教育。STEM 教育是科学（science）、技术（technology）、工程（engineering）和数学（mathematics）四个领域的简称，是美国政府为了提高国家在科技创新方面的竞争力而推出的一项教育计划，以提高学生的实际能力和解决问题的能力。STEM 专业聚焦思维养成、学科整合、教学实践，旨在培养学生在工程类、生物科学、数学、物理科学及相关领域的知识、技能和创造力，以应对 21 世纪社会和经济发展的需求。美国 STEM 教育主要有四个特征。

一是 STEM 教育法实施高效化，政策配套协同。1986 年，美国首次提出，应将"科学、数学、工程和技术教育"集成于一体的政策建议。2006 年，布什政府首次将 STEM 教育提升至国家战略。自 2015 年奥巴马政府颁布 STEM 教育法以来，STEM 教育已成为美国全民参与、深入人心的国家教育发展战略。美国逐年修订各项配套政策，各项科技创新与人才教育的政策文件都会涉及 STEM 教育，扩大资源投入，明确 STEM 教育中长期发展目标和实现路径。

二是 STEM 教育投资主体多元化，社会广泛参与。美国 STEM 教育拨款逐年攀升，主要体现在政府渠道、学校渠道和社会渠道这三个方面。在 2022 年美国政府 42.28 亿美元的 STEM 教育预算中，美国国家科学基金会、卫生与公众服务部、教育部获得主要经费,占比分别为 33.55%、20.37% 和 15.16%,合计约占 70%。此外,能源部、国家航空航天局等相关部门和机构也获得了份额不等的 STEM 经费,形成了美国 STEM 教育的多样化资金和资源投入渠道。在美国 STEM 教育体系中,社会组织是公共政策认可的重要参与者和 STEM 教育发展成就的受益者,其资源投入具备突出的市场化和自主性特征。

三是 STEM 教育结构一体化,跨学科融合。美国 STEM 教育改革的一个突出特征是强调跨学科的教学模式。通过多样化的教学主体和内容来培养学生专业化和个性化的 STEM 教育体系。STEM 教育从幼儿园、中小学到高校形成一条纵向贯通的 STEM 教育链。STEM 教育尊重学生的兴趣和特长,注重培养学生的个性化发展,以学生为中心,通过项目式学习、实践探究等方式激发学生的创新精神和实践能力。教学内容涵盖了多个领域,如人工智能、机器人、生物科技等。

四是 STEM 教育评价科学化,全流程体系。美国政府和专业机构会从投入、过程、环境和成果,形成一套 STEM 教育评价机制,全面监控和分析 STEM 教育的发展变化。2022 年,美国科学委员会发布了调整后的《关键技术和新兴技术的国家战略》,明确了 20 项关键技术包括高级计算、先进工程材料、先进的燃气轮机发动机技术、先进制造、先进的网络传感和签名管理、先进核能技术、人工智能、自主系统和机器人、生物技术、通信和网络技术、定向能技术、金融科技、人机界面、超声速、联网传感器和传感技术、量子信息技术、可再生能源开采和储存技术、半导体和微电子、空间技术。STEM 学科教育与关键和新兴技术保持同步,以确保美国在全球科技创新领域处于领先地位。

STEM 教育是美国教育与科技国际竞争力的主要来源,通过发动政府各部门、企业和社会组织等力量,联合构建相互协调的 STEM 教育体系,继续保持美国对全球科技人才的吸引力。我国是美国 STEM 博士留学生最大生源国,美国每年培养的 STEM 博士生中有 16% 来自我国留学生,年均超过 5000 人,且毕业后长期留美发展的比例高达九成。当然美国 STEM 教育改革也存在较为突出的问题,比如,美国 STEM 本土化人才减少,带来教育公平、教育安全等一系列的社会问题。

11.2　德国:"双轨制"技术教育

德国拥有着强大的工业体系,经历两次世界大战的破坏仍传承壮大至今,跟它优秀的教育资源是密不可分的。德国大学吸引了世界各地大量的人才,特别是德国的公立大学大多是不收费。在德国政府的财政支出中,教育经费通常占比较大。

1969 年,德国颁布《职业教育法》,政府重视高中阶段双元制的职业教育体系,大力支持职业培训,凡是参与职业教育的企业都有国家经费补助。按照德国法律规定,所有的企业均需要缴纳职业教育基金,为培养德国制造人才和传承德国制造精神提供坚实的物质基础。

（1）**双轨制职业教育是德国职业教育的重要载体**。德国就业市场稳定,失业率低,是欧洲失业率最低的国家之一。经济长期保持稳定与实行的双轨制教育分不开,所谓"双轨制教育",是指学生在职业学校接受职业教育的阶段,同时在企业接受技能培训,充当学徒。这样学生熟练掌握了相关技能,毕业后可不经实习期立即上岗。在德国,60%的年轻人都选择了双轨制职业教育,政府为从业人员的终身发展提供继续教育,保障了德国高素质高技能人才的有效供给。在德国,人们不会因为读了职业学校而丧失发展机会。对部分德国人而言,职业学校意味着比学术型学校的就业更有保障。德国人注重对学生性格、技能和兴趣的培养。正因为教育体系所偏向的重点不同,整个德国社会并不盲目追求学历、学位,就读职业学校更不会被认为是"低人一等"。

（2）**企业是承担双轨制职业教育的主体**。双轨制是一种校企合作共建的办学模式,即由企业和学校共同承担人才培养的任务,按照企业对人才的要求和市场需求组织教学内容和岗位培训。德国职业教育主要有全日制职业教育和双轨制职业教育两种模式,全日制职业教育的学习过程全部在学校完成,费用由国家来承担,而双轨制职业教育的企业培训由企业自己承担,企业承担了大部分的经费投入。学生仅用 30%的时间在学校学习必要的理论知识,其余的 70%时间则在企业中学习实用技术。德国目前已有 325 项国家承认的职业教育专业,涵盖工业和手工业、公共服务、家政等领域。

（3）**学生在双轨制职业教育中拥有更多选择权**。德国双轨制分流始于小学升初中的过渡期,虽然学生在分流后的两年内拥有调整的权利,但学生发展的方向已经基本确定。任何学生在普通中学毕业后,都可以在国家承认的职业中选择一项,并有六个月的适应期,如果不合适,还可以重新选择。职业学院与双元制大学所开设的专业基本采用了双元制模式,学生通常三个月在学校学习理论,三个月在企事业单位接受实践训练。双轨制学校的学制一般为三年或者三年半,学生从双轨制学校毕业后可以直接留在企业工作,学生和企业均拥有双向选择权。在联邦德国,不通过培训考试拿到合格证书,就不具备从业资格。完成双轨制职业教育的学生由于具备了从业资质,又了解企业工作流程,绝大部分都留在企业,实现了企业与学生的双向互利,创造了德国的低失业率,保障了社会稳定。

（4）**职业教育与学术教育双向贯通**。德国没有类似我国这种对于"普通高等学校"与"高等职业学校"的高校类型划分，德国职业教育与学术教育的融通，让学生有机会同时接受不同的教育，获得两种甚至多种资格。常见的交叉结合模式有双元制专业模式和新出现的多元制学业模式。德国在职业教育与学术教育融通方面所取得的成就得益于德国教育系统所采用的基于资格（而非统考）的过渡制度。学习者在一个教育阶段结束时会获得特定的资格，并借此升入高一级的教育机构。

随着德国人口数量下降，大数据、人工智能等新技术加速演进，职业教育生源开始减少，专业人才短缺，德国人力资源市场需求和供给结构发生了显著变化。一是新生总体规模缩小，职业教育生源开始减少；二是职业教育合同解约率增高，大量有意接受双元制职业教育的年轻人找不到职业教育岗位，造成大量年轻人不得不进入过渡性体系；三是双元职业教育的灵活发展滞后于新兴科技的快速发展。时隔 50 年后，2019 年，德国第二次修订《职业教育法》，加大数字化职业教育力度，培养青少年适应数字化社会的能力，完善职业教育体系，增强双元制职业教育学习者生活待遇及各项权益保障。

11.3　日本："产官学"匠人教育

"二战"结束后，日本很快进入了经济恢复重建期，并且同步实现了科学领域的崛起。日本自 1949 年首次获得诺贝尔奖以来，截至 2023 年年底，已累计 29 人获奖，这一成就仅次于欧美发达国家。值得注意的是，获奖者中多数在日本国内完成基础教育及本科教育，这种现象与日本战后的教育改革有着重要关系。1972 年日本GDP 超越联邦德国，成为仅次于美国的世界第二大经济体。崇尚劳动、尊重劳动者是日本教育所推崇的精神。日本和德国一样，历来高度重视职业教育，也是世界职业教育最发达的国家之一。在日本，把拥有精湛技艺的手工艺者称为"职人"，也就是"匠人"。所谓工匠精神，就是一辈子只做一件事，而且将这件事做到极致。拥有一技之长的技术人员在日本很受尊重，日本人口增长缓慢，社会老龄化速度加快，即使年龄大的技术人员也不会被人看不起，成为一名"职人"也是很多日本孩子未来的梦想。

1947 年，日本颁布《教育基本法》《学校教育法》等教育制度，将义务教育由原来的六年制变为九年制，这比中国早了近 50 年。在基础教育阶段，日本就注重培养中小学生的劳动教育。除了日常家务，学校会开展丰富多彩的劳动活动，要求学生理解劳动的尊贵和意义，通过勤劳为社会做出贡献。不仅完善劳动人格的基础教育，日本高考同样重视考察学生的思考与判断能力，每年可以进行两次考试。日本的本科教育称为"学部"，研究生教育称为"大学院"。日本的职业教育按照学历层次分，大体包括专修学校（专门课程）、高等专门学校、专门职短期大学、短期大学、专门职大学和专门职大学院等。与德国类似，专门职大学属于职业教育中的本科层次，专门职大学院可授予硕士、博士学位。2019年，日本通过法律确立了专门职大学和专门职短期大学的设置，并与普通大学、短期大学共同构成了新的日本高等教育体系。这项新政策正式落地实施，吸引更多的年轻人就读职业院校。学校支持各地居民和中小企业员工的终身职业学习，为社会培养了大量高素质人才，保持了日本制造业的优势。

日本的教育投入在世界上一直走在前列，日本大学教职工的收入远超公务员。日本国立大学教授的薪资与中央政府副部级公务员的薪资并没有太大的差异。正是因为教育投入大，且教师待遇高、地位高，使得日本国民整体素质较高，也为经济发展提供了各类研究人才和各种高技能技术人才。

在高等教育阶段，日本教育与生产劳动相结合的表现形式主要是"产官学"合作制度，即产业界、政府和学界在教育和科研方面的合作与交流。日本公司的传统就业形式是企业培训下的终身雇佣制度，这种制度在一定时期内为日本企业提供了稳定的高质量人才，增强了企业作为科技创新主体的活力。比如，2002年诺贝尔奖获得者田中耕一，43岁时还是普通工程师，也只有学士学位，而且是在一家小企业默默无闻地从事技术工作，连获奖的研究成果也是在一次失误中获得的，他被称为最平凡的诺贝尔奖获得者。

当然承担技工培养任务的主要还是企业内部培训，特别是日本大企业都有非常完善的培训体系。企业培训主要包括在岗培训模式（on the job training, OJT）、脱产培训模式（off the job training, OFF-JT）和自我开发模式（self development, SD）三大类。

日本科研经费投入充足，在全世界仅次于美国，远远超过英法德这些经济高度发达的国家。据相关资料披露，自20世纪90年代以来，日本研究开发经费支出占GDP的比重一直位居世界第一。日本的研究人员数量仅次于美国，居世界第二位，高科技投入使得日本工业发达，产品能耗低，在世界具有领先地位。

11.4 中国："应试教育"与"大国工匠"

任正非曾经说过，"要找会开航母的人来教开航母，不然就触礁了"。长期以来，我国学科体系难以匹配产业对技能型和复合型人才的需求，职业教育发展较为滞后。培养智能制造领域人才,职业教育要以贯通"技术一线—技能人才—高技能人才—大国工匠"教育为发展路径。当前及未来一个时期的当务之急是优化人才结构、扩大有效供给,为智能制造产业输送"顶梁柱"式人才——智能制造工程技术人员,促进中国制造转型升级。

职业院校是技能人才的最主要来源。长期以来,我国职业教育存在先天不足,后天失养,社会价值导向有悖于大国工匠精神。第一,从社会氛围来看,重学历、轻技能的观念根深蒂固,还没有从根本上得到扭转。第二,有技术没有学历,有学历无技术现象突出,学生宁愿高考复读,也不读职业院校的现象大量存在。第三,国家在职业院校的投入少于本科院校,职业院校以升本、就业为导向,对技能型人才的培养严重不足,必然会导致工匠精神后继无人。第四,职业技能岗位物质激励不足,技能人才获得感偏低,企业认为"工资高了不利于奋斗"的思想长期存在。

在制度与政策层面,提升职业教育地位。将职业教育与普通教育的关系由层次转变为类型,明确职业教育与普通教育具有同等法律地位。探索建立独立于普通高考的"文化素质+职业技能"选拔机制,使高等职业教育的学生选拔摆脱应试教育及其知识传统,建立职业教育和普通教育相互连通的"立交桥",打通不同层次职业教育之间的上升路径,突出职业教育的价值与特色,完善企业与学校间的合作机制,优化理论与实践相融合的知识结构,建立多方参与的资源投入机制,对于中国高等职业教育和双轨制的发展较为关键。2014年,国家首次提出"本科层次职业教育"概念,之后本科职业教育得到快速推进,一大批普通本科高等学校向应用型转变。2020年,教育部开展了本科层次职业教育试点作为体现职业教育类型特点的重要任务,健全纵向贯通、横向融通的中国特色现代职业教育体系的重要环节。在职业院校、应用型本科高校启动"学历证书+若干职业技能等级证书"制度试点工作。职业本科教育招生规模不低于高等职业教育招生规模的10%,职业教育吸引力和培养质量显著提高。促进不同类型教育横向融通,加强各学段普通教育与职业教育渗透融通。在普通中小学实施职业启蒙教育,培养掌握技能的兴趣爱好和职业生涯规划的意识能力。推动中等职业学校与普通高中、高等职业学校与应用型大学课程互选、学分互认。优化职业教育供给结构,围绕国家重大战略,紧密对接产业升级和技术变革趋势,优先发展先进制造、新能源、新材料、现代信息技术、生物技术、人工智能等产业需要的一批新兴专业。

科技人才在竞争中赢得主动,STEM人才将成为未来引领科技创新的生力军。推行职业教育本科化,让职业人才也具有STEM教育理论和实践素质。

(1) **培养智能制造人才,加速跨学科融合**。打破传统学科专业壁垒,跨学科交叉融合的薄弱现状。通过制度改革释放学科边界流动性，构建起跨学科的协同创新，推动教育生态向深度交叉融合转型。智能制造涉及的核心技术主要有：数字化建模与制造技术、网络技术、移动互联网技术、工业机器人技术、智能传感器和视觉传感技术、物联网技术、数控编程技术、电气控制技术、液压气动技术、3D打印技术等。要围绕智能装备产业发展的趋势，与行业标杆企业进行深度合作，推进专业设置、教学内容改革，对接产业发展和技术升级的需要。少设立一些与社会需求相脱节的专业，多改造一批与先进制造一脉相承的优势学科，打造一批特色鲜明有竞争力的人才，才能更好地服务国家制造业升级和经济高质量发展。对于学科设置和人才培养，一要推进工程信息多学科融合。智能制造是多学科技术的集成与融合，工程专业要向信息科学融合，信息科学要向工程领域拓展。二要探索教学体系与优化课程体系。根据市场需求和企业发展导向，调整课程内容和教学方式。聚焦信息技术、大数据与传统机械电气等专业的紧密结合，用人工智能技术、方法提升制造的智能化水平。三要校企联动深化产学研合作。探索科教创新及校企合作新模式和新机制，通过与一线企业深度合作深化产学研合作，协同共创育人新平台。

（2）**培养工匠人才，让人才看到未来**。中国已出现智能制造人才的供给与经济需求之间的结构性失衡。我国目前高技术人才还存在结构性问题突出、人才断档等现象。中国职业教育学会会长鲁昕曾经指出，在关键技术领域仍然存在许多"卡脖子"的问题：目前我国急需四类人员——高端研究人才、科技成果转化人才、转化成果行业应用人才、生产服务一线的技术性人才。2020年，"智能制造工程技术人员"正式成为新职业并纳入国家职业分类大典目录，数百万智能制造工程技术从业人员职业归属正式登上历史舞台。

（3）**营造创业环境，让人才得到尊重**。最近20年，很多领域崇尚短平快，能挣快钱就行，这样很难培植传承工匠精神的文化土壤。市场等不了企业精雕细琢的周期，企业也等不及漫长的开花结果。工匠精神停留在表层宣传，匠心艺人得不到尊重，物质和精神很难得到应有的回报。一方面，我们要在企业重视技能人才的培养，尊重技能人才的意见，发挥技能人才的特长；另一方面，我们要在大学校园里引导学生转变就业观念，鼓励多渠道多形式就业，促进创业带动就业。鼓励大学生创新创业，培养大学生的创业意识和创业能力，激发整个社会的创新活力。加强创业实践活动环节，以校内外创业基地为载体，培养学生的创业能力。通过各种竞赛、活动等方式，来激发大学生自己的创新意识和创业精神。

◀第12章▶

经济增长与创新投资

12.1 经济增长的"三驾马车"

经济增长有三驾马车:一是净出口,二是投资,三是消费。2012—2021年,这10年我国实际使用外商直接投资从1133亿美元升至1735亿美元,居世界第二。对外贸易总额从4.4万亿美元升至6.9万亿美元,2020年首超美国成为全球第一大贸易国。中国的全球货物贸易第一大国地位不断巩固,中美贸易逆差并未因美国发起贸易摩擦而降低,面对全球经济持续衰退,出口就会受到影响,增长就会乏力。尽管如此,净出口变化长期稳定在一个区间内,对经济增长的贡献率并不显著。

近20年中国消费、投资、净出口对GDP增长的贡献率如图12-1所示,经济新常态下,消费对GDP增长的贡献率长期稳定在60%左右,消费已经成为经济增长第一驱动力。近20年间,中国出现了两次投资高峰。一次发生在2009年。由于美国2008年爆发的次贷金融危机影响全球经济,中国政府于2010年年底投资约4万亿元拉动内需。2009—2010年,中国投资对GDP增长的贡献率分别达到高值。另一次发生在2020年。由于2019年新冠疫情开始冲击全球经济,2020年,中国经济仅增长2.3%,首次出现了消费对GDP增长的负贡献,而投资的贡献率却达到70%以上,投资对经济增长再次起到逆周期调节作用。当经济结构失衡时,尤其要发挥消费和投资作为经济增长两大抓手的作用。

(1)**消费是基础,投资是关键**。消费是基础,不是狭义上讲的刺激消费,刺激消费的基础是扩大内需,扩大内需要通过扩大投资、提高收入、完善收入分配激励机制等方面实现。让居民敢消费、让企业敢投资,坚持扩大内需这个战略基点,深入发掘内需潜力,经济增长向消费、投资、出口三大动力协调驱动转变。构建以国

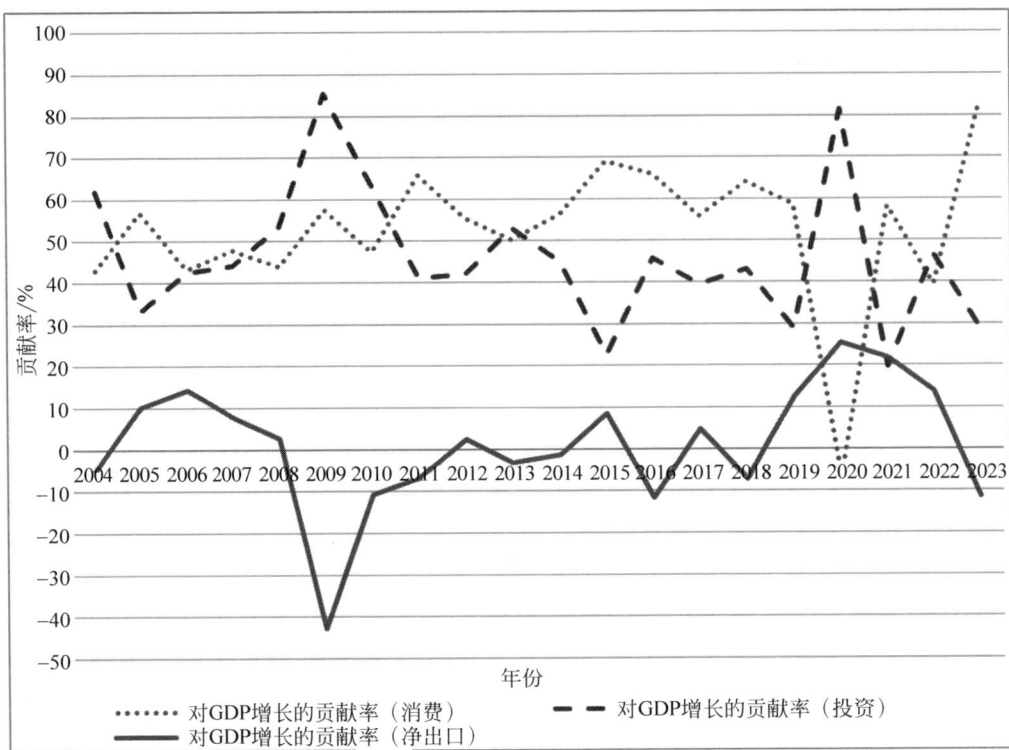

图 12-1   2004—2023 年中国消费、投资、净出口"三驾马车"对 GDP 增长的贡献率

来源：根据国家统计局国家数据库整理。

内大循环为主体、国内国际双循环相互促进的新发展格局，促进产业结构升级，发挥消费对经济发展的基础性作用和投资对优化供给结构的关键作用。

（2）**有效投资和消费升级同频，以投资促消费，以消费带投资**。消费是一种力量，但不是解决所有发展问题的唯一答案。对于投资的关键作用，林毅夫教授认为，投资效率极其重要，我国确实需要调整增长模式，从出口拉动的增长转为由内需拉动的增长，但是不同意中国应该从投资拉动型的增长转向消费拉动型的增长。消费固然重要，但是以消费来推动增长，就意味着每年都必须增加消费。当前，我国消费市场恢复向好的基础仍不牢固，消费预期转弱更多地来源于人们收入的减少。要让居民敢于消费，唯一能够保证每年增加消费的只有增加收入，只要收入能够不断增长，消费潜力就会源源不断释放出来。也就是说每年都要提高劳动生产率。怎样提高劳动生产率？技术创新、产业升级、发展高附加值产业、改善基础设施降低交易成本，这些措施都需要投资。如果劳动生产率和收入不提高，只刺激消费，刚开始人们可能会用自己的储蓄来增加消费，但是等到几年之后储蓄用完就需要举债，债务积累多到要还债时就会爆发危机。避免产业空心化，提高投资效率是必要的。以投资促消费,以消费带投资,投资活力有效释放,推动中国制造业水平不断提升。

（3）**降低无效和低效投资,创新是提高投资效率的根本途径**。重视经济增长不能在低端行业、重复建设上扩大投资,更不应该为了增长而制造无效的投入。比如,对一次性就能造好的道路,不能建过了修,修过了建,那都是无效投入。供给侧结构性改革的长期目标就是要提高全要素生产率,在工业化中期,驱动产业发展的主要动力是投资,在工业化中后期,创新正成为实现经济结构调整的关键引擎。正如经济学家刘元春教授认为,基础创新、产业升级和现代金融正逐步成为经济发展新的"三驾马车",增长新动能主要依赖于供给端的力量,特别是科技创新带来的变化。

12.2　创新驱动实现产业升级

科技革命和产业变革加速演进,创新在产业结构升级中起着关键作用。产业结构调整有两种起因:一是替代,原来创新不足的产业被新技术引领的新产业所替代;二是升级,原有产业依靠技术创新转型升级,中国的产业结构调整还是以创新推动转型升级为主。科学的本质在于创新,科技革命正在驱动产业变革,创新进入的地方一般是无人区,机遇稍纵即逝。正如习近平总书记对中国经济发展新优势作出的重大判断:"当今世界正经历百年未有之大变局,但时与势在我们一边,这是我们定力和底气所在,也是我们的决心和信心所在。"科技部原部长万钢曾形象地描述中国科技创新:经过近40年的努力奋斗,当前我国科技领域已经进入"领跑、并跑、跟跑"并存的阶段,"领跑者"要敢为人先,勇闯"无人区","并跑者"要把握时机、弯道超车,"跟跑者"要差异化创新,另辟捷径。我们要发挥制度优势,凝聚共识,形成最大合力,才能实现建设创新型国家的目标。

1. 研发投入

近年来,我国创新成绩显著提高。2021年,欧盟委员会发布《2021年欧盟工业研发投资记分牌》,全球研发投入经费最高的2500家企业,总投资9089亿欧元,约占全球企业研发投入总额的90%。中国企业上榜数为597家,上榜数量居全球第二,仅次于美国,其中华为排名第二。全球技术竞赛越来越集中在ICT生产(22.9%)、健康(20.8%)、ICT服务(18.6%)和汽车(15.3%),占全球总研发投入的77.4%。2020年全球研发增长主要由ICT服务(15.5%)推动。2020年,中国工业企业创新发展态势强劲,研发投入总额大,位列第二,但研发投入强度不高。研发投入强度是指企业的研发投入费用占销售收入的比重,是衡量企业科技创新的核心指标。如图12-2所示,中国研发投入强度只排世界第七,与世界科技强国相比,我国在研发投入强度方面仍有差距。

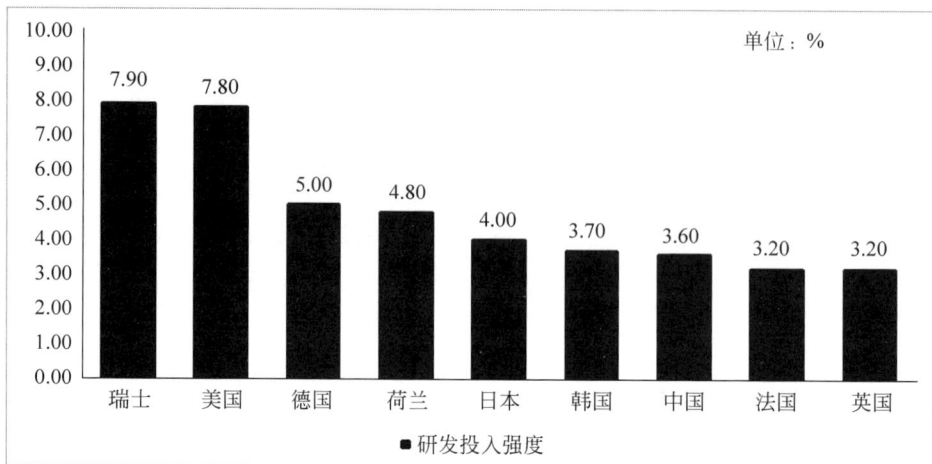

图 12-2 2020 年世界主要国家企业研发投入强度排名

来源：2021 年欧盟产业研发投资记分牌。

（1）**从国家层面看,研发投入多而强度不足。** 自 2000 年以来,中国的研发支出每年增长 16% 左右,2013 年超越日本,成为仅次于美国的第二大科技研发市场,研发追赶速度快,但投入多而强度不足。如图 12-3 所示,2022 年,中国全社会研发投入首次突破 3 万亿元,连续 7 年保持两位数增长,充分彰显了研发投入与经济增长的同频共振,有助于形成"科学研究—技术突破—产业升级—反哺科研"的良性互馈机制。但另一方面,也要看到研发投入总量跃升与效率落差还长期存在。2022 年,虽然中国研发投入强度（即研发投入占国内生产总值比重）达到 2.55%,科技进步对经济增长贡献率超过 60%,但还低于发达国家 80% 的平均水平。破解这种结构性矛盾,还需要构建"研发规模—创新强度—产业效能"之间的动态平衡。

（2）**从企业层面看,研发投入多而强度不足。** 以欧盟统计标准,研发投入强度 5% 以上属于高研发强度,此类企业一般被认为具备充分的研发竞争力优势；2% 以下属于中低强度,不足 1% 则属于低强度。2020 年,中国企业的研发投入强度为 3.6%,中国的研发投入强度不足瑞士和美国的一半。

（3）**从投入层面看,应用研究投入多,基础研究投入少。** 科技创新和产业发展越来越依赖基础科学的突破,各国的产业竞争已前移至实验室阶段,研发投入的方向出现了结构性差异。2022 年,我国基础研究经费首次突破 2000 亿元,虽然占研究与试验发展经费比重仅为 6.57%。但在 2018—2022 年,我国基础研究经费增长了 2 倍,增速在 3 种研究经费中最高。基础研究能力相对较弱一直是制约我国科技发展的瓶颈,没有基础研究就没有科技安全,也就成了"卡脖子"的问题。当然科技成果转化机制和创新机制等方面也需要进一步完善。

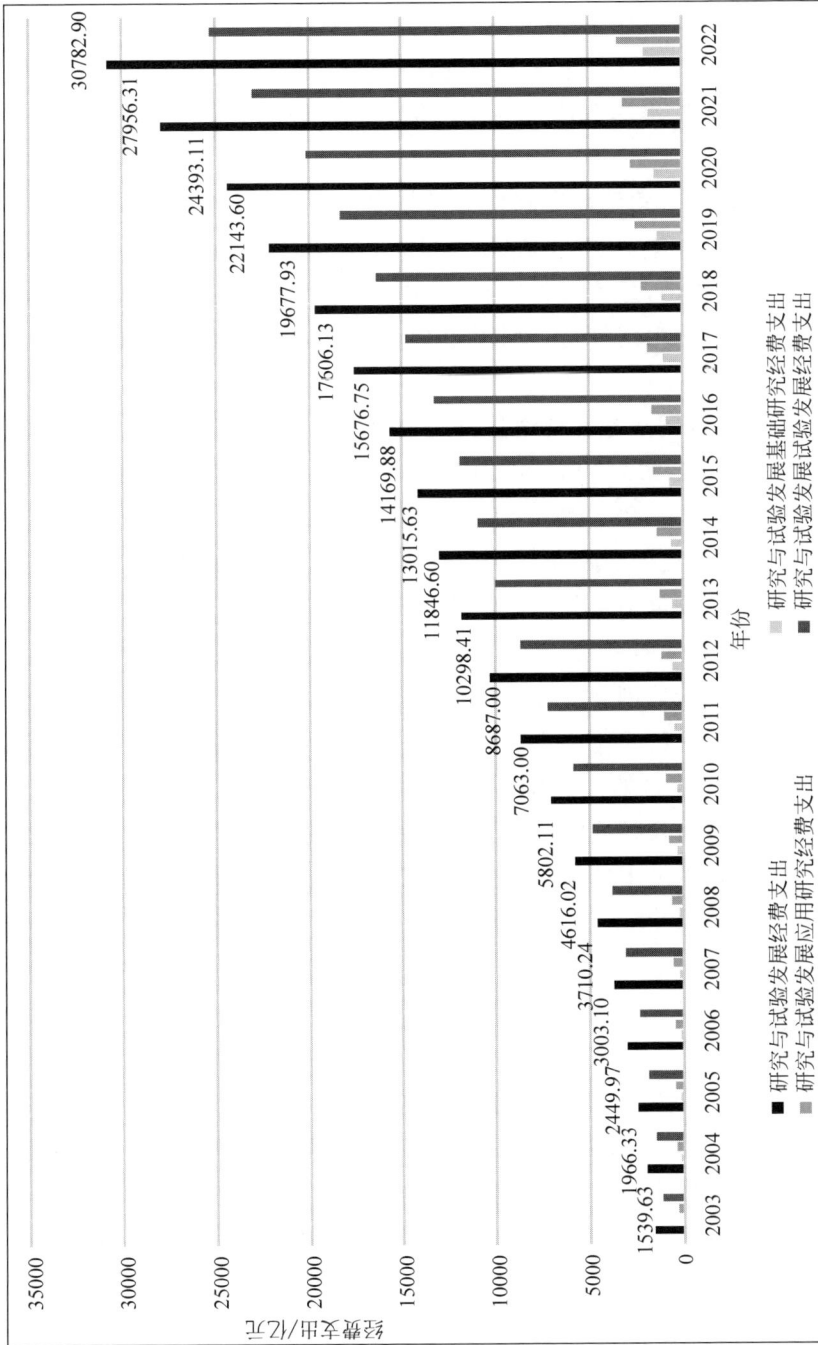

图 12-3 2003—2022 年中国研究与试验发展经费构成及趋势

来源：根据国家统计局国家数据库年整理。

2. 研发专利

在大国博弈的战场,知识产权是一种战略性资源,是一个国家发展安全的战略屏障。国际专利申请是科技在全球范围进行技术转移和实施许可的最重要指标,体现了一个国家科技竞争的合法性和竞争优势。中国是名副其实的知识产权大国,是全球创新版图的重要一极。

(1)**2018 年,华为公司国际专利申请量首次世界第一**。从世界知识产权组织《专利合作条约》(PCT)体系提交的国际专利申请量上看,华为公司在 2018 年提交了 5405 件国际专利申请,是第二名日本三菱(2812 件)和第三名美国英特尔(2499 件)数量的总和。至此,中国华为公司国际专利数量一直位列榜首,展现了中国企业全球化的科技实力。

(2)**2019 年,中国国际专利申请量首次世界第一**。在短短 20 年内,中国提交的国际专利申请量增长 200 多倍。中国在 2017 年取代日本,成为 PCT 框架下国际专利申请的第二大来源国。2019 年,中国提交了 58990 件专利申请,超过美国提交的 57840 件,成为提交国际专利申请量最多的国家。而且中国在数字通信和计算机技术领域的专利申请量分别位居世界第一和第二。

(3)**2022 年,中国全球创新"最佳科技集群"首次世界第一**。2018 年,在世界知识产权组织公布的全球创新指数排行榜上,中国排名第十七,也是进入前 20 名的唯一发展中国家。2022 年,中国排名第十一,在其"最佳科技集群"排名中,中国首次拥有与美国相同数量的 TOP100 科技集群,两国均为 21 个并列第一。2023 年,中国首次以 24 个科技集群的数量超越美国成为第一。"最佳科技集群"是指世界上发明家和科学作者最多的地区,这与我国长期以来重视科技教育的发展是分不开的。2012—2022 年,我国科研人员总量从 325 万人上升至 600 万多人,规模多年保持世界第一。

3. 科技成果转化

尽管我国知识产权发展迅速,但还要机制化地促进科技成果转化。2015 年,《中华人民共和国促进科技成果转化法》修订实施,我国科技成果转化进入新阶段。当然科技创新与成果转化还面临着一些矛盾,主要有以下三点。

(1)**创新主体和经济主体的矛盾**。科技创新主体还主要集中在高等院校、科研院所等研究型单位,毕竟像华为、阿里巴巴、腾讯等具有高水平科技研究的企业在全国还是少数,科技创新还不能覆盖各类产业。这种科技创新主体的科技能力不平衡将严重制约科技成果的落地,作为市场经济主体的企业要肩负起更多的创新责任。因此除了要在产学研之间搭建桥梁,还要加快科技成果在企业的应用,增强企业自身科技创新的能力。

（2）**科技成果和经济效果的矛盾**。科技成果转化不是简单的线性过程，很难用经济效益指标来量化其成效。科技立项到成果落地是一个复杂且充满挑战的过程，具有显著的长期性和风险性的特征，很多科研单位或企业在科技成果转化中不愿承担风险，以结果设定考核期，如 3～5 年期限就会僵化科研环境。科研项目如果超出企业资本投入的限度和企业要求回报的程度，科技创新就会出现摇摆，甚至停滞。

（3）**产权归属和经济利益的矛盾**。科技成果一旦转化，不可避免就会涉及产权归属，牵扯着一系列的经济利益。这个问题处理不好，会影响科技成果的推广应用和科技再投入，不利于长远发展。

鼓励科技创新落地转化，加速科技创新和产业发展深度融合。一是鼓励高等院校、科研院所围绕企业技术短板、社会发展愿景、市场应用需求而开展科技创新，改革和完善科技创新体制机制。二是强化科技创新主体地位，支持科技创新者创业。科技发明者对科技成果应该是最有发言权，当没有企业可以承担科技应用时，而发明者又找不到满意渠道或碍于自身工作岗位限制，国家应当大力支持科技创新者创业或留岗创业。

12.3　投资驱动加速产业扩张

（1）资本服务实体经济，智能制造投资正从过去的"动能沉淀"转向"引擎全开"。如图 12-4 所示，自 2015 年开始，智能制造行业备受投资青睐，行业融资金额开始突飞猛进，发展动力强劲。2018 年，智能制造行业融资数量为 942 起，融资金额达到 325.15 亿美元，金额较 2010 年增长了 13 倍。根据企业的发展阶段，股权投资可以分为早期投资（天使投资）、风险投资和私募股权投资。如果从融资轮次分析，初创企业更受资本青睐，中国智能制造企业多数处于早期阶段（种子轮—A＋轮），占比超过 50%。近年来，已获得投资的智能制造企业，其融资阶段开始逐渐转向风险投资和私募股权投资阶段。

智能制造投资热主要得益于技术发展迅速、产业联动效益高。总体来说，主要具有三个特点：一是产业方面，新技术与传统产业的深度融合，融合性创新场景更加丰富。二是技术方面，以大数据为应用的核心技术已经形成高度集成化的产品，"卡脖子"的基础性研究取得新的突破。三是市场方面，智能制造推动制造业服务化，智能服务市场持续增长，智能化终端产品已成为消费新增长点。比如，智能汽车、智能手机、人型机器人等行业取得了显著的技术突破和市场表现。

（2）科技牵引耐心资本，中国股权投资市场正从过去的"规模扩张"转向"价值

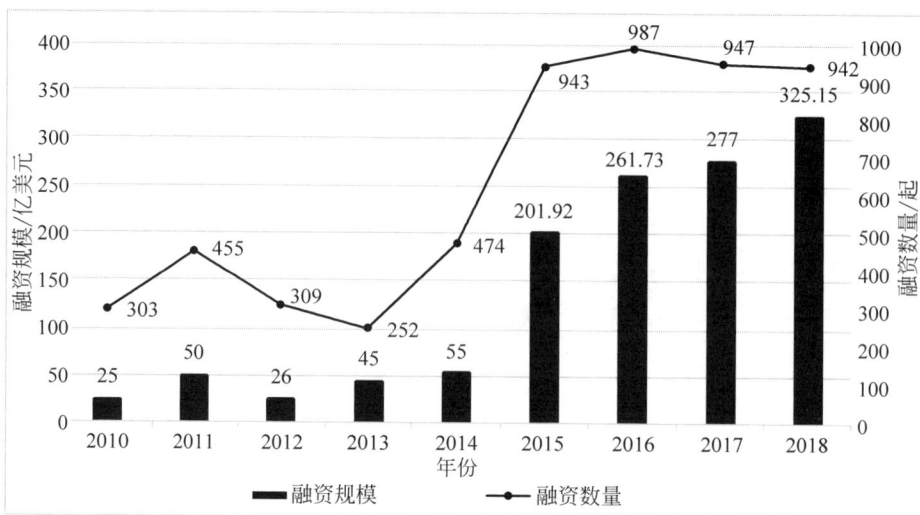

图 12-4 2010—2018 年中国智能制造行业融资规模趋势

来源：投中研究院数据。

深耕"。如图 12-5 所示，2015—2024 年，中国股权投资市场经历了 2017 年和 2021 年两次高潮，于 2021 年达到高峰，投资额超过 1.4 万亿元。在此期间，受宏观经济影响，市场趋于理性，股权投资活动放缓，整体进入调整期。经济增速放缓时，很多

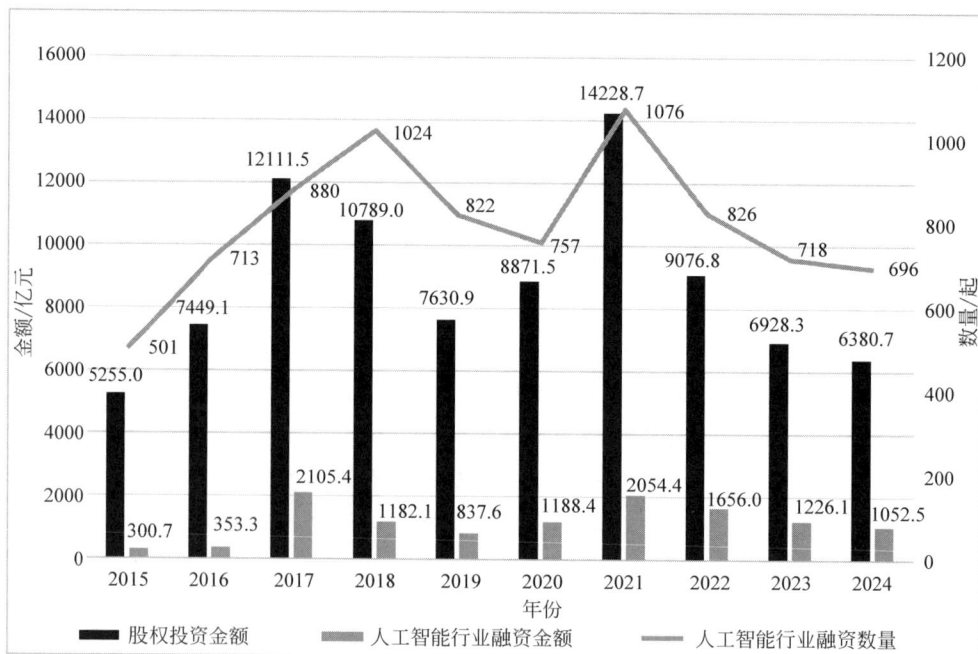

图 12-5 2015—2024 年中国股权投资及人工智能行业融资规模趋势

来源：根据清科研究中心、IT 桔子数据整理。

投资者信心不足,采取更为保守谨慎、规避风险的投资方式。但聪明的投资者总是早早布局,2015年后,人工智能行业的股权融资热度持续攀升,融资规模从2015年的300.7亿元扩张至2024年的1052.51亿元,增长约3.5倍。科技演进呈现出确定性与偶然性交织的辩证规律:一方面遵循渐进式的积累,漫长得让人焦虑不安,另一方面时常迸发戏剧性的突变,偶然得让人难以置信。提振投资信心,更需要活跃资本。从投资周期看,科技的飞跃需要时间积累和技术沉淀,投资资本要精准投向处于不同生命周期的科技企业。从投资时间看,一些引领性原创成果、战略性技术产品是否能得到市场验证,更需要长期资本、耐心资本的价值坚守。2025年,政府提出设立国家创业投资引导基金,万亿资金聚焦投向人工智能、量子科技等前沿科技领域,这将助力更多科技企业成长,加速科技成果向现实生产力的转化。

12.4　投资房地产到投资智造

过去30年,中国的暴利行业集中在房地产,靠挖个坑就能赚钱。房地产的低技术和高利润不仅沉淀了大量资金和人力,而且推高了发展成本,挤压了发展空间。中国未来的高利润行业又在哪里?逐利的资本又会流向哪里呢?在国外,就连有着房地产商背景的企业家总统特朗普都提出美国要优先发展制造业,建设强大美国。在国内,有一批深耕实业的企业家把中国企业带到了国际舞台,与世界企业同台竞技。2017年,华为公司首次入选世界500强企业,并且排名前100强。在世界100强中,华为是唯一一个没有上市、不搞金融、不炒房地产的中国企业。华为从仅有21000元起步,创造了发展的神话,很大程度上得益于一条路走到底的精神,30年来"对准一个城墙口持续冲锋",这个城墙就是科技实业。华为以伟大的成就打破了中国企业迷信房地产的神话,鼓舞了中国企业做好实业的激情,增强了中国制造走向中国智造的信心。

1. 地产界的天寒降温

(1)房地产行业由"增量市场"转向"存量市场"。2012年以来,中国劳动力人口开始持续减少,年均减少约300万人。2022年,中国人口负增长约85万人,这是近61年来首次出现负增长。人口结构、政策调控与金融约束等要素正在重构中国房地产市场的需求基础,房地产市场正经历着周期性嬗变。如图12-6所示,2011—2021年,中国房地产开发投资额总体呈增长趋势,从2022年开始,房地产开发投资额开始下降,到2023年,房地产开发投资额相当于2017年的水平。从房屋新开工面积看,2020年后出现负增长,2022年下降比例高达39.4%。

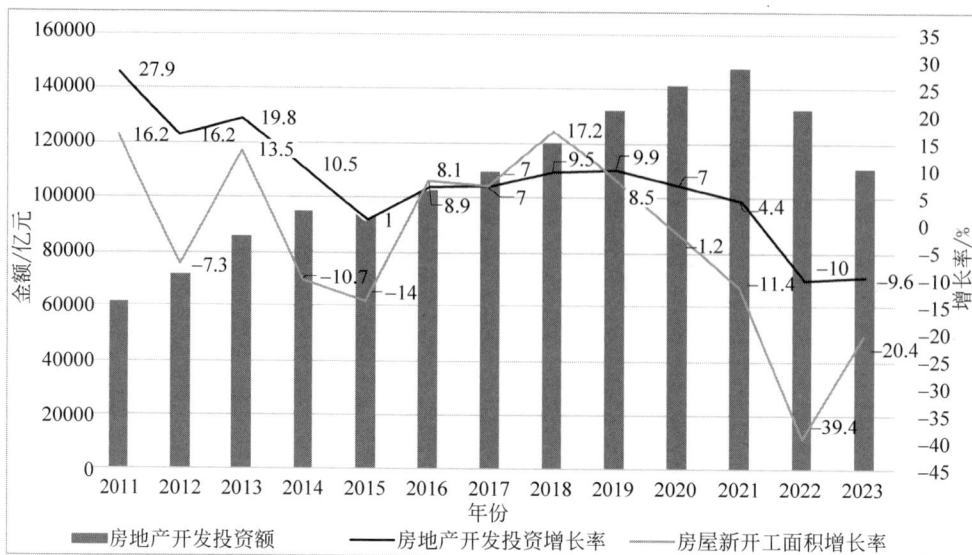

图 12-6　近 13 年中国房地产行业投资规模及下跌拐点

来源：根据国家统计局数据整理。

地产经济的高位增长是不可持续的，其高成本也是不能转嫁的。2021 年，我国商品房销售面积 17.9 亿平方米，而新开工面积 19.8 亿平方米，商品房新开工面积大于销售面积，房地产市场投资和销售达到历史高峰。2022 年，我国商品房销售面积出现了"断崖式"下跌，下降至 2016 年前的水平，销售面积下降直接影响到房地产企业的资金链，商品房新开工面积开始低于销售面积，房地产投资和销售开始遭遇寒冬。房地产增量市场的受损将会导致存量市场的增多，消化存量和优化增量变得尤为迫切。一是通过暂停部分土地拍卖、以旧换新等政策消化存量；二是通过放宽限购、降低贷款利率等政策优化增量。尽管如此，2023 年，全国商品房销售面积仅 11.2 亿平方米，回归到 2012 年的水平，房地产市场还是处于"寒冬腊月"的艰难时期。

（2）房地产市场降温，更多企业把转型目光投入了先进制造业，包括地产头部企业。万达董事长王健林曾提出，万达地产要转型为万达商业、文化产业、金融产业、电子商务四大产业基本相当的企业，服务业收入占比要超过 65%，行业重心将放在"互联网＋"。2015 年，万科原董事长王石声称，由于人力资本上升，未来万科 40% 的员工将会由机器人替代，30% 的物业服务将由机器人替代。一时间，房地产公司掀起机器人热度。比如，碧桂园投资机器人，复星国际 6 亿欧元收购德国机器人公司 FFT 等。碧桂园将机器人作为碧桂园未来发展的重点领域，董事长杨国强认为机器人建房，不但不会削弱房地产业务的规模，相反，更能提高工作效率，扩大海外市场。他期望碧桂园成为全世界创造美好生活产品的高科技综合性企业。

2018 年,碧桂园在广东顺德成立博智林机器人公司,并声称 5 年内要投入 800 亿元建设顺德机器人谷。碧桂园瞄准的第一目标就是建筑机器人,率先从建筑产业开始了革命,逐步代替人工,并引入发那科机器人研究所、西门子公司的技术高管担任博智林机器人负责人。当然机器人建房不会随着房地产行业的下行而停滞不前,也不会在短时间能看到投资收益,未来发展还面临着市场考验和巨大挑战。

2. 科技界的居安思危

在科技界,一直有"死亡之谷"和"达尔文之海"的"谷海"问题,即基础科研到大规模产业化应用之间的鸿沟,突出表现在科技供应并不等同于市场需求,科技产业化面临现实商业风险,导致新兴产业的初创企业存活率较低,很多企业不愿承担漫长而艰辛的冒险,包括一些大型科技企业。2016 年,美国商务部对中兴通讯公司等企业实施出口限制,禁止美国企业对其出售包括芯片在内的元器件产品。2017年,中兴通讯公司同意向美国支付 8.92 亿美元的罚款,另外 3 亿美元罚款缓期执行。2018 年,美方继续施压,中兴通讯公司最终被迫一次性支付 10 亿美元的罚款,并按照美方要求予以改组董事会,此次事件一度使公司进入"休克"状态。2019年,美国商务部也将华为公司等企业列入出口管制的"实体清单"。"缺芯"之痛,给中国科技企业敲响了警钟,要想长远发展,必须举全部之力把芯片业搞上去。

聚焦"卡脖子"领域,投资智能科技产业,要做大产业共同利益的"公约数"。面对美国的科技封锁,从不参与股权投资的华为公司成立哈勃科技创业投资有限公司,布局以芯片设计、EDA、测试、封装、材料和装备等为代表的集成电路、半导体产业链。华为通过哈勃,以战略投资的形式扶持行业发展,拓宽产业上下游边界,形成市场合力。作为被哈勃所投资的企业,具有很大的发展优势:一是有宽松的资本支持;二是有机会成为华为的供应商;三是有人才的吸引力;四是有上市的估值潜力。不仅华为的哈勃,小米公司也成立了小米长江产业投资基金、顺为股权投资基金、小米私募股权基金、小米智造股权投资基金等创投企业,聚焦于芯片、汽车等智能制造产业,完善小米的产业生态链。

12.5 投资中国到投资世界

1. 中国企业是外资关注的沃土(20 世纪 80 年代—21 世纪初)

中国与外资的合作源于"技贸结合"的思想,通常有两种合作途径。一是技工贸,先技术后市场;二是贸工技,先贸易后技术。当然技工贸是最好的选择,但不一定是最现实的选择。早期中国企业面临更大的危机是生存,不仅缺技术,人才、资金、市场等各种资源都很稀缺。很多企业考虑的是生存优先于发展,用市场贸易先解决生存危机。当然无论哪种方式,只要是对外开放,中国企业与外企的合作都是必经之路。21世纪80年代,西方企业投资中国,看中的是中国低廉的成本和广阔的市场空间。但到了21世纪第一个十年,西方企业热衷收购中国企业,主要目的是占领市场,消灭竞争对手。早期中国企业向国外学技术,通过合资股份寻求发展,甚至贱卖以求外企来收购自己。收购的背后却是陷阱,不是为了民族企业发展,更多为了消除竞争,中国企业并没有因为收购而获得长远发展,反而是市场的不断萎缩。2003年,美国摩托罗拉公司欲以百亿美元收购华为,正当所有手续办好之后,美国公司董事会换届,新董事长拒绝了这项收购,收购就没有完成,阴差阳错反而成就了华为今天的成功。实践证明,中国企业是有信心、有骨气依靠自己成长发展的。随着中国企业自身壮大,也能补齐短板收购外企,形成技术和市场的合力,实现国际化发展。

(1)**以快消品行业为例。中外合资企业的联姻,并未真正实现民族品牌崛起。**自1999年第一届中国饮料工业十强企业评选以来,众多知名企业已在合资道路上提前谢幕,娃哈哈、乐百氏、健力宝、汇源等本土企业,如今也只有娃哈哈还在舞台上能与外资企业一决高下。1996年,娃哈哈与法国达能"联姻",成立合资公司,娃哈哈持股49%,生产以"娃哈哈"为商标的饮料和食品。合作期间,达能为限制娃哈哈的成长空间,多次否决宗庆后的发展规划。宗庆后坚持扩大生产满足庞大的市场需求,不得不用非合资公司以代加工的形式实现娃哈哈市场扩张,这显然触犯了达能的利益。从2007年开始,双方开始了长达三年的国际商标官司,直至2009年,达能同意将其51%的股权转卖给娃哈哈,"达娃之争"以宗庆后的胜利而结束。分手后的娃哈哈在宗庆后的带领下,得到了二次腾飞,娃哈哈营收和利润得到了倍数增长,成为国内最大、世界第五的饮料公司。而其他中外合资公司却没有这么幸运,众多有竞争力的品牌先后被踢出竞争舞台。在与娃哈哈合作期间,达能还先后收购娃哈哈的多家主要竞争对手。比如,2000年,达能以23.8亿美元收购乐百氏,随后便开始更换公司管理层,导致乐百氏根基不稳、一蹶不振,错过了很多发展机遇,历经长期亏损,最终于2016年被达能卖出。21世纪初,汇源是中国最大的果汁生产商。2006年,达能以10亿元收购了汇源果汁22.2%股权,成为第二大股东,之后成功推动汇源果汁在香港上市。2008年,可口可乐欲以24亿美元溢价收购汇源果汁,由于触及垄断法,第二年收购交易就被暂停。实体产业靠"卖身"资本,最终还是被资本无情抛弃。2021年,经营不善的汇源果汁被香港交易所要求退市,负债125亿元的汇源果汁最终走上了破产重组之路。民族品牌流失的企业还有很多,比如,联合利华收购中华牙膏、强生收购大宝洗面奶等很多案例值得深思。

（2）**以航空制造为例。没有中外合资,国产大飞机依旧能够上天。**早在20世纪80年代,以上海大众为代表的汽车工业堪称中外合资的典范,后来延伸至航空工业,飞机制造是高端装备业的代表。1985年,美国麦道公司和上海航空公司开始共同研制大型民用客机MD82。1987年,中美合资的MD82飞机成功完成试飞。但后来由于麦道公司自身经营问题,于1997年被波音公司收购,美方不再与中国企业合作生产大型飞机,技术和市场的"暂停键"让我国十多年的大型飞机事业停滞不前,不得已走上自主发展之路。2007年,中国C919大型飞机开始立项。第二年中国商飞公司成立,2015年总装下线,加速了我国民用飞机企业化运作,建成亚洲最大的民用飞机总装制造中心。2017年试飞,C919一飞冲天完成首飞,2022年取得生产许可证,交付首家用户中国东航。中国是世界第二大民用航空市场,曾几何时,我国出口8亿件衬衫所得利润才能换回一架空中客车A380飞机的时代一去不复返。2023年,C919的横空出世,加快形成世界航空"ABC"(空客、波音、中国商飞)的发展格局。C919的国产化率约为60%,而美国波音飞机的国产化率也仅为70%左右。中国自主研发的第一款商用航空芯"长江CJ-1000A"发动机不久将迎来用武之地。中国航空企业利用全球产业链协作完成大型飞机制造,全球采购核心零部件、自主攻关关键部件、独自组装整机的生产模式,带动相关科技领域关键技术的群体突破。这种更快的生产模式和可信的试飞经验,能较快地获得西方国家的适航证,为国产大型飞机顺利打入国际市场提供了宝贵的发展路径。

（3）**以工程机械为例。没有被外资收购,国产工程机械照样能国际化。**2005年10月,徐工集团宣布,徐工与美国凯雷投资集团签署协议,出售其全资子公司徐工集团工程机械有限公司85%的股权。该交易总价值约3.75亿美元,交易完成后,徐工集团将保留徐工机械15%的股权。该交易已获得徐州市政府的批准,待江苏省政府有关部门批准后,将按照有关程序向国家相关主管部门报批。时任徐工董事长王民说,引入凯雷投资将使徐工集团获得高新技术、发展资金和新的项目,加快徐工机械做强做大、走向国际化的步伐。其间,有意向收购徐工的三一重工、德隆资本等中国企业相继落选,6家入围的企业卡特彼勒、华平投资、美国国际投资集团、摩根大通亚洲投资基金、凯雷亚洲投资公司和花旗亚太企业投资管理公司都是世界资本或工业巨头。收购事件引起国内广泛关注和争议,历时多年,最终商务部未批准,收购于 2008 年以失败告终。十年过去了,现在的徐工变成什么样了? 徐工并没有因为失去被跨国集团并购的机会而丧失发展机遇。相反,自 2012 年开始,徐工集团开始了国际化发展,收购世界著名混凝土成套设备企业德国施维英有限公司,先后在美国、德国、巴西、印度等国建立全球研发基地。2018 年,徐工"神州第一挖"700 吨液压矿用挖掘机高端装备下线。在中国超大型液压挖掘机领域,首次实现了关键核心技术的集中应用突破,中国也成为世界上继德国、日本、美国之后,第四个具备 700 吨级以上液压挖掘机设计、研发、制造能力的国家。2018 年,徐工销售收入首次突破 1000 亿元,在英国全球工程机械制造商 50 强排行榜中,徐工位居第六,连续数年在中国企业中排名第一。2024 年,徐工 4000 吨级轮式起重机再次刷新"全球第一吊"纪录,彻底解决了超高大功率风机安装难题。在工业互联网方面,徐工自主研发的汉云工业互联网平台入选国家级十大跨行业工业互联网平台。2019 年,徐工汉云工业互联网受到高瓴资本、赛富亚洲投资基金等著名投资机构的青睐,创下我国工业互联网行业 A 轮融资金额 3 亿元的最高纪录。徐工集团国际化步伐加快,已经不是当年想别人来收购"被国际化"的企业了。

2. 中国企业尝试走出国门变配角为主角(21 世纪第二个十年)

21 世纪第二个十年,中国企业加快多样化布局,将产业链延伸到国外,情迷海外投资,收购西方企业,加速海外业务扩张,主要目的是获取技术、获取更大市场、完善产业链。扬帆远航的出海战略是中国企业从被投资对象转变成寻找投资对象的开始,是企业国际化高质量发展的标志。

2013—2022 年,中国提出"一带一路"倡议这十年期间,与共建国家进出口总额累计达到 19.1 万亿美元,年均增长 6.4%;与共建国家双向投资累计超过 3800 亿美元,中国对外直接投资超过 2400 亿美元。如今东盟已超越美国和欧盟,成为中国最大的出口市场。"一带一路"最主要是工程基建、电力、通信、机械、贸易等产业,稳定的投资政策给中国高科技企业带来了信心,扩大了市场。如华为的第一个海外基地俄罗斯,是华为突破 5G 关键技术的诞生地,随着中俄关系的稳固,俄罗斯已成为华为最为重要的研发基地和市场。国家鼓励企业走出去,为企业海外投资提供政策支持。2014 年,商务部颁布《境外投资管理办法》,建立了"备案为主、核准为辅"的管理模式。自 2015 年以来,中国经济增长放缓,经济下行压力加大,国内实体企业面临调结构压力,国家货币政策有所放松,信贷和社融投放总体保持在较高水平,发展较好的企业能够利用低成本的贷款投资海外优质低估值的企业,特别是海外高科技企业,更快地帮助自己实现技术、制造、市场方面的弯道超车。

（1）**海尔是中国最早出海的家电企业**。1999 年，海尔最早在美国建厂，迈开了国际品牌的第一步，先后并购日本三洋、美国通用电气家电公司、新西兰斐雪派克、意大利卡迪等全球著名公司。2016 年，海尔以 54 亿美元宣布收购通用电气的家电业务，其中国家开发银行为青岛海尔提供了总额为 33 亿美元的低利率贷款，之后发展成为美国最大的家电企业。海尔已在全球拥有 122 个工厂，其中有 54 个海外工厂，在各地设立了 10＋N 个研发中心。海尔的国际化为中国企业出海树立了模范。同为家电企业的美的也是国际化的受益者。2016 年后，美的加大海外并购步伐，先后收购日本东芝和德国库卡机器人等标志性科技公司。2017 年，美的海外市场收入首次突破 1000 亿元，海内外营收占比趋近"对半分"。美的在全球拥有约 200 家子公司，在海外设有 20 个研发中心和 18 个主要生产基地，海外员工约 3 万人。当然家电企业海外并购也有失败的案例。比如，2004 年，TCL 集团收购法国汤姆逊彩电业务并成立合资公司 TTE，成为世界最大的电视机制造商。但由于整合困难，欧洲业务持续亏损，合资公司于 2007 年宣布破产。

（2）**华为是中国出海企业的典范**。早在 1994 年，任正非就已提出，10 年之后的世界通信行业将会三分天下，华为占其一。1996 年，华为首次"出海"，在俄罗斯莫斯科设立海外第一个代表处，在连续 4 年零收入的情况下坚持到胜利。1998 年，华为开始全面部署国际化战略，遵循从"引进来"到"走出去"的宗旨向世界领先企业虚心学习，把华为产品卖向世界。

一是把西方当作学习的榜样，把先进管理和技术引进来。1998 年年初，任正非发表《我们向美国人民学习什么》，华为以"削足适履"的态度学西方，持续、系统地引进 IBM 对企业进行彻底的变革，包括从 1999 年开始的集成产品开发（integrated product development，IPD）学习，然后到集成供应链（integrated supply chain，ISC）、业务领导力模型（business leadership model，BLM）、集成财经服务（integrated financial services，IFS）、客户关系管理（customer relationship management，CRM），再到从线索到现金（lead to cash，LTC）、从问题到解决流程（issue to resolution，ITR）等运营管理方面长达 15 年的变革。

二是把机会当作扩张的动力，让优秀人才和产品走出去。华为是行业内唯一用好中国人才和世界人才的公司，2000 年以后，华为人才雄赳赳、气昂昂，跨过太平洋，越过大西洋、印度洋。2005 年，华为在海外市场的销售收入首次超过国内市场，占公司整体销售收入的 58%，客户遍布 170 多个国家和地区，外籍员工占公司总人数的 20% 以上，而在海外代表处的人员构成中，本地化率达到 70% 以上。基于全球化战略，扩大海外市场，增强海外研发，华为曾多次申请收购美国 3COM、摩托罗拉、3LEA 等公司或技术，但都被美国以国家安全为由拒绝。

（3）**中国汽车企业正以开疆拓土之势密集建厂，成为全球产业布局的先锋力量**。2023 年，我国汽车产销量首次双双突破 3000 万辆，汽车出口量达到 522.1 万辆，同比增长 57.4%，中国超越日本，成为全球汽车出口第一，其中新能源汽车出口 120.3 万辆，同比增长 77.6%，增速超过传统燃油车。在国际贸易壁垒加深、国内市场竞争激烈的背景下，我国很多汽车企业早已选择在国外建立生产基地。特别是在东南亚、中东欧、南美等国家建厂，我国车企可以享受区域贸易关税减免优惠。比如，比亚迪汽车公司在越南、乌兹别克斯坦、匈牙利、巴西、阿根廷、印度、泰国等国家设有工厂；奇瑞汽车公司在马来西亚、墨西哥、巴西、阿根廷、委内瑞拉、俄罗斯、伊朗、埃及等国家设有工厂；吉利汽车公司在马来西亚、白俄罗斯和埃及等国家设有工厂；长城汽车公司在泰国、马来西亚、巴西、厄瓜多尔、俄罗斯、巴基斯坦、突尼斯等国家设有工厂；江淮汽车公司在哈萨克斯坦建立了汽车生产工厂；上海汽车集团在印度、印度尼西亚、泰国等国家设有工厂。

第13章

制造业服务化与商业价值

13.1 趋势：制造业服务化

近年来,世界主要国家制造业在经济中所占据的份额呈逐渐下降的趋势,服务业的份额逐渐升高,美国、日本、德国服务业增加值占 GDP 比重均超过 60%。这种转化并不是此消彼长,而是促进融合,服务经济水平越高,越促进制造业服务化发展。比如,美国的制造业虽然占 GDP 不到 12%,但研发经费的 70%、科学家和工程师人数的 60% 都投入于制造业,90% 的专利来自于制造业,充分说明美国制造业的竞争优势与其研发服务的高度渗透密不可分。

近 20 年各国服务业增加值占 GDP 比重见图 13-1。如图 13-1 所示,中国确实进入了服务经济的时代。2012 年,中国服务业增加值占 GDP 比重达到 45.5%,首次超越工业成为国民经济第一大产业。2016 年服务业增加值已经占据半壁江山,占 GDP 比重的 51.6%,意味着我国经济结构转型进入新历史阶段。2021 年,中国服务业增加值占 GDP 比重为 53.3%,比发达国家低约 20 个百分点。产业结构比重是衡量经济发展质量的一个重要指标,中国经济的产业结构比重呈现出从"第二产业为主、第三产业次之、第一产业较少"过渡到"第三产业为主、第二产业次之、第一产业较少"的阶段。2023 年,我国服务业增加值占到国内生产总值的 54.6%,对经济增长的贡献率超过 60%。到 2025 年,中国服务业增加值占 GDP 比重预计会超过 60%。服务业分为生产性服务业和生活性服务业,服务业发展前景广阔,将会呈现出两方面趋势:一方面,发展生产性服务业,推动生产性服务业向专业化和价值链高端延伸,方向为研发设计、先进制造、现代物流、现代农业等领域;另一方面,发展生活性服务业,推动生活性服务业向高品质和多样化升级,方向为健康养老、文化旅游、体育休闲、家政物业等领域。

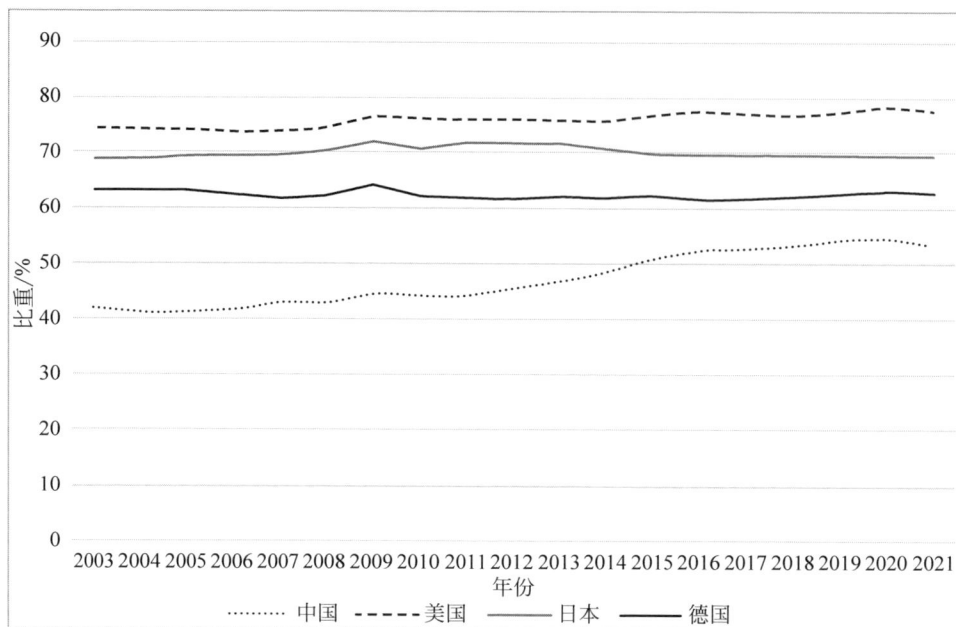

图 13-1　近 20 年中美日德服务业增加值占 GDP 比重

来源：根据世界银行数据整理。

　　制造业是生产性服务业的载体。生产性服务业包括为制造活动提供的研发设计和其他技术服务，如货物运输、通用航空生产、仓储和邮政快递服务，信息服务，金融服务，节能和环保服务，生产性租赁服务，商务服务，人力资源管理和职业教育培训服务，批发与贸易经济代理服务共十大类行业。我国是制造强国，但与制造业强相关的生产性服务业相对落后，制造业服务化是面向制造业的生产性服务业。关于制造业服务化的概念有很多，1966 年，美国经济学家格林福尔德在研究服务业分类时提出了生产性服务业（producer services）的概念，1988 年，Vandermerwe和 Rada 首次提出"制造业服务化"一词，指出服务化是指向顾客提供的商品和服务的"组合包"，通过这种组合包为顾客复杂需求提供完整解决方案能够强化企业的竞争优势。

　　制造业服务化是制造业企业通过提供附加于产品之上的服务、专业技术知识和建立专门服务部门来实现新竞争优势。提供附加于产品之上的服务，不是简单地把产品销售出去，而是根据产品的特点、功能和消费者的需求，提供附加于产品之上的服务，特别是随着信息技术的发展，极大地拓展了服务的范围、领域。服务型制造模式主要有七种：总集成总承包、定制化服务、全生命周期管理、节能环保服务、生产性金融服务、供应链管理、检验检测认证服务。向服务业延伸并不是简单地制造产品，未来的制造业在某种程度上说就是服务业，即顾客需求驱动企业由产品服务化向服务产品化的转型。

在高端装备中，服务业占有超过 50％的附加值。中国工业基础能力薄弱，特别是关键核心技术不强，机制不灵活，市场化程度不高，制造服务业供给质量不高，长期处于全球价值链的低端。德勤与中国机械工业联合会联合发布的《2014 中国装备制造业服务创新调查》显示，我国 198 家装备制造企业中，78％的企业服务收入占总营业收入比重不足 10％，只有 6％的企业服务收入占总营业收入比重超过20％，就净利润而言，81％的企业服务净利润贡献率不足 10％。制造业创新不同于其他产业，企业技术创新主体地位不够突出，特别是企业创新活力不足。根据德勤《2021 德勤制造业创新调查》报告显示，我国 152 家大中型制造业企业中，32％的受访企业在过去三年开展了产品和服务领域的创新活动，31％的企业开展了技术创新，19％的企业进行了管理创新，9％的企业进行了绿色创新，8％的企业进行了商业模式创新。尽管各界在热烈讨论制造业商业模式创新，但真正开展相关创新活动的企业却占比最少，大部分企业主要还是围绕产品服务和技术领域进行创新。

由此可见，一方面，制造业的服务型收入与利润不足，另一方面，制造业的服务创新活动开展较少，高端制造业也还处于价值链的中低端。突破传统的生产方式或产业边界，向现代高端制造业服务转型主要有两个方向。一是产出的服务化。高端制造业的活动主要位于价值链中的两端：一端是设计研发端，利用技术创新能力设计新方案、改进旧产品、研发新产品；另一端是供应市场端，利用供应、市场营销服务，提供系统集成服务。二是投入的服务化。利用智能制造能力降低制造成本。未来，制造业服务化将会出现以下三个变化趋势。

第一，产业结构的变化。制造业在国民经济中的份额可能会下降，服务业的比重将有较大提升，在制造业内部，将会出现以生产、适度集中和专业分工为特征的供应链结构调整，技能累积和劳动生产力提高将会产生重要作用，满足内需的生产能力会有更大的发展空间。

第二，商业模式的变化。制造业服务化是企业从关注产品到关注客户价值的转变，实现了企业从单纯提供有形产品或无形服务到提供具有"产品＋服务"的系统的转变，是创新"产品＋服务"的经营模式。特别是受数字技术变革和商业模式创新等多重因素影响，企业的成长目标已变成向客户提供一体化解决方案的服务商。

第三,价值链的变化。以数字技术改造传统制造业,促进制造业向价值链的高附加值两端延伸,这种制造业与服务业融合共生的现象,被称为"两业融合"。2016年,工业和信息化部发布《发展服务型制造专项行动指南》,服务型制造快速发展,新模式新业态不断涌现。2019年,国家首次提出先进制造业和现代服务业深度融合,以推动制造业高质量发展,积极探索先进制造业和现代服务业相融相长路径,以企业为主体,以数字化为主线,瞄准重点领域关键环节,推动业务向价值链高端延伸、向制造业延伸的两业融合路径。

13.2　企业：制造产品到构建服务

新业态和新模式的发生与发展,是一个持续复杂的动态过程,也是数字化技术和工业化技术融合的过程,其本质是需求侧改变和供给侧变革相互对接的动态演化过程。新业态和新模式正加速制造业服务化转型。

智能制造将企业从传统制造"销售产品"转向现代制造"销售服务"。从顾客角度看,希望得到比产品本身更多的服务和体验。从企业角度看,市场竞争激烈,单纯地依靠销售产品已经获得不了足够的利润,甚至还会亏损。短时间通过科技提升产品附加值又难以实现,企业逐渐开始重视服务,并将产品和服务捆绑起来销售给顾客,构建一个服务顾客与挖掘顾客的生态。

(1) **增强顾客对产品的依赖**。企业提高服务能力是对自身生命周期管理能力的再认识。在价值链上,基于专业优势和发展优势准确把握行业的发展周期和前景,选择未来发展方向,及时停止并淘汰落后产品,发展有市场价值的产业。

(2) **企业利润的来源从产品转移到服务**。产品生命周期的服务价值逐渐成为企业挖掘利润的对象,"产品＋服务"的价值被企业管理者重视,"产品＋服务"的供给开始贯穿于产业的上下游。盈利模式业态很多,如维修模式,可以鼓励引导制造业围绕产品功能扩展服务业务,搞好售后服务、全生命周期服务。发展故障诊断、维护检修、检测检验、远程咨询、仓储物流、电子商务、在线商店等专业服务和增值服务,向下游延伸。比如,两种营销模式:①如果是销售设备,无论卖到哪里,卖给谁,你都能从设备端准确获得信息,能为企业量身定制各种服务,从卖设备到卖服务。②如果是重资产的设备,还可以发展设备租赁服务业务,向轻资产型企业方向发展。

(3) **数字化转型是实现先进制造与现代服务深度融合的重要变量**。《十四五规划纲要》明确提出,保持制造业比重基本稳定,并取消服务业增加值比重这一目标。同时加入了数字经济发展指标,数字经济的转型升级作为未来十年关键的机会窗口,2025 年数字经济核心产业增加值占 GDP 比重提升至 10％,数字经济将成为整个中国经济转型的核心部件。

13.3　顾客：购买产品到消费服务

马云曾经说过："服务是全世界最贵的产品。"现代社会,消费者不是无知和封闭者,而是见多识广,主张消费自由。人们购买产品、支付方式、物流配送等不再基于传统工业生产模式。人们最终发现产品消费价值实际上已经由产品本身转向服务平台,企业要想更好地活下去,需要数字化转型,将产品的价值转化为服务的价值。

营销不是一锤子买卖,而是要持续为顾客创造价值。对于服务的理解,估计少有人能超越京东公司创始人刘强东。2004 年,京东开始进军电商领域,面对阿里巴巴几乎垄断的市场格局,凭借其独特的商业模式成功突围。京东从一开始就选择了差异化的发展策略。如果说阿里巴巴模仿的是易趣公司的成功经验,即先采取免费＋流量收费的模式,后规模化扩张。那么京东则是借鉴了亚马逊公司的发展模式,选择了自营模式作为突破口,通过自建仓储物流体系,严格把控商品质量,提供高效售后服务等核心优势,开辟出新的增长极。刘强东认为用户第一,与客户发生现实接触就两个环节：一是配送,二是客服。多数电商都没有自己的物流,刘强东力排众议,2007 年,京东自建物流体系,京东选择了"重资产"的体验服务。消费者消费的不仅是产品,更是服务,对于产品体验,京东宣传自营无假货。对于服务体验,京东物流于 2010 年推出"211 限时达",11 点前下单,当日就能收到货,送货快,到付,有问题包退。2019 年年底,京东推出的"24 小时达"服务已经覆盖了国内 88％的区县。现在京东已实现省内区内"夕发朝至"、跨省跨区 24 小时送达的寄递体验。这种从来没有过的用户体验,给京东物流带来了核心竞争力,京东从原先的亏损第一到现在的电商第一,不断给竞争者前所未有的压力,给消费者极致的服务。2021 年,京东以 9516 亿元营收超越华为首次成为中国第一大民企。

消费新主张加速线上线下的场景融合,新技术对传统行业的数字化改造也走向深入。正如德国工业 4.0 平台提出了一种新的想法：基于价值的服务（value-based service,VBS）,即基于场景出发,考虑数字工业服务的价值。消费场景早已偏离了产品和售卖这个环节,前后可纵深延伸各个服务环节,最终形成消费者服务数据。基于"智能产品＋智能服务＋新体验"的数据是无价的,挖掘和利用服务数据的能力是评估企业价值的重要指标。这些服务数据是企业的核心生产要素,分析不同层面、不同客户的市场消费需求,通过服务来增强创造价值的潜力。

13.4   商业价值：消费体验到智造服务

在大数据、物联网等新一代信息技术的赋能下，基于网络非接触式的新型消费模式激发了市场潜力。"新消费"是指由数字技术等新技术、线上线下融合等新商业模式以及基于社交网络和新媒介的新消费关系所驱动的新消费行为。这种新型消费为中国经济注入了生机活力。

新消费变得更人性和更有效率，倒逼商品供给侧结构性改革和产业升级，供给侧结构性改革推动着产业全面升级。当消费升级快于产业升级时，在很多领域表现为需求端受困于供给侧，消费潜力没有完全释放，产业升级也未到位。2019年，国家首次提出促进产业和消费"双升级"，目的就是培育供求双方的新动能，双方共同发力来推动高质量发展。随着我国消费规模将持续扩大，消费结构升级步伐将不断加快，商品消费和服务消费将呈现双升级态势。

产业升级指向高品质的生产制造，进而加速产品迭代、服务升级，同时也改变着商业模式，消费者和生产者的互动有两种发展模式。

第一，B2C 商业模式。这是以厂商为中心，提供优质产品和服务供给来创造需求、驱动需求的商业模式。其基本特征是厂商为中心，大规模生产同质化商品，广播式的大众营销，被动的消费者，B2C 也是最常规的商业模式。

第二，C2B、C2M 商业模式。消费者利用平台中介主动对接厂商，双方的协同促进消费需求变化和交易达成。近年来，C2M 商业模式在国内兴起，C2M 是"从消费者到生产者"，它是平台与厂商合作组织产销的一种模式，让顾客直接面对工厂，工厂直接服务顾客，迎合了年轻消费者追求个性化、差异化产品的需求。C2M 具有两个重要的特点：一是根据消费者的需求来组织生产；二是要尽可能砍掉从生产到最终消费的中间环节。传统的 B2C 模式，所有的环节都由供应驱动，C2B 和 C2M 则是由消费者驱动，而 C2M 将以一种更智能、更节约的方式直接面对消费者。淘宝是中国最早最大的 B2C 企业，2020 年，淘宝成立 C2M 企业淘宝特价，被称为"超级工厂计划"，是链接工厂和消费者的数字化系统。仅一年时间，"淘特"就吸引了 2000 个产业带上的 120 万家产业带商家和 30 万个数字化工厂为消费者生产性价比好物，其中年销售额过 10 亿元的工厂就有 13 个。作为全球首款以工厂定制（C2M）为核心供给的购物 APP，淘宝特价版并不简单一味地追求低价，而是通过数据赋能的方式降低成本，提高效率。

先进制造和现代服务深度融合。工厂面对消费者，运用智能技术来制造产品和提供服务,加强关键领域、关键技术研发,为新产品、新服务、新业态、新模式的发展提供强有力的技术支持。比如,企业广泛应用"5G+AI"的新科技,可以衍生出很多产业,如服务机器人、无人车、无人机等。制造业自身要顺应现代科技的发展和市场的变化,不断变革、创新制造方式和服务业态,推进制造业的智能化、服务化。商品消费的主要矛盾在需求端,服务消费的主要矛盾在供给端。智能制造将供给端变得无所不能,促进供给升级,创造更丰富的消费体验,也催生更多新业态,将为产业端、消费端注入强大动力,改变消费与生活,推动整个社会的数字化转型。"互联网+服务""消费+智造"等数字经济的新业态、新模式,持续引领新型消费发展的环境,持续提升新型消费产品的供给质量,持续增强新型消费对扩内需稳就业的支撑。

◀第**14**章▶

企业变革与战略的六大思维

唯物辩证法告诉我们,自然界、人类社会发展的总体方向和基本趋势是新事物的产生和旧事物的灭亡。新陈代谢是宇宙中普遍的、永远不可抵抗的规律,辩证的自我否定是实现事物发展的根本途径。任何事物都是在自我否定中发展的,是前进性和曲折性的统一。企业变革从自我革命开始,自我革命意味着辩证的自我否定,从自我驱动到利他变革,在不断否定中成长,实现螺旋式上升。企业是时代的产物,即使战胜了所有对手,却很有可能输给瞬息变化的时代,与时俱进是永恒的主题。自我认知、自我成长、自我净化、自我迭代,也只是延缓企业衰亡的时间。任何人无法准确预测未来,但是可以感知发展的基本规律,企业的变革与战略需要具备以下六大思维。

14.1　生存发展、量子思维

量子理论告诉我们,任何物质的位置和速度永远处于多个位置和多重速度的叠加态中。量子的第一性原理是"不确定性原理",不确定有三层含义:第一,世界是混沌的,我们的认知也是模糊的;第二,任何事物微小的变化都可能带来系统的变化,即量子纠缠;第三,事物的变化是随机的、复杂的、非线性、非连续和断点式的,甚至是突变和跃迁式的。即使有规律所循,也是有条件的,方向一旦错了,速度将变得毫无意义。

如果是突变式的跃迁,这种不确定性的变化会加速物质的演变。突变理论也告诉我们,任何物质都有稳定态和非稳定态之分。稳定态是指在微小的偶然扰动因素作用下,仍然能够保持原来状态;而一旦受到微扰就迅速离开原来状态的则是非稳定态,两者相互交错。突变理论创始人数学家托姆认为,系统变化是通过连续性和非连续性两种变化模式来实现的,系统状态的突变,其特点是过程连续而结果不连续。

复杂无序的系统变化让人难以精确地预测未来。解决问题的思路通常有两种:一是思考问题本身,这需要研究细节、过程等要素;二是思考问题之外,这需要跳出问题看问题。爱因斯坦认为,人无法在制造问题的同一思维层次上解决这个问题,问题的解决需要思维的升级。对于任何组织而言,确定的思维很难让我们认清世界的原貌,在混沌中清晰的发展方向是相对的,特别是在数字化时代。

(1)而对不确定的变化,活下去是常态。任何组织都处在不确定的环境中,活下去是常态,但不是最终目的,活下来是为了希望和光明,活得好才是姿态。正如任正非所讲的,活下来,把寒气传递给每个人,要保持方向大致正确,组织必须充满活力。

(2)全球化的视野,突破认知边界。没有全球化的视野,就不能把握不确定的变化。任何事物是彼此相互作用的,现象有时是个体的、局部的,但变化往往却是整体的,我们要拓展认知边界,提升认知深度,学会用系统思维分析、解决自身问题和发展问题。

14.2　自我变革、熵增思维

任何组织发展到一定阶段就会出现难以克服的挑战,这些挑战来源于内外部,如果不能逾越过去,组织就会停滞不前、面临衰退。组织要想基业长青,就必须有自我净化的意识,消除组织怠惰,消灭组织黑洞。组织怠惰是指组织保持固有思维,维持现有工作秩序,对未来发展缺少清晰的判断,领导团队不思进取,不具有完成目标的战斗力。组织怠惰的行为吸收了组织大量的资源和时间,却不输出贡献,这些组织黑洞形成一个惯性旋涡,不断地消耗着组织的能量,导致组织形成难以逾越的熵增。

熵增定律揭示了一个让人伤感但又令人无可奈何的结局,从宇宙、大自然到组织和生命的最终命运就是无序、混乱和死亡。熵是度量一个系统"内在的混乱程度",有两层含义:一是在一个孤立系统里,如果没有外力做功,其总混乱度(熵)会不断增大;二是一切自发过程总是向着熵增加的方向发展。社会科学与自然科学有着同样的规律,熵增是不可逆的,新陈代谢是生存规律。组织必须有自我革新的认知,一要形成开放系统,二要寻找外力做功。让组织成为一种平台化的双赢结构,只有合作共赢才能办大事、办好事、办长久之事。

(1)企业与员工的双赢。企业和员工是命运共同体,相互成就。而在现实中,一件事情,从工作的角度出发,可能很简单,但从人际关系的角度出发,有时候就很复杂。大河涨水小河满，企业是员工实现自我价值的平台，企业给予员工的舞台越宽广，员工的价值体现就会越充分。同样，小河有水大河满，员工对企业寄予着美好希望，员工是激发组织活力的真正主体。

（2）企业与客户的双赢。企业的竞争对手不是同行，而是瞬息变化的市场需求，满足客户需求，是企业存在的价值。数字化时代，企业与客户建立多元化连接，客户给了企业流量，企业通过流量数据可以比以往更多抓取客户的需求和痛点，并以客户为中心建立企业端到端的流程管理。

14.3 向死而生、战略思维

德鲁克说过，战略不是告诉你未来该做什么，而是现在怎么做才有未来。任正非认为，活下来是最高的战略，对成功要视而不见。运用战略思维分析战略问题，从全局看"形"，从长远看"势"，从整体上把握前进的正确方向。

（1）保持战略定力、顺势而为。极度的战略自律才有极度的战略发展，组织要想在战略上赢得主动，就是要顺势而为，即善于观大势、谋大事、打大算盘、算大账。要知道，短期回报具有诱惑性，但不具有长期性。企业不成熟的第一表现，就是要求立即有回报。要懂得只有春天播种，秋天才会收获，任何急功近利的想法，都会错失发展机遇。对于企业利润，应该认识到，高利润不会长久，而成长才是企业的持续。战略是实现发展的"头脑"，管理是实现战略的"手脚"，企业应追求一定利润水平上的成长最大化，战略性的胜利要远比财务性的胜利重要，资源要集中，要把战略重心放在成长的机会点上。

（2）"自以为非"、逆周期发展。企业成功的机会来源于市场，市场机会的多少和市场周期息息相关。当市场周期上行的时候，企业只要抓住了一两个机会便可以成功，但是市场周期下行的时候，企业却不一定能够踏准节拍。企业经营者的"本领恐慌"只有在大事件中锤炼才能得到"本领升级"。任正非认为不懂战略退却的人，就不会战略进攻。市场周期性的波动是企业发展面临的一种常态，企业要想实现逆周期发展，只坚持市场导向，未雨绸缪，自我批判，而非自以为是。

14.4 长期主义、价值思维

长期主义不仅是组织的目标选择，也是组织的价值选择。长期主义是组织在战略方向下的价值坚持，就是要把眼光放长远些。长期主义不是口号，更不是心灵鸡汤,而是行为准则。长期主义价值观是最重要的过滤机制,因为越是有价值的事情,越需要时间的积累才能完成。摒弃短期主义、速成思维,即使经历曲折和困难,也要坚持不懈,这是组织韧性在发展中的不断锤炼。价值思维围绕价值主张(做正确的事)、价值创造(正确地做事)、价值评价(持续做好事)为纲领,建立组织长期发展的机制,在发展中解决问题,在解决问题中发展。

(1)主责主业、塑造内核。组织活下来靠什么,靠的是核心竞争力。组织资源是有限的,不应该花费过多资源在短期价值上,更不能在投机的事情上左右徘徊。回归行业本质,沉淀核心能力,欲速则不达,任何领先的科技、优质的产品、持久的品牌都是在不断打磨的基础上实现的。

(2)做好主业、放开周边。组织要做自己擅长的事情,要把资源投入在主责主业上。在生产力提高的同时,还要和周边竞争对手加强合作。开放合作,不能关起门来赶超世界。让技术、资金、人才等要素在广泛的平台上得到充分发挥,也就是说,组织要基于核心能力,有既做加法、又做减法的宽广胸怀。

14.5　回归常识、原点思维

组织要有基本的常识认知,在提升认知高度、洞见趋势的同时,还需要不忘初心,尊重客观规律,发挥人的价值。一个组织的发展高度,取决于组织对常识的理解深度。在现实中,组织的生存法则决定了组织思考问题的逻辑方式、价值判断。

(1)化繁为简,透过现象看到本质。面对问题,我们通常有四种认识状态:不知道自己不知道、知道自己不知道、知道自己知道、不知道自己知道,这四种状态分别对应着自我认识、自我学习、自我成长、自我评价的过程。改变自我的认知,才能修正自我的行为,改变认知要从独立思考开始,而不是被表面现象蒙蔽双眼。第一性原理告诉我们,对待问题,要从最基础的条件出发,在基本事实的基础上探究问题的本源。只要思想不滑坡,办法总比困难多,深度思考问题,最终还是要回归到问题本质、化繁为简,从逻辑的起点去解决问题。

(2)尊重规则,顺应发展释放人性。一个强大的组织必定有一个好的制度,好的组织首先是让人有尊严,好的制度是基于肯定人性,解决人性最关心的问题,去实现组织的目标。人的潜力无限,但并不是说毫无原则。人的价值体现又是在既定规则下实现的,也就是说,尊重规律和尊重人性是统一的,少一点人定胜天,多一点道法自然。

14.6　组织赋能、利他思维

思想权是最大的管理权。企业经营行为不能短视，要达成目标，最终还需要组织赋能，激发全体员工的工作善意。组织要基业长青、永续经营，必有利他之心、利他共享、利他增值，以利他之心，成利己之事。注重短期利益，会使组织陷入能力刚性"陷阱"。组织能力不依赖于个人，而依赖于组织治理体系和治理能力，但是确是"一把手"的系统工程，责任聚焦、权责清晰且高度制衡，这是个人理性上升到组织理性的过程。

个人能力和组织能力相互作用通常有四种表现形式：一是个人能力弱、组织能力弱，会陷入慵懒怠惰主义；二是个人能力弱、组织能力强，会陷入平台机会主义；三是个人能力强、组织能力弱，会陷入英雄独裁主义；四是个人能力强、组织能力强，才是赋能双赢主义。要把能力建立在组织之上，优化流程，建立不依赖于人治的流程化组织，实现组织与员工、客户、社会的双赢，无论是哪一种双赢，都是服务思维、利他精神的体现。

（1）"利他"的组织才能吸引更多优秀人才。人是企业管理最基本、最核心的内容。人才与客户同等重要，在某种程度上决定着企业生死存亡。组织没有宽容的精神，再优秀的人才都无法发展，哪怕他是乔布斯。利他就是利己，这是发展的基本逻辑，合众人之私，才能成一人之功。利他同时也是一门艺术，就是激励人们自愿去做组织想让他们去做的事情。忠诚来自需求的满足，组织要像关心客户一样去关心人才，真正把握人才的需求，把追求员工精神和物质两方面的幸福作为组织的目标，做到利益共享。

（2）"利他"的组织才能让世界更加美好。企业是社会公器，企业经营者的气量决定了企业发展的高度，这是一种更高层次的利他精神。企业对于社会公器要有两方面的认识：一是在社会眼里，企业价值有多大，即企业价值在社会中的评价；二是在企业眼里，社会价值有多重要，即社会价值在企业中的评价。看不见的社会价值往往比看得见的企业价值更重要，责任承载物质，好的企业不仅要为社会提供好的产品、服务，更要为社会创造价值财富，实现企业、社会和环境的和谐。

◀第**15**章▶

结语：以双创经济的视角分析

当前,世界百年变局加速演进,国内外环境复杂严峻。创新是引领发展的第一动力,要不断深化对创新发展的规律性认识。党的二十大报告中指出:"坚持创新在我国现代化建设全局中的核心地位。"习近平总书记强调,"要营造有利于创新创业创造的良好发展环境。要向改革开放要动力,最大限度释放全社会创新创业创造动能"。2014年9月的夏季达沃斯论坛上,时任国务院总理李克强同志首次提出要在中国掀起"大众创业、万众创新"的新浪潮。2015年,"大众创业、万众创新"被正式写入《政府工作报告》。2015年10月在国务院常务会议上,李克强强调,在消费领域,中国"互联网+"创新已经走在世界前列。今后在工业和制造业领域,也要把"中国制造2025"与"互联网+"和"双创"紧密结合起来,这将会催生一场新工业革命。此后,从国家到地方层面的"双创"政策文件密集出台,新动能、新优势不断涌现。2017年,习近平总书记在十九大报告中指出:"经过长期努力,中国特色社会主义进入了新时代,这是我国发展新的历史方位。"进入新时代,顺应新一轮科技革命和产业变革,创业和创新必须把握时代大势、引领时代未来。创业是一场充满挑战和不确定性的冒险。干事创业,有风有雨是常态,无惧风雨是心态,风雨兼程是状态。培育壮大发展新动能、新优势,创业造就高供给市场主体,创新成就高质量市场经济,"双创"成为推动中国经济前行的"双引擎"之一。"大众创业、万众创新"与"增加公共产品、公共服务供给"这对经济增长的"双引擎"将驱动中国经济长期保持中高速增长,迈向中高端水平,即通过"双引擎"促进"双中高"。

15.1　创业造就高供给市场主体

大浪淘沙在市场,市场活力在创业。在创业和创新的天平上,企业家作为市场的参与主体发挥着无穷力量。在"大众创业、万众创新"的舞台上，用信念、汗水和智慧创造属于新时代创业者的无限可能，这是发展的内生力量。如果说国有企业（国家队）是顶梁柱，那么民营企业（民间队）则是生力军。一个鸡蛋，若从外部打破，是一个荷包蛋，从内部突破，却是一个新的生命。一花独放不是春，百花齐放春满园。要理解双创的背景，首先要回顾一下改革开放后，我国曾经历过的五次非常大的创业潮，改革开放后的企业家分类如表 15-1 所示。

表 15-1 改革开放后的企业家分类

分类	时代特征	企业家代表	主要代表	人物特征	主要行业
第一代企业家	产生于 20 世纪 80 年代，改革开放时期	刘永好、任正非、张瑞敏、柳传志、王石、李东生、王健林、宗庆后、曹德旺、李书福、梁稳根等	"84 派"	摸着石头过河、勤劳朴实、敢为人先、勇毅向前	家电、通信、食品、机械等制造业
第二代企业家	产生于 20 世纪 90 年代，市场经济制度建立时期	陈东生、郭广昌、冯仑、史玉柱、王传福、陈建华、张近东、俞敏洪、王卫等	"92 派"或"94 派"	踏准市场化的先机、爱冒风险	房地产、制造业、服务业等
第三代企业家	产生于 21 世纪初，"入世"以后	马云、马化腾、李彦宏、丁磊、刘强东、雷军、王兴、张磊、沈南鹏等	"99 派"或"互联网派"	相信客户需求，拥抱资本，崇尚竞争	互联网、金融等
第四代企业家	产生于 2015 年后，"双创"时期	张一鸣、黄峥、何小鹏、李斌、李想、曾毓群等	"新经济创新派"	相信创新和颠覆、发展"四新经济"	互联网、新能源等
第五代企业家	产生于 2017 年后，"新时代"时期	梁文锋、王兴兴等	"80 后和 90 后的科技派"	突破认知边界、小成本办大事、纯粹的科技理想主义者	人工智能、机器人等

15.1.1 第一代企业家（改革开放）

第一次创业潮发生在 20 世纪 80 年代，伴随着改革开放而来的"下海潮"。春江水暖鸭先知，1978 年改革开放至 1984 年知青返乡带动了就业。1982 年，刘永好和他的三个兄弟辞去公职，凑了 1000 元去农村开展养殖业，开启了中国企业家早期创业之路。辜胜阻教授认为，十一届三中全会以后一段时间，全国涌现了很多以城市边缘人群和农民创办乡镇企业为主要特征的"草根创业"。1984 年邓小平第一次南方谈话，更是广泛推动了第一次下海经商浪潮。第一代企业家说自己下海，是因为大多数创业者来源于体制内，很多人踌躇满志去下海，方向还比较模糊，对于下海后能做什么，他们还没有明确的答案。从无到有，他们只能摸着石头过河。其中有代表性的创业发生在 1984 年，这一年也被称为中国企业家元年。王石创立万科，任志强建立华远地产，柳传志创建了联想，张瑞敏临危受命接手濒临倒闭的青岛电冰箱总厂，人们习惯称他们为"84 派"。如今还在任上的"84 派"第一代企业家已经不多了。80 年代后期，1987 年，曾经处在体制内的任正非也被迫进入了市场经济中自谋生路，1989 年，行政体制内的王健林来到大连西岗区开始了地产开发的职业生涯。当然还有一些体制外的企业家，如宗庆后、李书福、梁稳根等，他们同样善于思考，敢为人先，在短缺经济时代，他们坚信只要抓住市场的红利，就能迅速成长壮大，他们是民营经济实践的先驱者。

15.1.2　第二代企业家（下海经商）

1990 年，上交所、深交所相继成立，这一年也成为中国资本市场纪年的开始。1992 年，国务院决定仅在上海、深圳两地开设股票交易所。1992 年，邓小平同志第二次南方谈话，破除了长期以来困扰我国经济体制改革的传统观念束缚，化解了有关姓"社"和姓"资"的争论，并于 1992 年确立了社会主义市场经济体制的改革目标。为转换国有企业经营机制，逐步规范市场竞争主体的组织和行为，1993 年 12月 19 日，《中华人民共和国公司法》出台，这部权威性的法律，对我国经济体制转轨初期的国企改革、按资本运作形式划分企业性质以及规范民营企业及混合所有制企业的组织架构等起到了重要作用，并初步培育起国内企业的发展模式，以及经理人的治理结构，民营经济开始得到充分尊重。1993 年，希望集团刘永好作为非公有制经济界的全国政协委员，在全国政协八届一次会议上作了《私营企业有希望》发言，这是民营企业家第一次在人民大会堂作大会发言。民营经济充满活力的快速发展带动了对国有企业改造的信心，1993 年《中华人民共和国公司法》出台的一个重要原因就是国企改革的需要。然而公有制改革的同时也引发了失业潮，当时老百姓口传的"下海潮"也正是创业浪潮的端倪。两种潮流叠加在一起，促进了各种阶层间的流动。这一时期，有一批读懂中国改革开放政策的精英，看到了改革开放后的变化和城市化的机遇。他们满怀信心辞去体制内的工作，尽管此时的市场经济还没有成熟，但他们还是相信机会可能就在眼前，只有创业才能放飞梦想。比如，陈东生 1993 年下海后，建立了嘉德国际拍卖、宅急送、泰康人寿等公司，以冯仑为首的"万通六君子"奔赴中国各地开发房地产。随着国企改革推向纵深，下岗职工人数也在增加。特别是 1998 年，下岗浪潮袭来。相关统计数据显示，从 1998 年开始的七年间，国企裁员累计近 3000 万。下岗分流中的很多技术与管理人才进入新兴的民营企业，带来了技术和管理经验，加速了中国民营经济的发展。

15.1.3　第三代企业家（中国入世）

第三代企业家开始于 2001 年中国加入世界贸易组织以后，这一时期表现最突出的是新生代的互联网企业家。中国加入世界贸易组织，成为第 143 个成员，全面融入世界，深度参与国际竞争，对世界经济增长贡献了巨大力量。互联网平台企业的建立，为国内、国外市场的供需双方提供了巨大的选择空间。

中国互联网企业的建立，早期经历了三个发展阶段：第一个阶段（1994—2000年），从门户网站到搜索引擎；第二个阶段（2001—2008 年），从搜索引擎到社交化网络；第三个阶段（2009—2018 年），移动互联网和自媒体。在这三个发展阶段，诞生了很多优秀的企业家。比如，1994 年，中国通过一条 64K 的国际专线，全功能接入国际互联网，从此中国被国际上正式承认为真正拥有全功能互联网的国家，中国从此开启互联网时代。1997—1998 年，网易、腾讯、搜狐、新浪等门户网站和社交平台相继建立，培育了我国早期网络用户群体，改变了商业形态。1999—2000 年，以阿里巴巴为代表的电商平台企业和以百度为代表的搜索引擎企业相继崛起，进一步拓宽了用户获取信息的渠道，构建了新的商业生态。人们习惯称马云、李彦宏、马化腾等人为"99 派"互联网企业家。不同于 80 年代的企业家，"99 派"企业家的一个重要特征就是：他们在创业初期，没有背景、没有实体资产、没有市场，只有技术和想法，而且能够把技术和想法迅速转变成商业模式。

互联网公司通常有四种商业模式：广告、网游、搜索引擎和电商。网民是潜在客户，当用户发展积累到一定阶段时，网联网公司就会吸引外部投资者，早期引入的资本通常是风险资本，而不是自有资本或银行贷款，一旦公司上市后，快速做大做强。2008 年，中国网民首次超过美国，2012 年，手机移动端网民规模占网民用户数主流，从 PC 互联网到移动互联网，微信朋友圈上线。2015 年，中国首次提出"互联网＋"，随后社交网络开始盛行，互联网直播、网红、流量等热词"风靡全国"。影响社交网络的本质不在于颠覆，而是让消费者掌握更多主动权，可以将目标客户直接转化为品牌粉丝。比如，小米公司就是一个靠粉丝发展起来的典型企业，小米公司成立于 2010 年，"为发烧而生"是小米手机的产品理念，它的手机用户也被称作"米粉"。到 2019 年，成立仅 8 年的小米公司就创造了最年轻的世界 500 强企业的商业传奇,对比中国其他进入世界 500 强的高科技公司,京东和阿里分别耗时 18 年,腾讯耗时 14 年,华为用了 23 年,小米无疑是最年轻的科技型企业。在 500 强榜单中,小米被定义为"互联网服务和零售"行业的企业,流量型互联网企业成了赋能其他产业快速发展的重要力量。

15.1.4　第四代企业家(双创经济)

第四代企业家更加关注商业模式和技术创新的变化。"四新经济"(新技术、新产业、新业态、新模式)层出不穷,随着创办企业成本逐渐增高,投资风险也逐渐加大,双创型企业家会谋定而后动,他们时刻洞悉产业政策动向和消费者体验的变化,主张以最优的产品和服务、最低的成本引领发展。比如,字节跳动公司创始人张一鸣,能从互联网巨头林立的成熟市场中找到战略机会点,成为互联网产业的领军企业家,体现了创新型企业家的市场洞察能力和认知能力的跃升。他认为对事情的认知越深刻,就越有竞争力,传统互联网公司如果不创新,最终都会走向消亡,越大的公司失败的可能性就越大,在移动互联网时代,小公司可以大有作为。张一鸣特立独行、剑走偏锋,坚持以用户为中心激发科技创新,通过算法创新,按用户的偏好分类推送资讯,这种经营理念在当时没有得到主流企业和投资者的认可,然而今日头条和抖音这两款产品却奇迹般地迅速引领中国互联网市场,这让竞争对手有点猝不及防、黯然失色。抖音自 2016 年上线以来,国内用户超 10 亿,这个以用户的大脑为中心的传播平台几乎涵盖了所有消费领域,其市场火爆程度挤压了阿里巴巴、京东、腾讯等互联网巨头的存量市场。抖音海外版 TikTok,更是在美国拥有约 1.7 亿用户,市场渗透率超过美国总人口的一半,其火热程度甚至触动了美国的核心利益,TikTok 也因此成为首个被美国政府责令强制禁止运营或出售控制权的中国高科技公司。在 2021 年胡润《全球独角兽榜》上,抖音以 2.25 万亿元估值首次成为世界第一独角兽企业。2022 年,字节跳动(香港)有限公司更名为抖音集团(香港)有限公司,更名旨在深化"抖音生态"战略,强化抖音的品牌优势,形成生态协同效应,借助抖音的视频核心产品,推动短视频与电商、本地生活服务的技术融合,探索人工智能内容生成、虚拟现实等新场景,强势拓展未来成长空间。

新经济的发展模式具有很强的包容性。以往企业家想都不敢想的知识,也成了最具商业价值的产品之一。2015 年,主持人出身的罗振宇,开启知识付费之路,不同于做教育培训,将《罗辑思维》为代表的说话节目打造成产品,2016 年,罗振宇的《时间的朋友》互联网跨年演讲,掀起了知识付费的商业热潮,高品质的知识消费成了点燃商业模式的导火索。2022 年,中国最大教育培训集团新东方成立东方甄选,转型直播电商卖货,专注于为客户细心甄选优质产品的直播平台。2023年,知识主播董宇辉火爆市场,仅1人一晚卖货就超过1亿元,2023年,东方甄选营收超过50亿元,直播电商团队总人数达1600人。文化直播电商这种商业模式,不只是简单地卖产品,而是卖出了当下知识分子的体面,一诗一画一风物,柴米油盐藏诗意。

商业模式的创新加速了对传统工业领域的渗透,特别是汽车产业。小鹏汽车、蔚来汽车、理想汽车三家造车新势力公司的创始人何小鹏、李斌、李想等都来自互联网产业。他们抓住新能源产业发展浪潮,将互联网思维带入汽车制造产业,造车新势力公司迅速崛起。随着国家大力发展新能源产业,2015年是造车新势力的元年,这一年中国也开始成为全球最大的新能源汽车市场。另一家公司宁德时代,也是站在国家大力发展新能源的风口上而得到快速发展,跃居动力电池行业第一。2011年,曾毓群创业宁德时代,仅用4年时间就将公司推到全球第三大汽车动力公司的位置。到2017年,成立仅6年的宁德时代,成为全球新能源动力电池销量第一的公司。2018年,公司登陆创业板,到2021年,仅用了3年时间,宁德时代的市值就已超越工商银行,在A股市值排名第二,仅次于贵州茅台,创造了中国制造业的市值神话。这一时期的企业家,更善于抓住国家政策,专注新能源绿色产业,迅速发展成为全球领先的行业巨头。

15.1.5　第五代企业家(奋进新时代)

第五代企业家是一批出生于20世纪80年代和90年代的中青年企业家,在人类已经迈向人工智能的道路上,他们发挥着举足轻重的作用。他们年轻有为,充满活力与梦想,不过度依附与盲目跟从传统观念和西方科技,以初生牛犊不怕虎的勇气,能在没有背景和缺少资源的条件下,在市场竞争激烈的夹缝里开拓出一条破局之路。他们中的有些人不但能生存下来,而且还能小成本办大事,硬生生地突破西方的科技封锁,"闷声而低调"地震撼世界,极大地激发了国人自主创新的自信心,为中国经济发展注入了一剂科技感十足的强心针。

在以人工智能、人形机器人为代表的硬核科技领域,破局者正用变革性的科技力量重构市场格局。2015年,"80后"的梁文锋创立幻方量化基金公司,他将算法科技融入金融交易,仅用了5年时间就把基金管理规模发展至千亿,实属罕见。2023年,梁文锋转而创立深度求索公司,专注人工智能大模型的研究和开发,他坚持长期事情短期攻坚,不设定短期绩效考核,两年时间内就研发出了DeepSeek国产大模型,惊艳世界。2016年,"90后"的王兴兴创办宇树科技公司,专注四足机器人及人形机器人研发，他坚持低成本自研核心技术，其研发的四足机器人占据世界市场近 70%的销售份额，并开创性地将人形机器人的运行性能和制作成本做到同行领先，立志成为世界顶级的机器人公司。

在以影视创作为代表的文化创意领域，跨界者正用颠覆性的创新思维定义行业边界。2025 年春节期间，由"80 后"杨宇执导的《哪吒之魔童闹海》动漫片，上映仅一个月，票房就已超过 140 亿元，创造了中国影史票房的最高纪录。殊不知，不被外界看好的"门外汉"杨宇步入影坛还不到十年。但是他敢于追梦，弃医从影，迎难而上，最终破茧成蝶，逆袭成功。影片的成功，源于杨宇对作品的极致追求，他颠覆式地将现代数字科技融入到传统题材影片中，塑造奋发向上的新时代精神内核，为观众带来了精彩纷呈的视觉盛宴和文化享受，重塑了华语动漫片的巅峰辉煌。

奋进新时代，第五代企业家抓住时代机遇的风口，大显身手正当其时。2025 年，"杭州六小龙"企业——宇树科技（四足机器人）、游戏科学（3A 游戏）、强脑科技（脑机接口）、深度求索（人工智能）、云深处科技（工业机器人）、群核科技（3D 设计），这六家新生代初创企业在人工智能、机器人等科技领域崭露头角，迅速出圈火爆全国，与老一代创业名企阿里巴巴共同构成了杭州"数字硅谷"的科创土壤。杭州从电商之都发展转型为科技新城，"杭州模式"让人们看到了民营经济广阔的发展前景。2 月，梁文锋、王兴兴首次和老一代企业家出席民营企业座谈会，属于历史罕见。这次会议规格比以往历届还高，重点聚焦智能制造、数字技术、新能源等新质生产力领域，体现了国家对科技创新的支持以及对年轻创业者的认可。这些领域更需要"闯拼型""拓荒型"的中青年企业家，不难想象，他们将成长为中国科技竞争和产业升级的中坚力量。

大江奔涌，千帆竞发。科技正成为未来的核心驱动力，第五代企业家勇敢踏入时代洪流，他们有着坚定的文化自信，坚持走自己的路，以实际行动诠释"青年强则国强，青年进步则国进步"的使命。我们从他们身上能感受到目标笃定的坚强意志、静水流深的做事风格，他们是纯粹而坚定的科技理想主义者。纵使国际风云变幻，年轻一代企业家会在困难和挑战中看到前途、看到光明、看到未来，在风雨洗礼中成长、在历经考验中壮大。

15.2　创新成就高质量市场经济

创新是引领高质量发展的第一动力。创新是对资源的再开发，包括制度创新、人才创新、战略创新、科技创新、资本创新等多方面的创新。

15.2.1 "与时俱进"的制度创新

制度是经济增长的要素，是经济发展的动能。第一代、第二代企业家面对的是中国的短缺经济市场，在改革开放的早期政策红利下，凭借胆大就能成功。但进入 21 世纪后，特别是中国加入世界贸易组织后，第三代企业家开始面对从卖方市场转到买方市场，机遇与挑战并存。第四代企业家面对的是发展高质量市场经济，必须以创新方式推动经济发展质量变革、效率变革、动力变革。第五代企业家面对的是世界科技革命和产业变革加速演进，经济格局深刻调整，必须以更前瞻的视野洞察经济发展规律，以更前沿的思维把握未来发展趋势，加快培育和发展新质生产力，才能掌握可持续发展的主动权。

（1）**发展民营经济，用制度保驾护航**。民营经济占了中国经济的"五六七八九"，即贡献 50% 以上的税收，60% 以上的国内生产总值，70% 以上的技术创新，80% 以上的城镇劳动力就业，以及 90% 以上的企业数量。民营企业在人才培育、科技成果转化、金融支持等保障方面仍面临着阻碍，要从制度和法律上平等对待民营企业，从政策和舆论上鼓励支持民营经济和民营企业发展壮大。2019 年以后，民营经济成为我国第一大外贸主体，规模结构不断优化，高质量企业扬帆出海成为新趋势。对民营经济的政策制定和执行不能频繁调整，要扫除发展障碍，保证制度的稳定性、连续性和一致性。2023 年，《民营经济促进法》立法起草工作正式启动，从制度层面创造一个公平、公正的市场环境，保护民营企业合法权益，同时设立民营经济发展局，作为促进民营经济发展壮大的专门机构，促进民营经济健康发展。2025 年 5 月 20 日，《中华人民共和国民营经济促进法》正式施行，这是中国第一部专门关于民营经济发展的基础性法律。该法律为民营经济高质量发展构筑法治基石，以法治化破除市场壁垒，保证各类经济组织公平参与市场竞争，用制度化激活创新动能，促进民营经济健康发展和民营经济人士健康成长，发挥民营经济在国民经济和社会发展中的重要作用。

（2）**发挥制度优势，以改革解决发展难题**。应对风险挑战，提振市场信心，核心在改革，增强科技自立自强，加快形成新质生产力。同时深化改革，形成与新质生产力相适应的新型生产关系。如图 15-1 所示，要在三个层面上推动"科技—产业—金融"良性循环。一是政府层面，财政政策和货币政策协同发力，形成合力，支持经济高质量发展。2024 年 12 月，中央政府提出将实施更加积极的财政政策和适度宽松的货币政策，充实完善政策工具箱，加强超常规逆周期调节，打好政策"组合拳"，提高宏观调控的前瞻性、针对性、有效性。回顾过往，我国财政政策基调自

2008 年以来首次从"积极"转向"更加积极"，货币政策基调自 2011 年以来首次从"稳健"转向"适度宽松"，宏观政策的适时调整有利于防范风险，稳定预期，激发经济发展活力。二是市场层面，统筹发展与安全的产业政策、自立自强的科技政策，改造升级传统产业，壮大战略性新兴产业和培育未来产业，建立现代化产业体系，解决"卡脖子"难题，增强产业竞争优势。三是民生层面，保民生、促发展的社会政策是基础性政策，夯实民生之本要筑牢民生的兜底保障，促进人口发展和就业稳定，扩大新就业形态，带动市场活力。

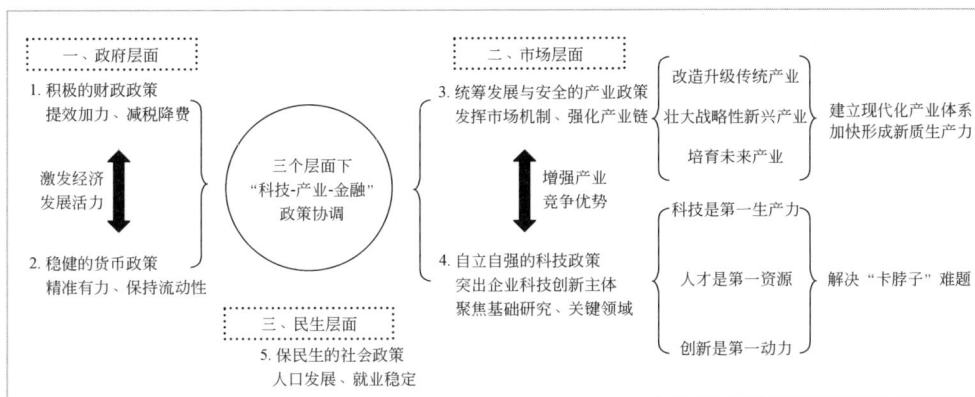

图 15-1 "科技—产业—金融"的政策协调

（3）**创新制度供给，激发创新活力。**制度给人信心，政策给人预期，政策千万条，落地第一条，要把制度优势更好地转化为治理效能。市场经济下的短缺商品已变成过剩商品，创业成功的机会在变少，企业就更需要借助科技、商业模式等方面的创新才能发展壮大。"大众创业、万众创新"是我国经济保持中高速增长、迈向中高端水平必须有的基本依托。"双创"与以往不同，这是一次自上而下的整体创业创新，政府从政策、资金、平台等方面给予众多的优惠条件，创造了最好的创业创新环境和氛围，使得社会纵向流动不断加速，各种不利于经济发展的制度束缚逐渐被废除，市场活力逐渐增强，可谓是小企业创业"铺天盖地"，大企业创新"顶天立地"。

15.2.2 "久久为功"的企业家精神

人是先进生产力中最活跃的因素。经济发展不仅要依赖政策稳定的预期，而且要激发企业家内心的冲动，创新型企业家群体是经济发展的重要力量。企业家精神和社会发展同频共振，企业提供高质量的产品和服务赢得市场与社会的尊重，这是企业家持续向上的重要动力。不仅如此，企业家还要心怀天地、引领发展，在国际竞争中大显身手。

1. 经济学家眼中的中国企业家精神

中国最早提出企业家这个概念的可能是经济学家张维迎教授,他认为企业家有一种想象力,有一种愿景,企业家以想象力创造市场。企业家不是在给定条件下求解,企业家决策主要靠软知识,企业家精神是超越数据的。企业家精神至少包含四层含义：①对盈利机会的警觉性,企业家有超前的眼光；②简单化,把问题看得更简单；③想象力,企业家都是梦想家；④毅力和耐心。

2. 企业家眼中的中国企业家精神

（1）任正非是中国首个让美国感到科技威胁且最受尊敬的民营企业家。华为创始人任正非军人出身,创业坎坷曲折,却永远积极乐观地攀登高峰,带领华为在逆境中创造辉煌,是中国民营企业的一面旗帜。任正非熔铸的奋斗精神和远见卓识,是留给社会的最大财富。

第一,任正非认为领导者一定要胸怀全局,领导企业如同是在指挥千军万马在作战,始终把打胜仗作为一种信仰。华为管理者的基本职责就是使企业富有前途；使工作富有成效；使员工富有成就。任正非把经营企业当成是作战,把业务组织称作业务军团,把员工薪酬称作粮食包,胜则举杯相庆,败则拼死相救。华为只有聚焦价值创造,增强土地肥力、多打粮食,将利润最大化转为生存最大化,才能使自己活下来。他认为祥林嫂式的和平是不存在的,华为是长跑型选手,极端困难的外部条件,会把华为逼向世界第一。华为建有多种军团协同的作战模式,如红蓝军对抗模式、预备队模式等,并基本形成了"弹头＋战区支援＋战略资源"的队形。让负责人作为将军排在面对客户的最前列,增强决策、指挥能力；让有经验、有能力、善于"啃骨头"的骨干进入战区支援；让高级精英与低阶少壮派进入战略资源及后备队。通过作战模式,让员工在战争中学会战争,在游泳中学会游泳,激活组织能力和个人能量,组织赋能人才双向流动,纵向梯队培养,横向赋能复制,让企业长久地活下去。

第二,任正非认为资源是会枯竭的,唯文化生生不息。在任正非眼里,华为没有成功,只有成长。现实的成功从来不是未来前进的可靠向导,华为的成功建立在持续变革的基础上。华为从成立之初就一直有着强烈的自我批判精神,作为华为的精神领袖和成长导师,任正非扮演着企业文化教员的角色,总是淡化自己的作用。任正非曾谦虚地回答：我不懂技术、不懂财务,也不懂管理,我自己就是一桶"糨糊",把十八万员工黏结在一起,力出一孔,利出一孔,最终成就了今天强大的华为。

对于什么是企业家精神？有人曾经问过任正非的管理哲学,任正非认为自己不懂管理哲学，如果说华为有哲学，就是"以客户为中心，为客户创造价值"。公司存在的唯一理由是为客户服务。任正非眼中的企业家精神是：以客户为中心，以奋斗者为本，以价值为纲。

（2）**宗庆后是中国首个从蹬三轮卖冰棍到数次问鼎中国首富的民营企业家**。宗庆后是改革开放后的第一代企业家，是企业家中的一股清流，是中国制造的一面旗帜。他起点最低，没有背景，没有读过大学；起步最迟，42 岁才白手起家开始创业；起跳最高，从底层崛起到大器晚成，是坚定的实体经济建设者。什么是企业家精神？在宗庆后看来，要比他的纯净水还纯粹。

第一，爱国主义精神。他认为自己是企业家，而不是资本家，财富是社会的，一个人最伟大的成就应该是看他为社会创造了什么。把幸福留给别人就是把幸福带给自己，民营企业要饮水思源，"凝聚小家"才能"发展大家"，最后报效祖国，让企业的发展成果和员工共享是企业家精神的升格，这是企业家的最核心价值观。

第二，励精图治、艰苦奋斗、勇于开拓、自强不息。要把任何机会都当成救命稻草。当被别人看不起时，要自己看得起自己。脚踏实地，不好高骛远，在逆境中发展才是真本事，很多人因他的精神而受到鼓舞。

第三，创新。宗庆后认为没有疲软的市场，只有疲软的产品，做企业不进则退，企业家要拉得出、打得响、过得硬，盈利要靠产品去驱动，创新谋发展才能抓住时代红利。

第四，诚信。先将诚信施之于人，才得以取信于人。宗庆后始终认为，品牌的基石，一半是质量，一半是诚信。

（3）**宋志平是中国首个亲手带出 2 家世界 500 强的国有企业家**。宋志平在实践中提炼总结，从组织、管理、经营三方面入手，建立起"组织精健化、管理精细化、经营精益化"的"三精管理"体系。他把企业家的特质归纳为六个字，就是创新、坚守、责任。

第一，创新。企业家的核心特质就是创新。创新往往是被倒逼的，企业如果不创新，不研究新的方法、新的模式，就可能被颠覆。创新跟制度无关，与文化有关，要让创新文化根深蒂固。创新包含以下含义：①企业家必须有经济效益或市场价值的创新；②企业创新既要重视高科技，也要重视中科技、低科技和商业模式的创新；③创新需要重视资本市场；④创新也需要重视管理。

第二，坚守。做企业是个长期过程，不是百米冲刺的短跑，而是马拉松式的长跑，需要一直坚持跑下去，企业家要树立终身做企业的信念。坚守包含以下含义：①要秉持长期主义；②要恪守专业主义；③做企业必须勇于面对困难。

第三，责任。企业家要承担更多的社会责任，要展现更强烈的家国情怀。责任包含以下含义：①要树立以人为本的企业观；②要做有品格的企业，站在道德高地做企业；③要有家国情怀。

（4）宁高宁是中国首个执掌过 4 家世界 500 强的国有企业家。他曾这样描述企业家精神的内涵，企业家要很有前瞻性，也要有创新性。不满足于现状，愿意去探索，企业家可以去创新，可以去组织资源，可以去把不可能变为可能，而且往往会超出你的预期。真正的企业家就是，这个人往公司里一坐，整个公司里的空气都变了。因此人永远是第一位的，人和团队的问题，应该远远在战略之上。企业家首先要做的最重要的事情就是选对经理人，组成优秀团队，然后才是制定发展战略、形成市场竞争力、价值创造与评价。宁高宁把这个过程称为"五部组合论"，这是优秀企业家从人到事的管理循环。

2018 年，中国企业家调查系统发布的《改革开放 40 年：企业家成为推动社会进步的重要力量——2018 中国企业家队伍成长与发展调查综合报告》显示，改革开放初期，企业家精神选择最多的三个是勇担风险、奉献、善抓机会；互联网时代对企业家精神的表述选择最多的三个是创新、善抓机会、勇于突破。这两个时期企业家精神的共同显著特征是强调冒险、突破，符合企业家凭借改革开放所释放的政策红利快速实现企业发展的特点。"双创时代"企业家精神特征最重要的三个是创新、诚信、精益求精。总体来看，随着市场经济发展，创新、精益求精等给企业带来持续竞争优势的能力越来越得到重视，诚信、造福社会等更多地迈向美好生活所必需的现代商业文明，正逐渐成为不少优秀企业家的价值共识和不懈追求。

市场瞬息万变，企业识变应变，清晰的方向在混沌中产生。巴菲特常说，模糊的正确远胜于精确的错误。在 VUCA（volatility、uncertainty、complexity、ambiguity）时代，创新的试错成本更高，发展是一个动态试错的过程。企业面对动荡、不确定、复杂、模糊的环境，宁要模糊的正确，也不要精确的错误。要聚焦核心竞争力，创新协同，与复杂环境共融共生。

乘风破浪不翻船，海上的船只有开着才是安全的，没有动力顷刻间就会翻船。没有稳定的市场，哪来稳定的企业。企业就像大海里行船，要时刻增强内生发展能力。一是企业家要有足够的定力。企业家的定力来源于企业的底气，企业要具有一定的抗风险能力，如同造船一样，必须将船的大部件放于船舱水线以下，使重心位于水面以下，这样遇到大风浪时不至于重心不稳。二是企业家要保持足够的动力。越是风大浪急，越要坚定信念，保持方向，敢于迎着风浪前行。

15.2.3 "追求卓越"的一流企业

1. 企业"做强做大做优"的顺序

不具备可持续发展的实力就没有一流企业形成的基础。从企业经营上讲，"做强做大做优"没有固定的规则，仁者见仁，智者见智。但是从企业经营环境上讲，企业处在 VUCA 时代，更应该考虑的是生存风险，也就是任正非所讲的企业要把活下去作为主要纲领。从发展的稳健性、持续性上讲，先后顺序是首先做强，其次做大，最后做优。"做强"强调的是核心竞争力，通常的财务指标是利润额、研发投入等。"做大"强调的是企业规模和市场份额，通常的财务指标是销售额、资产总额等。"做优"强调的是企业自我优化和迭代，通常的财务指标是现金流、净资产收益率等。当然不仅体现在财务上，它们之间还有研发实力、产品质量、治理水平等方面的差异。比如，央企考核指标体系从 2020 年"两利三率"到 2021 年"两利四率"再到 2022 年调整为"一利五率"，从这些变化中不难看出，对央企风险的防控能力、利润的增长质量、科技的创新水平等方面提出了更高要求。"两利三率"包括净利润、利润总额、营业收入利润率、资产负债率和研发经费投入强度；"两利四率"包括净利润、利润总额、营业收入利润率、资产负债率和研发经费投入强度、全员劳动生产率；"一利五率"包括利润总额、净资产收益率、营业现金比率、资产负债率、研发经费投入强度、全员劳动生产率。企业的高质量发展还包括市值管理、核心竞争力等重要考核指标，这些都是可持续发展的一流企业所要具备的实力。如果从资本运营角度看，打造世界一流企业的核心在于实现资本价值的全面提升，发展路径则应遵循"做强做优做大"。构建具有核心竞争力的资本价值创造能力，强在质量、优在效益、大在规模。

2. 世界 500 强到世界一流企业

富可敌国的世界 500 强企业。 改革开放 40 年，中国企业从无到有，从草根舞台走向现代化，每一个现代化的中国企业都是在吸收国外先进技术和管理经验的基础上发展壮大的。中国企业更渴望走出中国，走向世界成为一流企业。中国优秀企业都有"500 强情结"，进入世界级榜单一直是中国企业家的梦想，不但是中国500 强，而且是世界 500 强。2010 年，中国 GDP 首次进入世界第二位。中美日德四国世界 500 强企业数量如图 15-2 所示，自 2011 年开始，中国进入世界 500 强的企业逐年增多，到 2019 年赶超美国，中国企业国际化竞争力显著增强。2023 年，世界 500 强企业的营业收入总和约为 41 万亿美元，相当于当年全球 GDP 的 40%，接近中国和美国 GDP 之和。

（1）**数量和规模第一**。2019 年，中国上榜企业首次在数量上超越美国（中国129 家，美国 121 家）。2022 年，中国上榜企业在营业收入规模上首次超越美国（中美企业营收占总营收比分别约 31%、30%）。当然数量和规模的第一并不能代表竞争力第一，中国企业在质量和效益方面还有待提高。

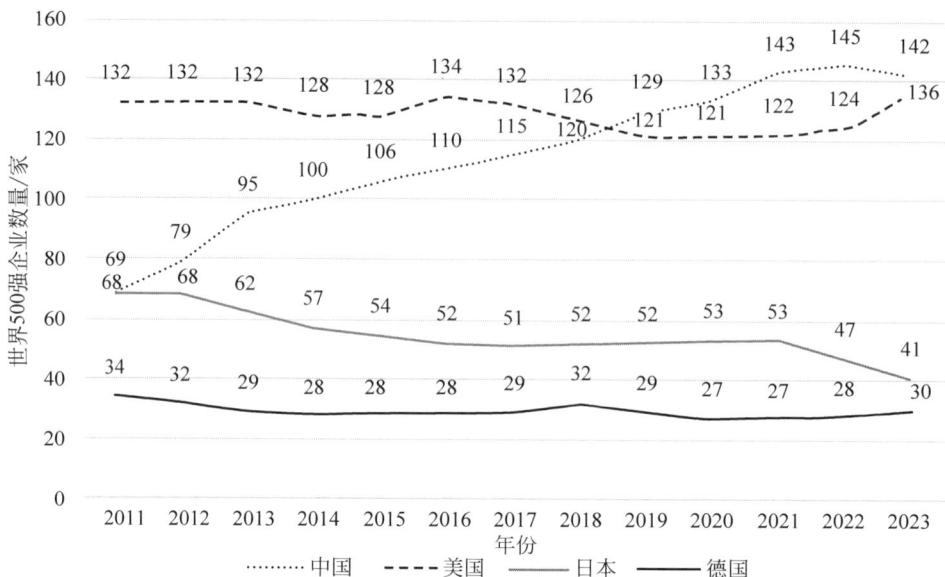

图 15-2　中美日德的世界 500 强企业的数量趋势

（2）**盈利能力有待提高**。世界 500 强企业是按照营业收入排名的，但并不代表中国企业的盈利能力比国外企业强。据统计，2023 年，我国世界 500 强中的 142 家企业平均利润率还不到 5%，平均利润为 39.57 亿美元，美国则为 76.64 亿美元，平均利润相当于美国企业的 1/2，同时也落后于上榜企业的平均水平。

（3）**产业结构不均衡**。我国上榜企业不仅平均利润低，而且产业分布不均衡，企业利润总和的 40% 来自金融业。中国高科技企业的全球地位相对薄弱，上榜企业多数集中在金融、能源、金属制品、建筑工程等行业，而且榜单中的房地产企业均来自中国。美国企业多数是互联网和高科技企业，不仅利润高，而且科技实力在全球处于绝对领先地位。比如，美国苹果公司尽管不是 500 强的营收第一，但是从利润和市值方面，算得上是世界第一。相比而言，中国企业发展更要向高科技企业倾斜，金融要更好地服务实体经济。

（4）**国企实力、民企活力**。中国上榜企业中，2/3 数量来自国企，而且排名靠前、利润较高。民营企业中，制造业巨头鸿海精密、华为等企业代表着先进制造的中国力量；制造业家电三巨头企业美的、海尔、格力表现不一，排位下滑，格力一度出现落榜；新能源企业比亚迪、宁德时代等公司成为飙升最快的中国公司；互联网企业京东、阿里巴巴、腾讯、美团等公司依旧是中国互联网的中流砥柱。面对全球竞争与产业链的重构，中国民营企业更要释放活力，提升世界级产业的话语权，要做到技术实力足够硬，市场份额足够大，行业地位足够强。

　　从世界500强到世界一流企业，世界一流企业的16字标准。2013年，国家发布《中央企业做强做优、培育具有国际竞争力的世界一流企业要素指引》，首次系统提出建设世界一流企业，明确了治理结构、主业突出、创新能力、战略性新兴产业、国际化经营等13项核心管理要素。2019年，国家提出世界一流企业应该是"三个领军""三个领先""三个典范"。所谓的"三个领军"是指在国际资源配置中占主导地位、引领全球行业技术发展、在全球产业发展中具有话语权和影响力的领军企业；"三个领先"是指在全要素生产率和劳动生产率等效率指标、净资产收益率和资本保值增值等效益指标，提供优质产品和服务等方面的领先企业；"三个典范"是指践行新发展理念、履行社会责任、拥有全球知名品牌形象的典范企业。2022年，国家发布《关于加快建设世界一流企业的指导意见》，明确了建设世界一流企业的16字标准，总结为"**产品卓越、品牌卓著、创新领先、治理现代**"。具体来讲，一是产品卓越，是企业硬实力，坚持质量第一，为世界提供高质量的产品和服务；二是品牌卓著，是企业软实力，包括品牌知名度、满意度和认同度；三是创新领先，是企业发展动力，坚持创新驱动，不断增强行业发展引领力，打造具有国际竞争力的企业；四是治理现代，就是坚持效率优先、加强统筹协调、秉持开放包容，不断提升在全球价值链中的竞争力和资源配置能力。

　　ESG是实现世界一流企业的价值主张。不同于以往企业只关注财务与业绩评价，ESG是从环境（environmental）、社会（social）和治理（governance）三个维度评估经营的可持续性与对社会价值观念的影响。ESG理念已趋向主流化，新冠疫情、俄乌冲突、双碳战略等外部环境正深刻影响着经济社会发展，ESG不再是一个空洞的口号和负担，而是符合企业现实生存和可持续发展的利益。ESG已成为企业高质量发展的内生动力。2018年，中国证券会首次确立了ESG信息披露的基本框架，鼓励要求上市公司做ESG披露，特定行业的上市公司则"强制披露"。2023年，央企控股上市公司基本实现ESG管理考核和披露全覆盖。在ESG发展实践中，社会责任履行是评估企业ESG能力的首要外部指标，这一点在新能源、电力及医药等环境敏感型行业中表现尤为突出，这些行业的领军企业已成为中国ESG实践的标杆与典范。可以这么说，ESG管理能力强的公司肯定是一家成长潜力大、投资价值高、有持续经营能力的公司。

15.2.4　"从0到1"的战略创新

　　创新是超额利润的唯一来源，创新包含技术创新、制度创新等。熊彼特是"创新"理论的创始人，他认为创新是"创造性毁灭"，创新（innovation）和发明

(invention)、创造(creative)是不完全一样的。一种发明只有当它被应用于经济活动时，才成为创新，创新不是一个技术概念，而是一个经济概念。也就是说，创新是实现生产要素的重新组合，是在特定市场经济环境下发挥作用。在资源配置创新中，战略性创新显得尤为重要，它是为实现长远发展和建立竞争优势而进行的决策。

1. 战略创新立足顶层设计

战略是什么？战略是有所为，有所不为。这是战略的取舍，战略从定位开始，是选择做什么和不做什么。战略决策是至关重要的顶层设计，关系到企业的生死存亡。战略梦想无限，组织能力有限。战略是企业组织有限的资源，达成既定的目标，从这个意义上讲，就是既为之、则成之。而战略创新，不是普通的创新，是面对不确定环境和长远发展而做出的创新，特别是聚焦战略层面上的核心竞争力，战略的起点围绕创建竞争优势，战略的终点围绕构建竞争壁垒，塑造竞争优势实现长期价值。重要的事情不着急，着急的事情不重要。战略创新是重要的事情，需要立足长远，系统化设计，客观性遵循，不可一蹴而就。

战略设计既要有理论高度，又要有思想深度，还要有实践广度。国家战略科技力量代表着国家科技创新的最高水平，从国家层面上讲，新时代，大国战略博弈空前激烈，就是聚焦服务国家战略需要，聚力提高原始创新能力，从根本上实现从 0 到 1 的创新突破。把原始创新能力提升摆在更突出的位置，这是整个科学体系的源头。在产业发展和安全领域，由国家牵头合作，发挥新型举国体制"集中力量办大事"的优势，加速关键核心技术攻关，强化国家战略科技力量。从企业层面上讲，就是要筑牢基础研究、应用研究到生产、服务全产业链的核心价值，立足长远，明确战略需求，做出战略决策，通过顶层设计，集中资源聚焦关键事情，摆脱受制于人的局面。

2. 战略创新是消化式创新

生产力的提升主要依赖技术创新，林毅夫教授认为，中国在提升新质生产力方面有三大优势：一是技术创新上的人力资本优势；二是技术应用和推广的最大市场优势；三是最好的产业配套体系。基于资源禀赋和比较优势，他把目前中国的产业分成五大类：追赶型、领先型、转进型、换道超车型、战略型。第一类，追赶型产业。我国要通过跨国并购、到拥有先进技术的国家设立研发中心、招商引资、组织国内技术攻关等方式尽快赶上技术水平高的发达国家。第二类，领先型产业。这类产业是指我国已经在国际上处于领先地位的产业，关键是继续保持优势，增大研发投入，开发出新产品、新技术。第三类，转进型产业。这类产业是指市场经济逐渐成熟，导致成本优势不再的产业。转进型产业发展基本有两种方式：一种方式是少数有能力的企业去经营附加价值比较高的部分，比如，经营品牌、产品设计、产品研发、质量管理、市场渠道管理；另一种方式是将加工厂转移到工资水平比较低的地方，比如，西部地区或者海外。第四类，换道超车型产业。这类产业是以发展新经济为基础，研发周期短、人力资本投入为主的新经济，我国与发达国家在一个起点上，可以直接竞争的产业。第五类，战略型产业。这类产业是指关系到国计民生、经济发展、国防安全的产业，研发周期特别长，需要更高的人力资本。

（1）我国绝大多数的产业还是追赶型产业，在创新上要消化吸收再创新。我国是制造大国，劳动密集型企业比重偏大，与发达国家存在相当大的差距，不能走一边倒的创新路线，要少一点心浮气躁、急功近利，多一点厚积薄发、稳步推进。任正非关于引进西方技术和管理体系，曾提出"先僵化、后优化、再固化"的方针，就是强调创新要不忘保持谦虚学习。高技术产业升级是我国实施创新驱动发展战略的关键落脚点，2022年，我国进出口贸易总额首次突破40万亿元，其中高技术产品占比约30%。民营企业既是外贸的第一主体，又是高技术产品最大进出口主体，扩大高技术产品进口，通过技术引进消化吸收，有利于加快科技进步与创新升级。如图15-3所示，2004—2022年，我国高技术产品进出口额增长了5倍多，其中出口额约为进出口额的54%。2013—2016年，经济新常态下，高技术产品进出口额出现了短暂的下滑。2016—2022年，我国高技术产品进出口额总体保持上涨趋势，首次高峰期出现在2021年，达到1.8万亿美元，其中出口额接近1万亿美元。

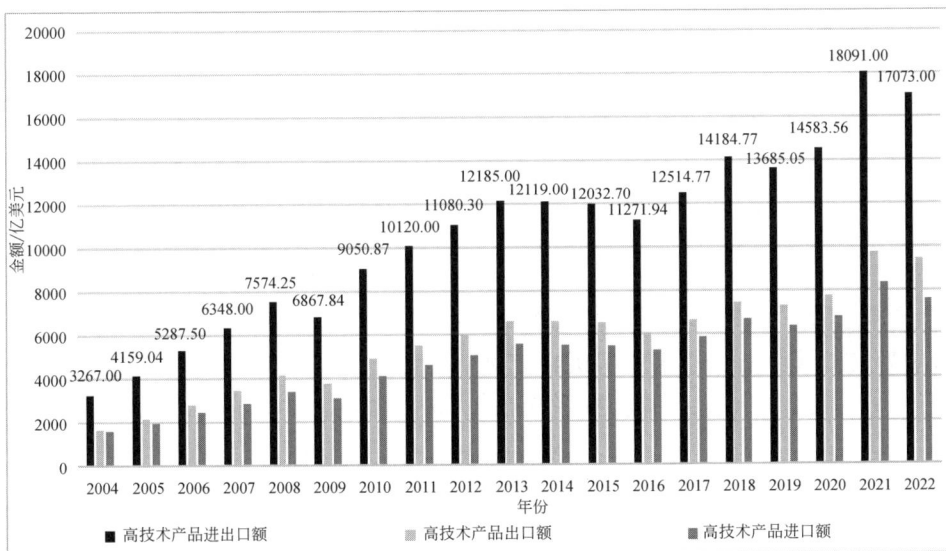

图 15-3 近 20 年中国高技术产品进出口额构成及趋势

来源：根据国家统计局国家数据库整理。

（2）在一些重点领域和关键赛道，换道超车型产业领跑世界市场，形成一批具有全产业链竞争力的优势产业。统筹推进传统产业升级、新兴产业壮大、未来产业培育，实现产业从"量变"到"质变"的提升。要加速传统产业迭代升级，实现绿色转型发展。抢占世界能源变革先机，以绿色化推动传统产业发展。例如，在新能源汽车领域，我国较早谋划布局，依托国家政策的持续支持和自主创新发展，优势企业抢占赛道先机，市场规模超万亿元。2023 年，中国"新三样"（新能源汽车、锂电池、光伏）产品畅销全球，合计出口总额首次突破万亿元，成为中国对外贸易的中坚力量。2017 年，我国"新三样"和"老三样"（服装、家具、家电）的出口额分别为 196.3 亿美元和 2687.7 亿美元，到 2022 年，二者的出口额分别为 1214.2 亿美元和 3380.0 亿美元，短短几年间，"新三样"与"老三样"之间的出口额比值大幅提升。中国制造在全球产业分工中不断升级，已从过去以服装、家电、家具产品为代表的"老三样"劳动密集型产业，升级到现在"新三样"高科技产业。要加快科技企业出海步伐，增强国际化发展能力。畅通国内国际双循环，充分发挥重点产业海外建厂的示范带动作用，加快打造全球产业链发展新高地。中国企业全球化布局，高水平的对外开放有力地回击了西方发达国家的脱钩断链，自信地走出了一条自立自强的中国式现代化道路。

3. 战略型产业呼唤战略科学家

2021 年的中央人才工作会议首次提出，要大力培养使用战略科学家，形成战略科学家成长梯队。在"卡脖子"产业领域，国家间实力的比拼，往往不是比拼综合水平，也不是比拼平均水平，而是最高水平的比拼。这些领域需要战略科学家，需要这些领军人物引领，才能形成创新战斗力。一言以蔽之，战略科学家是赢得大国战略博弈的核心力量。

（1）战略科学家是"关键少数"。他们视野开阔，有前瞻性判断力，尤其是在基础研究方面。基础研究花费时间长、过程风险高、攻关难度大，是原始创新的源头与核心技术的关键。马斯克曾经说过，对任何技术进行评分的正确方法不是将其与竞争对手进行比较，而是将其与物理极限进行比较。比如，我们是手机制造强国，华为、OPPO、vivo、小米等手机在全球销量领先，同时也是苹果、三星等手机的制造基地。但基于手机的基础发明却很少，从晶体管、液晶、半导体成像器件到石墨烯、锂电池等技术，手机中至少有 10 项诺贝尔奖的基础研究成果。

（2）战略科学家是心系"国之大者"、担当"国之重器"的帅才。他们为国铸剑，独当一面，培养造就了一大批国家战略发展急需的创新人才，实现高水平的科技自立自强。比如，在半导体芯片领域，中国"龙芯"之母黄令仪教授，就曾"受任于败军之际，奉命于危难之间"，她在芯片领域默默耕耘60多年，最大的心愿就是"匍匐在地擦净祖国身上的耻辱"，退休后仍然奋斗在工作前线，曾自主研发设计出中国第一枚CPU芯片，以柔弱之躯，打破美国对芯片技术的垄断。

（3）发现和培养战略科学家是一项系统工程。我国科技人才队伍大而不强，领军人才和高技能人才缺乏，要立足长远，优化人才发展制度环境，特别是建立服务国家战略需求导向，营造创新的容错环境，推动原创性科研成果落地生根。原创性领域是做难而正确的事，而不是简单地追求成功，需要大量资金和基础资源的支持，只有问题解决了，才会有结果。比如，科学技术的绩效考核不能只注重目标导向，只考核研究成果，而应该更关注怎么去解决问题。就企业科技创新而言，关注结果和关注成功因素的企业是不一样的，短视的绩效考核往往会束缚自发的创新思维，当下的利润回报往往会限制科学的长远决策。美国英伟达公司从一个濒临倒闭的小公司，能迅速发展成为赶超苹果、微软等公司的科技巨头，公司创始人黄仁勋始终认为未来成功的早期指标（early indicator of future success，EIOFS）才是真正的绩效考核，工程师们应该去做那些既有挑战又有影响力的事情，企业只有解决了问题才能在未来创造利润，而不是人们所熟知的传统关键绩效指标（key performance indicator，KPI）。

15.2.5 "顶天立地"的科技创新

科技红利时代已经来临，企业作为市场经济的主体，必须要有一流的人才科技团队、一流的人才创新环境。党的二十大报告指出，加快建设国家战略人才力量，努力培养造就更多大师、战略科学家、一流科技领军人才和创新团队、青年科技人才、卓越工程师、大国工匠、高技能人才。2016年5月30日，任正非代表华为在全国科技创新大会上发言，**这是任正非在重大场合的首次正式汇报**，以下是他围绕战略、科技、人才等方面发言的主要内容。

从科技的角度来看，未来二三十年人类社会将演变成一个智能社会，其深度和广度我们还想象不到。越是前途不确定，越需要创造，这也给千百万家企业公司提供了千载难逢的机会。我们公司如何去努力前进，面对困难重重，机会危险也重重，不进则退。如果不能扛起重大的社会责任，坚持创新，迟早会被颠覆。

1. 大机会时代，一定要有战略耐性

人类社会的发展，都是走在基础科学进步的大道上的。而且基础科学的发展，是要耐得住寂寞的，板凳不仅仅要坐十年冷，有些人，一生寂寞。华为有八万多研发人员,每年研发经费中,20%～30%用于研究和创新,70%用于产品开发。很早以前我们就将销售收入的10%以上用于研发经费。未来几年,每年的研发经费会逐步提升到100亿～200亿美元。

华为这些年逐步将能力中心建立到战略资源的聚集地区去。现在华为在世界建立了26个能力中心,逐年在增多,聚集了一批世界级的优秀科学家,他们全流程地引导着公司。这些能力中心自身也在不断发展中。

华为现在的水平尚停留在工程数学、物理算法等工程科学的创新层面,尚未真正进入基础理论研究。随着逐步逼近香农定理、摩尔定律的极限,面对大流量、低延时的理论还未创造出来,华为已感到前途茫茫,找不到方向。

华为已前进在迷航中。重大创新是无人区的生存法则,没有理论突破,没有技术突破,没有大量的技术累积,是不可能产生爆发性创新的。

华为正在本行业逐步攻入无人区,处在无人领航,无既定规则,无人跟随的困境。华为跟着人跑的"机会主义"高速度,会逐步慢下来,创立引导理论的责任已经到来。

创新本来就有可能成功,也有可能失败。我们也要敢于拥抱颠覆。现在的时代,科技进步太快,不确定性越来越多,我们也会从沉浸在产品开发的确定性工作中,加大对不确定性研究的投入,追赶时代的脚步。

2. 用最优秀的人去培养更优秀的人

用什么样的价值观就能塑造什么样的一代青年。蓬生麻中,不扶自直。奋斗,创造价值是一代青年的责任与义务。我们处在互联网时代,青年的思想比较开放,活跃,自由。我们要引导和教育,也要允许一部分人快乐地度过平凡一生。现在华为奋斗在一线的骨干,都是80后、90后,特别是在非洲,中东疫情、战乱地区,阿富汗,也门,叙利亚……80后、90后是有希望的一代。近期我们在美国招聘优秀中国留学生(财务),全部都要求去非洲,去艰苦地区。华为的口号是"先学会管理世界,再学会管理公司"。(以上来源:部分摘选自任正非《以创新为核心竞争力,为祖国百年科技振兴而奋斗》的发言。)

从任正非的讲话中可以看出,华为有着向上捅破天,向下扎到根的胆识,没有退路就是胜利之路,于无声处听惊雷。实践证明,任何艰难险阻只是自我突破的催化剂,从困境中寻找发展机遇,在伤痕累累中实现质的飞跃,才会有轻舟已过万重山的豪迈情怀。

1. 华为坚持研发高投入,把核心技术掌握在自己手中

复制别人早晚会遭遇失败,华为用持续研发投入的时间和资源提升未来发展的空间。2004年,华为成立海思公司开始自主研发芯片。任正非向海思公司负责人何庭波表示,给你2万人,每年4亿美元的研发经费。而当时华为整个集团也就3万人,每年研发预算不超过10亿美元。2014年,海思成功发布了麒麟910首款芯片。2020年,美国高通公司断供华为芯片,在外部压力下,华为不得不出售荣耀手机。2023年,华为突然宣布Mate60Pro手机问世,海思芯片真正从备胎走向台前,惊艳美国。美国人拆机后甚至认为,这是一款我们从没有见过的芯片开始,中国人不可能采取这种方式造出芯片。现在的海思每年在芯片上研发投入已经超过1000亿美元,从海思芯片开始,华为已拥有麒麟、昇腾、鲲鹏、巴龙、凌霄等旗舰算力处理器,华为的芯片开始走向世界。

如图15-4所示,从华为披露的数字看,2012—2023年,华为的总研发投入超过1万亿元,是中国研发投入最高的企业。2023年,华为约有20.7万员工,遍及170多个国家和地区,其中研发人员约11.4万人,占总员工人数的55%,研发费用占年收入的23.4%,累计有效授权专利超过14万件,是全球最大的专利持有企业之一。在欧盟《2023工业研发投资记分牌》榜上,华为研发总投入209.25亿欧元,排名全球第5位。大量的研发投入让华为在国际上获得了更多的话语权,华为是全球5G的领导者,但收取的专利费却非常低。华为创始人任正非曾说,世界上很多公司每年给华为付很多专利费,华为也没有去要钱,是因为太忙了,闲下来的时间去要一些,但是不一定像高通公司要得这么多。

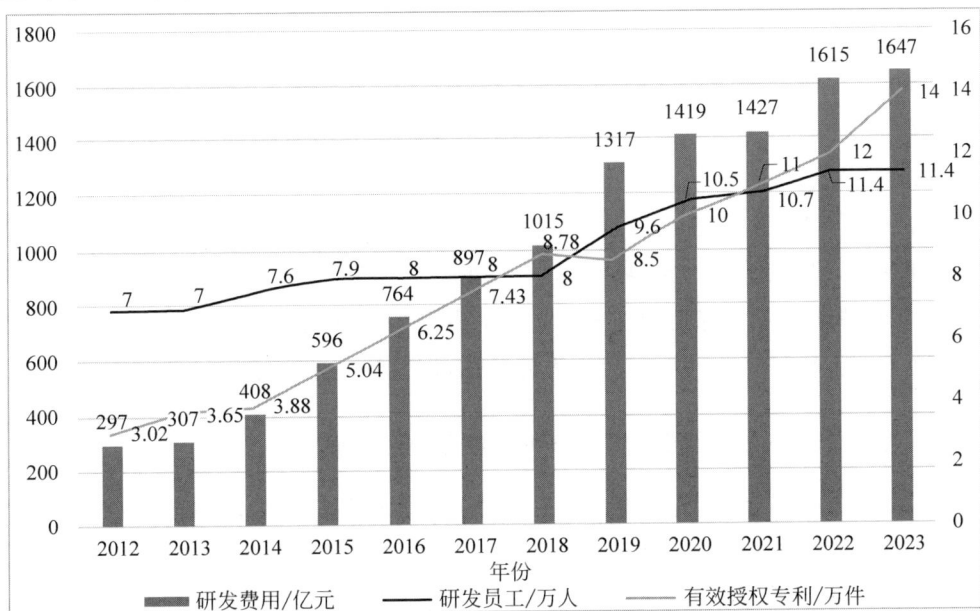

图 15-4 华为研发费用及有效授权专利数量变化趋势

来源：根据华为公司历年数据整理。

2. 华为坚持科技长期主义，解决"卡脖子"难题

莫愁千里路，自有到来风。机会不是等来的，也不是寻找出来的，而是创造出来的。只有创造机会，才能引导消费，才会成为先驱者。如表 15-2 所示，面对国外软件、芯片等领域的技术封锁，华为未雨绸缪，以盘古开天地的勇气，用"山海经"的神话重新定义产品创新。

表 15-2　华为面对西方科技封锁而开发的"山海经"产品

序　号	产　品	名　称
1	华为的操作系统	鸿蒙
2	华为编程语言	仓颉
3	华为海思手机芯片	麒麟
4	华为 5G 商用芯片	巴龙
5	华为 5G 基站核心芯片	天罡
6	华为服务器芯片	鲲鹏
7	华为服务器平台	泰山
8	华为的路由器芯片	凌霄
9	华为人工智能芯片	昇腾
10	华为的集成电路电子芯片	鸿鹄
11	华为的通信计算机	鸿雁

华为坚持开放，拥抱全球人才。任正非说过，国家的实力不是土地，是人才。规模不决定企业的生存能力，人均效益才决定企业的生存能力，华为坚持追求人力资本增值优先于财务资本增值。科技创新靠人才，华为研发人才数量已经超越苹果、微软等公司，但华为绝不垄断人才。华为提倡的是人才不应该是完美的人才，只要在某个领域优秀就行，反对花精力补齐短板。不仅如此，人才的思想还要经常碰撞、杂交，才能井喷创造出新思想，华为建立了像"黄大年茶思屋"式样的开放式平台，借助"头脑风暴"讨论世界学术前沿问题。同时建立一个自己的高端人才储备库，只要是优秀人才都可以进来，包括非边界内专业的人才愿意到边界内来工作，这些人会像"泥鳅"一样，激活华为的队伍，创造领先的产品。

3. 华为聚焦主航道发展，将战略机会放在核心领域

不畏浮云遮望眼，风物长宜放眼量。企业的目标是远大的，但是战略资源是有限的。在无限理想和有限资源之间要找到平衡点是很重要的。要让火车在目标轨道上行驶，不偏离轨道，即使在高速行驶时，也要保持专注。如果没有核心竞争力，企业将永远失去发展机会。华为以客户需求为中心塑造核心竞争力，压强投入，饱

和攻击。在成功关键因素和选定的战略生长点上,以超过主要竞争对手的强度配置资源,要么不做,要做就极大地集中人力、物力和财力,实现重点突破。集中资源专注核心领域发展,在5G通信、云计算和人工智能这些关键领域,确保技术领先地位,不断推出遥遥领先的创新产品和技术,才能够在激烈的科技竞争中不断取得突破和成就。

15.2.6 "双创板块"的资本创新

创新撬动资本,资本赋能创新。资本市场是国民经济的晴雨表,是实现金融强国的重要载体。如表15-3所示,我国已形成了多层次的资本市场,在推动国家经济结构转型和产业升级上扮演着重要角色。

表 15-3 中国证券市场架构

交易市场	主 板	创 业 板	新 三 板	科 创 板	北 新 板
成立时间	1990	2009	2013	2019	2021
所处板块	上交所、深交所	深交所	中小企业股份转让系统	上交所	北交所
交易程序	场内市场	场内市场	场外市场	场内市场	场内市场
发展阶段	成熟期	成长期	初创期、成长期	成长期	成长期
企业定位	大中型	"三创四新"企业	创新型、创业型中小企业	高新技术、战略性新兴等企业	专精特新中小企业
行业限制	禁止限制类、淘汰类等行业	农业、采矿业等12行业列入负面清单	禁止金融房地产其他法规限制的行业	限制房地产、金融科技等行业	禁止金融、淘汰类房地产等行业

主板市场是资本市场中最重要的组成部分,重点支持业务模式成熟、经营业绩稳定、规模较大、具有行业代表性的优质企业,主板上市公司数量约占上市公司总量的50%。双创板块是指在创业板和科创板上市的企业,两大板块均定位为科技创新型企业,数量约占上市公司总量的30%,未来成长潜力巨大,具备长期投资价值。

1. 双创板块的定位和特征

(1) 创业板于2009年设立,行业定位可以归纳为"三创四新",即企业符合"创新、创造、创意"的大趋势,或者是传统产业与"新技术、新产业、新业态、新模式"深度融合。创业板高新技术企业占比接近90%、战略性新兴产业企业占比超过60%,专注新能源和生物医药等产业,目前市值最高的是宁德时代。

（2）科创板于 2019 年开板，是独立于现有主板市场的新设板块，主要服务于符合国家战略、突破关键核心技术、市场认可度高的科技创新企业。科创板专注于新一代信息技术产业、高端装备制造产业等新兴产业，目前市值最高的是中芯国际。

2. 双创板块的发行制度

我国资本市场的股票发行制度大体经历了三个阶段，分别是审批制、核准制、注册制。2019 年，科创板率先试点注册制；2020 年，创业板改革试点注册制；2021 年，北京证券交易所正式设立并试点注册制；2023 年，沪深交易所主板全面注册制正式起航。主板将更突出"大盘蓝筹"的特色，科创板将更深耕"硬科技"，创业板将更侧重于"三创四新"。股市的制度安排目的是促进企业发展，而融资只是手段，不能把融资当成企业上市目标，要从制度上强化正向导向和负向监管。要引导资本市场从重"量"到重"质"转变，会有一批优质的企业做大做强。全面注册制，重点扶持优质企业及行业龙头企业的发展，有利于保持资本市场质量，有利于实现优胜劣汰市场业态。

3. 双创板块的市场机遇

科技革命和产业变革是时代大趋势，数字经济和绿色能源是经济增长的新赛道。美国上市公司长期前 5 名企业苹果、微软、谷歌、亚马逊、特斯拉的总市值相当于中国 A 股的总市值。2024 年 2 月，人工智能领域迎来了前所未有的爆发期，英伟达公司逆袭，市值曾一夜增长 2770 亿美元，创造有史以来最大个股单日涨幅，仅涨幅金额就是京东、阿里巴巴、百度等中国科技公司的市值总和，市值接近 2 万亿美元，成为美国第三大上市公司。基于人工智能领域强大的创新和盈利能力，2024 年 6 月，英伟达公司市值达到 3.34 万亿美元，超过微软公司成为美国市值最高的上市公司。英伟达公司的异军突起，充分印证了资本市场对人工智能产业前景的信心。以人工智能为代表的科技蓬勃发展，也在深入影响中国的资本市场。

（1）从整体看，中国科技股具有成长潜力，蕴含着丰厚的投资机会。但估值往往较高，具有不确定性，周期性涨跌也是常态。2005 年股权分置改革，解决了市场的存量问题，而注册制改革解决了市场长期增量问题。2012—2023 年，A 股上市企业从 2494 家增长至 5335 家，总市值从 22.74 万亿增长至 83.73 万亿。21 世纪初，A 股市值前 20 名企业长期被石化能源、钢铁、煤炭、银行、保险等传统行业占据。头部互联网科技公司纷纷选择在美国和中国香港上市，A 股无缘分享互联网时代的财富增长。随着战略性新兴产业的崛起，科技股的价值投资红利逐渐释放。

宁德时代、比亚迪、长江电力、中芯国际、美的集团等科技公司陆续进入市值前 20 名。科技公司摆脱价值洼地，要靠科技自立自强，发挥金融对科技创新和产业进步的支持作用，实现"科技—产业—金融"良性循环。

（2）从当下看，牢牢守住不发生系统性金融风险的底线，全面加强金融监管，完善金融体制，优化金融服务。一是活跃资本市场，完善资本市场的市场化、法治化、国际化治理水平；二是以投资者为本，稳预期，解决资本流出大于流入的流动性危机，增强市场主体的信心；三是净化市场生态，从申报即担责、市值管理、股份减持、常态化退市等全流程各环节强化监管，提升上市公司质量和投资者回报。

（3）从长期看，要做时间的朋友，以价值创造为核心的科技资产估值需要修复，双创成长板块值得期待。随着中国资本市场改革持续深化，资本市场完全具备替代房地产市场，成为居民长期投资和财产性收入增长的主要渠道。积极培育专精特新"小巨人"企业，打造一批具有国际竞争力的制造业"单项冠军"企业；积极支持具有长期投资价值的上市企业，推动关键领域从"跟跑"向"并跑""领跑"跃升；激活"双创"企业活力，锚定资本市场对实体经济的长期价值作用。

参 考 文 献

[1] 白雯婷.倒立者思维：马云的互联网创新[M].北京：人民邮电出版社,2015.

[2] 曹巧兰,张宁,等.激情苏州：奏响"开放再出发"的时代强音[J].群众,2020(1)：37-39.

[3] 陈栋栋.全球第一、濒临破产,央企18亿救助沈阳机床复活记[J].中国经济周刊,2019(22)：67-69.

[4] 陈红.徐工机械："国之重器"擦亮中国名片[N].证券日报,2024-01-29(A03).

[5] 陈晓宇.云计算那些事儿：从IaaS到PaaS进阶[M].北京：电子工业出版社,2020.

[6] 程东升.李彦宏的百度世界[M].北京：中信出版社,2009.

[7] 程惠芳,王忠宏.先进制造业集群：制造强国的实现路径[M].北京：中国发展出版社,2023.

[8] 崔丕.冷战转型期的美日关系：对东芝事件的历史考察[J].世界历史,2010(6)：44-56,159-160.

[9] 单忠东.民营经济三十年思考与展望[M].北京：经济科学出版社,2009.

[10] 稻盛和夫.思维方式[M].北京：东方出版社,2018.

[11] 德鲁克.管理的实践[M].北京：机械工业出版社,2022.

[12] 德鲁克.卓有成效的管理者[M].北京：机械工业出版社,2022.

[13] 德勤中国总部.2021德勤制造业创新调查[R].上海：德勤咨询(上海)有限公司,2021.

[14] 邓彤.新能源与第四次产业革命[M].北京：中国经济出版社,2020.

[15] 丁磊.生成式人工智能[M].北京：中信出版社,2023.

[16] 范厚华.华为铁三角工作法[M].北京：中信出版社,2021.

[17] 范珊珊.美的收购德国库卡启示录[J].现代国企研究,2019(7)：34-36.

[18] 范煜.人工智能与ChatGPT[M].北京：清华大学出版社,2023.

[19] 费孝通.江村经济[M].北京：北京联合出版公司,2021.

[20] 傅守祥,魏丽娜.从"温州模式"的兴衰回望改革开放40年[J].观察与思考,2019(1)：77-81.

[21] 傅勇.比亚迪：全产业链优势筑起技术"高墙"[N].经济参考报,2023-04-07(7).

[22] 高尚全.民营经济论[M].北京：人民出版社,2020.

[23] 关权.发展经济学：中国经济发展[M].北京：清华大学出版社,2014.

[24] 关权.中国经济发展百年历程[M].北京：中国人民大学出版社,2019.

[25] 郭阳琛,张家振.国产大飞机C919的16年"飞天路"[N].中国经营报,2023-06-12(B13).

[26] 国家产业基础专家委员会.产业基础创新发展目录(2021年版)[R].北京：中国工程院战略咨询中心,2021.

[27] 中国工程院战略咨询中心,中国机械科学研究总院集团有限公司,国家工业信息安全发展研究中心.2021中国制造强国发展指数报告[R].北京：中国工程院,2021.

[28] 国家制造强国建设战略咨询委员会.智能制造[M].北京：电子工业出版社,2016.

[29] 哈特泽尔.美国制造业回归之路[M].北京：人民邮电出版社,2016.

[30] 韩忠楠.中国汽车出口量跃升世界第一新能源汽车成主力军[N].证券时报,2024-01-20(A4).

[31] 洪银兴.中国式现代化论纲[M].南京：江苏人民出版社,2023.

[32] 侯隽.低调富豪"虎口脱险"何享健和他背后的千亿帝国[J].中国经济周刊,2020(12):78-79.

[33] 胡康燕.数字化转型,从战略到执行[R].深圳:华为技术有限公司ICT部,2021.

[34] 华为公司数据管理部.华为数据之道[M].北京:机械工业出版社,2020.

[35] 黄培,许之颖.灯塔工厂引领制造业数字化转型[R].深圳:富士康工业互联网股份有限公司,e-works研究院,中信戴卡股份有限公司,2021.

[36] 黄奇帆,朱岩,邵平.数字经济:内涵与路径[M].北京:中信出版社,2022.

[37] 黄奇帆.结构性改革:中国经济的问题与对策[M].北京:中信出版社,2020.

[38] 黄卫伟.价值为纲:华为公司财经管理纲要[M].北京:中信出版社,2017.

[39] 黄卫伟.以奋斗者为本:华为公司人力资源管理纲要[M].北京:中信出版社,2014.

[40] 黄卫伟.以客户为中心:华为公司业务管理纲要[M].北京:中信出版社,2016.

[41] 黄治国.美的稳健增长法[M].北京:机械工业出版社,2023.

[42] 考夫曼.工业4.0商业模式创新:重塑德国制造的领先优势[M].北京:机械工业出版社,2017.

[43] 柯林斯.基业长青[M].北京:中信出版社,2018.

[44] 雷军.小米创业思考[M].北京:中信出版社,2022.

[45] 李海俊,冯明宪.芯片力量[M].北京:清华大学出版社,2023.

[46] 李鸿诚.共享经济:"双创"背景下的共享模式创新[M].北京:企业管理出版社,2017.

[47] 李树林,张瑞敏,韩天雨.中国企业管理科学案例库全集[M].北京:中国经济出版社,1999.

[48] 李晓华.数字经济新特征与数字经济新动能的形成机制[J].改革,2019(11):40-51.

[49] 李彦宏.智能经济:高质量发展的新形态[M].北京:中信出版社,2019.

[50] 李贻良.物联网与智慧消费经济[M].北京:电子工业出版,2022.

[51] 李志刚.创京东:刘强东亲述创业之路[M].北京:中信出版社,2015.

[52] 林超华.任正非传:华为没有成功,只有成长[M].武汉:华中科技大学出版社,2019.

[53] 林毅夫.发展战略与经济发展[M].北京:北京大学出版社,2004.

[54] 林毅夫.新结构经济学[M].北京:北京大学出版社,2018.

[55] 林佑刚,林思晗.何享健与方洪波战略直觉与战略自觉[J].企业管理,2025(3):38-41.

[56] 刘鹤.两次全球大危机的比较研究[M].北京:中国经济出版社,2013.

[57] 刘强东.刘强东自述:我的经营模式[M].北京:中信出版社,2016.

[58] 刘青青,石丹."84派"张瑞敏:"交付"海尔[J].商学院,2021(12):8-13.

[59] 刘元春,范志勇.构建新发展格局[M].北京:中国人民大学出版社,2023.

[60] 刘元春.读懂双循环新发展格局[M].北京:中信出版社,2021.

[61] 刘志彪,江静.长三角一体化发展的体制机制研究[M].北京:中国人民大学出版社,2021.

[62] 卢锋.中美经济学家对话全球经济[M].北京:北京大学出版社,2014.

[63] 陆晓华.苏州,十年增加一万亿GDP[N].苏州日报,2022-10-12(A1).

[64] 罗华刚.增长韧性:穿越周期的高质量增长之道[M].北京:电子工业出版社,2023.

[65] 吕文晶,陈劲,刘进.工业互联网的智能制造模式与企业平台建设:基于海尔集团的案例研究[J].中国软科学,2019(7):1-13.

[66] 马化腾.分享经济:供给侧改革的新经济方案[M].北京:中信出版社,2016.

[67] 马化腾.重启:互联网思维行动路线图[M].北京:中信出版社,2014.

[68]　马云.未来已来[M].北京：红旗出版社,2017.

[69]　迈朗.韦尔奇与张瑞敏[M].北京：中国工人出版社,2002.

[70]　聂鑫.习近平总书记关于东北全面振兴重要论述的方法论探析[J].党政干部学刊,2024
　　　(3)：74-80.

[71]　宁高宁.五步组合论[M].北京：企业管理出版社,2023.

[72]　彭剑锋,饶征.机制创新的力量[M].北京：清华大学出版社,2016.

[73]　钱颖一.大学的改革[M].北京：中信出版社,2020.

[74]　钱颖一.新常态下的经济学创新[J].北京：经济研究,2015,50(12)：3.

[75]　秦国楼,张娟.通用电气剥离金融资产启示[J].中国金融,2017(5)：88-89.

[76]　青木昌彦,钱颖一.转轨经济中的公司治理结构[M].北京：中国经济出版社,1995.

[77]　秋山利辉.匠人精神[M].北京：中信出版社,2015.

[78]　人民论坛.科技创新：中国式现代化·创新发展之路[M].北京：中国科学技术出版
　　　社,2023.

[79]　日本日立东大实验室.社会5.0：以人为中心的超级智能社会[M].北京：机械工业出版
　　　社,2020.

[80]　森德勒.工业4.0：即将来袭的第四次工业革命[M].北京：机械工业出版社,2014.

[81]　上海市发展改革研究院.长三角一体化发展国家战略的新思考和新实践[M].上海：上海
　　　人民出版社,2021.

[82]　盛田昭夫.日本制造[M].北京：中信出版社,2016.

[83]　施瓦布.第四次工业革命[M].北京：中信出版社,2016.

[84]　宋志平.共享机制[M].北京：机械工业出版社,2023.

[85]　宋志平.三精管理[M].北京：机械工业出版社,2023.

[86]　汤芳,张宁,薛美美.长三角地区"双碳"转型之路[J].能源,2022(7)：58-60.

[87]　汤之上隆.失去的制造业：日本制造业的败北[M].北京：机械工业出版社,2022.

[88]　王花蕾.美国制造业产业政策透视：以半导体产业为例[M].北京：电子工业出版
　　　社,2023.

[89]　王良明.云计算通俗讲义[M].北京：电子工业出版社,2022.

[90]　王喜文.工业4.0：最后一次工业革命[M].北京：电子工业出版社,2015.

[91]　王喜文.智能制造：中国制造2025的主攻方向[M].北京：机械工业出版社,2016.

[92]　王晓燕.日本教育改革的政策研究[M].北京：教育科学出版社,2022.

[93]　王一彪.对40年改革开放的回顾与思考[J].人民论坛,2018(34)：6-16.

[94]　韦尔奇.商业的本质[M].北京：中信出版社,2016.

[95]　韦尔奇.赢[M].北京：中信出版社,2010.

[96]　魏晓刚,邢成玉,张小华,等.美的集团：数智驱动卓越运营[J].企业管理,2025(2)：
　　　21-25.

[97]　文特纳.创新从0到1：激活创新的6项行动[M].北京：电子工业出版社,2022.

[98]　吴敬琏,陈志武,周其仁,等.双创驱动[M].北京：中信出版社,2016.

[99]　吴敬琏.中国经济改革进程[M].2版.北京：中国大百科全书出版社,2023.

[100]　吴晓波.腾讯传[M].杭州：浙江大学出版社,2017.

[101]　吴晓求.变革与崛起：探寻中国金融崛起之路[M].北京：中国金融出版社,2011.

[102]　吴晓求.中国资本市场的理论逻辑[M].北京：中国金融出版社,2022.

[103]　吴晓求.中国资本市场三十年：探索与变革[M].北京：中国人民大学出版社,2021.

[104] 西门子工业软件公司.工业4.0实战[M].北京:机械工业出版社,2015.

[105] 西门子中央研究院.工业4.0实战:装备制造业数字化之道[M].北京:机械工业出版社,2015.

[106] 西蒙.隐形冠军:谁是全球最优秀的公司[M].北京:新华出版社,2002.

[107] 西蒙.隐形冠军:未来全球化的先锋[M].北京:机械工业出版社,2022.

[108] 习近平谈东北振兴[J].中国经济评论,2021(10):6-8.

[109] 谢宁.华为战略管理法:DSTE实战体系[M].北京:中国人民大学出版社,2022.

[110] 辛杰.量子管理:不确定时代的管理变革[M].北京:机械工业出版社,2020.

[111] 新华通讯社.习近平振兴东北十喻[J].理论导报,2018(10):54.

[112] 徐希燕.企业多元化战略研究[M].北京:中国社会科学出版社,2015.

[113] 阳翼.娃哈哈、达能、乐百氏谁的错?[J].中外管理,2007(5):80-82.

[114] 杨汉录.打造灯塔工厂:数字—智能化制造里程碑[M].北京:企业管理出版社,2022.

[115] 杨瑞龙.杨瑞龙学术自传[M].广州:广东经济出版社,2020.

[116] 杨益波.长三角一体化高质量发展将大步向前[N].中国经济时报,2023-12-04(1).

[117] 姚洋.经济的常识[M].北京:中信出版社,2022.

[118] 叶建亮,钱滔.阶段转型与模式转换:温州经济社会发展的困境与对策[J].浙江社会科学,2008(1):55-59,126.

[119] 张磊.价值[M].杭州:浙江教育出版社,2020.

[120] 张瑞敏.海尔是海[M].青岛:青岛出版社,2010.

[121] 张瑞敏.永恒的活火[M].北京:中国财政经济出版社,2023.

[122] 张维迎,王勇.企业家精神与中国经济[M].北京:中信出版社,2019.

[123] 张维迎.企业理论与中国企业改革[M].北京:北京大学出版社,1999.

[124] 中国电子技术标准化研究院.智能制造标准化[M].北京:清华大学出版社,2019.

[125] 中国电子信息产业发展研究院.人工智能创新启示录[M].北京:人民邮电出版社,2022.

[126] 中国工业互联网研究院.工业互联网基础[M].北京:人民邮电出版社,2023.

[127] 中国企业家调查系统.改革开放40年:中国企业家的成长与贡献:2018中国企业家队伍成长与发展调查综合报告[J].北京:经济界,2018(6):90-96.

[128] 中国社会科学院工业经济研究所.中国工业发展报告(2023)[M].北京:经济管理出版社,2023.

[129] 中央企业智库联盟.中央企业改革发展研究[M].北京:中国经济出版社,2023.

[130] 周济,李培根.智能制造导论[M].北京:高等教育出版社,2021.

[131] 周留征.华为哲学:任正非的企业之道[M].北京:机械工业出版社,2015.

[132] 庄聪生.中国民营经济四十年:从零到"五六七八九"[M].北京:民主与建设出版社,2018.

[133] 宗庆后.万有引力原理[M].北京:红旗出版社,2015.

[134] 左沈怡.GE:出售金融[J].上海国资,2015(5):28-29.

后记和致谢

在完成这本书之际,我满怀感激与喜悦,过程艰巨且充满挑战,只有把成长的收获转化为写作的动力,才能一路坚持。

写这本书的过程中,我得到了许多人的帮助和鼓励,借此机会要特别感谢中国人民大学王志刚、关权等教授,东南大学韩良教授,苏州大学张晨教授,以及工信部智库相关领域的专家,你们一直以来的帮助和激励是我的动力源泉。同时,感谢清华大学出版社刘杨等老师对本书出版的帮助与指导。此外,还要感谢经常分享观点的绿港集团吴迪、中值咨询江小飞、郑州银行李瑞琴等来自不同领域的朋友们。特此致谢!

王　伟

2024 年 12 月